丛书由信阳师范学院资助出版

中国工作环境研究丛书

中国工作环境的社会学研究

THE SOCIOLOGICAL RESEARCH ON THE CHINESE WORKING CONDITIONS

宋争辉　李　俊　张　彦　主编

社会科学文献出版社
SOCIAL SCIENCES ACADEMIC PRESS (CHINA)

编者序

工作环境（working conditions）主要指的是从业者在其工作单位中，在主观上所感受到的一种工作氛围（working climate）与工作状态（working state）。工作组织与单位作为一个社会中重要的制度载体，主要通过其所形成和营造的独特的社会环境或者组织文化影响并规范员工的组织行为。在欧洲，工作环境研究已经初具规模，成为一个很重要的交叉学科领域。在中国，学者们对工作环境的研究才刚刚开始，目前主要从工作时间、工作报偿、工作场所以及工作中的员工参与四个方面展开研究。

从历史发展的过程来看，工业文明的一个重要特点，就是使人们从互不关联的“个体劳动”中脱离出来，走向互为关联的“集体劳动”。人们在“集体劳动”过程中不断互动，社会交往日益频繁。这种不断互动与频繁交往使人们产生了对公共品的需求，同时也发展出公共道德规范。随着公共（集体）空间和公共品在质量上的提高与数量上的增加，“集体劳动”的效率会不断提高，与此同时，“集体劳动”的环境以及公共空间的环境也会不断改善，这既是文明发展的历史趋势，也是文明发展的条件和前提。[①]在现代社会，工作组织是各类组织中的最主要形式，也是多数社会成员的主要“栖身”场所。人们生活在社会里，工作是人们生活最重要的组成部分，它会给人们带来完全的满足与充分的意义。一方面，人们的工作以及工作的环境深深地影响着人们的行为，

① 郑永年：《当代中国个体道德下沉根源》，《联合早报》2019 年 7 月 23 日。

这样的组织及其环境实际上是人们在社会生活中价值观与行为取向重塑的社会场所；另一方面，人们的行为也深深地嵌入了他们工作的那个单位或者说他们的职业或工作之中。在很多情况下，人们在这种环境中完成他们的社会化过程。恰恰在这个意义上，人们在工作单位中感受到的组织氛围与工作状态，对人们在组织中的行为会产生举足轻重的影响。

事实上，经济增长的质量和效率取决于参与经济活动的劳动者的质量，取决于这种经济活动的组织者所营造的工作环境的质量。良好的工作环境，能够成就有质量的工作，它既是社会高质量发展的前提，也是条件。一个高质量发展的中国，首先需要创新劳动者的工作环境，同时需要提高劳动者的工作质量，这是当今中国发展的重要基础。

不少的研究告诉我们，一个好的工作环境，在微观个体层面，能够为人们获得幸福与满足提供必要的物质保障和前提，为人们的情感满足提供必要的社会归属，能够帮助个体更好地在组织中实现自我、激发潜能，为人们的自我成长和满足提供必要的公共场所；在中观组织层面，能够促进良好的组织文化构建，提高组织成员对组织的认同感和满意度，提高组织效率，进而快速推动组织的创新与发展；在宏观社会层面，有助于我国的经济与社会实现“新常态”下的健康、平稳发展，同时也能够为高质量发展提供合理的预期。

按照社会学的理论，在一个组织的发展过程中，人们的行为结构总是嵌入组织的结构之中。在这个意义上，工作环境作为组织员工行为的结构性因素，同样也发挥着至关重要的作用。毋庸置疑，好的工作环境、工作质量，作为衡量人类福祉的重要指标，不应该也不能够被排除在社会发展的关注范畴之外。

从学科特点来说，组织工作环境问题是社会学研究的重要内容，特别是从组织社会学角度出发进行的研究具有明显的学科特长和优势。就研究路径而言，将组织社会学的相关理论、方法和观点运用于对工作环境问题的研究，不仅使我们从学术视角对组织工作环境变迁的结构特征及影响机制有更为深入的认识，而且由于工作环境贴近现实生活实践，勾连社会成员与各类工作组织，因而使其成为宏观与微观社会治理的一个重要环节。

在很多情况下，我们还可以观察到，一个社会的景气离不开这个社会中各种不同类型的组织的景气，或者组织中良好的工作环境。当一些社会成员在自己所隶属的组织中不愉快、不满意，感受不到组织的激励，体会不到其他组织成员的帮助和支持时，那么，他们这种不满的感受和情绪就会或多或少地以各种不同的方式宣泄到社会当中去，这在一定程度上会影响一个社会的景气。所以，从某种意义上说，研究一个组织的景气以及组织的工作环境能够使我们在更深层次上理解一个社会的景气，这恰恰也是我们研究组织景气与工作环境的学术意义①。

另外，对工作环境研究的深入，能够为组织的评估提供一个良好的学术与方法的基础。事实上，如何运用科学的方法对一个组织的景气状况进行评估，对于提高组织的效率、提高员工的满意度和获得感、增强员工对组织的认同与归属，都能够起到很重要的作用。

正是从工作环境研究的重要学术意义和应用价值出发，我们从 2013 年开始，对中国的工作环境问题进行了深入研究。这套丛书，就是试图根据我们的田野调查和研究数据，从各个不同的角度对中国的工作环境问题进行深入的观察与分析，同时也是对我们前一个时期的研究工作的一个小结。

同时需要说明的是，这套丛书由信阳师范学院资助，这项研

① 所以，这套丛书也可被看作两个国家社会科学基金项目课题研究的进一步深入和延续，分别为：张彦，2015 年国家社会科学基金一般项目“中国企业工作环境研究：概念、量表与指数构建”（项目编号：15BH05）；李汉林，2018 年国家社会科学基金重大项目“中国社会景气与社会信心研究：理论与方法”（项目编号：18ZDA164）。

究由信阳师范学院中国工作环境研究团队实施。

我们衷心地期望，这套丛书的出版，能够进一步推动中国工作环境研究的深入。

是为序。

目　录

第一章　欧洲工作质量研究的新进展：发展与挑战*

一　引言

劳动与工作，历来是社会科学研究的观照对象。在社会学领域，自古典时期以来，对工作之于个人福祉的讨论便未曾间断。近年来，欧洲学术界借由“质量”对工作进行探讨，并以“工作质量”为议题开展调查与研究，其主要是在欧洲就业政策的驱动下，于20世纪90年代末重新焕发热情的（Gallie，2007；Dahl et al.，2009）。

20世纪70年代中期，面对石油危机造成的外部经济冲击，以及福利国家的内部制度性约束，欧洲国家的失业率长期居高不下。为了做出有效应对，无论是欧盟成员国还是其他欧洲国家，在就业政策的目标制定上，都致力于创造更多的就业机会，以降低本国的失业率（Dahl et al.，2009）。进入90年代后期，随着欧盟就业战略（european employment strategy，EES）的提出以及欧盟就业指导方针（employment guidelines）的出台，欧盟成员国的失业问题得到了一定的缓解与改善。[①] 然而欧盟委员会同时意识到，面对

---

* 本文曾发表于《社会发展研究》2015年第6期，收入本书时有删改。

① 欧盟的一份评估报告指出，在欧盟就业战略实施的五年间（1997～2001年），成员国增加了超过1000万个就业岗位，其中有600万个为女性就业岗位。与此同时，成员国的总体失业率下降了25%（European Commission，2002）。

外部社会经济环境的快速变化，若想在世界范围内成为最具竞争力和最具活力的经济体，欧盟必须创造“更多、更好的就业”（more and better jobs）。于是，2000 年 3 月的欧盟里斯本峰会后，欧盟委员会对工作与就业问题中的“质量”问题表示了关注，并在同年年底的尼斯会议上，首次提出将促进质量（promotion of quality）作为社会政策议程的指导思路，强调只有将技能培训质量、工作质量、劳动关系质量以及社会政策质量视为统一的关键性要素加以推动，才能真正实现充分就业的战略目标。次年 6 月，欧盟委员会发表了题为《就业与社会政策：一个关注于质量的框架》（以下简称《框架》）的通讯报告，从社会政策议程的角度出发，提出了一个有关工作质量（quality in work）研究的简略框架（European Commission，2001）。在《框架》中，欧盟委员会强调，工作质量是一个与工作数量互为补充的、多维度的概念。对于工作质量的研究，需要建立一套科学的评价体系对其加以测量与分析。此外，稍早于欧盟委员会的《框架》文件，国际劳工组织在 1999 年提出了“体面劳动”的概念，旨在关注并改善全球范围内劳动者的工作状况。可以说，在世纪之交的欧洲社会，对于质量的关注逐渐成为就业问题的主流，在某种程度上激发了学术界对相关议题的研究热情，使得工作质量研究在近年来出现了新的研究动力并取得了一定的成就（Dahl et al.，2009）。然而，我们同样需要看到，由于政策制定者与学术研究者在各自认知、价值与立场上的种种差异，以及工作质量自身概念的复杂特征，已有的研究实践存在着各式各样的问题与缺憾，阻碍了相关研究的进一步拓展（Burchell et al.，2014）。

回溯 20 多年来欧洲学术界在工作质量研究上取得的成果，主要集中在实证研究与综述研究两大领域。在实证研究领域，已有研究可以大致分为：（1）对工作质量现状与变迁的实证研究，其研究内容可依据研究对象的不同（如特定群体、组织、国家）进行区分，也可以根据分析视角的不同（如比较性研究）进行区分；

(2) 对工作质量影响机制的实证研究，其内容主要聚焦于影响工作质量现状与变迁的因素及其运行机制。在综述研究领域，现有文献则围绕概念界定、测量方法以及实证结果等方面展开了较为细致的讨论。上述学术成果的发展，很大程度上得益于欧盟委员会、国际劳工组织以及欧洲改善生活与工作境况基金会等机构在跨国层面展开的统计调查，其为工作质量的比较性分析与研究提供了数据支持。

扎根于欧洲工作质量的学术研究脉络，我们能够对工作质量做出怎样的理解？究竟何为工作质量？如何测量工作质量？我们将如何运用比较分析的方法？我们能在理论上对工作质量提出怎样的创见？本文旨在重点探索和尝试回答以上问题。

二　何为工作质量

在社会科学研究中，对概念的厘清是一个持续不断的过程。相应地，欧洲学术界对工作质量的概念化与操作化的梳理工作也是一个动态发展的过程。然而，来自不同学科领域的研究者以及政策制定者基于认知、价值与利益的差异，在概念选择、维度构建以及指标测度等方面存在较大分歧，尚未达成共识。有学者提出，以“质量”一词对工作生活加以限定并进行研究，一般被认为是20世纪六七十年代出现的学术现象（Burchell et al.，2014）。迄今为止，与工作质量相似的概念包括“工作满意度”、“工作生活质量”、“体面劳动”、“就业质量”以及“好工作”等，但却不仅限于此。本章首先将讨论不同术语在各自历史发展脉络中呈现的差异，并对工作质量在劳动与工作研究领域的位置加以界定；其次将从概念的本体论与因果论出发，就不同学者在概念构建中的立场与策略差异加以归纳与分析。

（一）与工作质量相关的一组概念

1. 工作满意度

工作满意度（job satisfaction）概念源自20世纪30年代的美国社会。美国学者最早对其做出界定，认为“工作满意度是指劳动者心理与生理两方面对环境因素的满意感受”（Hoppock，1935）。换言之，工作满意度就是劳动者对于工作环境的主观反应。之后，也有学者基于不同的研究目的与研究策略，发展出不同的概念界定。伯切尔等（Burchell et al.，2014）学者指出，随着工作满意度概念的发展，一些研究者将其作为判断好工作（good job）的测量工具，用以评估劳动力市场的结果（Yoshida & Torihara，1997；Staines & Quinn，1979；Seashore，1974）。直到如今，因概念内涵的相对简明性、操作的相对便捷性以及测量指标的相对易得性，在相关研究中工作满意度常被视为工作质量的操作化概念（Clark，1996；1998；2005）。

与工作质量相比，两者在概念内涵与构成上存在着显著差异：工作满意度指涉的是劳动者的主观感受，而工作质量不仅包含劳动者对工作特征、工作环境的主观感受，还涉及包括工作属性、工作条件等在内的一系列客观要素。

2. 工作生活质量

工作生活质量（quality of working-life）的概念可追溯至20世纪60年代的美国社会，其源起与当时如火如荼的社会指标运动（social indicators movement）密切相关。比如，生活质量（quality of life）社会指标运动的倡议者认为，使用国内生产总值等经济指标无法客观地反映个体的生活状况（living conditions），唯有对人类生活的质量加以考察，才能加深人们对现代化进程中个体生活的现状与变迁的认识，弥补经济指标的不足（Land，1975）。具体到工作生活质量，本文认为其在概念上具有以下特征：首先，它涉及社会指标化的发展运动背景；其次，它强调的是个体主观感受和态度；最后，它聚焦于组织层面对劳动者个体在工作过程及工作结果中的影响，从而实现组织层面与个人层面共同的质量改善（Nadler & Lawler，1983）。

与工作生活质量的概念内涵不同，工作质量的概念在发展过程中并不涉及特定的社会运动或活动的脉络。更为重要的是，工作质量的概念结构中不包括组织层面的目标与实践。换言之，工作质量概念的外延与边界小于工作生活质量。

3. 体面劳动

作为社会政策的概念性产物，体面劳动（decent work）是由国际劳工组织（ILO）在1999年提出的。国际劳工组织将其定义为“促进男女在自由、公平、安全和具备人格尊严的条件下获得体面的、生产性的、可持续工作机会”（ILO，1999）。在此基础上，国际劳工组织编制了一套衡量各国体面劳动的指标体系。这一指标体系囊括了以下11个维度：就业机会、不可接受的工作、足够的收入和生产性的工作、合理的工作时间、工作的稳定性、社会公平待遇、劳动安全、社会保障、工作与家庭生活、社会对话与劳动关系、经济和社会因素（ILO，1999）。

从概念内涵上看，体面劳动一方面包括了就业数量与就业质量的内容，另一方面则侧重于强调劳动范畴内的权利问题（如生存权、就业权、健康权以及保障权等）；从概念的价值立场来看，体面劳动指涉的是就业数量与就业质量中有益的、好的方面。就工作质量来说，首先，其在概念内涵上并不包括就业数量与就业质量的宏观层面；其次，其概念的价值立场是中性的。若要以质量水平的差异对工作或劳动进行划分，研究者还会使用的一组抽象概念是“好工作”与“坏工作”，并以此来回应国际劳工组织提出的政策性目标及体面劳动概念（Burchell et al.，2014）。

4. 就业质量

不同于工作满意度、工作生活质量、体面劳动等概念，我们很难从具体的历史脉络中对就业质量（quality of employment）概念的出现与发展准确定位。

从概念的表述来看，就业质量涉及的是就业活动的一个方面，其所对应的是就业数量（一般表述为就业率与失业率）。从概念的结构来看，就业质量至少包含了两个层次：微观层次上劳动者在工作特征、工作环境等方面的状况，以及宏观层次上国家的就业政策等内容。也有学者认为就业质量还包含中观层次上组织在劳资关系方面的表现。从概念的内涵来看，就业质量考察的是劳动者从寻找工作到离职后的整个就业过程。反观工作质量，其在概念结构上仅涉及个体层次的内容，在概念内涵上也只关注劳动者的劳动过程与劳动结果。基于上述差别，有研究者将工作质量视为就业质量的一个子集（Burchell et al.，2014）。但也有研究者出于对工作质量概念界定的认知差异，认为就业质量应该被包含在工作质量的概念结构之中（Muñoz de Bustillo et al.，2011）。值得指出的是，尽管学者们努力对工作质量与就业质量进行细致辨析，但社会科学研究中仍旧广泛存在着将这两个概念混用的现象（如Green，2006；Dahl et al.，2009）。

（二）工作质量的概念框架

上述辨析有助于我们粗浅地理解工作质量的概念边界与概念内涵，但它同时说明了相关研究在概念使用与建构上的诸多问题。可以看到，由于缺乏一个相对清晰与系统的概念框架，工作质量在概念建构与发展中举步维艰、困难重重。

就已有文献而言，学者们仅在以下两个有关概念的特征上达成了共识。第一，工作质量的概念维度是多重的，需要从不同的面向对其加以考察。第二，工作质量的概念发展呈现定量化的趋势，其概念的操作化定义需要为一个科学的测量评估体系而服务。然而，对于工作质量概念的核心，即什么构成了工作质量的重要内在属性，研究者们的回答各有千秋，不一而足。

大多数研究认为，工作质量关注的是劳动者在工作中的个人福祉状况，即工作与劳动给个体带来的良好体验的程度。由于个人福祉同样是高度抽象化的概念，究竟劳动者的哪些个人福祉需要被纳入概念框架中加以考虑与观测，这是此类研究在工作质量概念界定问题上最重要的分歧。相对狭义的界定认为，工作质量只涉及那些“与工作有关的，对劳动者个人福祉有清晰、直接影响的（客观）方面”，包括工作运行与工作环境中的特征（如工作自主性的程度、工作的社会与物理性环境等），以及工作过程中契约关系的特征（如工资、契约稳定性、职业发展等）（Muñoz de Bustillo et al.，2011）。也有学者提出，工作质量是指影响劳动者“生理或心理的个人福祉”的工作特征，并认为这些特征会反映在劳动者的工作满意度等主观态度上（Holman，2013）。

此外，还存在着一种相对宽泛的工作质量定义，认为工作质量探究的是“何为好工作”这一本质问题。因此，对工作质量的界定，可以从构成好工作的关键要素出发，依据理论研究与经验数据的成果加以展开（Leschke et al.，2008；2012）。

总的来说，不同的概念框架折射出的是不同研究者对概念本体论与因果分析的认知差异的探讨。由此，以下将对这两个方面具体展开论述，更为深入地探索工作质量的概念本质与概念内涵。

1. 概念本体论的主客观之争

对工作质量的界定，需立足于概念本体论层次，对其本质加以科学把握。在目前的欧洲文献中，广泛存在三种不同的本体论取向，分别为：主观本体论的取向、客观本体论的取向，以及主客观本体论相结合的取向。

第一种概念构建的本体论取向，将工作质量视为主观层面的心理事实，认为工作质量的内涵是劳动者对于个人工作特征、工作环境以及相关方面的心理感知。持有这一取向的研究者通常把工作满意度作为工作质量的操作化定义。比如，克拉克（Clark，1996；1998）从经济学的效用概念出发，将工作满意度视为工作效用的评估方式，对劳动者在工作方面获得的个人福祉加以测量。

在研究中，克拉克根据受访者在升职预期、薪酬收入、劳资关系、工作安全感、工作自主性、工作自身特征以及工作时间这六个维度的自我评估，对英国有酬劳动者的工作满意度进行了推论。此外，也有研究者通过编制具体的工作质量问卷，对劳动者工作方面的各要素进行调查，获得有关劳动者主观工作质量感受的结果。比如，德国的好工作调查、捷克的主观工作质量调查等。

主观研究取向的优势在于定义简要、测量便捷以及数据易得，然而这种取向也招致了不少批评。意见主要围绕工作满意度测量时存在的自评异质性问题展开。所谓自评异质性问题，即受访者在对具体指标进行打分时，会由于个体差异使用不同的评判原则与标准，因而影响测量结果的有效性与准确性，并导致数据不具有可比性。此外，由于劳动者的工作内容与工作环境不断发生改变，加之外部社会经济条件可能发生剧烈变化（如经济危机），受访者的个人主观感受会随着情境的转换而有所不同。概言之，在自评异质性等因素的影响下，当研究者对不同群体、组织或国家进行比较时，我们很难清晰辨认出导致个体工作感受变化的原因具体是什么（Osterman，2013）。

第二种概念构建的本体论取向，将工作质量视为客观层面的社会事实，认为工作质量的内涵是劳动者在个人工作特征、工作环境以及相关方面的水平与程度。持有这一取向的研究者在研究策略上主要从社会、经济的脉络中对工作质量的关键性维度加以考察。比如，格林等（Green，2006；Green & Mostafa，2012）以森的能力论（capability approch）为理论来源，提出了其对工作质量的概念界定。在森（Sen，1999）看来，生活内容是个体福祉的构成要素，能力则反映了一个人实现个体福祉的实质性自由。换言之，对于个人生活质量状况，可以通过其在生活中实现各种有价值的功能的实际能力进行评估。基于森的能力论，格林（Green，2006）指出，对于工作质量的概念发展与测量评估，应该主要基于对劳动者实现个人福祉与行动目标的能力进行思考。

劳动者实现个人福祉的能力，主要取决于其工资等报酬形式；而劳动者实现行动目标的能力，则依赖于工作特征与工作环境等因素的影响。

第三种概念构建的本体论取向，将工作质量视为客观社会事实与主观心理事实的统一，认为工作质量的内涵是对个体工作状况的综合评价，既包括劳动者的客观工作状况，也包括劳动者的个体主观感受和心理状态等。在概念维度与测量指标的构建策略中，应以综合主客观分析的视角，对工作质量加以研究。比如，在唐易安（Tangian，2009）建构的工作质量评价体系中，涉及九个客观工作质量的维度（物理工作环境、健康、时间因素、压力因素、独立性、集体性、社会环境、职业培训、工作 - 生活平衡），以及一个主观工作质量的维度（主观评价）。值得注意的是，有学者尽管在概念界定时对工作质量的本体论立场加以声明，但在具体操作化过程中，却有可能将主观取向与客观取向加以结合，以用于测量实践，这在某种程度上导致了概念化与操作化的分离与脱节。

2. 概念构成的因果论分析

对工作质量的概念界定，还需从因果论层次对其构成维度进行理解。尽管不少学者有意无意地回避了对概念的基本界定，但在对构成工作质量的基本维度或要素的讨论中，都做出了努力。从已有文献来看，学者们对概念维度的探讨，主要是基于概念建构的因果论原则加以展开的。格里茨（Goertz，2006）认为，对概念在因果论层次进行理解，是为了回答“影响概念在因果假设、解释机制等方面发生的关键性作用是什么”这一问题。然而，一方面，不同研究者由于秉持的学科立场与教育背景的差异，对这个问题的回答往往呈现不同的结果；另一方面，由于工作的形式与内涵不断被形塑与重构，对于这些因果要素的判断也会随之发生改变（Osterman，2013）。基于此，对于构成工作质量的概念维度，需要我们借助不同学科的理论传统与研究成果，发展出一套具有相对普适性的概念框架。那么，就工作质量而言，哪些维度是至关重要的，哪些维度在特定语境中随着时空变迁而淡出，哪些维度将日渐凸现？

穆尼奥斯·德·布斯蒂略等（Muñoz de Bustillo et al.，2011）学者在对既往文献进行梳理的基础上，归纳了形塑工作质量概念化过程的理论传统（见表1－1）。概括来说，在古典社会学思想的发展阶段，经济学家一直将目光聚焦于工资等报酬形式，尤其是补偿性工资对于劳动者在工作偏好与工作选择方面的重要影响；而社会学家更倾向于以批判的眼光，对劳动过程中的剥削问题、劳动者的工作自主性问题、劳动者的去技术化问题加以考察。然而，随着社会政治经济诸多方面的发展与变迁，工作的形式与内涵正在经历着不断重塑的过程，这就使得研究者对影响工作质量内涵变化的要素不断做出回应。近年来，诸如员工参与、契约关系、工作压力、心理风险与物理风险，以及工作－生活平衡等要素，陆续被纳入有关工作质量研究的概念框架之中。

表1－1　建构工作质量概念维度的理论传统

<table>
<tr><td rowspan="11">理论传统视角</td><td>古典经济学</td><td>补偿性工资差异</td><td rowspan="11">概念维度</td><td colspan="2">（1）工资</td></tr>
<tr><td>政治经济学</td><td>劳资关系</td><td colspan="2">（2）工业民主</td></tr>
<tr><td>组织行为学</td><td>组织激励</td><td colspan="2">（3）员工参与</td></tr>
<tr><td rowspan="6">传统社会学</td><td rowspan="6">异化与内在工作质量</td><td rowspan="2">客观性维度</td><td>（4）技能</td></tr>
<tr><td>（5）自主性</td></tr>
<tr><td rowspan="4">主观性维度</td><td>（6）无权力感</td></tr>
<tr><td>（7）无意义感</td></tr>
<tr><td>（8）社会孤立</td></tr>
<tr><td>（9）自我疏离感</td></tr>
<tr><td rowspan="2">制度研究</td><td rowspan="2">劳动力市场分割</td><td colspan="2">（10）契约关系与就业能力</td></tr>
<tr><td colspan="2">（11）技能培训与职业发展机会</td></tr>
</table>

续表

<table>
<tr><td rowspan="4">理论传统视角</td><td rowspan="2">职业医疗、健康与安全</td><td rowspan="2">工作的健康风险</td><td rowspan="4">概念维度</td><td>工作条件</td><td>（12）生理风险（13）心理风险</td></tr>
<tr><td>工作结果</td><td>（14）对工作健康的感知
（15）旷工</td></tr>
<tr><td rowspan="2">工作－生活平衡</td><td rowspan="2"></td><td>工作时间</td><td>（16）长度（17）安排（18）弹性
（19）规律（20）边界</td></tr>
<tr><td>工作强度</td><td>（21）工作节奏
（22）压力与疲倦</td></tr>
</table>

资料来源：根据穆尼奥斯·德·布斯蒂略等（Muñoz de Bustillo et al.，2011）学者的研究加以整理。

三　测量的实践：欧洲工作质量指标体系

在欧洲学术界与政策领域，对工作质量的操作化实践，通常是借由一系列测量指标或一套完整的指标体系来实现的。据统计，截至2011年，在与工作质量相关的研究领域，已发展出近20种指标体系（Muñoz de Bustillo et al.，2011）。其的陆续出现，一方面得益于诸如欧洲改善生活与工作境况基金会、欧盟委员会等组织与机构的推动，它们使得国家乃至跨国层面的统计数据能够应用于测量实践；另一方面，由于研究者们在概念框架与概念界定上始终未能达成共识，各个指标体系在建构过程中出现了诸多问题，进而影响了统计分析与理论发展的有效性与科学性。表1－2列出了近年来在欧洲范围内广泛应用与讨论的、由欧盟或欧洲各国政府机构主持推出的工作质量指标体系①。与之互为补充，表1－3列出了基于欧洲工作境况调查

① 限于篇幅，本文略去了与工作质量概念相似但考察范畴有较明显差异的指标体系，如国际劳工组织的体面劳动指标体系（可参见Ghai，2003；Bonnet et al.，2003；Anker et al.，2003；Bescond et al.，2003）、奥地利的工作景气指标体系（可参见Preinfalk et al.，2006）、捷克的主观工作生活指标体系（可参见Vinopal，2009）、西班牙的工作生活质量体系（可参见López-Tamayo et al.，2013）等。此外，对涉及欧洲国家之外的指标体系的综述性评论，可参见穆尼奥斯·德·布斯蒂略等（Muñoz de Bustillo et al.，2011）学者以及伯切尔等（Burchell et al.，2014）学者的研究成果。

（EWCS）项目发展出的欧洲工作质量指标体系。借助这些结构较为完整的指标体系，后文将从数据收集、测量层次、维度选择以及指标呈现四个方面对欧洲工作质量指标体系的发展与挑战加以讨论。

表 1－2　近年来的欧洲主要工作质量指标体系

<table>
<tr><th rowspan="2">名称</th><th rowspan="2">指标呈现</th><th colspan="5">测量方法</th></tr>
<tr><th>层次</th><th>取向</th><th colspan="3">维度</th></tr>
<tr><td rowspan="10">拉肯工作质量指标[①]</td><td rowspan="10">分类指标</td><td rowspan="10">多层次</td><td rowspan="10">客观</td><td rowspan="3">工作特征</td><td colspan="2">（1）内在工作质量</td></tr>
<tr><td colspan="2">（2）技能、终身学习和职业发展</td></tr>
<tr><td colspan="2">（3）性别平等</td></tr>
<tr><td rowspan="7">工作与劳动力市场</td><td colspan="2">（4）健康和工作安全</td></tr>
<tr><td colspan="2">（5）灵活性与安全性</td></tr>
<tr><td colspan="2">（6）劳动力市场的包容与接纳</td></tr>
<tr><td colspan="2">（7）工作组织和工作－生活平衡</td></tr>
<tr><td colspan="2">（8）社会对话与员工参与</td></tr>
<tr><td colspan="2">（9）多样性与非歧视</td></tr>
<tr><td colspan="2">（10）整体经济表现与生产率</td></tr>
<tr><td rowspan="3">欧洲工作质量指标[②]</td><td rowspan="3">分类指标
综合指数</td><td rowspan="3">个体</td><td rowspan="3">主客观</td><td colspan="2">（1）工作报酬</td><td>（2）非正式就业形式</td></tr>
<tr><td colspan="2">（3）工作时间与工作－生活平衡</td><td>（4）工作境况与工作安全</td></tr>
<tr><td colspan="2">（5）技能与职业发展</td><td>（6）集体利益表达与参与</td></tr>
<tr><td rowspan="10">德国好工作指标[③]</td><td rowspan="10">分类指标综合指数</td><td rowspan="10">个体</td><td rowspan="10">主观</td><td rowspan="5">资源</td><td>（1）技能培训与个人发展</td><td>（2）创造力</td></tr>
<tr><td>（3）升迁机会</td><td>（4）工作影响力</td></tr>
<tr><td>（5）信息流通</td><td>（6）管理质量</td></tr>
<tr><td>（7）企业文化</td><td>（8）合作氛围</td></tr>
<tr><td>（9）工作意义</td><td>（10）工作时间</td></tr>
<tr><td rowspan="3">压力与负担</td><td colspan="2">（11）工作压力</td></tr>
<tr><td colspan="2">（12）情感需求</td></tr>
<tr><td colspan="2">（13）物理需求</td></tr>
<tr><td rowspan="2">工作安全与未来期望</td><td colspan="2">（14）工作安全与未来期望</td></tr>
<tr><td colspan="2">（15）收入</td></tr>
</table>

注：①European Commission，2008。其数据来源包括：欧共体住户追踪调查（ECHP）、欧洲劳动力调查（ELFS）、欧盟收入与生活状况调查（SILC）。

②Leschke et al.，2008；2012。其数据来源包括：欧洲劳动力调查（ELFS）、欧洲工作境况调查（EWCS）、欧盟收入与生活状况调查（SILC）、欧盟委员会年度宏观经济数据库（AMECO）、工会制度特征、工资设定、国家干预和社会契约数据库（ICTWSS）。

③Mußmann，2009。其数据来源为同名专项调查。

资料来源：作者根据相关文献加以整理而成。

表 1－3　基于欧洲工作境况调查（EWCS）的跨国性工作质量指标体系

<table>
<tr><th rowspan="2">学者/时间</th><th rowspan="2">指标类型</th><th colspan="4">测量方法</th></tr>
<tr><th>层次</th><th>取向</th><th colspan="2">维度</th></tr>
<tr><td rowspan="5">Tangian，2007</td><td rowspan="5">综合指数</td><td rowspan="5">个体</td><td rowspan="5">主客观</td><td>（1）物理工作环境</td><td>（2）健康</td></tr>
<tr><td>（3）时间因素</td><td>（4）压力因素</td></tr>
<tr><td>（5）独立性</td><td>（6）集体性</td></tr>
<tr><td>（7）社会环境</td><td>（8）职业培训</td></tr>
<tr><td>（9）工作－生活平衡</td><td>（10）主观评价</td></tr>
<tr><td rowspan="3">Muñoz de Bustillo et al.，2011</td><td rowspan="3">分类指标
综合指数</td><td rowspan="3">个体</td><td rowspan="3">客观</td><td>（1）薪酬</td><td>（2）内在工作质量</td></tr>
<tr><td>（3）就业质量</td><td>（4）健康与安全</td></tr>
<tr><td colspan="2">（5）工作－生活平衡</td></tr>
<tr><td rowspan="2">Green & Mostafa，2012</td><td rowspan="2">分类指标</td><td rowspan="2">个体</td><td rowspan="2">客观</td><td>（1）收入</td><td>（2）愿景</td></tr>
<tr><td>（3）内在工作质量</td><td>（4）工作时间质量</td></tr>
</table>

资料来源：作者根据相关文献加以整理而成。

（一）数据来源

工作质量指标本质上是一种测量工具，即便有充分的理论依据，其作用的发挥还需要一个基本的前提，即能收集到相应的经验数据。与此同时，指标的发展也取决于数据的内容与质量。从数据收集的角度来看，目前欧洲学者使用的数据的来源主要包括：（1）欧盟层面：欧共体住户追踪调查（European Community Household Panel，ECHP）、欧洲劳动力调查（European Labour Force Survey，ELFS）、欧盟收入与生活状况调查（Statistics on Income and Living Conditions，SILC）、欧洲工作境况调查（European Working Conditions Survey，EWCS）以及欧盟委员会年度宏观经济数据库（Annual Macroeconomic Database of the European Commission，AMDEC）；（2）欧洲国别层面：英国住户追踪调查（British Household Panel Survey，BHPS）、德国好工作调查（DGB Good Work Survey）、捷克主观工作生活质量调查（Subjective Quality of Working Life Survey）、弗兰德斯工作质量调查（Quality of Work in Flanders Survey，

QWF）等。

综观已有的实证研究，被广泛使用的调查数据主要来自欧洲工作境况调查。这是由欧洲改善生活与工作境况基金会自 1991 年发起的，每五年在欧盟成员国内进行的大型社会调查项目。其内容涉及职业与就业安全、技能发展、工作与生活平衡、健康与个人福祉四个主要方面。研究者们普遍认为，正是由于欧洲工作境况调查这类专门性的、历时性的统计调查的开展，相关研究才有了稳定、有效的数据采集渠道，从而为指标体系的可量性与可比性提供了重要支持。此外，统计数据获得渠道的开放性，也有利于实证研究的科学验证（Muñoz de Bustillo et al.，2011；Burchell et al.，2014）。

（二）测量层次

就测量层次而言，已有指标体系在概念结构的选择上，主要集中于微观的个人层次，如欧洲工作质量指标体系、德国好工作指标体系。与此同时，一些研究选择将宏观层次的劳动力市场要素纳入指标体系的构建中，如拉肯工作质量指标体系。

一般来看，微观层次测量的优势在于层次简明、便于对各测量要素或维度加以比较，进而探讨各要素之间的相互关系；宏观层次测量的优势则在于测量的相对全面性，以及指标体系对国家层面统计数据的可接纳性（如欧洲劳动力调查数据、欧盟委员会年度宏观经济数据等），而其缺点主要是无法在国家层次上就特定维度、特定群体、特定组织等方面的相关性进行深入剖析。对于测量层次的选择在指标体系评估中的作用，有学者指出，微观个人层次的测量最重要的意义在于其可以在实证研究中进行超个人层次的分析，而宏观层次的测量却无法还原为个人层次的分析，无法分析不同要素与维度的分布特点，也难以把握它们之间的整体性互动机制。换言之，唯有在测量实践中将工作质量处理为个人层次的概念，并对数据来源加以限定，我们才能在实证分析中既可以对微观个体层次的内容加以分析，又可以对中观乃至宏观层次的信息加以把握，从而更科学、更有力地扩大工作质量的分析范畴，使得跨群体、跨组织、跨行业、跨地区以及跨国别的比较研究得以成为可能（Burchell et al. ，2014）。

（三）维度选择

由于工作质量具有多维度的特征，研究者们通常会建构一个多层级的指标体系，通过联结一系列相关指标来测量工作质量。综观这些研究，我们很难从中找到完全相同或非常相似的策略。有研究者指出，在当前的测量实践中，测量维度与指标选择的策略差异以及其中存在的逻辑问题，是阻碍相关研究发展最重要的问题（Muñoz de Bustillo et al. ，2011）。这些问题具体表现在：（1）概念框架与指标体系的分离和脱节；（2）指标体系中变量的选择不当。

概念框架与指标体系的分离和脱节是指概念的操作化无法体现概念的内涵与特点。举例来说，在由欧盟委员会组织建构的拉肯工作质量指标体系中，一方面，研究者将社会“整体经济表现与生产率”等外在于工作质量概念内涵的要素纳入了指标体系，在缺乏理论支撑的情况下扩大了工作质量的研究范畴。另一方面，研究者并未将工资或其他经济性劳动报酬纳入测量体系中，忽略了经济学在工资性收入对劳动者个人福祉影响方面的研究成果，由此缩窄了工作质量的研究范畴。又比如，在欧洲工作质量指标体系中，尽管研究者聚焦的是微观的个体层次，但在维度选择上却将宏观劳动力市场中的“非正式就业形式”作为次级指标，并将中观层次的“工会密度”纳入了“集体利益表达与参与”这一次级指标的测量范畴中，从而导致相关研究在测量层次与分析层次上的不一致，容易导致后续研究者在数据上的误用，使其产生误解。

指标体系中变量的选择不当则是指指标变量的选择不能很好

地反映指标的概念内涵。同样是在拉肯工作质量指标体系中，研究者选择以“家庭中拥有孩子（0~6岁）的个体的就业率比值”作为“工作-生活平衡”这一次级指标的变量，缺乏现实经验与理论研究的支持依据。

（四）指标呈现

建立工作质量指标体系的目的，是要将抽象的工作质量概念用简明、具体、可量、可比的测量方法予以系统、有效地表达，使之发挥描述、评价、分析乃至决策的功能。在此过程中，指标呈现作为数据表义的结果，具有十分重要的作用。已有指标体系的指标呈现主要有两种形式：（1）各维度指标构成的复合指标系统；（2）对各维度指标加以聚合的综合指数。可以发现，后者是基于前者并加以拓展的抽象化提炼。

在具体的测量实践中，研究者们的选择策略各有不同。坚持对各维度指标加以区分呈现的研究者指出，考虑到工作质量所具有的多维度属性，当人们谈及这个概念时，他们设想的也是这个概念的多重面向。倘若研究者将统计结果以一个综合性的指数向公众发布，对数据生产过程所知甚少的公众很有可能对这些数字背后涉及的具体内容产生误解或根本无法理解（Green & Mostafa，2012）。也有研究者认为，现有的综合指数（如欧洲工作质量指数）最大的问题是在指数构造过程中缺乏科学的严谨性，如果研究者能够在原始指标的标准化、单项指数的权数设计以及综合指数的计算等方面依据现实经验与科学规范加以操作，综合指数便于评价与比较的功能就能得到很好的发挥（Muñoz de Bustillo et al.，2011）。

四　跨国性比较分析视野下的工作质量：实证研究的新进展

概念的界定与测量，最终要服务于研究目的。对于工作质量研究而言，其目标不仅在于描述已有工作质量的现状与变迁，更重要的是探究工作质量的运作机制，理解不同社会制度情境下工作质量呈现的差异。加利（Gallie，2007）指出，以往有关工作质量变迁的理论分析往往暗含着一个假设前提，即资本主义国家在组织制度与工作设计等方面共享着相同的特征或发展模式，由此，各国的工作质量变迁也会出现某种程度的趋同性。进入21世纪后，随着制度研究的兴起，一些学者逐渐意识到：一方面，各资本主义国家或地区在制度模式与文化规范等方面存在一定的异质性；另一方面，当面临诸如金融危机等资本主义发展过程中所遭遇的共同经济压力时，这些国家或地区因其各自历史脉络与制度框架的差异，采取了不同的应对策略与调节方式。在这些因素的作用下，各个国家的工作质量由此呈现各种样式的变迁路径与具体状况。

具体来看欧洲工作质量研究的发展脉络，我们不难发现，跨国性统计调查的开展以及一系列指标体系的构建，使得相关议题在经验研究上不断推进，为上述比较分析的实证研究提供了有益的帮助。在此趋势的影响下，欧洲工作质量研究出现了一定数量的跨国性比较研究，并大致可分为基于统计描述的比较研究以及基于制度理论发展出的比较研究。

（一）基于统计描述的比较研究

在欧洲工作质量研究领域，最为基础且应用较为广泛的分析策略，是借助已有的统计数据，建构独立的评估体系，服务于比较研究或变迁研究。这种基础性的策略，具有操作的便捷性与数据获取的易得性等优点，受到不少研究者的青睐。从比较的具体内容来看，可以进一步细分为基于综合指数的比较分析，以及基于具体维度指标的比较分析。而从比较的时空要素来看，则可以分为历时性的比较分析，以及地域性的比较分析。

1. 基于综合指数的比较分析

基于综合指数的比较分析的吸引力在于，通过对数据信息的集约化处理，简明、直观地呈现各国乃至欧洲总体工作质量的变迁状况，并对此加以比较。比如，莱西克等（Leschke et al.，2012）基于2005年与2010年的欧洲工作境况调查数据发现，欧盟各国的总体工作质量在五年内呈现微幅下降的趋势。其中，又以爱尔兰、法国、英国及瑞典的工作质量下降最为严重。而在波兰、捷克、比利时与丹麦等国，工作质量在这五年内则呈现缓慢向上的改善趋势。

值得指出的是，由于概念框架与策略方法的差异，不同的研究者即便面对同样的数据来源，也会在分析结果上产生差异，从而动摇了此类实证研究的有效性。一个影响较为广泛的案例是，在基于2005年欧洲工作境况调查数据所进行的实证研究中，不同研究者就欧盟成员国的总体工作质量状况给出了差异颇大的排序结果（见表1－4）。具体来看，三个研究一致指出，北欧各国具有较高水平的工作质量，而南欧各国则普遍呈现较低水平的工作质量。但在对其他国家工作质量的分析中，某些显著性差异逐渐浮现。比如，莱西克与瓦特（Leschke & Watt，2008）的分析结果显示，斯洛文尼亚的工作质量状况略好于欧盟27国的平均水平，但根据唐易安（Tangian，2009）的研究，斯洛文尼亚劳动力总体的工作质量状况比较堪忧，位列欧洲27国的倒数第4。

表1－4 基于2005年EWCS数据的实证分析结果

国家	Leschke & Watt（2008）	Tangian（2009）	Muñoz de Bustillo et al.（2011）	最大排名差值
丹麦	1	1	2	1
荷兰	2	2	5	3
英国	3	4	3	1
瑞典	4	8	6	4

续表

国家	Leschke & Watt（2008）	Tangian （2009）	Muñoz de Bustillo et al. （2011）	最大排名差值
芬兰	5	7	9	4
卢森堡	6	6	1	5
比利时	7	5	7	2
爱尔兰	8	3	4	5
奥地利	9	9	10	1
马耳他	10	12	15	5
法国	11	17	8	6
斯洛文尼亚	12	24	17	12
塞浦路斯	13	11	13	2
德国	14	10	11	4
意大利	15	18	12	6
爱沙尼亚	16	21	20	5
捷克	17	23	19	6
葡萄牙	18	20	16	4
拉脱维亚	19	15	24	9
立陶宛	20	26	25	6
西班牙	21	13	14	8
匈牙利	22	19	23	4
斯洛伐克	23	16	21	7
保加利亚	24	14	26	12
希腊	25	27	18	9
罗马尼亚	26	22	27	5
波兰	27	25	22	5

资料来源：Hauff & Kirchner，2014。其中，在莱西克与瓦特（Leschke & Watt，2008）的研究中，还采用了欧洲工作境况调查（EWCS）数据之外的其他统计数据。

2. 基于具体维度指标的比较分析

第二种较为常见的基础性比较策略，是分析与比较各国在工作质量不同维度上的现状与变迁。举例来看，奥尔森（Olsen，

2010）基于1989年、1997年以及2005年国际社会调查项目（International Social Survey Programme，ISSP）数据中的相关模块，分析了美国、英国、德国与挪威在工作质量变迁趋势上的差异。研究指出，在工作安全、工作自主性、物理工作环境和人际交往这几个维度上，挪威与德国的发展趋势胜于英国和美国。然而，在个体发展机会以及个体工作满意度这两个维度上，与其他三个国家相比，美国的发展趋势最为稳健。

此外，基于具体维度指标的分析也经常被应用到不同群体的比较中。比如，格林与默斯塔法（Green & Mostafa，2012）基于1995～2010年的历次欧洲工作境况调查数据指出，希腊、英国与荷兰的劳动者在内在工作质量方面的良好物理工作环境这一次级指标上，呈现明显的上升趋势。

总体而言，对工作质量各个维度进行比较分析，其优势是可以帮助研究者或政策制定者更有针对性地理解工作质量在不同群体、组织、国家中的具体状况与变迁趋势。而其缺点则在于无法动态地、综合地呈现概念各维度之间，以及各维度与总体之间的相互关系。

（二）基于制度理论的比较研究

1. 微观层次的工作类型理论

劳动力市场的分割理论认为，劳动者的工作质量正在呈现不断分化的趋势，劳动者之间的工作质量差异及其背后所暗含的不平等状况愈演愈烈。对于社会科学研究者而言，我们的研究任务是在纷繁复杂的工作特征中，寻找到好工作所具备的基本要素，进而为改善劳动者的工作环境与工作境况提供依据。基于此，研究者需要对工作质量各维度间的综合效应加以考察（Kalleberg，2011）。近年来，制度研究者指出，国家的制度性历史脉络与制度框架会在微观层面作用于劳动者工作质量的诸多方面，由此需要对劳动者所处的不同制度性情境加以区分讨论（Gallie，2007）。

遵循上述思考逻辑，英国经济学家霍曼（Holman，2013）使用2005年欧洲工作境况调查的数据，对欧洲工作质量进行了类型学上的划分。他以工作组织、工作报酬、安全感与灵活性、技能与发展以及组织承诺为测量维度，在统计模型的辅助下，获得了各国在上述各维度上的分值分布状况，提出了有关工作类型的理论框架。

首先，霍曼根据工作类型在其各主要维度上的得分高低，将其依次划分为活跃型工作（active jobs）、饱和型工作（saturated jobs）、团队导向型工作（team-based jobs）、被动独立型工作（passive independent jobs）、不安全型工作（insecure jobs）以及高度紧张型工作（high-strain jobs）。其中，活跃型工作、饱和型工作以及团队导向型工作属于高工作质量类群，而被动独立型工作、不安全型工作以及高度紧张型工作则属于低工作质量类群（见表1－5）。

其次，霍曼将上述工作类型与欧洲国家的制度性政体（institutional regimes）进行匹配并指出，以劳动者工作质量的分布状况为标准对欧洲各国进行排序，可将欧洲国家划分为：社会民主政体国家（如丹麦、芬兰、瑞典）、大陆政体国家（如德国）、自由政体国家（如英国、爱尔兰）、转型政体国家（如捷克、匈牙利）以及南欧政体国家（如意大利、西班牙、葡萄牙）。

霍曼的工作类型理论最大的特点是对工作质量各维度之间的相互关系进行了理论延伸，并以类型学的方式加以抽象呈现。然而，这种分析方法的问题在于，一方面缺乏对各维度间的相关性做出必要的理论解释或经验描述，另一方面则由于过分追求抽象化，理论模型与各国具体的制度性脉络与动态经验现实之间，无法形成更细致、更有效的呼应（Hauff & Kirchner，2014）。

表 1－5　霍曼的工作类型模型

<table>
<tr><td colspan="3">维度</td><td>活跃型工作</td><td>饱和型工作</td><td>团队导向型工作</td><td>被动独立型工作</td><td>不安全型工作</td><td>高度紧张型工作</td></tr>
<tr><td rowspan="4">(1) 工作组织</td><td colspan="2">工作资源</td><td>高</td><td>高</td><td>高</td><td>低</td><td>低</td><td>低</td></tr>
<tr><td rowspan="3">工作需求</td><td>工作量</td><td>适中</td><td>高</td><td>适中到高</td><td>低</td><td>适中</td><td>高</td></tr>
<tr><td>复杂性</td><td>高</td><td>高</td><td>适中到高</td><td>低</td><td>低</td><td>高</td></tr>
<tr><td>精神需求</td><td>高</td><td>高</td><td>适中到高</td><td>低</td><td>低</td><td>高</td></tr>
<tr><td colspan="3">(2) 技能与发展</td><td>适中到高</td><td>高</td><td>适中</td><td>低</td><td>低</td><td>低到适中</td></tr>
<tr><td colspan="3">(3) 工资</td><td>高</td><td>高</td><td>高于平均值</td><td>低</td><td>低</td><td>平均</td></tr>
<tr><td rowspan="4">(4) 安全性与灵活性</td><td colspan="2">安全性</td><td>高</td><td>高</td><td>高</td><td>高</td><td>低</td><td>高</td></tr>
<tr><td colspan="2">工作实践灵活性</td><td>高</td><td>高</td><td>低</td><td>低</td><td>低</td><td>低</td></tr>
<tr><td colspan="2">标准工作时长</td><td>高</td><td>—</td><td>高</td><td>高</td><td>适中</td><td>—</td></tr>
<tr><td colspan="2">非标准工作时长</td><td>—</td><td>高</td><td>—</td><td>—</td><td>—</td><td>高</td></tr>
<tr><td colspan="3">(5) 代表与参与</td><td>适中</td><td>高</td><td>适中</td><td>低</td><td>适中/低</td><td>低/适中</td></tr>
</table>

资料来源：根据霍曼（Holman，2013）的研究整理而成。

2. 中观层次的就业体制理论

与霍曼不同，加利（Gallie，2007）将研究视角从工作类型转移到对劳动者及其在组织中的关注上。他以瑞典社会学家科比（Korpi，1978；1983）的权力资源理论为基础，通过对员工参与、就业政策、公共部门角色、工作－家庭平衡以及就业保障制度这五个维度的考察，对欧美资本主义国家做出了划分。加利提出了三种就业体制（employment regime）的类型，分别为包容型体制（inclusive regime）、二元型体制（dualist regime）以及市场型体制（market regime）。

加利认为，在包容型体制下，劳动者倾向于为自己和组织成员谋取权力资源，并在劳资关系的互动中扮演着关键性的角色，由此间接推动国家就业政策的发展，直至这类资本主义国家中的劳动者实现较高的就业水平。在此类型的就业体制中他们不仅保障了自身成员免受失业与贫困的威胁，同时也在无形中持续地增强了全体劳动者的相对权力。在二元型体制中，劳动者主要以协商的形式参与决策制定，在劳资关系的互动中，扮演着一般性的角色。在这种体制下，政府的就业政策会呈现差异化的制定策略，即对核心劳动力提供足够的社会保障，而对边缘劳动力则给予较少的关注。由此，整个劳动力市场结构呈现二元分割的局面。最后，在市场型体制中，其制度性的运作基于充分的经济学假设，即劳动者的收入回报与工作质量完全取决于市场自身的调节作用。换言之，劳动者在劳资关系中的角色微不足道，甚至其对权力资源的运用会导致就业政策的负面效应。在这种体制下，边缘劳动者的工作质量最为堪忧。就具体的国家而言，最能代表包容性体制的国家为北欧诸国，最能代表二元型体制的国家主要是德国、法国、西班牙，而最能代表市场型体制的国家则是英国（Gallie, 2007）。

相较于霍曼的工作类型理论，加利的就业体制理论更为充分地将制度性因素与文化规范等外在社会经济性要素纳入理论模型中，从而使其研究更具理论张力。

五 讨论与展望

总的来看，欧洲学术界对于工作质量的研究尽管在数量上已初具规模并取得一定成果，但对概念、测量与理论发展等方面的认识仍有局限，甚至存在不少误解，这为工作质量研究的发展带来了严峻的挑战（Burchell et al.，2014）。

就概念而言，术语使用的混乱以及概念建构的随意，是欧洲工作质量研究面临的最根本也是最重要的障碍。产生这种现象的原因，一是不同学科研究者对概念在认知、价值与立场上存在分歧；二是作为一种经济与社会现象，工作的内容与形式因其所嵌入的制度环境的变迁以及劳动者自身价值观念的转向而始终处于变化发展之中。如何跨越分歧、解决难题？一方面需要研究者以更包容、更严肃的学术精神为达成概念共识助力，另一方面需要研究者对社会变迁保持极高的敏锐度，依靠经验材料的收集与处理，对概念内涵及关键维度加以更加科学的把握。

就方法而言，目前工作质量研究的科学调查方法以定量研究为主流，除了文献综述类的研究，几乎鲜有以“工作质量”为论题的定性研究资料。产生这种现象的原因，一是受到社会指标运动的影响，学术界在评估“质量”等相关概念时潜移默化地带有定量分析的偏好；二是欧盟作为欧洲工作质量研究的重要推动者，出于政策与传播的目的，对指标化的结果有自己的需求。因而，关于方法的改进，一方面需要将其建立在对理论依据的掌握与判别上，另一方面需要在具体的方法策略上展现出更为严谨、科学的求索态度。研究者应重新回到社会学、经济学、心理学以及其他社会科学的传统中，结合当下的经验现实，更深入地理解工作质量的概念内涵与制度环境，采用审慎、科学的态度，而不能因为政策的需要，急功近利地在研究方法上有所让步。

就理论而言，目前工作质量研究领域进展较快的，是从比较分析的视角出发，对各个资本主义国家在类型学上所做的尝试。尽管工作类型理论与就业体制理论都试图在理论的抽象层次上超越一般性的经验研究，但这些理论往往因为过分追求抽象类型的划分，而被批评为缺乏对具体经验现实的解释能力。此外，在比较研究的视角之外，许多研究者对不同性别群体、职业群体、非正式就业群体展开讨论，分析上述这些群体的特征对其工作质量的影响和运作机制，取得了大量研究成果。

与西方社会的工作质量情况相比，中国社会的劳动力市场情况更为复杂。梳理欧洲工作质量研究的最终目的，并非将其现有成果全盘照搬，而是希望在对中国本土语境加以思考、分析的前提下，推动工作质量研究在中国的发展。具体而言，我们可以在以下方面加以重视。一是警惕对相关概念的误读与滥用。在对概念的选用上，不应该不加选择地选用西方已有成果，而应该在对概念的追本溯源上回到具体的历史脉络与理论框架中，获得并建构起一个清晰的概念模型，进而在对概念各个维度的细致剖析中，探究它们之间的相互关系。二是选择适合本土化情境的测量指标。在测量指标的建立上，我们同样需要立足于本土化的语境，反复推敲具体指标在当代中国工作环境中的信度和效度。三是谨慎地突破学科间的壁垒，大胆借鉴工作质量研究在诸如经济学、心理学以及管理学领域的科研成果。四是努力打破观念与经验的壁垒，用一种总体性的眼光去研究工作质量在中国的过去、现在与未来所呈现或即将呈现的样态。唯有如此，我们才能对中国工作质量的现实经验进行富有学科价值与学科责任的讨论。

参考文献

Anker, R., I. Chernyshev, P. Egger, F. Mehran & J. A. Ritter. 2003. "Measuring Decent Work with Statistical Indicators." *International Labour Review* 142 (2).

Bescond, D., A. Chataignier & F. Mehran. 2003. "Seven Indicators to Measure Decent Work: An International Comparison." *International Labour Review* 142 (2).

Bonnet, F. J., B. Figueiredo & G. Standing. 2003. "A Family of Decent Work Indexes." *International Labour Review* 142 (2).

Burchell, B., K. Sehnbruch, A. Piasna & N. Agloni. 2014. "The Quality of Employment and Decent Work: Definitions, Methodologies, and Ongoing Debates." *Cambridge Journal of Economics* 38 (2).

Clark, A. E. 1996. "Job Satisfaction in Britain." *British Journal of Industrial Relations* 34 (2).

Clark, A. E. 1998. "Measures of Job-Satisfaction: What Makes a Good Job?" OECD Labour Market and Social Policy Occasional Papers, No. 34, Paris: OECD Publishing.

Clark, A. E. 2005. "Your Money or Your Life: Changing Job Quality in OECD Countries." *British Journal of Industrial Relations* 43 (3).

Dahl, S. , T. Nesheim & K. M. Olsen. 2009. "Quality of Work: Concept and Measurement." in *Quality of Work in the European Union. Concept, Data and Debates from a Transnational Perspective*. Edited by A. Guillen & S. -A Dahl (eds.) Brussels: P. I. E. Peter Lang.

European Commission. 2001. "Employment and Social Policy: A Framework for Investing in Quality." Communication from the Commission to the European Parliament, the Economic and Social Committee and the Committee of the Regions, COM (2001), 313.

European Commission. 2002. "Taking Stock of Five Years of the European Employment Strategy." Communication from the Commission to the European Parliament , the Economic and Social Committee and the Committee of the Regions , COM (2002), 416.

European Commission. 2008. *Employment in Europe* 2008. Brussels: European Commission.

Findlay, P. , A. L. Kalleberg & C. Warhurst. 2013. "The Challenge of Job Quality." *Human Relations* 66 (4).

Gallie, D. 2007. "Production Regimes, Employment Regimes, and the Quality of Work." in *Employment Regimes and the Quality of Work*. Edited by D. Gallie (eds.) Oxford: Oxford University Press.

Ghai, D. 2003. "Decent Work: Concept and Indicators." *International Labour Review* 142 (2).

Goertz, G. 2006. *Social Science Concepts: A User's Guide*. Princeton: Princeton University Press.

Green, F. 2006. *Demanding Work: The Paradox of Job Quality in the Affluent Economy*. Princeton: Princeton University Press.

Green, F. , & T. Mostafa. 2012. *Trends in Job Quality in Europe*. Luxembourg: European Union.

Green, F. , T. Mostafa, A. Parent-Thirion, G. Vermeylen, G. V. Houten, I. Biletta & M. Lyly-Yrjanainen. 2013. "Is Job Quality Becoming More Unequal?" *Industrial & Labor Relations Review* 66 (4).

Hauff, S. , & S. Kirchner. 2014. *Cross-National Differences and Trends in Job Quali-*

ty. Amburgo: Germania.

Holman, D. 2013. "Job Types and Job Quality in Europe." *Human Relations* 66 (4).

Hoppock, R. 1935. *Job Satisfactions*. New York: Harper.

ILO. 1999. "Decent Work. Report of the Direct General." International Labour Conference, 87th Session. Geneva: ILO.

Jahoda, M. 1982. *Employment and Unemployment: A Social-Psychological Analysis*. Cambridge: Cambridge University Press.

Kalleberg, A. L. 2011. *Good Jobs, Bad Jobs*. New York: Russell Sage Foundation.

Korpi, W. 1978. *The Working Class in Welfare Capitalism: Work, Unions, and Politics*. Sweden: Taylor & Francis.

Korpi, W. 1983. *The Democratic Class Struggle*. London: Routledge.

Land, K. C. 1975. "The Role of Quality of Employment Indicators in General Social Reporting Systems." *American Behavioral Scientist* 18 (3).

Leschke, J., & A. Watt. 2008. "Job Quality in Europe." ETUI-REHS Working Paper, No. 2008. 07. Brussels: ETUI-REHS.

Leschke, J., & A. Watt. 2014. "Challenges in Constructing a Multi-Dimensional European Job Quality Index." *Social Indicators Research* 118 (1).

Leschke, J., A. Watt & M. E. Finn. 2008. "Putting a Number on Job Quality? Constructing a European Job Quality Index." ETUI-REHS Working Paper, No. 2008. 03. Brussels: ETUI-REHS.

Leschke, J., A. Watt & M. E. Finn. 2012. "Job Quality in the Crisis: An Update of the Job Quality Index (JQI)." ETUI-REHS Working Paper, No. 2012. 07. Brussels: ETUI-REHS.

López-Tamayo, J. V. Royuela & J. Suriñach. 2013. "Building a 'Quality in Work' Index in Spain." in *Community Quality-of-Life Indicators: Best Cases VI: Springer*. Edited by M. Sirgy et al. (eds.) Dordrecht: Springer.

Muñoz de Bustillo, R., E. Fernάndez-Macías, F. Esteve & J. Antόn. 2011. *Measuring More Than Money: The Social Economics of Job Quality*. Cheltenham: Edward Elgar Publishing.

Mußmann, F. 2009. "The German Good-Work Index." Presented at the ETUI Conference 2009, Brussels.

Nadler, D. A & E. E. Lawler. 1983. "Quality of Work Life: Perspectives and Directions." *Organizational Dynamics* 11 (3).

Olsen, K. M. 2010. "Perceived Job Quality in the United States, Great Britain, Norway and West Germany, 1989 – 2005." *European Journal of Industrial Relations* 16 (3).

Osterman, P. 2013. "Introduction to the Special Issue on Job Quality: What Does It Mean and How Might We Think About It?" *Industrial & Labor Relations Review* 66 (4).

Preinfalk, H. , G. Michenthaler & H. Wasserbacher. 2006. "The Austrian Work Climate Index." Presented at the Research Seminar of the European Foundation for the Improvement of Living and Working Conditions, Dublin.

Seashore, S. E. 1974. "Job Satisfaction as an Indicator of the Quality of Employment." *Social Indicators Research* 1 (2).

Sen, A. 1999. *Development as Freedom*. Oxford: Oxford University Press.

Staines, G. L. , & R. P. Quinn. 1979. "American Workers Evaluate the Quality of their Jobs." *Monthly Labor Review* 3 (12).

Tangian, A. 2007. "Is Work in Europe Decent? A Study Based on the 4th European Survey of Working Conditions 2005." Discussion Paper 157, Düsseldorf: Hans Böckler Foundation.

Tangian, A. 2009. "Decent Work: Indexing European Working Conditions and Imposing Workplace Tax." Transfer *European Review of Labour and Research* 15 (3 – 4).

Vinopal, J. 2009. "The Instrument for Empirical Surveying of Subjectively Perceived Quality of Life." Presented at the Conference Working Conditions and Health and Safety Surveys in Europe: Stocktaking, Challenges and Perspectives, Brussels.

Yoshida, K. & M. Torihara. 1997. "Redesigning Jobs for a Better Quality of Working Life: The Case of the Tokyo Gas Co." *International Labour Review* 1.

第二章　从个体情绪到总体性情绪：关于工作满意度的研究

一　问题的缘起

在现代社会，工作组织是各类组织中最主要的形式，也是多数社会成员主要的“栖身”场所，因而工作环境的重要性日益凸显。一个社会中的良好的工作环境，在个体微观层面，能够帮助个体更好地在组织中实现自我，激发潜能；在组织中观层面，能够促进良好的组织文化构建，以此提高组织成员对组织的认同感和满意度，提高组织效率，进而快速推动组织的创新与发展；在宏观社会层面，有助于我们构建观测社会发展水平的重要指标。从微观延伸到宏观，从个体跃迁至总体，这项研究的结果则可能将工作环境的议题逐渐推入学术研究与政策探讨的关注视野，帮助人们认识到，通过营造良好的工作环境来提高人们对组织乃至社会的认同程度，提高组织成员的人力资本质量，减少社会矛盾，实现社会团结及广泛的社会公平，是社会治理的重要内容之一。从学科特点来说，组织工作环境问题是社会学研究的重要内容。从组织社会学角度出发对其进行研究则更具有明显的学科特长和优势。就研究路径而言，将组织社会学的相关理论、方法和观点运用于对工作环境问题的研究，不仅可以使人们对组织工作环境变迁的结构特征及影响机制产生更为深入的认识，而且由于工作环境贴近生活实践，勾连着社会成员与各类工作组织，因而其也成为社会治理的一个重要环节。

按照社会学的理论，在一个企业组织的发展过程中，人们的行为结构总是嵌入在企业组织的结构之中的。在这个意义上，工作环境作为企业员工行为的结构性因素，同样发挥着至关重要的作用：为人们获得幸福与满足提供必要的物质保障和前提；为人们的情感满足提供必要的社会归属；为人们的自我成长和满足提供必要的公共场所，为稳定协调的社会发展提供合理的预期。毋庸置疑，工作环境作为衡量生活质量的重要指标之一，不应该也不能够被忽略在社会发展的关注范畴之外。

在一个企业组织中，许多外在的客观变化总能在人们的主观感受中稳定地表现出来，而且，只要个体层次上的主观态度“化合”到总体性的社会情绪之中，那么这种主观态度就具有反映整个企业组织状况的能力与特征（张彦、魏钦恭、李汉林，2015）。因此，通过观察企业组织中人们的态度以及在这种态度基础上形成的“总和性的社会情绪”，我们可以观测与分析一个企业组织发展的总体状况和运行态势，进而把握企业发展的“脉搏”，这恰恰是我们这项研究相对于以往研究所独具的学术价值和应用价值。

为了探寻人们对工作环境的主观感知状态，进而追寻工作环境与生活质量、社会发展，甚至与人类福祉之间的关系，欧盟从1990年起，率先在其成员国内开展了欧洲工作环境调查。这项调查每隔五年进行一次，迄今为止开展了五次。每一次欧洲工作环境调查基本上都采用了包括工作时间、劳动报酬、待遇公平、工作与生活的平衡等一系列完整题器在内的量表来观测欧洲社会工作变迁与社会变迁在何种程度上相互影响，由此为政策制定提供相应的选择依据（Eurofound，2011）。

根据欧洲工作环境调查的结果，我们得到了关于工作环境社会属性的两个学理印象：第一，如何从社会学的学科角度观察工作环境与社会发展总体变迁及态势之间的关联；第二，如何在强调经济发展与社会发展联动、经济由高速增长到稳速增长的发展

“拐点”的前提下，关注个体对工作环境更多元的主观感受和自主意识。如果这两个学理印象嵌入在实践中，我们则会慢慢意识到一些新问题，即随着我国经济高速发展以及产业结构的宏观调整，在传统制造业和新兴的信息产业、服务业等工作环境研究的核心领域，呈现诸多宏观繁荣与微观衰微的矛盾景象，社会结构的变化与转型并未塑造出一种容纳人们身心健康的精神结构。这些新问题在微观层面上关系到企业组织的发展、劳动者的个人福祉，在宏观层面上则关系到国家整体发展的方向、路径以及策略选择。尤为重要的是，对工作环境基本特征的把握，将更有利于对我国当前总体劳动关系状况的理解与分析，为经济、社会的平稳发展提供切实的政策导向。

二　工作环境的定义及内涵

尽管目前的研究尚未对工作环境进行过学科界定，也未曾对工作环境的概念做出过明确的归纳，但是，作为研究变量，工作环境已经在经济学、管理学、社会学、医学等学科领域的研究中被频繁提及。

从现有的文献来看，工作环境在术语的使用上通常有两种常见的英文表述：“working condition”和“working environment”。使用“working condition”一词来表述工作环境的文献，往往会用物理环境（physical condition）、社会心理环境（psychosocial condition）来概括个体工作行为产生的环境以及个体行为对所处环境的影响（Stenfors et al.，2013；Tanaka et al.，2011；Lindeberg et al.，2010）。与此相对应，使用“working environment”一词（有时还可以用 workplace 来表述）的文献，则往往将研究视野局限于空气、噪声、粉尘等物理环境（Kohn et al.，2000；Rogers，2004；Vahey et al.，2004；Lake，2007）。尽管在概念上，工作环境并没有清晰的界定，甚至在使用上都还存在争议。但是，工作环境的内在结构研究却走在了相关核心研究的前列。根据调研需求，工作环境常常会因为研究目的的不同而被划分为不同的组成要素。总结目前的研究文献可以发现，工作环境概念的内部结构划分主要有两种倾向。

首先，大多数研究者（Pérez et al.，2012；Kaikkonen et al.，2009）认为工作环境需要从工作安排（work arrangement）、物理工作条件（physical working conditions）和社会心理工作环境（psychosocial working conditions）三个构成要素进行实证考察。其中，工作安排是指工作岗位赋予个体的具体工作任务，包括工作负荷、工作时间、轮班情况等；物理工作条件则包括个体工作行为产生时所处的客观物理因素，比如，个体是否在危险环境（粉尘、噪声、温度等）下暴露、工作场所是否有电脑辐射等；在社会心理工作环境方面，研究者则多使用 Karasek（1985）的需求－控制－支持（demand-control-support）模型，从工作需求、工作控制和工作中所获得的社会支持三个维度去考察个体在工作过程中所处的中观组织环境和微观个体岗位环境。也有研究者（Lallukka et al.，2010）认为工作环境仅由物理工作环境和社会心理工作环境两部分构成。在众多的研究中，对员工客观物理工作环境的研究多与管理心理学中较为经典的霍桑实验所得结果类似，即客观物理工作环境对员工的工作绩效、身体健康、工作满意度等有影响，但影响是否显著则结果各异。除此之外，近年来个体员工所处的社会心理工作环境及其影响更多地激发了社会学、管理学、经济学研究者们的兴趣。学者们基于 Karasek（1985）的需求－控制－支持模型，集中探讨个体员工的社会心理工作环境与个体工作感受（如工作倦怠、工作满意度、幸福感等）之间的关联，由此得出的结果显示，员工的社会心理工作环境现状与工作倦怠、工作满意度、幸福感等要素呈现不同程度的显著相关。

此外，还有一部分学者从相反的方向研究员工的工作环境。他们假设，如果员工所处的工作环境较差，其有可能会感到不同程度的工作压力。据此，员工个体感受到的不同程度的工作压力，就能够反映工作环境的优劣。工作压力小，说明其所处的工作环境较好；工作压力大，说明其所处的工作环境较差。李德尔等（Lederer et al.，2006）在考察麻醉师的工作环境与工作倦怠的关系时，就借用了两个导致个体工作压力的维度——工作任务的质量与常规工作问题。其中，工作任务的质量由常规工作要求（包括工作的灵活性、多样性）、常规工作内容（包括时间控制、交流与分享、合作的范围、注意力集中的需要等）组成；常规工作问题则包含时间压力和工作干扰两个内容。另外，Ertel 等（2005）在研究自由作家的社会心理工作环境与其健康水平的关系时，也不约而同地用工作压力来衡量其社会心理工作环境的质量。

无论以上述何种方式划分，我们不难发现，工作环境这个概念都几乎被定位在个体所处的客观环境（objective working conditions）上。这种客观环境包含个体工作行为产生时个体所处的客观物理环境（如温度、粉尘、噪声等），也包含个体的工作岗位赋予其的客观工作环境（如工作时间、工作内容、劳动工具等）以及个体所处的组织环境（如与同事交流、领导支持等）。我们很难发现，将工作环境定位在个体对客观工作环境的主观感受上，即主观工作环境（subjective working conditions）的研究。

在对上述工作环境问题缘起和理论进行阐释的基础上，本研究参考中国社会科学院社会发展战略研究院 2015 年“社会态度与社会发展状况调查”工作环境分问卷的设计框架，以个体工作界线为划分依据，将视野聚焦于个体对其客观工作环境、组织工作环境和主观心理环境的评价与态度，由此形成城镇居民个体的工作环境满意度（见图 2－1）。进一步细化，首先，我们认为员工最直接的对工作环境的感受，源于客观工作环境，包括工作场所、劳动报酬、工作时间（Eurofound，2011）。其次，与具体工作内容和流程密切相关的中观环境，即组织工作环境，是决定员工高效工作的关键因素，包括工作自主性、工作歧视、同事支持和领导

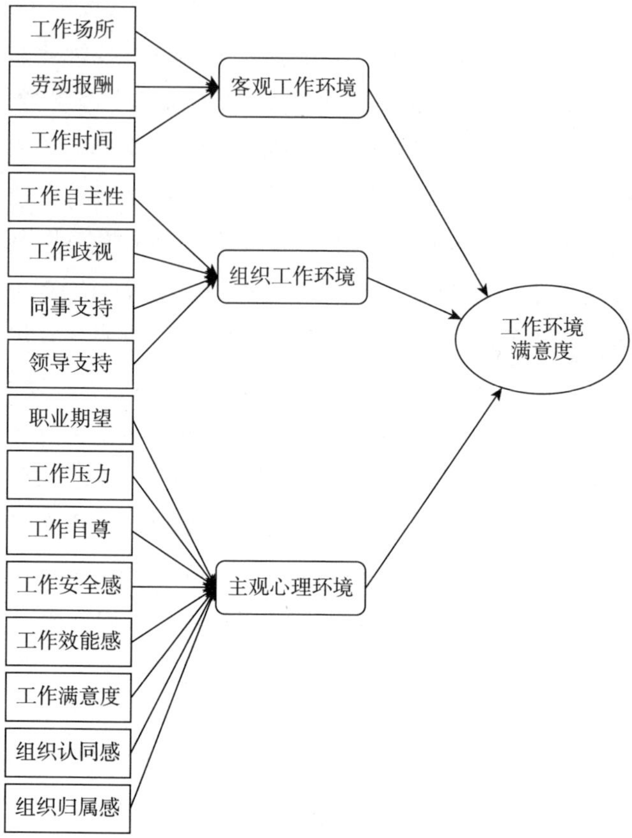

图 2－1　工作环境满意度的指标体系

支持。[①] 最后，除了上述两个工作环境之外，我们认为影响员工工作感受真正的内在因素是其对工作的主观体验，即主观心理环境，它是员工一切工作行为和工作体验的内在驱动力，包括职业期望、工作压力、工作自尊、工作安全感、工作效能感、工作满意度、组织认同感和组织归属感。[②] 基于上述概念梳理，在实践方面，本研究试图在工作环境的三维度框架下，了解目前我国城镇居民工

① 参见斯蒂芬·P. 罗宾斯主编的《组织行为学》中关于组织环境的定义（转引自 http://baike.baidu.com/view/1338670.htm）。

② 转引自 http://baike.baidu.com/view/1338670.htm。

作环境满意度现状，探寻其可能的影响因素。在理论方面，本研究试图在此三维框架下，挖掘其内部可能的相关关系，从而验证假设，即假设一：客观工作环境与组织工作环境存在显著正相关关系；假设二：客观工作环境与主观心理环境存在显著正相关关系；假设三：组织工作环境与主观心理环境存在显著正相关关系。

三　研究设计

（一）分析策略

本研究将首先探讨目前中国城镇居民对自己所处工作环境的满意现状，重点分析各人口学变量对个体工作环境满意度的影响和作用。在此基础上，通过 ANOVA 分析，把工作环境满意度作为因变量，把其他社会认知（如生活满意度、社会参与度、相对剥夺感、社会分层等）作为自变量，探寻除人口学变量之外，影响城镇居民工作环境满意度的因素。

（二）问卷设计

根据指标体系（见图 2－1），本研究设计了 15 个题器，包括客观工作环境 3 个题器、组织工作环境 4 个题器、主观工作环境 8 个题器。采用 Likert 五度量表法设计每个题器的答案："1" 表示完全不赞同，"2" 表示比较不赞同，"3" 表示一般，"4" 表示比较赞同，"5" 表示完全赞同。每个维度中的题器累积计分后所得的分值，记作受访者在该工作环境满意度上的得分，分值越高，表明该受访者对自己目前所处的客观工作环境、组织工作环境或者主观心理环境越满意。

通过相关矩阵，具体考察工作环境满意度 3 个维度之间的关系。表 2－1 显示，组织工作环境与主观心理环境两者之间有着较强的相关关系，相关系数达到 0.588［在 0.01 水平（双侧）上显著相关]，说明那些身处工作自主性强、有同事和领导支持的中观组织工作环境的员工，对工作的主观满意度更高。此外，主观心理环境还与客观工作环境有较强的相关关系，相关系数达到0.560，这反映出员工主观上对工作的满意程度还在一定程度上取决于工作岗位给员工提供的工作场所舒适度、劳动报酬和工作时间、家庭与生活的平衡。最后，客观工作环境与组织工作环境之间也存在较强的关联，相关系数为0.404，这启示我们：一个组织如果能够公平地对待每一位员工，给他们工作上给予一定的自主性，提供必要的技术和精神支持，这个组织在工作场所、劳动报酬以及工作－生活平衡等方面很有可能使员工获得较好的主观感受。

表2－1　工作环境满意度三个维度的相互关系

	客观工作环境	组织工作环境	主观心理环境
客观工作环境	1	0.404 **	0.560 **
组织工作环境	0.404 **	1	0.588 **
主观心理环境	0.560 **	0.588 **	1

注：** 表示在0.01水平（双侧）上显著相关。

（三）数据来源与样本描述

本研究所使用的数据全部来自2015年“社会态度与社会发展状况调查”。该调查由中国社会科学院社会发展战略研究院负责执行，在全国根据多阶段复杂抽样原则，第一阶段以PPS方式抽取出23个省（区、市）；第二阶段在市区内以PPS方式抽出533个居委会；第三阶段在居委会内以随机方式抽户；第四阶段在户内用Kish表方式等抽取可以推论总体的样本共计8000个，调查从2015年6月开始，至12月结束，共回收有效问卷6983份。本研究根据“您目前是否有工作”筛除没有工作的样本，再根据“您目前工作单位的类型”筛除“无单位/自由职业者”和“个体工商户/自营职业者”等不适合本研究的样本，最终获得可供分析的样本2845个。

四 数据分析

（一）工作环境满意度内部结构的相关结果分析

根据上述分析结果，客观工作环境、组织工作环境、主观心理环境三个维度构成了城镇居民的工作环境满意度。频次分析结果表明，中国城镇居民的工作环境满意度为68.91分（总分为100分，分值越高表示对工作环境越满意），标准差为9.922，呈现负偏态。这表明，2015年城镇居民对工作环境的总体满意度较高。

其中，城镇居民的客观工作环境满意度为65.74分，组织工作环境满意度为70.46分，主观工作环境满意度为69.15分。

1. 客观工作环境的结果分析

2015年城镇居民客观工作环境满意度为65.74分。其中，工作场所满意度较高（70.41分），其次是劳动报酬满意度（68.27分），工作时间满意度最低，仅为58.45分。

为了探寻城镇居民对工作时间的满意度相对较低的原因，本研究还详尽地对受访者进行了半结构式入户访谈。调查显示，城镇居民每周工作的平均时长为46.56小时，超过了我国《劳动法》规定的40小时/周的劳动时间。具体来看，44.4%的受访者的每周工作时间为40小时或少于40小时，23.8%的受访者的每周工作时间为41～48小时，21.3%的受访者的每周工作时间为49～56小时。另外，还有10.5%的受访者的每周工作时间超过56小时。此外，我们还发现，受访者每周的工作时间与其工作环境满意度呈显著相关（$F=1.924$，$Sig.=0.000$）。由此可见，城镇居民加班现象依旧普遍，且严重地影响着城镇居民对其工作环境的满意程度。

2. 组织工作环境的结果分析

2015年城镇居民的组织工作环境满意度为70.46分。其中，城镇居民对中观组织环境中的同事支持和领导支持的评价较高，分别为 78.04 分、75.09 分，而对工作歧视、工作自主性的满意度较低，分别为 66.21 分、62.19 分。

如果仔细分析代表工作歧视的题项“在工作中有时会遇到性别和年龄歧视”，我们可以发现，在 2798 名受访者中，6.00% 的受访者表示“完全赞同”工作中会遇到性别与年龄歧视的情况，19.10% 的受访者表示“比较赞同”，29.40% 的受访者表示“一般赞同”，比例较高。这从一个侧面说明，尽管当今中国通过《劳动法》等法律法规来保障公民公平地享有工作权，但是，在实际工作场所中，或者在具体工作岗位上，仍然存在性别和年龄歧视，这有可能对城镇居民工作环境满意度造成影响。另一方面，对于工作自主性题项“我可以按照自己的时间灵活安排工作任务”，数据显示，40.20% 的受访者明确表示组织工作环境在不同程度上限制了其自身的工作自主性。

3. 主观心理环境的结果分析

除了客观工作环境与组织工作环境以外，对城镇居民工作环境满意度影响最大的是个体主观感受到的工作环境（F = 733.313，Sig. = 0.000）。2015 年城镇居民主观心理环境满意度为 69.15 分。其中，在组织认同感、工作效能感、工作自尊、工作满意度、组织归属感、职业期望、工作安全感和工作压力 8 个题器上的得分分别为 77.61 分、71.69 分、70.25 分、69.42 分、68.15 分、66.26 分、64.58 分、54.31 分（分数越高，满意度越高）。其中，工作压力题器得分明显低于其他题器。具体分析该指标的题项“我时常觉得工作压力大而感到很累”发现，2065 名受访者对“工作压力大”表达了不同程度的认同，占总受访者的 85.6%。

（二）工作环境满意度内部结构的关系讨论

1. 关系路径一：客观工作环境→组织工作环境

基于新制度经济学理论，工作环境可以被理解为一种组织制度安排的产物，组织成员在这种制度安排下接受着两方面的约束。

第一，正式约束。正式约束，也可以称为成文约束或成文规则，是指人们有意识创造的、以正式文本形式颁布的，并往往以国家权威为后盾强制实施的一系列规则。正式约束包括政治规则、经济规则、契约等，以及由这一系列规则所构成的等级结构。在本研究中，我们在客观工作环境子维度下所讨论的工作场所、劳动报酬、工作时间便属于此类。在组织中，这些正式约束通过劳动合同、岗位描述、工作操作规范等规范着人们的工作行为。第二，非正式约束。非正式约束是人们在长期交往中无意识形成的行为规则。在本研究中，组织工作环境子维度下所涉及的工作自主性、工作歧视、同事支持和领导支持便属于此类。它们通过组织氛围、组织文化等潜在的、不成文的非正式规则约束着人们的工作行为。由此，我们在“工作环境即制度安排”的思想下，从正式约束和非正式约束的区分中，将工作环境划分出了客观工作环境和组织工作环境两个维度。

在数据分析部分，本研究试图深入挖掘客观工作环境与组织工作环境之间的关系。结果显示，客观工作环境与组织工作环境存在显著正相关关系，验证了假设一。其中，客观工作环境满意度与同事支持、领导支持和工作自主性呈现显著正相关关系，与工作歧视呈现显著负相关关系（见图 2－2）。

由此可见，在组织制度安排下，科学合理的客观工作环境，不仅能够消除工作中的年龄和性别歧视，还可以增强组织成员的工作自主性，使其获得更多来自组织内其他成员及上级领导的工作支持。究其原因，我们可以从客观工作环境与组织工作环境的源头谈起。首先，工作时间、劳动报酬、工作场所三因子所代表的客观工作环境，是通过组织内劳动分工、岗位设置等正式的工作制度或规范设定的。也就是说，组织成员所处的客观工作环境是组织制度安排的结果和表现。对此，制度规范行为理论指出，“不同的组织制度会在一些最根本的问题上给人们的行为提供稳定的、被大家所认可并可不断重复的行为模式，并以此来定义人们

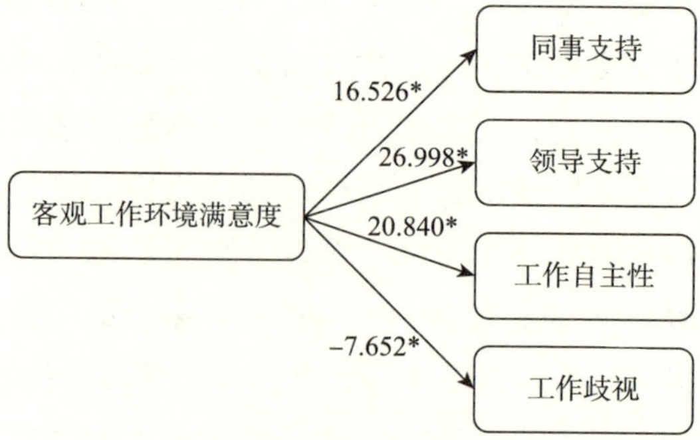

图 2－2　客观工作环境满意度与组织工作环境各题器的关系

注：* 代表在 0.05 的水平上显著。

在特定组织制度中社会行为的条件”。组织依据组织制度等正式条文为组织成员创造劳动所需的工作场所，规定相应必要的劳动时间和给予的劳动报酬，这些组织制度必然会让身处组织中的组织成员遵循和适应其相应的一系列行为规范和价值取向，从而在工作情景中做出符合要求的诸多行为，如同事互动、工作自主性、工作歧视等，使组织制度作为一种组织文化氛围影响着组织成员的工作行为。由此可见，合理的组织制度将带来令组织成员满意的客观工作环境，规范其工作行为和取向，进而将规范化衍生到与工作劳动相关的组织工作环境中，从正式与非正式两个渠道，推动组织成员的工作行为。

2. 关系路径二：客观工作环境→主观心理环境

本研究所讨论的主观心理环境，实质上是组织员工对工作的总体主观体验，是其一切工作行为和工作体验的内在驱动力，涵盖工作压力、工作自尊、工作安全感、工作效能感、工作满意度、职业期望、组织归属感、组织认同感。社会心理学中的“态度－行为”理论指出，“一个人的态度与行为之间一般具有一致性”，也就是说，态度反应是个体行为的“晴雨表”。在一个组织中，员工在工作中的情绪体验将逐渐稳定为一系列的工作态度和工作价值取向，从而影响其工作积极性和组织公民行为的产生。因此，本研究将关注焦点放在主观心理环境上，试图探寻提升员工主观心理环境满意度的可行路径。

探寻组织员工工作积极性和工作行为诱因的研究始于“经济人”假说（hypothesis of economic man），这一假说到目前为止仍是居于正统地位的主流经济学中最核心的理论基础。亚当·斯密在其著作《国富论》中较为详尽地阐述了“经济人”的基本内涵：经济人是自利的，追求自身利益的最大化是驱动人的经济行为的根本动机。亚当·斯密说：“各个人都不断地努力为他自己所能支配的资本找到最有利的用途。固然，他所考虑的不是社会利益，而是他自身的利益。”这种经济理性到了马歇尔新古典经济学时期，进一步被视为与自身利益最大化等同。在“理性经济人”假说的影响下，组织管理者在保障组织利益最大化的基础上试图从环境条件、劳动报酬等方面迎合组织员工的“利己心”，以期在与组织成员的博弈中取得优势，激发其符合组织预期的工作行为。为此，本研究试图通过对客观工作环境与主观心理环境关系的分析，探讨“经济人”假说在当前中国本土环境中是否存在。

ANOVA 分析结果显示，本研究中的受访者对其目前的劳动报酬、工作场所和工作时间的评价均与其主观心理环境满意度存在不同程度的显著相关（见图 2-3），这一结果验证了假设二，也证实了“经济人”假说依旧主宰着我国经济发展现阶段的组织与人。这与我国已经进入经济、社会、文化发展快车道的趋势形成强烈反差：为什么“经济人”假说在高速发展的中国依旧占有一席之地，而人们没有完全更迭为“社会人”“自我实现人”？对此，我们可以从两方面得到答案。首先，按照马斯洛的需要层次理论，人类共有生理需要、安全需要、归属和爱的需要、尊重需要、自我实现的需要五个层次的需要，这五个层次的需要是按照由低到高的顺序依次递增的，人只有在满足了前一个需要的基础上，才会产生新的需要。也就是说，“社会人”“自我实现人”是在人们满足了衣食住行和安全等基本需要的基础上才会表现出来的人性特点，在社会生产力还不够发达的我国国情下人仍会极大表现出“经济人”的特点。其次，从我国产业结构现状来看，第一、第二、第三产业比较粗放和落后，第一产业现代化程度很低；第二产业比重过高，但内在水平不高，低水平重复多；第三产业发展快，但水平仍不高，不能适应现代经济发展的需要（谭顺福，2007）。其中，第二产业在我国整个经济结构中所占的比重仍然最大，它包括电力产业、钢铁产业、建材工业、能源工业等，其优化发展最主要的内驱力来源于技术革新。技术革新一方面带动机器化大生产的不断发展，企业绩效的快速增长，满足了企业主的“利己心”；另一方面，技术革新让第二产业工人从繁重的劳动中解脱出来，让他们能够借助现代化大机器提升个人工作效率，用最少的工作时间获得更多的劳动报酬，满足了企业员工的“利己心”。因而，在工业技术革新带给员工劳动技术、提升其工作效率的同时，员工作为“经济人”的“利己心”便在工作场所、劳动报酬和工作时间上凸显出来。

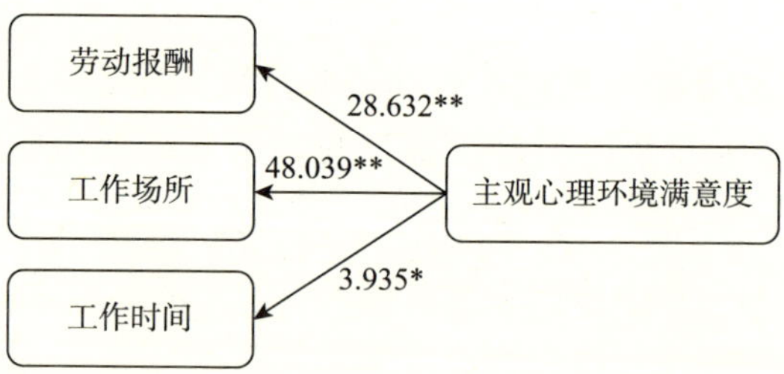

图 2－3　客观工作环境各题器与主观心理环境满意度的关系

注：＊代表在 0.05 的水平上显著，＊＊代表在 0.01 的水平上显著。

3. 关系路径三：组织工作环境→主观心理环境

霍桑实验告诉我们，组织中的员工不是被动的、孤立的个体，他们的行为不仅仅受工资的刺激，影响其生产效率的最重要因素并不是劳动报酬和物理工作条件，而是工作中的人际关系。也就是说，人是“社会人”，而不是“经济人”。据此，本研究在探寻中国组织员工的“经济人”属性的同时，也期望探索其“社会人”

属性。

ANOVA 分析结果显示，由同事支持、领导支持、工作自主性和工作歧视所构成的组织工作环境与受访者的主观心理环境满意度存在不同程度的显著相关关系（见图 2 - 4）。该结果较好地验证了假设三，同时也说明我国城镇居民除了具有“经济人”属性外，还具有一定的“社会人”属性。这一结论，早在梅奥的霍桑实验时期已经被发现。霍桑实验告诉我们，金钱、物理工作条件并非刺激员工积极性的唯一动力，新的激励重点必须放在社会、心理方面，以使人们更好地合作并提高生产率。沿着这条研究脉络，人际关系学派后来的研究者们发现了非正式组织的存在。他们认为，人是高级社会动物，在共同工作过程中，人与人之间必然产生联系，共同的社会感情让他们在组织中形成了非正式组织。在这种无形的组织里，有着特殊的感情、规范和倾向，并且左右着组织里每位成员的行为。然而，他们对这种非正式组织对员工行为的影响的研究不到位。对此，心理学引入“组织氛围”这一概念来解释非正式组织对组织员工的意义，试图厘清组织中的员工作为“社会人”的诉求及其对个体工作行为的驱动机制。大量的研究（王元元等，2012；王士红等，2013；张超，2012）都表明，创新氛围、公平氛围、人际氛围、支持氛围、组织认同等均对员工工作行为有不同程度的影响。归纳组织氛围的相关研究，我们从组织氛围的维度讨论中梳理出营造组织氛围的两条路径：人际互动与组织制度安排。一方面，组织成员必须从与同事的交流和互动中了解组织运作的流程、组织对员工的角色期望、成员们公认的规范、组织内的地位和权力结构、惩罚体系等，长此以往，组织氛围便在组织成员的组织社会化过程中得以形成。另一方面，我们还发现，组织氛围除了在组织社会化的潜移默化中产生之外，还可以由组织通过一系列组织制度安排，用“看得见的手”规范组织成员的工作行为与价值取向，这种个体层面的行为模式和感知通过同级交流、上下级交流等相互作用，不断得到放大，成为组织层面的氛围。对此，本研究着眼于组织制度安排下的组织氛围，用“组织工作环境”这一潜变量来使其区别于心理学话语下的组织氛围，所得结果也再次验证了组织员工的“社会人”属性及其影响的存在。受访者对支持氛围（同事支持、领导支持）、公平氛围（工作中的年龄、性别歧视）、创新氛围（工作自主性）的满意度较高，这不同程度地正面影响了其对工作的总体评价与对组织的态度，进而增强了组织中角色内行为和角色外行为的有效性。

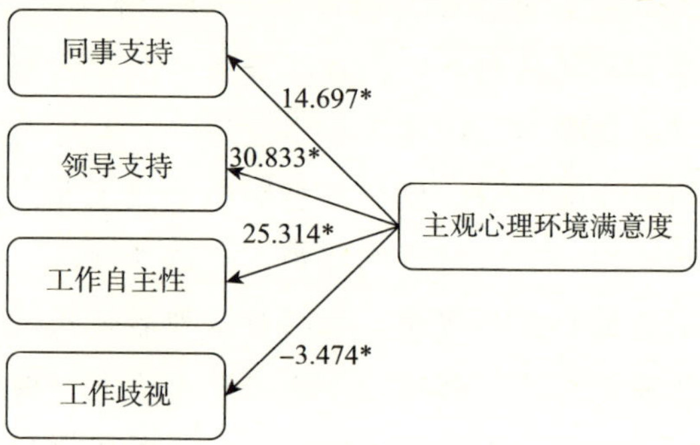

图 2-4　组织工作环境各题器与主观心理环境满意度的关系

注：* 代表在 0.05 的水平上显著。

（三）我国城镇居民工作环境满意度现状讨论

1. 2015 年城镇居民工作环境满意度较高，同比上升 5.85 分

为了更加全面地了解我国城镇居民工作环境满意度的动态变化，我们将本次调查数据与 2014 年“社会态度与社会发展状况调查”所得数据进行历时比较。结果发现，2015 年城镇居民对自己所处的工作环境总体上较为满意，与 2014 年相比增长了 5.85 分。分别考察工作环境满意度的三个构成要素可以发现，与 2014 年相比，2015 年城镇居民对工作的主观体验的得分增长幅度最大，其次是组织工作环境，最后是客观工作环境。城镇居民对工作环境评价相对较好的原因，我们有可能从 2015 年我国经济从高速增长

到稳步增长的变化中找到答案。

首先，在新的经济增长模式下，我国国内大部分工业领域产能过剩现象较为突出，工业生产价格持续下降，企业生产经营困难重重，各项经济指标显示我国已经面临“刘易斯”拐点，在人口红利即将消失和环境承载力不断下降的背景下，我国出现了第三产业比重领先于第二产业的经济发展现象。在这场规模颇大的产业结构升级过程中，劳动密集型产业、高耗能的重化工产业逐渐萎缩，取而代之的是服务业、互联网产业、高端产业（如汽车产业、造船业、高铁产业、大飞机产业等）等新兴产业。这种产业结构的优化提供了大量第三产业的岗位空缺，城镇居民有更多机会摆脱工作条件恶劣、自主性弱的工作，而选择场所更为健康、性质更加灵活的工作，实现工作质量的升级。因而，物理工作环境的优化、产业运行制度的灵活很有可能促进城镇居民工作环境满意度的提升。

其次，在新的经济增长模式背景下，我国国内经济增长开始从过去更多依靠固定资产投资转向需要寻求企业“内生动力”。“内生动力”一词来源于新经济增长理论中美国经济学家卢卡斯提出的“人力资本溢出”模型和罗默提出的“知识溢出”模型，其核心要义有两个：一是技术创新进步，二是人力资本积累。从技术创新的角度来看，开发新产品、创造新工艺、推广新技术、转化成果依然是企业实现技术创新进步的最佳途径。为此，我国企业正积极有效地建立更加健全的企业管理制度，推行内部机制改革，进而逐步冲破限制企业员工工作创新的束缚，尽量解除捆绑员工创新动力的绳索。从人力资本积累的角度来看，我国近年来高等院校扩招、应用型本科学校数量增加，使得我国目前的人力资本高速积累，为人力资本质量的提升创造了条件。因此，一方面，优化企业内部管理制度、使员工摆脱工作约束，可以促使员工对工作环境的态度向好的方面转变；另一方面，从文化修养、职业能力上提升人力资本质量，使得适龄劳动群体有较高的工作智商、情商和逆商[①]去应对工作中的各种问题，进而在工作中获得比较积极的情绪体验。

2. 城镇居民对客观工作环境的满意度总体较高，但加班现象仍然较为严重

尽管从总体来看，城镇居民对客观工作环境的评价尚可，但是具体剖析各个考察因子可以发现，城镇居民在工作时间上的满意度却不高，仅为58.45分，与2014年相比，下降了0.41分。数据显示，2015年城镇居民平均每周工作时间为46.56小时，较之于2014年的49.30小时，工作时间总体有所下降。但是，加班现象却依然严重，高达72.0%的受访者反映，在工作中存在不同程度的加班现象。其中，23.8%的受访者每周工作时间在41～48小时（相当于一周工作六天），21.3%的受访者每周工作时间在49～56小时（相当于一周工作七天）。还有10.5%的受访者每周工作时间超过56小时，处于超负荷工作的状态。导致加班现象严重的原因主要有两个。第一，被迫加班。在目前的职场上，加班似乎已经成为一种常态。不少用人单位把加班视作完成订单、完成季节性工作任务的主要方式，尤其是一些小型企业面对接单不容易、时间紧任务重的情况，把加班作为它们获取利润的主要方式。第二，"利益作祟"。根据中山大学社会科学调查中心发布的《中国劳动力动态调查：2015年报告》的数据，超过60%的加班雇员是"自愿加班"的，其"自愿加班"的原因是雇员获得的直接劳动报酬过低，单位时间的收入不高，所以他们不得不通过加班的方式来提高自己的收入。

① 逆商，全称逆境商数，来源于英文adversity quotient，还被翻译为挫折商或逆境商。1997年，加拿大培训咨询专家保罗·斯托茨博士在其《挫折商：将障碍变成机会》一书中，第一次正式提出挫折商的概念，用以测试人们将不利局面转化为有利条件的能力。它是指人们面对逆境时的反应方式，即面对挫折、摆脱困境和解决困难的能力。

3. 城镇居民对组织工作环境的评价整体提升，但较弱的工作自主性影响了组织工作环境满意度

本研究从同事支持、领导支持、工作自主性和工作歧视四个方面考察城镇居民对目前自己所处的组织内部工作环境的评价。结果显示，2015 年城镇居民对组织工作环境的满意度为 70.46 分，整体评价与 2014 年相比，增长了 6.13 分。尽管城镇居民对组织工作环境的评价颇高，但本研究却发现，在工作自主性上，得分却降低了，即 2015 年城镇居民认为自己的工作自主性较弱。这一结果与企业管理模式的转型不无关系。在当前中国经济驶入“三期叠加”的背景下，企业正面临着利润日益收缩、发展壁垒重重涌现的双重挑战，企业一方面要强化自身的业务转型，另一方面要向管理要效益、向管理要利润，以保障企业具有持续的竞争力。精细化管理与高效的流程管控作为有效控制企业运营成本、提升组织管理效率和整体执行力的先进管理理念已被越来越多的企业所采纳。精细化管理是社会分工的精细化，以及服务质量的精细化对现代管理的必然要求，是建立在常规管理的基础上，并将常规管理引向深入的基本思想和管理模式，是一种以最大限度地减少管理所占用的资源和降低管理成本为主要目标的管理方式。在这种管理理念下，管理责任具体化、明确化，每项工作程序化、标准化和数据化，必然会在短时间内全面增强企业管理制度的有效性，提升企业生产效率。但是，在如此精准的管理模式下，每个工作岗位的工作内容、岗位权限、业绩指标和任职条件都被标准化了，甚至各个岗位的工作流程、各个关键节点的控制和每台设备的操作规程都被规范化了。员工在如此标准化的作业程序中，更像一个“机器手”，每个人严格按照岗位说明书进行规定顺序的工作操作，在工作过程中不需要工作创新，能动性和自主性大大减弱。

4. 城镇居民的主观心理环境良好，但工作压力问题日益凸显

为了更全面地了解城镇居民对工作的主观体验，本研究在

2014年“社会态度与社会发展状况调查”原有题器的基础上，在主观心理环境维度增设了组织归属感、组织认同感和工作满意度三个题器来探寻城镇居民对单位组织和整体职业状况的态度。结果显示，2015年城镇居民在组织归属感上的得分为68.15分，在组织认同感上的得分为77.61分，在工作满意度上的得分为69.42分。除此之外，在工作压力、工作自尊、工作安全感、工作效能感和职业期望五个方面，2015年的情况均好于2014年的情况。由此可见，尽管2015年中国就业市场形势依然严峻，但是，城镇居民无论是在对工作环境的评价上，还是在组织认同上，都表现出积极的态势。

这一方面表明，城镇居民对自己的工作环境的评价，在很大程度上受到这项工作给其带来多大程度的工作压力的影响，另一方面也表明，目前城镇居民工作压力与其收入较低有直接关联。工作超负荷、职业发展期望、家庭经济支持、人际纠纷、住房问题等带来的压力，在他们所从事的工作上汇集。于是，工作被赋予除获取劳动回报的目标之外的更多诉求，他们期望在工作中获得更理想的经济收入、积累良好的人脉。这使城镇居民在工作中感受到的压力变得越来越大，导致“过劳死”的社会现象屡屡出现。

五　城镇居民工作环境满意度的差异分析与讨论

在这个部分，我们将通过几个重要的人口学变量（性别、年龄、民族、户口性质、收入水平、受教育程度、工作性质等）来分析城镇居民工作环境满意度的差异。

（一）人口学变量的影响结果分析

1. 自然特征变量：性别/年龄/婚姻状况/民族/宗教信仰

在对受访者的自然特征的初步分析中，我们发现，工作环境满意度仅在年龄这一变量上存在显著差异（F = 2.443，Sig. = 0.032），除此之外，在性别（F = 0.070，Sig. = 0.792）、婚姻状况（F = 2.289，Sig. = 0.058）、民族（F = 1.001，Sig. = 0.317）和宗教信仰（F = 1.376，Sig. = 0.241）上均不具有统计学意义上的显著差异。

具体考察年龄在工作环境满意度及其三维度上的相关程度，我们发现，不同年龄阶段的城镇居民不仅在工作环境满意度上存在显著差异（F = 2.443，Sig. = 0.032），而且，在客观工作环境（F = 4.086，Sig. = 0.001）、主观心理环境（F = 3.512，Sig. = 0.004）上也存在显著差异。

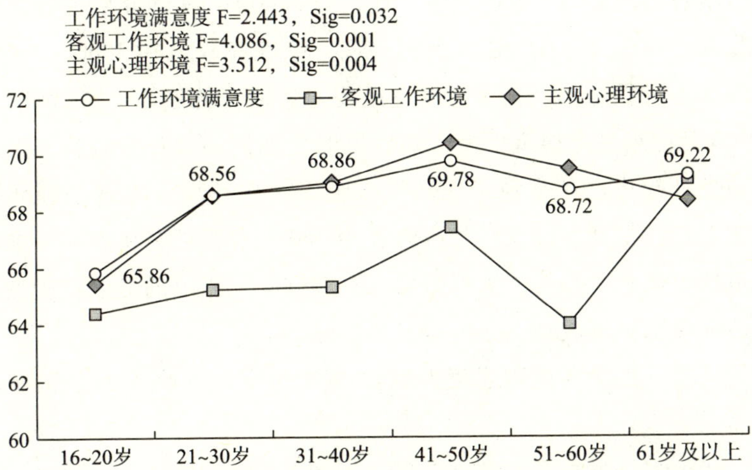

图 2-5　工作环境满意度及其三维度在年龄上的均值分布及显著性

如图 2-5 所示，城镇居民对工作环境的满意度随着年龄的增长呈现稳步上升的趋势，其中，41～50 岁的受访者对目前自身的工作环境满意度显著高于其他年龄阶段的受访者。这一现象同样出现在主观心理环境这一维度上，41～50 岁的受访者在工作满意度、组织认同感、组织归属感等心理体验上显著好于其他群体。此外，不同年龄阶段的受访者对客观工作环境的态度存在显著差异，处于 51～60 岁之间的受访者对其客观工作环境（工作时间、工作场所、劳动报酬）的评价显著低于其他年龄阶段的受访者。

2. 社会特征变量：户口类型/收入水平/受教育程度

在对受访者的一些社会特征变量［户口类型、户口所在地、家庭月收入、个人月收入（包括各种收入）、受教育程度］进行分析发现，受访者的工作环境满意度在家庭月收入（F = 14.894，Sig. =0.000）、个人月收入（F =7.946，Sig. =0.000）、受教育程度（F =9.417，Sig. =0.000）上呈现显著差异。

第一，工作环境满意度及其三维度在家庭月收入上存在显著差异。

随着家庭月收入的增加，城镇居民的工作环境满意度均呈现稳步增长的趋势（F =19.419，Sig. =0.000）。具体分层考察家庭月收入（见图 2 -6）时，我们发现，家庭月收入在 3000 ~ 20000 元的受访者在工作环境满意度上呈现匀速增长的趋势，在 20001 ~ 30000 元的组别上出现下滑，随后依旧呈现波动增长的趋势。上述波动上升趋势也在客观工作环境、组织工作环境和主观心理环境维度上均有呈现，即家庭月收入在 20000 元以下的受访者在三维度上呈现匀速上升趋势，家庭月收入在 20000 元以上的受访者在主观心理环境上呈现波动上升趋势，差异显著。

第二，工作环境满意度及其三维度在个人月收入上存在显著差异。

从个人月收入考察可以发现（见图 2 -7），随着个人月收入的不断增加，城镇居民的工作环境满意度呈现显著的波动上升趋势（F =7.946，Sig. =0.000）。具体分析这三个维度可以发现，受访者在客观工作环境（F =2.925，Sig. =0.012）、组织工作环境（F =4.338，Sig. =0.001）和主观心理环境（F =11.033，Sig. =0.000）上均呈现显著的匀速上升趋势。值得注意的是，在工作环境满意度及其三维度的波动上升的过程中，个人月收入在 3001 ~ 4000 元的组别上，曲线跌入明显的低谷。这表明，随着个人月收入的增长，城镇居民工作环境满意度波动上升；但当城镇居民的

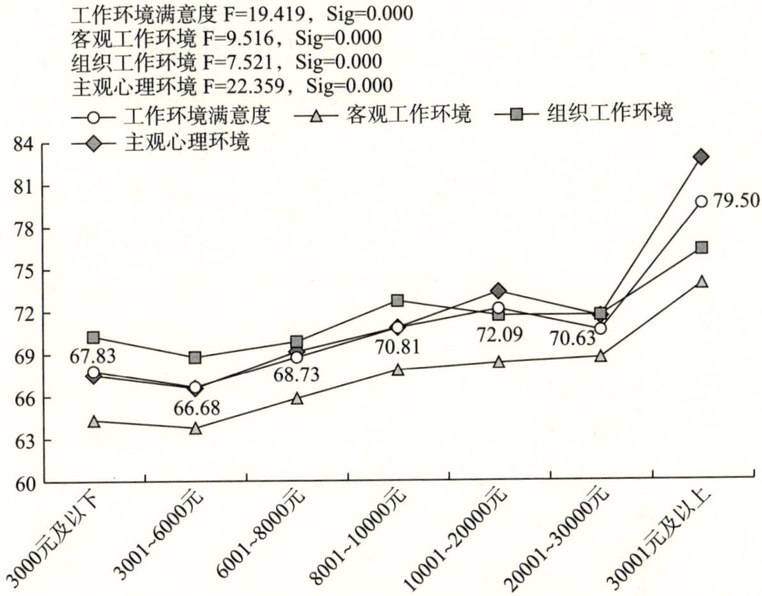

图 2－6　工作环境满意度及其三维度在家庭月收入上的差异分析

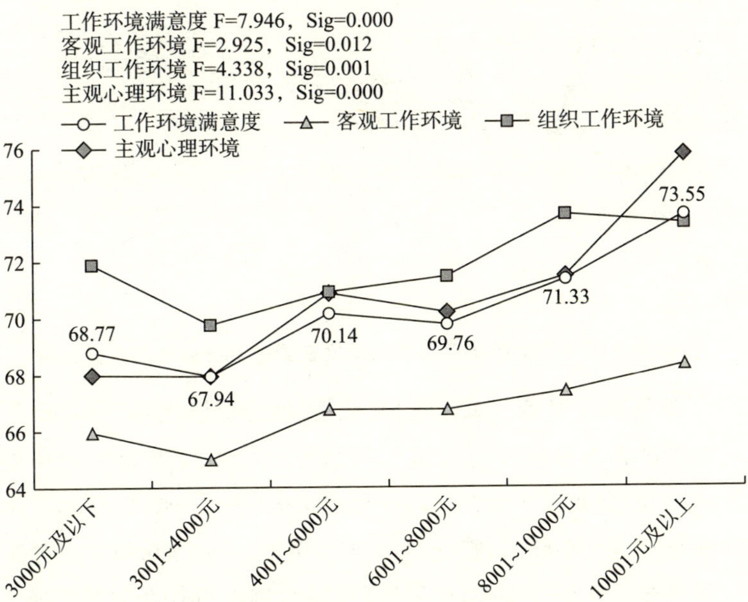

图 2－7　工作环境满意度及其三维度在个人月收入上的差异分析

个人月收入达到一定数值时，该指数的上升速度有所减缓。

第三，工作环境满意度在受教育程度上存在显著差异。

具体分析拥有不同教育背景的受访者在工作环境满意度上的得分发现（见图 2－8），随着受访者受教育程度的提高，其工作环境满意度呈现显著增加的趋势（F＝9.417，Sig.＝0.000）。分别考察工作环境满意度的三个维度（客观工作环境、组织工作环境和主观心理环境）发现，三个维度同样在受教育程度上呈现显著上升的趋势。

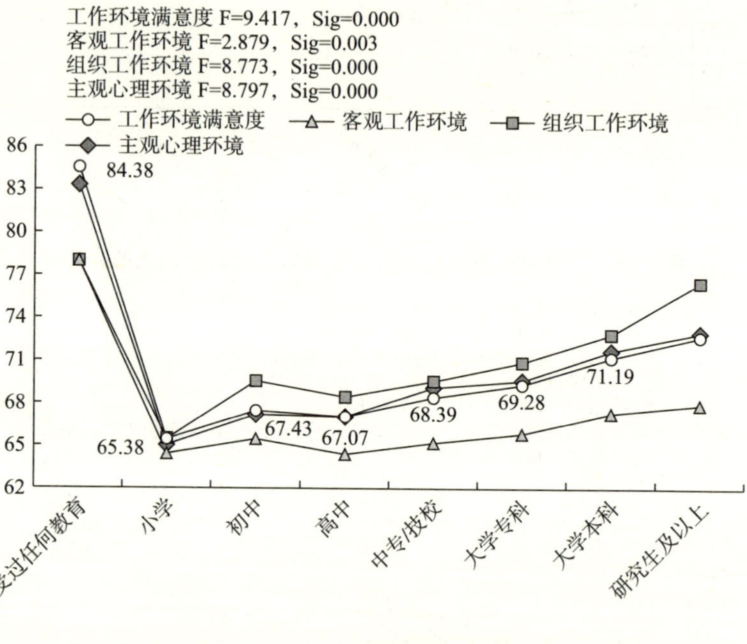

图 2－8　工作环境满意度及其三维度在受教育程度上的差异分析

3. 工作特征变量：单位类型/职位/社会保障机制

对受访者工作特征变量进行分析发现，受访者的工作环境满意度在单位类型（F＝21.925，Sig.＝0.000）、单位性质（F＝9.935，Sig.＝0.000）、职位（F＝23.098，Sig.＝0.000）方面具有显著差异，此外，在不同的社会保障机制上也存在显著差异。

第一，不同单位类型中的城镇居民在工作环境满意度及其三维度上有显著差异。

当我们对不同单位的城镇居民进行工作环境满意度比较时，我们发现（见图 2－9），单位类型是党政机关及其派出机构、事业单位、居委会/村委会的受访者在工作环境满意度上的均值都大于 70.00 分，显著高于其他单位类型的受访者。具体考察工作环境满意度的三维度，我们还发现，在客观工作环境满意度上，在居委会/村委会工作的受访者的均值达 75.20 分，显著高于其他受访者；在企业工作的受访者（客观工作环境均值为 64.94 分）和在社会团体工作的受访者（客观工作环境均值为 66.43 分），其得分明显

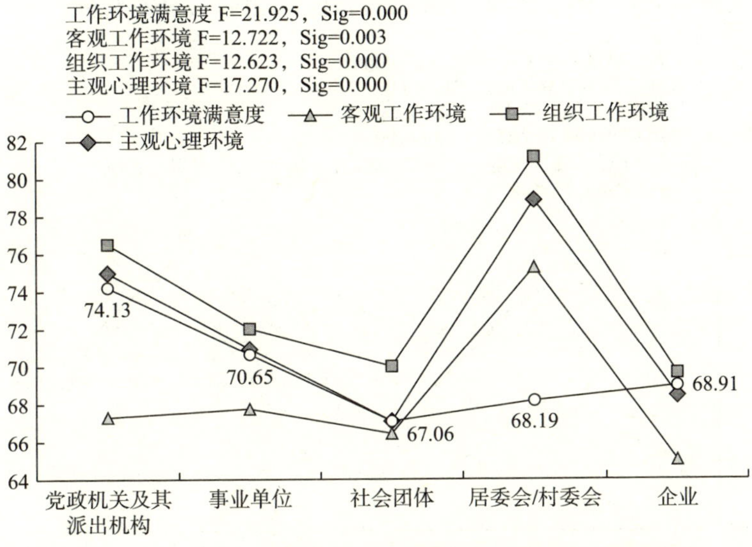

图 2－9 工作环境满意度及其三维度在单位类型上的差异分析

低于其他受访者。在组织工作环境满意度上，在党政机关及其派出机构、事业单位、居委会/村委会工作的受访者的均值超过 72.00 分，显著高于其他受访者；但在企业工作的受访者的组织工作环境均值仅为 69.69 分，显著低于其他受访者。在主观心理环境满意度上，党政机关及其派出机构、事业单位、居委会/村委会的受访者的均值显著高于其他受访者（在该维度上的均值分别是 75.00 分、70.94

分、78.84分），而身处企业或其他社会团体的受访者的主观心理环境均值较低，仅为68.45分和67.19分。

上述这些数据可以从另一个角度说明，单位体制会对城镇居民的工作环境主观感受产生显著影响。

第二，城镇居民的工作环境满意度及其三维度在单位性质上存在显著差异。

通过ANOVA分析，我们发现身处不同单位性质中的城镇居民对其工作环境的态度存在显著差异。由图2－10可知，在外资企业中的受访者对其工作环境的满意度最高，均值高达72.31分；而在私有制或民营单位工作的受访者，其满意度最低，均值仅为67.89分。

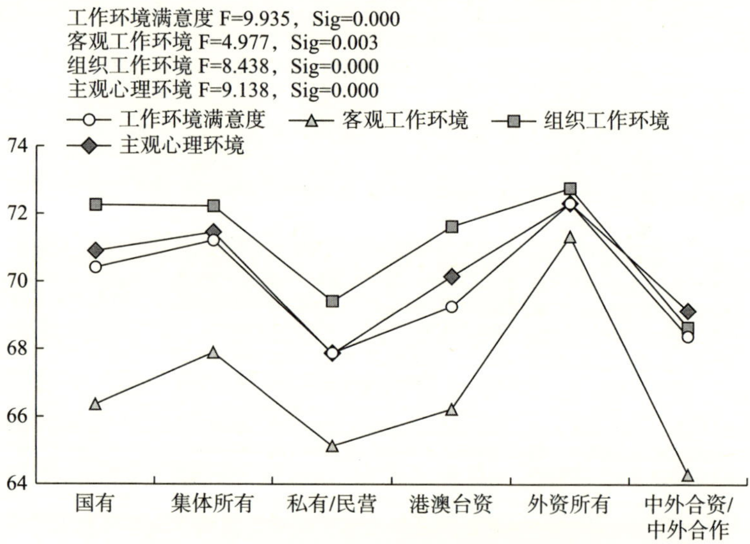

图2－10　工作环境满意度及其三维度在单位性质上的差异分析

具体考察工作环境满意度的三个维度，我们发现，客观工作环境、组织工作环境和主观心理环境三个维度在单位性质上均存在显著差异，并且在外资企业工作的受访者的客观工作环境、组织工作环境和主观心理环境得分均值均显著高于在其他单位工作的群体（在外资企业工作的受访者在客观工作环境、组织工作环境和主观心理环境上的得分均值分别为 71.31 分、72.78 分、72.26 分)。此外，在中外合资/中外合作企业中工作的受访者对其客观工作环境和组织工作环境的评价最低（均值仅为 64.24 分、68.71 分)；在私有/民营企业工作的受访者对工作的主观心理环境的满意度最低，均值仅为 67.99 分。

第三，职位对工作环境满意度及其三维度存在显著影响。

考察受访者在职位上的差异时发现（见图 2－11)，领导和中层管理人员的工作环境满意度显著高于普通职工。在工作环境满意度的三个维度上，这种显著差异依然存在。

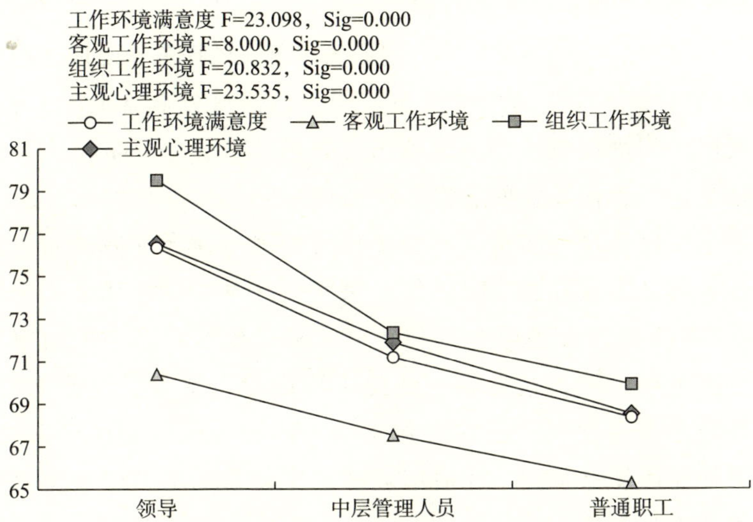

图 2－11　工作环境满意度及其三维度在工作职位上的差异分析

（二）讨论

1. 性别差异：加班现象显著出现于男性群体，工作歧视显著出现于女性群体

总体来看，工作环境满意度在男女性别上并不存在显著差异，具体考察三个维度时发现，男女在评价客观工作环境（女性显著高于男性，F＝10.513，Sig.＝0.001）和组织工作环境时，出现了

显著差异（男性显著高于女性，F＝4.777，Sig.＝0.029），而在主观心理环境上的差异却并不显著（F＝0.030，Sig.＝0.864）。这在一定程度上可以反映男女在评价工作时的不同取向。女性更多地看重工作中的物理条件，如工作场地的面积是否足够大、配套设施是否齐全、自然条件是否舒适等，而男性则不同，他们更在乎工作任务本身、组织内部管理环境是否能够体现其自身价值，满足其经济需求、个人发展和成就感等。

首先，考察客观工作环境的三个题器（工作时间、劳动报酬和工作场所）在性别上的差异发现，男性与女性在工作场所、劳动报酬这两个题器上并不存在显著差异，但是，二者在工作时间（F＝10.437，Sig.＝0.001）上却差异显著。依据工作时间的题项"我经常加班工作"的均值分布可知，男性得分显著低于女性。这表明，加班现象显著更多地出现于男性群体。分析原因，我们认为，尽管社会发展进程不断加快，但它却不是影响社会分工发生变化的唯一因素，社会文化的稳固与社会发展的变化之间存在的张力有可能落脚到每个家庭、每对夫妻，甚至每个个体。"男主外、女主内"的传统分工模式依然在当今中国家庭中占据主导位置，这导致男性的工作内驱力更大。与此同时，男性较之于女性，普遍在身体素质、体力、精力上优于女性，为男性在职场上承担工作时间增加、劳动强度更大的加班任务提供了诸多条件。

其次，考察组织工作环境的四个题器（工作自主性、工作歧视、同事支持和领导支持）在性别上的差异时发现，男性与女性在工作自主性、同事支持和领导支持三个题器上并不存在显著差异，但是，二者在工作歧视（F＝7.810，Sig.＝0.005）上却差异显著。依据工作歧视的题项"在工作中有时会遇到性别和年龄歧视"上的均值分布可知，男性得分显著高于女性。也就是说，相对于男性而言，女性在工作中更容易遭受到性别和年龄歧视。尽管我国《劳动法》明确规定："劳动者享有平等就业和选择职业的权利，劳动者就业不因民族、性别不同而受歧视。”但劳动力市场中心照不宣的“重男轻女”用工选择可能正是企业追求利润最大化的经济理性起作用的必然结果。企业出于对成本与收益的考虑，优先选择素质较高、价格较低的劳动力，而男性在体力、执行力、职业生涯的规划，甚至社会分工方面都占有明显的优势。

2. 年龄差异：工作环境满意度在 31～40 岁上的最低点已消失，城镇居民对工作环境的满意度随年龄的增长呈波动上升趋势

在 2014 年《中国社会发展年度报告》分报告之一《中国城镇居民工作环境报告》中，我们发现，随着年龄的增长，城镇居民对工作环境的满意度逐渐上升，但在 31～40 岁这个年龄阶段出现了满意度的最低点。这一问题在 2015 年有所改善，各个年龄阶段的工作环境满意度差距不大，总体呈波动上升趋势。

具体考察工作环境满意度的三个维度，我们发现城镇居民对客观工作环境的评价（$F = 4.086$，$Sig. = 0.001$）和对工作的主观心理环境的评价（$F = 3.512$，$Sig. = 0.004$）在年龄这一变量上存在显著差异。深入探究，我们有如下发现。第一，在客观工作环境维度上，不同年龄阶段的城镇居民对劳动报酬（$F = 5.173$，$Sig. = 0.000$）和工作场所（$F = 4.178$，$Sig. = 0.001$）的评价存在显著差异。这种差异表现在：随着年龄的递增，城镇居民对劳动报酬的满意度逐渐提升，但在 51～60 岁这个年龄阶段的城镇居民对其劳动报酬的满意度最低；城镇居民对工作场所的满意度也随着年龄的增加逐渐攀升，退休后返聘工作的群体对此满意度最高。第二，在主观心理环境维度上，不同年龄阶段的城镇居民的工作自尊（$F = 2.733$，$Sig. = 0.018$）、工作安全感（$F = 6.457$，$Sig. = 0.000$）、职业期望（$F = 3.506$，$Sig. = 0.004$）、组织归属感（$F = 2.999$，$Sig. = 0.011$）、工作满意度（$F = 4.241$，$Sig. = 0.001$）和组织认同感（$F = 2.428$，$Sig. = 0.033$）在年龄上存在显著差异，并且同样都呈现随年龄增加而波动上升的态势。

3. 户口差异：城镇化进程的带动使得农民工群体与城镇居民在工作环境满意度上已无显著差异，但工作自主性的缺失、年龄与性别歧视却显著存在于城镇居民群体中

在2014年的调查中，我们发现农民工与城镇居民在工作环境满意度上存在显著差异（F = 4.128，Sig. = 0.042）。但是2014年至今，为加快农民市民化进程的户籍制度改革已基本完成，且从就业、创业、劳动保障、享有基本公共服务和社会融合等几方面对农民工市民化的目标进行了的详细的配套规划，其改革成效在2015年的数据中有所显现：拥有农业户口和非农户口的城镇居民在工作环境满意度上已无显著差异（F = 0.034，Sig = 0.855）。

此外，将2014年与2015年的数据进行比对，结果显示，2015年拥有不同户口的城镇居民对客观工作环境的评价已无显著差异（F = 0.305，Sig. = 0.581），但在对组织工作环境的评价上却存在显著差异（F = 9.400，Sig. = 0.000），农业户口受访者的得分显著高于非农户口受访者，这种偏高的态势主要表现在工作自主性和工作歧视上。我们认为，这一结果可能与目前农民工内部的代际更替有直接关系。在本次被访农民工中，年龄在16～30岁的农民工高达51.1%。在《中共中央 国务院关于加大统筹城乡发展力度进一步夯实农业农村发展基础的若干意见》中，首次使用了“新生代农民工”这个词去特指1980年后和1990年后出生的新一代年轻的进城务工者。这群年龄在16～30岁的新生代农民工以“三高一低”为特征：受教育程度较高，职业期望值较高，物质和精神享受要求高，工作耐受性低。因此，与父辈不同，他们在工作环境、住宿条件、文化娱乐等方面的要求更多，维权意识也较之父辈大为增强。针对这样一种劳动力市场中的主力人群，从国家政策到企业用工制度都在客观工作条件的改善上做了大量工作。本次调查中“拥有不同户口的城镇居民对客观工作环境的评价已无显著差异”的这一结果足以显示此项工作的成效。然而，我们仍需注意的是，这一特殊群体对工作环境的要求还仅限于工作的物理条件，如工作场所、住宿条件、工资待遇、工作时间等，在更深入的工作心理环境的感受上（如工作自主性、工作公平感等）仍缺乏意识。

4. 收入差异：家庭月收入为2万～3万元的中高收入城镇居民对工作环境的主观评价较低

根据上述数据分析可知，工作环境满意度在家庭月收入上呈现显著的波动上升趋势，且这种趋势在客观工作环境、组织工作环境和主观心理环境三维度上均有显著体现。值得我们注意的是，随着家庭月收入逐渐增加，无论是主观心理环境维度还是工作环境满意度都随之上升，但是均在家庭月收入为20001～30000元这个阶段突然下跌，随后才重新爬升。我们通过对受访者家庭月收入的频次分析发现，99.4%的城镇居民家庭月收入处于这个区间。相较而言，这个收入区间的城镇居民属于中高收入人群，为何工作环境满意度这么低呢?

我们考察了主观心理环境的八个题器发现，处于此收入区间的城镇居民在工作满意度、组织认同感、组织归属感、职业期望、工作安全感、工作自尊六个题器上都出现了显著的下降拐点。中高收入城镇居民的工作年限都在3年以上，相对而言，他们的组织社会化程度、个人与工作的匹配程度都比较高，工作经验也比较丰富，他们对职业发展的期望值更高，也容易将个人的职业发展愿景与工作单位的组织愿景结合起来。但是他们观察组织的角度很难超越个体主观感受，如果工作无法使他们获得满足感和成就感，无法充分发挥他们的创造力，他们很有可能对主观心理环境做出较低的评价，进而影响其工作环境满意度。这在上述的社会分层差异上也可见一斑。

5. 单位性质差异：港澳台资企业工作环境改善，外资企业工作环境满意度最高，而私有/民营企业的工作环境却仍不尽如人意

首先，2014年的调查数据显示“在港澳台资企业工作的城镇居民的工作环境满意程度最低”，这一状况在2015年得到有效改善，港澳台资企业的工作环境满意度已从第六位攀升至第四位。改革开放以来，长三角地区吸引了大量的港澳台资企业，从开始时以档次低、规模小的轻纺工业、简单加工业为主，逐步发展到电子信息、机械、化工、汽车零部件、投资咨询、医疗卫生等先进制造业和现代服务业领域。但是，前几年“富士康连跳事件”引发了社会大众对港澳台资企业工作环境的担忧，同时也让港澳台资企业在民众心中的印象跌入谷底。2014～2015年，相关公司为此大力推行改善企业工作条件的计划，所获成效在2015年的数据分析结果中可见一斑。

其次，2015年数据显示，在外资企业工作的城镇居民的工作环境满意度高达72.31分，并且这种领先态势同样在客观工作环境、组织工作环境和主观心理环境三维度上表现显著。为了了解外资企业工作环境满意度领先的原因，我们对工作环境满意度三维度中的各个题器做了深入挖掘。结果发现，在外资企业工作的城镇居民对其客观工作环境的评价高，其原因在于外资企业所提供的劳动报酬较高、工作场所舒适、工作时间相对更合理；在组织工作环境方面，外资企业的工作自主性更强、领导支持力度更大。因而，在外资企业工作的城镇居民的工作自尊更强、职业期望更高、组织归属感更强。

最后，2015年数据表明，在私有企业/民营企业工作的城镇居民的工作环境满意度显著低于其他单位员工。为了了解其原因，我们深入考察了私有企业和民营企业的数据，将工作环境满意度所有题器的均值进行排序。结果发现，各个题器上均值排序后三位的分别是：工作自主性（61.51分）、工作时间（57.39分）和工作压力（53.94分）。由此可见，目前私有企业/民营企业员工的工作条件仍然不容乐观，特别是工作时间长、工作压力大、工作灵活性不够等问题尤为突出。

六　城镇居民工作环境满意度的影响因素探讨

（一）城镇居民工作环境满意度与社会满意度的关系

社会满意度的频次分析结果显示，2015 年城镇居民社会满意度在 27.56 ~ 100.00 分之间（分值越高，社会满意度越高，满分为 100 分），均值为 65.62。在本部分中，为了分析城镇居民工作环境满意度与社会满意度的关联性，我们将两者做了回归分析，结果显示，社会满意度越高的城镇居民，其工作环境满意度也显著较高，二者呈显著正相关（F = 318.322，Sig. = 0.00）。具体分析工作环境满意度三维度（客观工作环境、组织工作环境和主观心理环境）与社会满意度的三维度（政府工作满意度、社会经济满意度和社会发展满意度）发现，两两维度之间同样存在不同程度的显著正相关（见表 2 - 2）。

表 2 - 2　工作环境满意度与社会满意度各维度的相关分析

	客观工作环境	组织工作环境	主观心理环境
社会经济满意度	0.213**	0.127**	0.309**
社会发展满意度	0.222**	0.168**	0.364**
政府工作满意度	0.205**	0.186**	0.382**

注：** 在 0.01 水平（双侧）上显著相关。

（二）城镇居民工作环境满意度与生活满意度的关系

对 2015 年城镇居民生活满意度的频次分析发现，本年度城镇居民生活满意度得分在 29.09 ~ 100.00 分之间，均值为 69.67。另外，对工作环境满意度与生活满意度两个变量进行回归分析发现，2015 年城镇居民对个体工作环境的满意程度随其生活满意度的上升而上升，呈显著正相关（F = 1266.659，Sig. = 0.000）（见图 2 - 12）。这表明，工作不仅是人们生活的重要组成部分，还是人们获得自豪感、成就感的重要途径。无论是普通的员工还是管理人员均认为工作是重要的，通过工作获得的自豪感是一种强有力的力量，并且他们认为在工作中他们获得了更多的生活满意度（Rice et al.，1980）。因而，从某种程度上来说，工作环境满意度和生活满意度的相关系数大小反映了工作和其他生活方面相关性的强弱，所以，我们有理由相信，工作环境满意度与生活满意度的显著正相关，正好反映了工作对生活的影响。

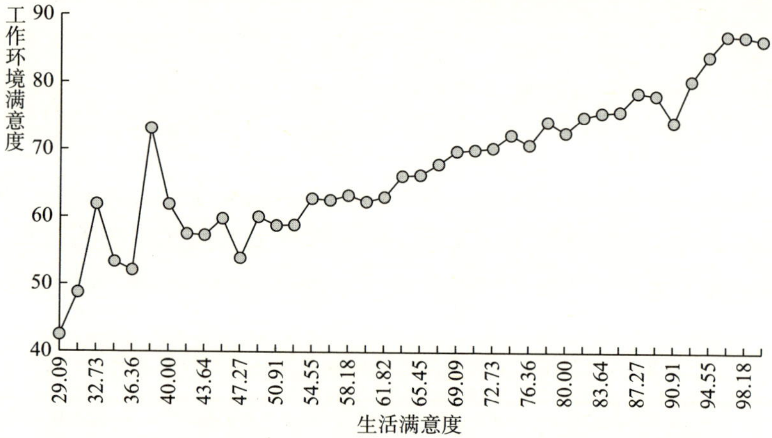

图 2－12　城镇居民的工作环境满意度与生活满意度关系的趋势

（三）城镇居民的工作环境满意度与社会参与的关系

为了考察城镇居民的社会参与与其工作环境满意度的关联，我们选取本次调查问卷中 C5、C6、C7 共 3 个题器作为社会参与的评价题器。计分方式如 C501 题“过去一年中，您是否参加过社区/居委会举办的活动?”，回答“没有”计 0 分，回答“有”计 1 分，依此类推。以 3 个题器得分之和作为城镇居民社会参与指数，分值越高，代表社会参与越多。

首先，对社会参与进行频次分析发现，92.5% 的受访城镇居民社会参与指数低于 60.00 分（满分为 100 分），平均分仅为

20.39 分，社会参与指数呈正偏态分布，表明城镇居民社会参与较少。

其次，考察社会参与情况不同的城镇居民的工作环境满意度发现（见图 2-13），随着城镇居民在社区活动、社会组织活动和选举投票等中的社会参与的不断增多，工作环境满意度呈现显著的波动上升趋势（F = 96.062，Sig. = 0.000）。这表明，社会参与有利于城镇居民了解社会宏观环境、中观组织环境，以此作为其评价自己所处工作环境的参考信息，从而不断调整其对工作环境的主观认知，进而形成了较高的工作环境满意度。

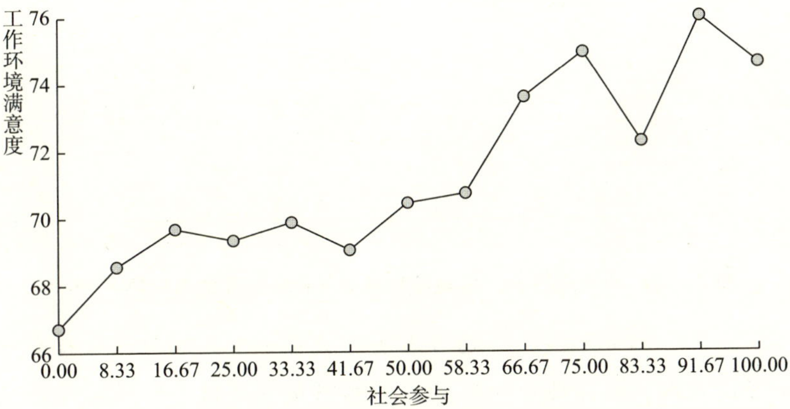

图 2-13 城镇居民的工作环境满意度与社会参与关系的趋势

（四）城镇居民的工作环境满意度与社会分层的关系

考察城镇居民工作环境满意度与其社会分层的关系发现（见图 2-14），根据对自己所处社会地位层级（第一层代表最低，第十层代表最高）的认知，城镇居民的工作环境满意度呈现“倒 U”型。随着社会地位层级的升高，城镇居民的工作环境满意度不断攀升，第六层达到最高值 71.16 分，随后不断下滑至第九层才开始重新上升。其中，社会地位层级高达第九层的城镇居民的工作环境满意度仅为 63.38 分（相对的，处于社会地位层级最低层的城镇居民的工作环境满意度为 62.77 分）。另一方面，这种“倒 U”型波动趋势同样出现在经济收入分层中，工作环境满意度的最高点出现在经济收入的第五层，三个较低点分别在经济收入的第十层、第八层和第二层。

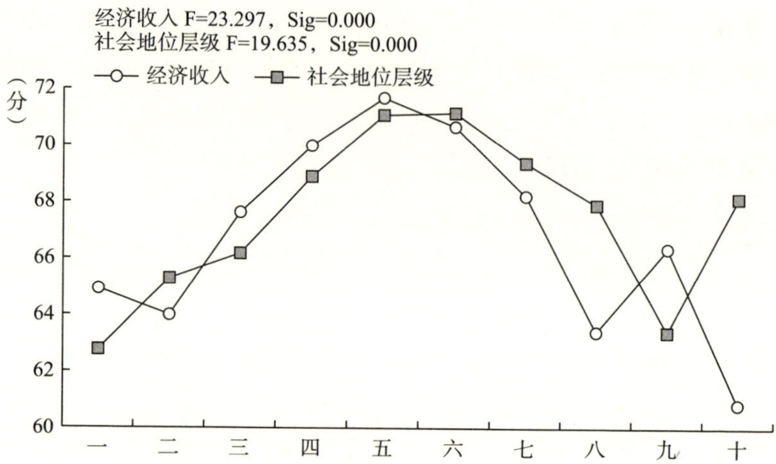

图 2－14　城镇居民的工作环境满意度与社会分层的 ANOVA 分析

这种“倒 U”型波动趋势表明，随着一个人对自己在社会中的经济收入、社会地位层级的认知越清楚，其对工作环境的满意度越高；但是，当达到一定层级之后，个体的工作环境满意度反而会降低。本次调查就发现，经济收入和社会地位层级处于中等水平的城镇居民的工作环境满意度最高，而处于低水平和高水平的城镇居民的工作环境满意度却最低。

七　结论与思考

欧洲工作环境调查源自《罗马条约》（又称为《欧洲共同体条约》）第 136 条的规定。《罗马条约》指出“欧盟各成员国应该致力于促进就业、改善生活与工作环境，从而在保障发展的同时推动欧洲共同体的内部和谐”[①]。基于此，这项跨越欧盟各国的大规模调查并非由任何学术机构来进行，而是由欧洲促进生活与工作环境基金会[②]来主持开展，其目的主要有三个：（1）评价欧盟各国的工作，测量其工作环境，以确定工人群体所面对的工作条件及困难，从而采取积极的应对措施；（2）监控欧洲工作与就业质量，从中学习好的实践管理经验；（3）横向对比欧盟各国的工作环境现状，为欧洲相关政策制定者提供参考依据。由此可见，这项调查从倡导者到调查目的，都具有极强的政治性和公共服务性。尽管近20年来，五份欧洲工作环境调查报告并没有给我们提供系统的工作环境研究学科理据，甚至在对工作环境的概念上都缺乏认知统一的表述，但其最大的贡献在于，随着数年来参与欧洲工作环境调查的欧盟成员国数量不断增加，工作环境的测量维度几经聚类、归纳，大致形成了“工作发展”“工作强度与自主性”“工作的社会性创新”“工作中的物理及心理风险”“工作－生活平衡”五个方面。与此同时，我们还发现，在这五次调查的问卷设计中，问题设置与回答选择的方式存在从测量客观工作条件指标高低向考察个体对工作环境各个客观指标的主观评价迁移的变化趋势，最近的一次调查甚至只用受访者的主观满意度来考察工作环境的客观指标。以上对欧洲工作环境调查问卷及报告的分析，为中国城镇居民工作环境问卷编制提供了维度设计与评价体系上

① 1957年3月25日，在欧洲煤钢共同体的基础上，法国、联邦德国、意大利、荷兰、比利时和卢森堡6国政府首脑和外长在罗马签署《欧洲经济共同体条约》和《欧洲原子能共同体条约》，后来人们称这两个条约为《罗马条约》。同年7月19日到12月4日，6国议会先后批准了《罗马条约》，于1958年1月1日生效。1967年，欧洲煤钢共同体、欧洲经济共同体、欧洲原子能共同体机构合并，统称为欧共体。这是欧洲一体化的重要步骤。

② 欧洲促进生活与工作环境基金会（The European Foundation for the Improvement of Living and Working Conditions，简称Eurofound），是一个第三方欧盟机构。它于1975年成立，源自欧盟1975年第136号条例，它的职责是为欧盟机构、政府、雇主和工会制定社会及与工作相关的政策给予支持和建议，致力于在欧洲设计更好的生活与工作环境。

的重要借鉴作用。

与欧洲工作环境研究的逐步成熟相比，我国关于工作环境的研究尚处于初级阶段。2014 年，中国社会科学院首次在“社会态度与社会发展状况调查”中设置工作环境子量表，试图将工作环境引入社会学学科领域，从社会及与工作相关的政策制定上给予政府建议。与此同时，尽管工作环境一词尚未有任何学科阐释，但大多数与此相关的文献则聚焦在工作质量的研究上，主要关注以下三个方面：第一，描述弱势群体的工作境况（比如农民工群体）；第二，评述美国工作生活质量（quality of working life，QWL）的研究成果，并探讨这一指标在国内的适用性；第三，根据国际劳工组织（ILO）以及欧盟提出的“体面劳动”概念，探讨其在国内的适用性。本研究试图通过工作环境的实证研究发现社会学问题，用问题引发工作环境的学理讨论，从而促进工作环境研究的学术化。在这种研究思想的指导下，关于工作环境调查问卷的编制便至关重要：问卷维度的设计是否合理、题器设置与评价标准是否科学，将直接影响工作环境讨论的学理性。

首先，本研究在问卷编制上认同欧洲工作环境调查问卷的设计理念，认为组织通过岗位设计、工作规范等制度安排而形成的工作环境，不能直接作用于个人，而是通过个人对其一系列客观工作环境的主观感受和评价，形成个人的工作行为和工作价值取向。因此，在这种“客观指标主观化”的设计理念下，本研究首先从满意度出发，去考察个体对工作环境各个方面的主观评价。其次，具体到各个题器的设置上，我们发现欧洲工作环境调查问卷中的题器并不完全适用于我国国情。欧洲工作环境调查的题器筛选，不仅与欧盟各国经济发展与组织管理理念密切相关，还与欧洲生活价值取向有关。一方面，欧盟各国工业化程度较高、技术革新的速度较快，与之相匹配的组织管理理念也从“经济人”进化到了“自我实现人”阶段。组织管理者在营造好的工作环境的同时，更注重为组织成员提供适当的时间与空间去发挥其潜力，满足其自我价值得以实现的需求。另一方面，长期以来，欧洲高福利、高保障的公民保障体系使员工有机会反思自我价值的实现途径，他们更需要组织给予其发挥自我才能的工作以及平衡工作与生活关系的资源与条件。因此，在欧洲工作环境调查问卷中，与“工作时间”“工作自主性”“工作节奏”“工作趣味性”“工作－生活平衡”等相关的题器占有较大比例。然而，这些题器如何满足中国城镇居民工作环境调查的需要还有待探索。

目前我国产业结构正处在转型优化期，第二产业所占比例仍然较高，第三产业发展迅猛但缺乏多元化，推动经济发展的首要内驱力仍然是技术革新。在“重技术轻管理”的主导管理思想中，组织管理理念普遍还比较落后，岗位设计和工作环境的营造仍然侧重于组织员工的“经济人”属性。与此同时，随着我国国民生活水平的大幅度提升、人力资本质量的不断提高，城镇居民对工作的诉求已经开始从单纯满足其生理需要向尊重和自我实现需要方向变化。基于此，本研究将城镇居民的工作环境分为客观工作环境、组织工作环境和主观心理环境三个维度，通过人们在各个维度上的主观评价的好坏来衡量目前工作环境的好坏、就业质量的高低。同时，在题器设计中，本研究试图将“经济人”“社会人”“自我实现人”在工作上的属性分别融入客观工作环境、组织工作环境与主观心理环境三个维度中，以此来探索我国当下城镇居民的工作价值取向。数据结果分析显示，工作环境这三个维度之间存在不同程度的显著相关关系，这表明工作环境内部确实存在客观工作环境、组织工作环境和主观心理环境三维度的结构要素。此外，两两维度之间的关系分析结果验证了一系列假设，同时也证实了我国城镇居民在对工作环境的诉求上兼具“经济人”“社会人”“自我实现人”三种属性。本研究关于工作环境的内部结构分析以及对其操作化过程的讨论尚停留在探索阶段，在题器设置和维度划分上还存在很大的进步空间。调查结果验证了工作环境三维结构的存在，但是这三个维度之间的关系却仍需要进一步探讨：客观工作环境是否直接影响组织员工的主观心理环境？组织工作环境是否在客观工作环境对主观心理环境的影响上发生中介作用？客观工作环境与组织工作环境是否协同作用于组织员工的主观心理环境？

另外，与欧洲工作环境调查的目的一致，在获得以上数据分析结论的基础上，本研究也尝试通过整理工作环境满意度的因子来探寻工作环境中的相关问题。在“好的工作环境带来好的生活质量”的总体逻辑引导下，结合我国城镇居民工作环境的现状，本研究发现了我国工作环境研究需要注意的几个问题。（1）多元的工作价值取向与单一的工作设计之间的矛盾。转型社会是传统与现代性冲突与交融共存的社会。这个命题在工作环境的研究中，主要表现为员工在工作环境的代际更替过程和组织社会化过程中，遇到的组织与个体的冲突。具体到就个体工作价值取向与组织的工作设计是否匹配而言，本研究的分析结果表明，我国城镇居民的工作价值取向主要有三类。第一，谋生取向，表现为个人在工作中强调追求经济利益，以获取物质回报为目标，反映了人与工作的物质关系，这在客观工作环境维度中的劳动报酬、工作场所等题器上有所体现。第二，关系取向，表现为个人在工作中看重社会关系的建构，希望由工作而获得职业声望与组织认同，反映了人与工作的社会关系，这在组织工作环境维度中的同事支持、工作歧视等题器上有所体现。第三，内驱力取向，表现为个人的工作行为除了获得物质回报或职业声誉之外，更强调工作任务本身所带来的内在价值体验与身心愉悦，反映了人与工作的自我关系，这在主观心理环境维度中的工作效能感、工作自尊等题器上有所体现。正是这种多元的工作价值取向，使得工作之于员工的意义不仅在于谋生，还在于由此缔结社会关系、实现自我。而工作环境的调查结果显示，我国城镇居民在工作中建构的物质关系、社会关系以及自我关系上都没有获得较好的主观体验，组织也并未在工作设计等方面给他们提供足够多的条件去促进他们缔结工作上的多元关系，由此产生了个人工作价值取向与工作设计之间的不匹配。如果这种不匹配情况得不到足够的重视，很容易从微观层面影响主观心理环境，影响员工的积极工作行为。（2）优质生活理念与健康组织理念之间的背离。在当今以“以人为本、安全发展”的理念为主导的组织发展背景下，员工的职业健康问题越来越受到社会与组织的重视。工作环境的研究成果也显示，在从影响员工身体健康的客观工作环境到影响员工心理健康的主观心理环境的转向中，工作压力不仅是优质生活的重要影响因素，也是健康组织的关注点。工作压力对生产率、工作耗竭以及健康的影响已经受到了越来越多的关注（Carwright & Cooper，2002；Karasek & Theorell，1990；Quick et al.，2012；Spielberger & Reheiser，1994；刘璞等，2005；黄海艳、柏培文，2014；白玉苓，2010）。本研究的结果再次验证了工作压力是影响我国城镇居民工作环境满意度的重要因素。就个体层面而言，工作压力会导致员工筋疲力尽、心理失调，引发疾病（Nina，2006）；就组织层面而言，其会导致事故频发、士气低落、生产下降、病假旷工，这对健康组织的缔造、人力资本质量与工作效率的提高、生活品质的提升都会产生影响（Hemingway & Smith，1999）。（3）在工作环境与社会态度之间产生情绪跃迁。本研究的基本理论假设是，工作环境是人们在工作场所产生的一系列主观感受，组织的客观变化总能从人们对工作环境的主观感受中稳定地得以表现，只要个体层次的主观态度“化合”到总体性的社会情绪之中，这种主观态度就具有反映整个企业组织状况的能力与特征。这种从个体到总体的情绪跃迁，在组织内表征为个体感受到组织氛围的情绪跃迁，反映的是整个组织是否景气、是否井然有序，以及组织愿景是否符合个人愿景的方向；在组织外表征为组织景气到社会景气的情绪跃迁，反映的是整个社会是否整合有序，整个社会的发展方向是否能彰显可持续发展的意涵。本研究借助调查数据的分析结果在一定程度上也能使假设得以验证，城镇居民的工作环境深受宏观社会发展状况的影响，它随着社会满意度、生活满意度和社会参与度的提高而提高。然而，这只是本研究的一些探索性研究。对于如何将人们的个体主观感受与组织客观结构指标相关联，清晰阐释从微观社会态度到总体性情绪的演进机制，甚至剖析个体－组织－社会逻辑链条上的情绪跃迁机制，需要我们努力进行更深入的研究。

参考文献

白玉苓，2010，《工作压力与工作倦怠关系研究——以服装企业知识型员工为例》，《北京工商大学学报》（社会科学版）第 3 期。

储小平、汪林，2008，《家族企业员工的组织环境认知及对工作表现的影响》，《管理世界》第 3 期。

黄海艳、柏培文，2014，《注册会计师的工作压力、组织支持感与工作绩效研究》，《审计研究》第 2 期。

雷玉霞，2000，《30 位高校青年教师对工作环境态度的研究报告》，《江西社会科学》第 3 期。

李锐、凌文铨，2007，《工作投入研究的现状》，《心理科学进展》第 2 期。

刘璞、谢家琳、井润田，2005，《国有企业员工工作压力与工作满意度关系的实证研究》，《中国软科学》第 12 期。

罗宾斯，斯蒂芬·P.、蒂莫西·A. 贾奇，2012，《组织行为学》（第 14 版），孙健敏、李原、黄小勇等译，中国人民大学出版社。

马红宇、申传刚、杨璟、唐汉瑛、谢菊兰，2014，《边界弹性与工作－家庭冲突、增益的关系：基于人－环境匹配的视角》，《心理学报》第 4 期。

渠敬东，2007，《坚持结构分析和机制分析相结合的学科视角，处理现代中国转型中的重大问题》，《社会学研究》第 2 期。

斯密，亚当，2014，《国富论》，郭大力、王亚南译，商务印书馆。

谭顺福，2007，《中国产业结构的现状及其调整》，《管理世界》第 6 期。

唐杰、林志扬，2009，《工作环境下的员工压力应对研究——内涵、模型、测量及热点评述》，《应用心理学》第 4 期。

田喜洲、左晓燕、谢晋宇，2013，《工作价值取向研究现状分析及未来构想》，《外国经济与管理》第4期。

王士红、徐彪、彭纪生，2013，《组织氛围感知对员工创新行为的影响——基于知识共享意愿的中介效应》，《科研管理》第5期。

王元元、余嘉元、李杨，2012，《组织氛围对员工行为有效性的影响机制》，《心理学探新》第2期。

杨宜音，2006，《个体与宏观社会的心理关系：社会心态概念的界定》，《社会学研究》第4期。

张超，2012，《组织氛围、主管支持感与公务员创新意愿关系的实证研究——以组织认同为中介变量》，西南财经大学博士学位论文。

张彦、魏钦恭、李汉林，2015，《发展过程中的社会景气与社会信心——概念、量表与指数构建》，《中国社会科学》第4期。

赵西萍、杨晓萍，2009，《复杂工作环境下心理资本的研究》，《科技管理研究》第6期。

Cartwright, Susan & Cary L. Cooper. 2002. *Asset: An Organizational Stress Screening Tool: The Management Guide.* Manchester, U. K.: RCL.

Ertel, Michael, Eberhard Pech, Peter Ullsperger, Olaf Von Dem Knesebeck & Johannes Siegrist. 2005. "Adverse Psychosocial Working Conditions and Subjective Health in Freelance Media Workers." *Work and Stress* 19 (3).

Eurofound. 2012. "Fifth European Working Conditions Survey." Luxembourg: Publications Office of the European Union.

Eurofound. 2011. "Fourth European Working Conditions Survey." Luxembourg: Publications Office of the European Union.

Hemingway, Monica A. & Carlla S. Smith. 1999. "Organizational Climate and Occupational Stressors as Predictors of Withdrawal Behaviours and Injuries in Nurses." *Journal of Occupational Organizational Psychology*72.

Kaikkonen, Risto, Ossi Rahkonen, Tea Lallukka & Eero Lahelma. 2009. "Physical and Psychosocial Working Conditions as Explanations for Occupational Class Inequalities in Self-rated Health." *Eur J Public Health* 19 (5).

Karasek, Robert. 1985. *Job Content Questionnaire.* Los Angeles: University of Southern California, Department of Industrial and Systems Engineering.

Karasek, Robert & Tores Theorell. 1990. *Healthy Work: Stress, Productivity and the Reconstruction of Work Life*. New York: Basic Books.

Kohn, Michael C., Frederick Parham, Scott A. Masten, Christopher J. Portier, Michael D. Shelby & John W. Brock. 2000. "Human Exposure Estimates for Phthalates." *Environmental Health Perspectives* 108 (10).

Lake, Eileen T. 2007. "The Nursing Practice Environment." *Medical Care Research and Review* 64 (2).

Lallukka, Tea, Ossi Rahkonen, Eero Lahelma & Sara Arber. 2010. "Sleep Complaints in Middle-aged Women and Men: The Contribution of Working Conditions and Work-family Conflicts." *Journal of Sleep Research* 19 (3).

Lederer, Wolfgang, J. F. Kinzl, Ernestine Trefalt, Christian Traweger & Arnulf Benzer. 2006. "Significance of Working Conditions on Burnout in Anesthetists." *Acta Anaesthesiologica Scandinavica* 50 (1).

Lindeberg, Sara I., Maria Rosvall, BongKyoo Choi, Catarina Canivet, Sven-Olof Isacsson, Robert Karasek & Per-Olof Östergren. 2010. "Psychosocial Working Conditions and Exhaustion in a Working Population Sample of Swedish Middle-aged Men and Women." *European Journal of Public Health* 21 (2).

Ogińska-Bulik, Nina. 2006. "Occupational Stress and Its Consequences in Healthcare Professionals: The Role of Type D Personality." *International Journal Occupational Medicine and Environmental Health* 19 (2).

Pérez, Elena Ronda, Fernando G. Benavides, Katia Levecque, John G. Love, Emily Felt & Ronan Van Rossem. 2012. "Differences in Working Conditions and Employment Arrangements among Migrant and Non-migrant Workers in Europe." *Ethnicity & Health* 17 (6).

Quick, James Campbell, Thomas A. Wright, Joyce A. Adkins, Debra L. Nelson & Jonathan D. Quick. 2012. *Preventive Stress Management in Organizations (2nd Revised edition)*. Washington D. C.: American Psychological Association.

Rice, Rorbert W., Janet P. Near & Raymond G. Hunt. 1980. "The Job Satisfaction/Life Satisfaction Relationship: A Review of Empirical Research." *Basic and Applied Social Psychology* 1 (1).

Rogers, A. 2004. *What is the Difference?: A New Critique of Adult Learning and*

Teaching. Leicester: NIACE.

Spielberger, Charles D. & Eric C. Reheiser. 1994. "The Job Stress Survey: Measuring Gender Differences in Occupational Stress." *Journal of Social Behaviour and Personality* (9).

Stenfors, Cecilia U. D., Linda Magnusson Hanson, Gabriel Oxenstierna, Töres Theorell & Lars-Göran Nilsson. 2013. "Psychosocial Working Conditions and Cognitive Complaints among Swedish Employees." *PLoS One*, 8 (4): e60637. doi: 10.1371/journal.pone.0060637.

Tanaka, Sachiko, Yukie Maruyama, Satoko Ooshima & Hirotaka Ito. 2011. "Working Condition of Nurses in Japan: Awareness of Work-life Balance among Nursing Personnel at a University Hospital." *Journal of Clinical Nursing* 20 (1-2).

Vahey, Doris C., Linda H. Aiken, Douglas M. Sloane, Sean P. Clarke & Delfino Vargas. 2004. "Nurse Burnout and Patient Satisfaction." *Med Care* 42 (2).

第三章　工作环境、工作意义与工作满意度

一　引言

随着社会变革与企业发展，企业中有关员工态度和行为的研究逐渐增多。如何吸引和留住员工、调动员工的工作积极性，已成为当今企业管理所面临的重要问题之一。其中，工作满意度作为一项重要内容，一直是人力资源管理、组织行为学、心理学的重要研究领域。所谓工作满意度，是指员工对其工作所具有的愉悦或积极的情感状态，主要是由工作带来的生理和心理两方面的满足感（Locke，1976）。工作满意度反映了个体对其工作的一般态度，即对工作本身及有关环境的主观反应，包括认知成分，即对工作满足个人需求程度的知觉，以及情感成分。这种满足感不仅有助于提高员工的工作绩效并降低离职率，也对员工的生活满意度和主观幸福感有显著影响（叶仁荪等，2005；许琪、戚晶晶，2016）。

工作满意度是组织管理的一项重要心理指标，从管理科学诞生之日起，工作满意度就成为组织管理学论述的主题。目前，有关工作满意度的研究主要从以下四个方面进行。首先，研究与个体情感反应有关的一些基本心理变量，如期望、需要、价值等；其次，有关工作满意度的理论基础与测量指标；再次，考察工作满意度的效应与生活满意度等之间的关系；最后，关于工作满意度的影响因素，即工作在多大程度上被视为满意或者不满不仅取

决于工作本身，如工作收入、晋升机会、工作自主权、劳动强度、组织沟通等（黄桂，2005），还取决于员工的性别、年龄、受教育程度等社会人口特征，以及性格、归因等心理学特征（范皑皑、丁小浩，2007；才国伟、刘剑雄，2013）。但上述研究对工作满意度的探讨主要聚焦于微观层面，组织层面如工作环境等因素对工作满意度影响的研究探讨较少，也未考虑其调节因素。

工作环境作为一种组织制度安排的产物，与员工的行为和心态存在紧密联系，也影响着员工的工作满意度（蔡禾，2014）。具体来说，一个社会中良好的工作环境，在个体微观层面，能够帮助个体更好地在组织中实现自我、激发潜能；在组织中观层面，能够促进良好的组织文化构建，提高组织成员对组织的认同感和满意度，提高组织效率，进而快速推动组织的创新与发展；在社会宏观层面，有助于我们构建观测社会发展水平的重要指标。在这个意义上，工作环境作为劳动者心态的结构性因素，同样发挥着至关重要的作用：一是为人们获得幸福感提供必要的物质保障和社会归属；二是为人们的自我成长提供必要的公共场所；三是为稳定协调的社会发展提供合理的预期（李汉林、李路路，2000；黄贵，2005；胡晨沛等，2017）。

对于企业而言，工作满意度不仅关系到组织与员工之间和谐稳定的关系，更关乎组织的绩效以及员工招聘、培训等的成本。员工满意度的提高，会提高组织的绩效并降低离职率，反之，会增加离职率以及组织的成本（熊正德等，2018）。工作满意度作为劳动关系的表现形式，对企业绩效具有重要影响，一头牵着企业发展，一头连着劳动者权益，与经济社会发展水平密切相关（洪泸敏，2019；张雁、王涛，2019）。简言之，无论是在国家层面还是在企业层面，如何提高员工工作满意度从而降低离职率成为企业发展的一个主要问题。因此，探讨劳动者的工作环境与工作满意度之间的关系具有重要意义。基于此，本文在回顾相关理论文献的基础上，以中国城镇居民的雇员群体为研究对象，考察工作环境与工作满意度之间的关系及其调节机制，从而为提高员工工作满意度提供借鉴。

本文首先提出研究假设与分析框架，其次对数据和变量操作进行说明，构建多元回归模型检验提出的假设，最后进行简要的总结与讨论。

二　文献综述与研究假设

1. 工作满意度

随着人们生活水平的提高以及心理学的不断发展，20 世纪末特别是 21 世纪初以来，学者们逐渐认识到心理学要想实现引导人们走向幸福、快乐这一历史使命仅仅关注对不健康心理和异常心理的研究是远远不够的，因此有关积极心理，如满意、幸福、快乐等心理的研究日益增多（周嵚、石国兴，2006）。自工作满意度这个概念被提出之日起，如何提高工作满意度便成为组织行为学研究中的一个重要话题，受到了学者们的格外关注。

工作满意度是工业与组织心理学、组织行为学当中最受重视的概念之一，被称作企业管理的“晴雨表”。对工作满意度的研究最早可以追溯到梅奥的霍桑实验，后来泰勒进一步提出，高报酬能够提高工作满意度。一般认为，工作满意度是指员工对工作环境的感受以及生理和心理上的满足，是对工作本身及有关工作环境的态度、评价或看法（Hoppock，1935）。工作满意度被定义为一种愉快的情感状态，它来自对工作或工作经历的自我评价。工作满意度能反映一个人对其工作或工作环境的想法以及情感，是通过对自身工作经历进行认知而表现出来的一种内心状态（Price，2001）。简言之，工作满意度是一种因工作而产生的主观心理反应，这种反应对于激励员工和提高组织绩效具有重要的意义（Herzberg，1966）。

作为一种主观心态，工作满意度受到多种因素的影响。

Herzberg（1966）认为，高报酬只是防止不满意的保健因素，只有工作成就感、社会认可等激励因素才是产生工作满意度的关键。此后，Alderfer 对 Maslow 的需要层次理论（hierarchy of needs theory）进行了修订，提出了 ERG（existence needs，relatedness needs，growth needs）理论，认为只有实现自己的愿望人才能得到满意（Alderfer，1969），这在一定程度上证实了 Herzberg 的观点。Brown 和 Peterson（1993）将与员工满意相关的主要因素归纳为工作结果、个人差异、角色感知、组织变量四大类。工作满意度还常常被视为由员工的性别、年龄、婚姻状况等个人特征与收入、工作氛围和工作环境等工作特征共同决定。目前关于工作满意度的研究主要集中在其影响因素上：一是劳动者的人口特征，如劳动者的年龄、性别、年资、学历、职业、婚姻和家庭关系等（Lallukka et al.，2010；Zhong & House，2012；胡晨沛等，2017）；二是工作环境与工作福利，如工作收入、工作时间、劳动报酬、工作自主性、组织支持、工作压力、工作效能等方面（牛建林等，2011；王毅杰、卢楠，2014；张绿漪等，2018）。

此外，与员工工作满意度有关的基础理论可分为内容型理论、过程型理论和情景模型理论三大类。具体来说，内容型理论认为，员工需求的满足和价值的实现对工作满意度具有积极作用，包括需求层次论、双因素论、成就需求理论等。过程型理论着重研究人的行为选择，认为期望、价值观、需求等内在因素可用来解释员工工作满意度，包括期望理论、公平理论。情景模型理论认为员工工作满意度受工作任务特点、个体特性、组织特性等情景因素的影响，好的工作情景能够提高工作满意度，而恶劣的工作情景则会降低工作满意度（Vroom，1964；Locke，1976；张黎莉，2005）。情景模型理论为本文提供了主要理论，其聚焦于工作环境等情景因素对员工工作满意度的影响。因此，基于情景模型理论，我们提出如下假设。

假设 1：居民工作满意度受工作环境的正向影响。

2. 工作环境

作为研究变量，工作环境已经在经济学、管理学、社会学、医学等学科领域的研究中被频繁提及。就研究路径而言，将组织社会学的相关理论、方法和观点运用于对工作环境的研究，可以使人们对组织环境变迁的结构特征及影响机制产生更为深刻的认识，同时，该研究也有可能成为社会治理的一个重要环节。工作环境作为劳动者主要的“栖身”场所，可以说形塑着他们的生活和感受。马奇和西蒙（March and Simon，1958）曾经指出，员工对工作的满意度受到工作环境的影响。因此，好的工作环境作为衡量生活质量的重要指标之一，不仅能够影响劳动者的工作效率，还会影响劳动者的主观感受，如满意度、幸福感等（张彦等，2015）。

目前，大多数研究者认为工作环境需要从工作安排（work arrangements）、物理工作条件（physical working conditions）和社会心理工作环境（psychosocial working conditions）三个构成要素进行实证考察（Kaikkonen et al.，2009）。另外，不少研究认为，工作环境大都被定位在个体所处的客观工作环境（objective working conditions）上。这种客观工作环境既可以包含个体工作行为产生时所处的物理工作环境（如温度、粉尘、噪声等），也可以包含个体的工作岗位所赋予的工作设计（如工作时间、工作内容、劳动工具等）以及个体所处的组织环境（如同事交流、领导支持等）。在实证研究方面，很多研究发现工作环境对工作满意度有显著影响，而且从总体来看，积极的工作环境可以提高劳动者的工作满意度，而消极的工作环境则会降低劳动者的工作满意度（布雷弗曼，1973；庄家炽，2018）。

综上，上述研究主要可以被归纳为如下几个方面。一是认为工作环境是工作满意度的影响机制；二是认为工作环境由组织气氛构成，组织气氛是可以被观测到的属性，它可以被测量；三是认为组织气氛是组织内的成员对于其所处组织环境的一种知觉；四是认为工作环境作为原因变量，可以被操作化为客观工作环境和主观工作环境等维度（黄桂，2005；蔡禾，2014；孙小龙等，2016；张彦，2016）。因此，借鉴前人研究，本文将工作环境作为重要的核心变量，并将其概括为客观工作环境、组织工作环境和主观心理环境，并进一步将其操作化为工作收入、工作时间、工作性质、工作自主性、工作冲突、组织沟通、组织支持、决策权、组织承诺和组织信任 10 个维度。基于此，我们提出如下假设。

假设 2：工作环境（包括客观工作环境、组织工作环境和主观心理环境）对工作满意度具有正向影响。

3. 工作意义

在国外，工作意义（meaning of work，MOW）一直是社会学家与心理学家关注的问题之一。在一般意义上，工作意义是指人们对工作的看法和认识。它涉及工作意味着什么、工作对于个人价值的重要性等问题。对组织来说，工作意义与员工的工作态度和行为密切相关。那么，工作对于个体究竟意味着什么？工作意义是如何塑造个人情感、思想与行为的？Chalofsky（2003）认为工作意义是个人和组织或者个人和工作场所之间的一种联系，如承诺、忠诚和奉献。工作意义是个体依据个人的标准与理想对工作进行的价值判断，是一种主观性体验。简言之，工作意义不光是一种主观的联系，更是一种工作自我价值和作用的阐释，它反映着工作者想从工作中获得什么，体现了个人所感知到的工作对个人的价值与作用（王震等，2015；胡晨沛等，2017）。在中国文化情境下，工作意义是人们在社会主流价值体系和自身价值观的相互作用下对工作的一种认知，它反映着人与工作的关系，体现了工作之于人的价值（风笑天，2011）。

从个人角度来看，工作意义对员工的身心健康及工作重塑（job crafting）有着重要影响（田喜洲等，2017）。工作意义也受到多种因素的影响，包括：物质因素，如工资水平、薪酬待遇等；

精神因素，如公平感、获得感等；社会因素，如人际关系、社会文化等；自我因素，如个体经历、感觉与认知等。对组织来说，工作意义与员工的工作态度和行为密切相关。实证研究表明，员工工作意义感较强，工作满意度较高，会产生深深的组织认同感和归属感（Bunderson & Thompson，2009）；工作意义不仅可以培育员工的工作动机，还可以提高员工的工作投入度（May et al.，2004）。工作意义还在相关变量间起调节或中介作用。具体而言，工作意义能在工作－家庭冲突、工作重塑与工作投入及工作满意度间起调节作用（闫培林，2016；栗治强、王毅杰，2016；田喜洲等，2017）。

在上述理论的基础上，本文将工作意义作为调节变量。具体而言，工作意义会调节组织工作环境与工作满意度之间的关系。当工作意义较弱时，工作环境对居民工作满意度的影响显著；当工作意义处于中等水平或者较强时，工作环境对居民工作满意度的影响会变小。为此，我们提出本文的第三个假设。

假设 3：工作意义在工作环境与工作满意度之间起负向调节作用。

图 3－1 为本文的理论模型。

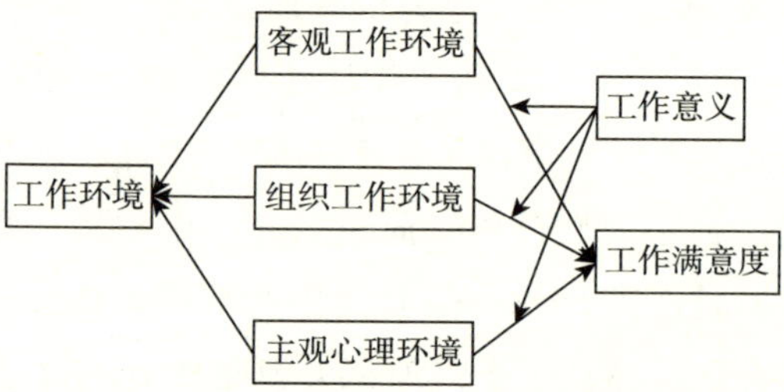

图 3－1　本文的理论模型

三　数据与研究设计

1. 数据

本文所使用的数据主要来自 2017 年 8～9 月的“中国城镇居民工作环境调查”。该调查在第六次全国人口普查数据的基础上建立抽样框，采取多阶复杂抽样的设计，把县级行政区作为一级抽样单位（PSU），把社区（居委会）作为二级抽样单位（SSU），把家庭户作为三级抽样单位（TSU），最终的抽样单位为个人（USU）。调查对象为17~70岁、在城镇工作的劳动者，仅包括雇员，不包括各种类型的自雇者和雇主。该调查针对17~70岁的人口开展，其随机样本覆盖全国24个省、自治区和直辖市的59个市（区），共完成了6895份劳动力个体问卷。该调查的样本量为8000个，有效样本为6895个，推论的总体为中国城镇居民。根据工作环境研究的目的和需要，我们在问卷设计中设计了题项："您的工作状况属于下面哪一种情形"。答项为：（1）自己做，不雇人；（2）自己做，雇人；（3）受雇于单位或个人。本文仅以雇员即受雇于单位或个人为对象展开对劳动者工作满意度的研究。在排除了各相关变量的缺失值后，最终纳入本次分析的样本有4652个。

2. 变量与测量

（1）因变量：工作满意度

工作满意度是衡量人们生活质量的综合性心理指标，是基于认知层次的生活评价，对其的研究具有重要意义。工作满意度通过问卷中"您对这份工作是否感到满意"、"总的来看，您对总体生活满意度如何"、"总的来看，您对单位福利待遇满意程度如何"和"您对目前这份工作的收入是否满意"来测量，答项赋分情况为：很不满意=1，较不满意=2，一般=3，较满意=4，很满意=5，经处理生成取值为0~100的工作满意度变量①。量表信度系数为0.8301。

（2）自变量：工作环境

本文结合之前研究的经验和问卷设置，将工作环境概括为三

① 根据与核心概念的相关性选择子题项，按照答项"很不满意""较不满意""一般"等的程度分别赋值，并进行潜在类别分析。核心自变量的计分方式与此类似。

种：客观工作环境、组织工作环境和主观心理环境，具体操作化为：工作收入、工作时间、工作性质、工作自主性、工作冲突、组织沟通、组织支持、决策权、组织承诺和组织信任10个维度。其中劳动收入通过“您目前这份工作的月收入大约是多少元”来测量，取值范围为100～500000元；工作时间通过“上个月，您平均每天工作多少小时”来测量，取值范围为1～16小时；工作性质通过题项c22i“是否为重复、单调的工作”来测量，为类别变量；工作自主性通过“您是否能够自主决定工作中的下列事项”，包括工作量的多少、工作时间的长短、工作节奏的快慢、工作地点的选择、工作内容的取舍、工作进度的调整，取值范围为1～3，经处理生成取值为0～100的连续型变量，数值越大，表示工作自主性越强①；工作冲突通过“在和他们打交道的过程中，是否出现过下列情形”来测量，包括8个维度，分别为：言语冲突（如吵嘴）、肢体冲突（如打架）、口头威胁（如警告）、性骚扰（如性暗示、黄色笑话等）、羞辱（如当面呵斥等）、驳面子（如当众拒绝）、穿小鞋（如打击报复）等，答项经常＝3、偶尔＝2、从不＝1，经处理生成了取值为0～100的工作冲突变量，为连续型变量；组织沟通通过“您单位中有没有下列上下沟通的渠道”来测量，包括：民主生活会、恳谈会、专题讨论会、意见箱、领导热线、接待日、电子信箱、班组会、部门会、通报会、技术（业务）攻关小组、局域网、网上论坛、单位发行的内部报刊及通讯等、微信群或QQ群、宣传栏或告示牌等，答项为没有＝0、有＝1，经处理生成了取值为0～100的组织沟通的连续型变量。量表信度系数分别为0.8752、0.8421、0.8350。

组织支持通过“下列各种说法，在多大程度上符合您在单位

① 根据与核心概念的相关性选择子题项，按照答项的不同程度分别赋值，并进行潜在类别分析。核心自变量的计分方式与此类似。需要说明的是，其余核心自变量，包括工作冲突、组织沟通、组织支持、决策权、组织承诺、组织信任等都如上述一样处理。

中的实际情况”，包括“我的工作能力经常得到领导的肯定和赞扬”“我的工作能力经常得到同事的肯定和赞扬”“当工作上遇到困难的时候，我总能得到大家的支持和帮助”来测量。答项为完全符合 =5、比较符合 =4、一般 =3、较不符合 =2、很不符合 =1，经处理生成了取值为 0 ~ 100 的组织支持的连续型变量；决策权通过“在您的单位中，以下事情是如何决定的”来测量，包括 8 个维度，分别是：分配工作任务、调整工资、降职与升职、岗位设置和变更、颁布新的规章制度、单位的发展方向、选拔干部、辞退员工，答项为自己一个人做决定 =4、自己和其他人一起做决定 =3、其他人决定但征询自己的意见 =2、其他人决定且不征询自己的意见 =1，经处理生成了取值为 0 ~ 100 的决策权变量，为连续型变量；组织承诺通过“下列各种说法，在多大程度上符合您的实际情况”，包括“如果工作努力和付出得不到相应的承认，我会感到很难受”“工作中，领导怎么说，我就怎么做”“我总把工作放在第一位”“我尽可能把工作做得又快又好”来测量，经处理生成了取值为 0 ~ 100 的组织承诺的连续型变量。量表信度系数分别为 0.8123、0.9331、0.8232。

组织信任包括水平信任和垂直信任，水平信任通过“下列各种说法，在多大程度上符合您在单位中的实际情况”，包括“我在单位中有很好的人缘”“当有人想欺负我时，总有同事替我仗义执言”“总的来说，我单位的同事是可信的”“我不用担心别的同事抢走我的功劳”来测量，答项为完全符合 =5、比较符合 =4、一般 =3、较不符合 =2、很不符合 =1，经处理生成了取值为 0 ~ 100 的水平信任的连续型变量；垂直信任通过“下列各种说法，在多大程度上符合您在单位中的实际情况”，包括“我常常有机会表达对工作的改进意见”“总的来说，我对我们单位领导很信任”“我的主管常常要求我参与决策”“工作上，我和主管之间能够做到畅所欲言”来测量，答项为完全符合 =5、比较符合 =4、一般 =3、较不符合 =2、很不符合 =1，经处理生成了取值为 0 ~ 100 的垂直信任的连续型变量。量表信度系数分别为0.7872、0.8265。

（3）调节变量：工作意义

在本次研究中，工作意义通过三个题项“这份工作在多大程度上增强了您的自豪感”“这份工作在多大程度上提升了您的名声或声望”“这份工作在多大程度上提高了您的技能或知识水平”来测量，答项为很多=4、较多=3、较少=2、没有=1，经处理生成了取值为0~100的工作意义变量，分值越大，工作意义感越强[①]。量表信度系数为0.8761。

（4）控制变量

本文的控制变量包括性别、年龄、户口性质、政治面貌、受教育年限、单位类型。其中性别、户口性质、政治面貌为二分类变量，单位类型为五分类变量，年龄和受教育年限为连续型变量。变量的描述性统计情况可参见表3-1。

从表3-1可以看出，在我们分析的城镇居民样本中女性多于男性，受访者平均年龄为34.49岁，党员占到约29%。整体而言，受访者的平均受教育年限为13.64年，城市户籍占到70.77%，农村户籍占到29.23%，这说明在城市工作的居民中，有相当一部分受访者是居住于城市中的农村户籍人口。在工作单位中，党政/事业单位占到9.14%，国有/集体企业占到14.68%，私营/外资/合资企业占到57.14%，个体占到17.73%，其他占到1.31%，这说明劳动者的单位类型主要是私营/外资/合资企业。

在客观工作环境方面，工作收入平均为11344.63元，平均每天的工作时间为7.02小时。在主观工作环境方面，工作单调占比为22.21%，工作自主性占比为37.40%，工作冲突占比为13.30%，组织沟通占比为47.47%，组织支持占比为60.30%，决

① 根据与核心概念的相关性选择子题项，按照答项“很多”“较多”“较少”“没有”的不同程度分别赋值，并进行潜在类别分析。核心自变量的计分方式与此类似。

策权占比为21.62%，组织承诺占比为63.79%，水平信任占比为60.44%，垂直信任占比为53.80%，工作意义占比为44.57%，工作满意度占比为54.26%。

表3-1　变量描述统计

变量	取值范围	样本数	均值（标准差）/比例
性别	（0，1）	4652	女：66.70%；男：33.30 %
年龄（岁）	（17，70）	4652	34.49（9.06）
户口性质（城市）	（0，1）	4652	农村：29.23%；城市：70.77%
政治面貌（党员）	（0，1）	4652	党员：29%；非党员：71%
受教育年限（年）	（0，23）	4652	13.64（2.81）
单位类型	（1，5）	4652	党政/事业单位：9.14%；国有/集体企业：14.68%；私营/外资/合资企业：57.14%；个体：17.73%；其他：1.31 %
工作时间（小时）	（1，47）	4652	7.02（7.53）
工作收入（元）	（100，500000）	4652	11344.63（12042.15）
工作是否单调	（0，1）	4652	是：22.21%；不是：77.79%
工作自主性	（0，100）	4652	37.40%（24.01）
工作冲突	（0，100）	4652	13.30%（19.48）
组织沟通	（0，100）	4652	47.47%（28.34）
组织支持	（0，100）	4652	60.30%（16.95）
决策权	（0，100）	4652	21.62%（21.21）
组织承诺	（0，100）	4652	63.79%（17.84）
水平信任	（0，100）	4652	60.44%（16.57）
垂直信任	（0，100）	4652	53.80%（18.20）
工作意义	（0，100）	4652	44.57%（25.12）
工作满意度	（0，100）	4625	54.26%（17.32）

（5）信度和效度检验

本文采用 Stata15.0 对各个量表进行信度和效度检验，表 3－2 为各个变量的检验结果。各个量表的组合信度（VR）系数均大于 0.7，AVE 值（变异抽取量）都在 0.5 以上，各个变量均通过了 1%统计水平下的 Bartlett 球形检验。以上结果表明本文所使用的各个量表具有良好的信度和效度。

表 3－2　各个量表信度和效度检验

变量名称	组合信度（VR）	AVE 值	Bartlett 球形检验
工作满意度	0.8301	0.573	0.000
工作自主性	0.8752	0.586	0.000
工作冲突	0.8421	0.532	0.000
组织沟通	0.8350	0.533	0.000
组织支持	0.8123	0.523	0.000
决策权	0.9331	0.539	0.000
组织承诺	0.8232	0.516	0.000
水平信任	0.7872	0.504	0.000
垂直信任	0.8265	0.51	0.000
工作意义	0.8761	0.516	0.000

四　结果分析

1. 相关性分析

本文运用 Stata15.0 对所收集的数据进行描述性统计和相关检验，结果如表 3－3 所示，工作环境的三个维度和工作意义与工作满意度之间存在显著的相关关系。同时，本文进行了多重共线性检验，Mean VIF＝1.40，所以不存在严重的多重共线性问题。以上结果为下一步的假设检验提供了初步支持。

表 3-3　核心变量的相关系数

	1	2	3	4	5	6	7	8	9
1 工作时间	1.000								
2 工作收入	0.0043	1.000							
3 工作是否单调	0.0709 ***	-0.0821 *	1.000						
4 工作自主性	0.0032	0.1644 *	-0.1250 *	1.000					
5 组织沟通	0.1365 *	0.2026 *	-0.0451 *	0.2149 *	1.000				
6 决策权	0.0299	0.2672 *	-0.1046 *	0.3995 *	0.2993 *	1.000			
7 水平信任	0.0523 *	0.0324 *	0.0141	0.1368 *	0.1395 *	0.1595 *	1.000		
8 工作意义	0.1208 *	0.1500 *	-0.1068 *	0.3574 *	0.2668 *	0.2825 *	0.1783 *	1.000	
9 工作满意度	0.0973 ***	0.2033 ***	-0.0949 ***	0.2305 ***	0.1970 ***	0.2515 ***	0.2328 ***	0.4646 ***	1.000

注：* $p<0.1$，** $p<0.05$，*** $p<0.01$；横轴数字与纵轴数字意义对应相同；N=4652。

2. 工作满意度的群体分布

表 3-4 报告了工作满意度在不同群体（性别、户口性质、政治面貌、单位类型）中的分布情况。可以发现，在所调查的案例中，男性比女性工作满意度高，城市户口居民比农村户口居民工作满意度要高，党员的工作满意度更高。在单位类型中，体制内人员明显比体制外人员工作满意度高。可见，工作满意度存在明显的户口、城乡、单位差异。因此，男性、城市户口、党员、在体制内工作的群体的工作满意度更高。

表 3-4　工作满意度的群体分布

类型		工作满意度
性别	男性	54.65
	女性	53.49
户口性质	城市	55.48
	农村	51.33
政治面貌	党员	59.02
	非党员	52.32

续表

类型		工作满意度
单位类型	党政/事业单位	62.35
	国有/集体企业	56.60
	私营/外资/合资企业	53.61
	个体	50.15
	其他	55.89

3. 工作环境对工作满意度影响的多元回归分析

结合研究假设和变量操作化，本文构建了以工作满意度为因变量的5个多元线性回归模型（见表3-5）。模型1、模型2、模型3、模型4是不考虑工作意义的影响、全样本纳入的分阶段回归模型，用于检验假设1。

表3-5 工作环境与工作满意度的回归分析B（Beta）系数值

	模型1	模型2	模型3	模型4	模型5
	工作满意度	工作满意度	工作满意度	工作满意度	工作满意度
性别（参照：女）	-1.234* (0.520)	-1.566** (0.516)	-1.710*** (0.494)	-1.633*** (0.492)	-0.861+ (0.465)
年龄	0.165*** (0.030)	0.138*** (0.037)	0.077* (0.035)	0.070* (0.035)	0.056+ (0.033)
户口性质（参照：农村）	1.445* (0.576)	1.266* (0.570)	1.309* (0.544)	1.275* (0.542)	1.674** (0.511)
政治面貌（参照：非党员）	3.570*** (0.594)	3.139*** (0.590)	1.676** (0.568)	1.712** (0.566)	1.183* (0.533)
受教育年限	1.090*** (0.106)	0.806*** (0.108)	0.404*** (0.106)	0.404*** (0.106)	0.025 (0.101)
单位类型（参照：私营/外资/合资企业）					
党政/事业单位	4.716*** (0.915)	5.014*** (0.915)	5.289*** (0.886)	5.354*** (0.882)	3.290*** (0.835)
国有/集体企业	1.671* (0.728)	1.690* (0.735)	1.589* (0.706)	1.668* (0.703)	1.594* (0.662)

续表

	模型 1	模型 2	模型 3	模型 4	模型 5
	工作满意度	工作满意度	工作满意度	工作满意度	工作满意度
个体	-1.531* (0.681)	-0.959 (0.676)	-0.764 (0.659)	-0.925 (0.657)	-1.044+ (0.619)
其他	2.467 (2.159)	2.356 (2.137)	3.290 (2.032)	3.546+ (2.024)	3.363+ (1.907)
客观工作环境					
工作时间		0.067 (0.042)	0.047 (0.040)	0.043 (0.040)	-0.019 (0.038)
工作收入（对数）		4.055*** (0.415)	2.937*** (0.403)	2.957*** (0.403)	2.950*** (0.379)
组织工作环境					
工作是否单调			-1.800** (0.567)	-1.814** (0.566)	-1.386** (0.533)
工作自主性			0.081*** (0.011)	0.075*** (0.011)	0.014 (0.010)
工作冲突			-0.058*** (0.012)	-0.052*** (0.012)	-0.038*** (0.011)
组织沟通			0.017+ (0.010)	0.012 (0.010)	-0.005 (0.009)
组织支持			0.200*** (0.014)	0.117*** (0.019)	0.106*** (0.018)
决策权			0.088*** (0.013)	0.077*** (0.013)	0.060*** (0.012)
主观心理环境					
组织承诺				0.019 (0.014)	0.009 (0.014)
水平信任				0.065*** (0.019)	0.066*** (0.018)
垂直信任				0.066*** (0.017)	0.018 (0.016)
工作意义					0.243*** (0.010)
常数项	31.610*** (1.993)	-0.807 (4.004)	0.921 (3.920)	-2.094 (3.986)	-0.027 (3.755)
N	4652	4652	4652	4652	4652
调整 R^2	0.0784	0.0973	0.1850	0.1918	0.2833

注：1. 括号中为标准误；2. $^{+}p<0.10$，$^{*}p<0.05$，$^{**}p<0.01$，$^{***}p<0.001$。

如表3－5所示，模型1、模型2、模型3、模型4和模型5依次纳入了控制变量，即客观工作环境变量、组织工作环境变量、主观心理环境变量和工作意义变量。调整 R^2 依次为0.0784、0.0973、0.1850、0.1918和0.02833，说明控制变量对工作满意度的变异量解释程度为7.84%，控制变量、客观工作环境、组织工作环境和主观心理环境对工作满意度的变异量解释程度增长11.34%，而工作意义对工作满意度的变异量解释程度增长9.15%，全部自变量对生活满意度的变异量解释程度则增长到28.33%。这说明工作环境和工作意义对居民工作满意度确实存在一定的影响，并且工作意义的影响更大。

依据模型1，可以发现，在控制变量中，性别、年龄、政治面貌、户口性质及单位类型都通过了显著性检验，说明这些因素对居民工作满意度有显著影响。具体而言，相比于女性，男性的工作满意度更高；与农村人口相比，拥有城市户口的人的工作满意度更高；相比于非党员群体，党员的工作满意度更高，这说明政治资本对工作满意度具有正向影响；在单位类型中，在体制内工作的居民比在体制外工作的居民的工作满意度要高，这与以往的研究结论一致。此外，年龄与受教育年限对居民工作满意度都具有正向影响，随着年龄增加和受教育水平的提高，居民的工作满意度也随之提高。

依据模型2，在客观工作环境方面，工作时间对工作满意度没有影响。而工作收入对工作满意度具有正向影响，意味着工作收入越高，居民工作满意度也越高。依据模型3，在组织工作环境方面，工作性质、工作自主性、工作冲突、组织沟通、组织支持和决策权对工作满意度均具有显著影响。具体来说，工作越单调、工作冲突越多，工作满意度越低；而工作自主性越强、组织沟通越通畅、组织支持越多、员工决策权越大，居民的工作满意度就越高。依据模型4，在主观心理环境方面，组织承诺并未通过显著性检验，其对工作满意度没有影响，而组织信任对居民工作满意度具有显著影响。水平信任与垂直信任水平越高，居民的工作满意度也就越高。依据模型 5，在工作意义方面，工作意义对工作满意度具有正向作用，意味着工作越具有意义，居民的工作满意度越高。综合来看，假设 1 和假设 2 得到支持，工作环境对居民的工作满意度有正向影响。

表 3－6　工作意义对工作环境与工作满意度的调节效应分析

	模型 6	模型 7	模型 8
	工作意义弱	工作意义中等	工作意义强
性别（参照：女）	－0.296 (0.698)	－1.090 (0.925)	－1.659 + (0.856)
年龄	0.070 (0.048)	－0.050 (0.071)	0.032 (0.061)
户口性质（参照：农村）	1.440 + (0.750)	0.905 (1.034)	1.683 + (0.964)
政治面貌（参照：非党员）	－0.173 (0.884)	2.323 * (1.027)	1.656 + (0.905)
受教育年限	－0.118 (0.151)	0.033 (0.210)	0.360 * (0.182)
单位类型（参照：私营/外资/合资企业）			
党政/事业单位	1.690 (1.797)	1.120 (1.620)	4.022 ** (1.233)
国有/集体企业	0.157 (1.041)	2.611 * (1.311)	2.554 * (1.163)
个体	0.023 (0.852)	0.073 (1.346)	－3.265 ** (1.255)
其他	3.357 (3.078)	4.271 (3.595)	－0.483 (3.375)
客观工作环境			
工作时间	－0.079 (0.057)	0.060 (0.086)	0.090 (0.066)
工作收入（对数）	4.624 *** (0.630)	2.752 *** (0.777)	1.263 * (0.613)
组织工作环境			
工作是否单调	－2.966 *** (0.748)	－1.197 (1.095)	2.757 * (1.086)
工作自主性	0.010 (0.015)	0.022 (0.023)	0.028 (0.019)

续表

	模型 6	模型 7	模型 8
	工作意义弱	工作意义中等	工作意义强
工作冲突	-0.066*** (0.017)	0.035 (0.022)	-0.063** (0.021)
组织沟通	0.013 (0.014)	-0.015 (0.018)	-0.011 (0.016)
组织支持	0.113*** (0.028)	0.090* (0.037)	0.123*** (0.031)
决策权	0.058** (0.020)	0.040 (0.024)	0.081*** (0.021)
主观心理环境			
组织承诺	-0.011 (0.020)	0.043 (0.029)	0.023 (0.024)
水平信任	0.038 (0.027)	0.070+ (0.036)	0.089** (0.032)
垂直信任	0.048* (0.024)	-0.029 (0.034)	0.028 (0.029)
常数项	-6.869 (6.098)	16.772* (7.874)	23.754*** (6.434)
N	2045	1089	1518
调整 R^2	0.1405	0.0544	0.0932

注：1. 括号中为标准误；2. + $p<0.10$，* $p<0.05$，** $p<0.01$，*** $p<0.001$。

表 3-6 中的模型 6、模型 7 和模型 8 则是以三类工作意义为样本分别进行的回归模型，用于检验假设 2①。结合表 3 中的模型 5，比较模型 6、模型 7 和模型 8 的 F 检验结果和调整 R^2，可以看到，在三个模型中，调整 R^2 分别为 0.1405、0.0544、0.0932，呈降低趋势。这说明，当工作意义介入工作环境与工作满意度的关系后，影响程度会出现差异。当工作意义弱时，影响作用明显，工作环境对居民工作满意度的解释力较强；而当工作意义强时，影响被削弱，工作环境对居民工作满意度的解释力大幅下降。由

① 以工作意义因子得分的均值加减一倍标准差划出分界线，以此分界线将样本分割为三部分，分别为工作意义弱、工作意义中等和工作意义强。

此，假设3得到验证，即工作意义会起到负向调节作用，工作意义越强，工作环境对居民工作满意度的影响越小。

五 结论与讨论

工作满意度作为社会态度的重要组成部分，是衡量人们生活质量的综合性心理指标，也是基于人们认知层次的生活评价。因此，探讨工作环境与工作满意度之间的关系及其调节机制，具有重要价值。本文以中国城镇居民工作环境调查（2017年）的数据为基础，借鉴情景模型理论和组织学的相关理论，讨论工作环境影响劳动者的工作满意度的因素及其调节机制。通过分析，可以得到以下结论：工作环境对居民的工作满意度有正向影响，这种影响主要取决于客观工作环境、组织工作环境和主观心理环境，即工作收入、工作时间、工作性质、工作自主性、工作冲突、组织沟通、组织支持、决策权、组织承诺和组织信任10个维度。其中，工作收入、工作性质、工作自主性、工作冲突、组织沟通、组织支持、决策权和组织信任对居民的工作满意度有显著影响，而工作时间与组织承诺对居民的工作满意度没有显著影响。另外，工作环境对工作满意度的影响受到工作意义的负向调节，工作意义越强则工作环境对工作满意度的影响越小。当工作意义较弱时，工作环境对居民工作满意度的影响显著；当工作意义中等或者较强时，工作环境对居民工作满意度的影响要弱一些。

本文的价值主要体现在两个方面。第一，从理论方面来看，工作伦理（work ethic），即工作意义影响着劳动对生活的作用。韦伯在宗教研究中发现，在新教伦理的影响下，工作被视为一种天职，工作的意义便是荣耀上帝（韦伯，2007）。在现代社会，工作伦理已成为道德戒律：虽然工作不能带来结果或者带来的结果不是你想要的，但你仍须继续工作，因为工作便是善（good），而不工作则是恶（evil）。在这种观念下，工作既是道德目标，也是实现目标的手段（Bauman，2005）。这些工作伦理使人们将劳动视为价值和自身的目的，这种对劳动的神圣化成了异化的对立面，韦伯提出的工作伦理则是借助劳动之外的意义感和神圣感来增强人们劳动的主动性，使得劳动更加合理化，从而削弱异化（鲍德里亚，2005）。通过研究，本文进一步验证了韦伯关于工作伦理的理论。第二，在现实层面，改变居民的精神状态，不仅要从工作环境中探究根源，还要关注其劳动体验层面，要改善具体的工作环境，完善劳动组织治理方式，只有这样才能从更为社会性的层面化解当下面临的精神危机（汪和建，2014）。

改革开放 40 多年来，中国社会发生了巨大变革，这种变革不仅发生在经济协调体制、社会治理和社会结构等层面，也发生在人们的心理层面（李路路、王鹏，2018）。工作满意度不仅能够反映劳动组织治理状况，也能够反映当下各种客观存在的经济社会政治结构和发展情形。同时，工作满意度会直接影响员工工作绩效水平以及创造力的发挥，特别是组织中的中坚力量，所以我们应该充分认识居民工作满意度的影响因素。我们不仅要关注员工的工作环境，还要关注员工的思想观念，让员工真正成为企业内部价值创造的关键要素，从而为当今中国经济持续繁荣和企业转型升级提供重要的驱动力。囿于数据等局限，本文还无法对所有工作环境因素进行研究，本文所选取的测量指标并非完备，调节变量的选择仍有待考量，但这一做法仍可被视为工作满意度研究的一次有益尝试，未来还需积累知识，逐步提炼。此外，工作满意度作为反映人们对自身生活状况的认知和评价的一种指标，其影响因素除了人口特征、工作环境外，还包括其他一些结构性因素、社会性因素、自我概念以及一些人格因素，如地方文化、自我认知等都会对工作满意度产生影响。所以，在这方面，仍有许多有趣的问题值得我们去研究。

参考文献

鲍德里亚，2005，《生产之镜》，仰海峰译，中央编译出版社。

布雷弗曼，哈里，1973，《劳动与垄断资本：二十世纪中劳动退化》，方生等译，商务印书馆。

蔡禾，2014，《劳动自评、自主性与劳动者的幸福感：基于 2012 年中国劳动力动态调查的分析》，《社会学评论》第 4 期，第 2~12 页。

才国伟、刘剑雄，2013，《归因、自主权与工作满意度》，《管理世界》第 1 期，第 133~142 页。

范皑皑、丁小浩，2007，《教育、工作自主性与工作满意度》，《清华大学教育研究》第 6 期，第 133~142 页。

风笑天，2011，《工作的意义：两代人的认同与变迁》，《社会科学研究》第 3 期。

洪泸敏，2019，《劳动关系影响企业绩效的直接效应与间接效应：以民营企业为实证对象》，《中国劳动》第 4 期，第 26~46 页。

黄贵，2005，《员工满意度影响因素的实证研究》，《管理世界》第 11 期，第 160~161 页。

胡晨沛、朱玮强、顾蕾，2017，《个人收入、家庭资产与农村居民幸福感：基于 CGSS 2013 的实证研究》，《调研世界》第 4 期，第 41~49 页。

栗治强、王毅杰，2016，《劳动、工作伦理与农民工的权能感》，《社会发展研究》第 3 期，第 71~84 页。

李汉林、李路路，2000，《单位成员的满意度和相对剥夺感：单位组织中依赖结构的主观层面》，《社会学研究》第 2 期，第 1~16 页。

李路路、王鹏，2018，《转型中国社会态度变迁（2005~2015）》，《中国社会科学》第 3 期，第 83~101 页。

牛建林、郑真真、张玲华、曾序春，2011，《城市外来务工人员的工作和居住环境及其健康效应：以深圳为例》，《人口研究》第 3 期，第 64~75 页。

孙小龙、王丽明、贾伟，2016，《工作环境、工作强度与农民工工作流动》，《中国农业大学学报》第 3 期，第 176~189 页。

田喜洲、左晓燕、彭小平，2017，《工作意味着什么：工作意义概念、影响与研究框架》，《心理研究》第 2 期，第 56~66 页。

汪和建，2014，《尊严、交易转型与劳动组织治理：解读富士康》，《中国社会科学》第1期，第107~120页。

王毅杰、卢楠，2014，《工作环境、相对剥夺与农民工工作倦怠》，《南通大学学报》（社会科学版）第3期，第107~115页。

王震、宋萌、王崇锋，2015，《道德型领导对下属反馈规避行为的影响及其作用机制》，《管理学报》第1期，第96~102页。

韦伯，马克斯，2007，《新教伦理与资本主义精神》，康乐、简惠美译，广西师范大学出版社。

熊晖、葛家欣，2018，《劳动法视野下企业社会责任研究》，《中国劳动》第8期，第47~52页。

熊正德、姚柱、张艳艳，2018，《人力资本、社会资本和心理资本对新生代知识型员工创新绩效影响研究：基于工作满意度的中介和工作特征的调节》，《湖南大学学报》（社会科学版）第6期，第79~88页。

许琪、戚晶晶，2016，《工作－家庭冲突、性别角色与工作满意度：基于第三期中国妇女社会地位调查的实证研究》，《社会》第3期，第1~22页。

闫培林，2016，《工作重塑对工作投入的影响：人－工作匹配与工作意义的作用》，《中国人力资源开发》第19期，第6~19页。

叶仁荪、王玉芹、林泽炎，2005，《工作满意度、组织承诺对国企员工离职影响的实证研究》，《管理世界》第3期，第122~125页。

于潇、陈世坤，2019，《提高收入还是提高公平感：对中国城乡劳动力工作满意度的考察》，《人口与经济》第2期，第78~92页。

张黎莉，2005，《员工工作满意度研究综述》，《企业经济》第2期，第29~30页。

张绿漪、黄庆、蒋昀洁、蒋春燕，2018，《反生产工作行为：研究视角、内容与设计》，《心理科学进展》第2期，第306~318页。

张彦，2016，《从个体情绪到总体性情绪的跃迁：中国城镇居民工作环境满意度实证研究》，《社会发展研究》第1期，第48~79页。

张雁、王涛，2019，《多层次视角下制度环境对组织变革的影响：基于人力资源服务企业运营实践的分析》，《中国劳动》第2期，第41~52页。

张彦、魏钦恭、李汉林，2015，《发展过程中的社会景气与社会信心：概念、量表与指数构建》，《中国社会科学》第4期，第64~84页。

庄家炽，2018，《从被管理的手到被管理的心：劳动过程视野下的加班研究》，《社会学研究》第3期，第74～91页。

周嵚、石国兴，2006，《积极心理学介绍》，《中国心理卫生杂志》第2期，第129～132页。

Alderfer, Clayton P. 1969. "An Empirical Test of A New Theory of Human Needs." *Organizational Behavior and Human Performance* (4): 142 - 175.

Bauman, Zygmunt. 2005. *Work, Consumerism and the New Poor.* Maidenhead: Open University Press.

Bunderson, J. Stuart and Jeffery A. Thompson. 2009. "The Call of the Wild: Zookeepers, Callings, and the Double-edged Sword of Deeply Meaningful Work." *Administrative Science Quarterly* 12 (54): 32 - 57.

Brown, S., & Peterson, R. A. 1993. "Antecedents and Consequences of Salesperson Job Satisfaction, Meta-analysis and Assessment of Causal Effects." *Journal of Marketing Research* (1): 63 - 77.

Chalofsky, Neal. 2003. "An Emerging Construct for Meaningful Work." *Human Resource Development International* 6 (1): 69 - 83.

Herzberg, Frederick. 1966. *Work and the Nation of Man.* New York: Thomas Y. Crowel.

Hoppock, R. 1935. "Age and Job Satisfaction." *Psychological Monographs* (2): 115 - 118.

Kaikkonen, Risto, Ossi Rahkonen, Tea Lallukka and Eero Lahelma. 2009. "Physical and Psychosocial Working Conditions as Explanations for Occupational Class Inequalities in Self-rated health." *European Journal of Public Health* 19 (5).

Lallukka, T., O. Rahkonen, E. Lahelma and S. Arber. 2010. "Sleep Complaints in Middle-aged Women and Men: The Contribution of Working Conditions and Work-family Conflicts." *Journal of Sleep Research* 19 (3), 41 - 69.

Lindeberg, Sara, Maria Rosvall, et al. 2010. "Psychosocial Working Conditions and Exhaustion in A Working Population Sample of Swedish Middle-aged Men and Women." *European Journal of Public Health* 21 (2).

Locke, Edwin A. 1976. "The Nature and Cause of Job Satisfaction." *Handbook of Industrial and Organzational Psychology* 1: 1297 - 1343.

March , James G. and Simon Herbert A. 1958. *Organizations.* New York: Wiley.

May, Douglas R. , R. L. Gilson and L. M. Harter. 2004. "The Psychological Conditions of Meaningfulness, Safety and Availability and the Engagement of the Human Spirit at Work." *Journal of Occupational and Organizational Psychology* 11 (77): 11 -37.

Price, James L. 2001. "Reflections on the Determinants of Voluntary Turnover." *International Journal of Manpower* 22 (7) : 600 -624.

Vroom, Victor H. 1964. *Work and Motivation.* New Youk: Wiley.

Zhong, Chen-Bo and Julian House. 2012. "Hawthorne Revisited: Organizational Implications of the Physical Work Environment." *Research in Organizational Behavior* (32): 2 -3.

第四章　公职人员工作环境及工作状况分析

一　研究背景

近年来，我国强调要推进国家治理体系和治理能力现代化，公职人员是治理体系中的重要力量，这个群体在社会中扮演着重要角色，具有重要的研究价值和意义。一方面，公职人员有明确的分工和职能划分，会受到严格化的规章制度和等级制度的约束，其掌握的权力和职位相关，是国内最具代表性的群体；另一方面，这个群体是国家非常特殊也至关重要的群体，是国家公权力的行使者和公共服务的提供者，是社会发展、治理的重要组织者、推动者，处在权力和责任交织的共性地带。从组织内部的角度来讲，公职人员是实现组织目标的实践者，公职人员通过具体行动直接影响着政府的政策实施效果；从组织内外部互动的角度来讲，公职人员的业务素质、工作表现直接影响着民众对政府及相关机构的评价。而工作环境直接影响着群体的状态和工作表现，因此，对于公职人员及其相关工作情况的研究是非常有必要的。本研究以 2017 年中国社会科学院社会发展战略研究院中国城镇居民工作环境调查数据为基础进行分析，并与 2007 年进行对比，以期更好地反映公职人员实际的工作环境及工作状况。

二 概念界定与测量

（一）工作环境

世界卫生组织的《健康工作场所行动模式》指出：健康的工作场所是指由工人和管理者共同为保护和促进所有工人的健康、安全和福祉而持续努力的工作场所。工作场所越来越多地被用来作为开展健康促进和预防保健活动的场所，其不仅可以预防职业伤害，而且能评估和改善人们的整体健康状况（世界卫生组织，2013）。对于工作环境的定义，不同研究者的理解有所区别，不同学科的角度也有所区别。一种对于工作环境的理解是工作者工作时的物理条件等客观条件，包括在工作者工作时的工作设施、噪声情况等工作场所的周围环境，以及工作报酬、额外福利和就业福利，例如免费托儿、不限量咖啡、充足的停车位等。这个意义上的工作环境和工作条件（working conditions）具有概念上的相似性。也有很多研究者不仅仅将工作环境局限在物理条件中，还将工作环境视为一个更为宽泛的概念，概念当中包含了工作者自身的情感性，以及工作者与其他工作者之间互动的关系等方面。综合来讲，如按照对于组织个体的影响，可以将工作环境划分为静态环境和动态环境；按照组织内部影响管理活动的因素，可以将工作环境划分为客观环境、心理环境、文化环境；按照社会系统对工作组织的作用，可以将工作环境划分为社会环境、政治环境、经济环境等。

在本研究中，我们认为工作环境是能够影响公职人员工作的各种条件的总和，工作环境中既有客观的工作条件、要求，也包含情感性、互动性的因素。

（二）公职人员

本研究的研究对象是公职人员。在我国的事业单位中，一些通过参公的方式进行管理；另一些则采用直接的事业单位编制管理的方法，具有行政、公共服务等职能和公共属性，如社会保障事务所、文化服务中心等。有些公职人员是以“事业编制”的身份在事业单位或者党政相关单位进行工作和借调的，所以在本研究中，事业单位也被纳入研究范畴。本研究的公职人员包括国家党政机关工作人员、事业单位工作人员等依法履行公职的人员。在发放问卷和进行调研、访谈时，我们将国家党政机关工作人员和事业单位工作人员等依法履行公职的人员共同进行研究。

国内对公职人员工作环境的研究，多着眼于宏观的政策环境和社会环境，分析在大的政策和社会环境要求下，公职人员的行动要求和取向，以及分析如何调整环境，让公职人员更好地履职。如袁峰（2016）认为要从单位机制研究入手，净化公职人员的从政环境，他提到当前要以公共部门治理的一般规律及公共部门治理理论为指导，通过政治生态监测把握公职人员单位从政环境中存在的共性问题，依据内部控制的基本原则明确治理的关键点，针对问题滋生及蔓延的主客观原因明确治理要求，在此基础上，遵循积极治理的理念，研究构建公职人员单位净化从政环境的实施机制。徐宪（2008）提出，事业单位人事制度改革必须有利于促进事业单位回归公共服务属性，发挥事业单位人才资源的优势和潜能。应当通过实施全员聘用制和岗位设置管理制度等形成竞争择优机制，在制度完善的过程中坚持科学发展和以人为本，根据不同地区、不同层级事业单位的特点分类指导，因时因地制宜。要按照符合事业单位发展规律的方式解决人员能进能出、推动人员合理流动的问题，以能力建设为核心夯实事业单位人才队伍建设可持续发展基础，激活事业单位成长的原动力，形成适应各类事业单位发展特点的长效机制并依法管理。马成群（2015）对基层公职人员进行了研究，指出基层公职人员的现实工作生活会受单位级别的限制，他们在本单位获得晋升的空间有限，晋升通道不畅，各级机关都可以招录新公务员，受编制数量限制，他们很难通过遴选渠道进入上级机关，因而难以获得更大的发展空间。

有一些研究者对公职人员工作环境中的要素进行了深入分析，并研究了这些要素可能带来的结果。袁泉、焦慧卿（2010）指出，随着现代管理理念的深入，政府要求构建基于现代人力资源开发的，在培训内容与应用、模式结构与方法选择方面具有创新性的公务员非正式培训模式，这是建设学习型政府的重要条件，是公务员自我实现和发展的要求，也是现代政务演进和扩展的需要。政府要营造组织氛围、创新激励机制、创造文化环境等支持非正式培训，以适应现代行政管理和提升公务员人力资本的需要。陈珊（2005）调查了机关青年工作满意度基本状况及其与价值观的相关关系，采用分层抽样方法，对机关青年的工作满意度和价值观进行了问卷调查。研究结果表明，机关青年总体工作满意度水平为中等，工作要素中最为满意的是工作环境，最不满意的是工作特征。张广科（2012）基于中部地区三个省份行政机关公职人员的薪酬调查数据，对我国行政机关公务员薪酬公平及其影响因素进行了实证研究。梁丽芝、鲁毅（2016）从个体心理、组织体制与社会文化三个方面入手，分析了当前公务员和谐人际生态建设过程中的阻滞因素。

（三）变量的操作化解释

考虑到不同年份题器的差异及现实状况，本研究将公职人员工作环境、工作状况划分为工作关系、组织氛围、工作行为、薪酬待遇、工作认同、总体评价六个维度，比较了2007年与2017年这些方面的情况，并对公职单位的配套设施、培训情况、活动情况和加班情况进行了补充分析。六个维度中既包括客观工作环境状况，也包括被访者的主观感受及行为。工作关系维度包括领导肯定、同事肯定、工作支持、对上信任、人缘关系、同事关系、沟通顺畅七个指标。组织氛围维度包括敬业精神导向、组织民主氛围、意见表达畅通、个体交流坦诚四个指标。工作行为维度包括拒绝上级分配的工作、上班时打私人电话、上班干私活、借故不上班、上班聊天、有意放慢工作节奏六个指标。薪酬待遇维度包括朋友比较、城市比较、职业比较、能力－薪酬评估、三年变化、薪酬待遇满意状况六个指标。工作认同维度包括工作满意情况、理想工作比较、更换工作想法、重新择业选择四个指标。总体评价维度包括生活水平评价、单位福利评价、经济收入评价、社会地位评价四个指标。为保持总体上选项方向的一致，在数据处理中已对个别维度、数据结果进行处理和重新赋值，分值越高越呈现正面评价及正面状况，每个维度及其指标如表4－1所示。

表4－1　测量维度及指标

维度	指标	维度	指标
工作关系	领导肯定	薪酬待遇	朋友比较
	同事肯定		城市比较
	工作支持		职业比较
	对上信任		能力－薪酬评估
	人缘关系		三年变化
	同事关系		薪酬待遇满意状况
	沟通顺畅	工作行为	拒绝上级分配的工作
组织氛围	敬业精神导向		上班时打私人电话
	组织民主氛围		上班干私活
	意见表达畅通		借故不上班
	个体交流坦诚		上班聊天
			有意放慢工作节奏
工作认同	工作满意情况	总体评价	生活水平评价
	理想工作比较		单位福利评价
	更换工作想法		经济收入评价
	重新择业选择		社会地位评价

1. 工作关系的操作化解释与测量

在本研究中，工作关系是指公职人员在日常工作中与上级、同事等有密切工作接触的工作者之间形成的互动关系。如表4－2所示，工作关系维度共由7个指标构成，题器的评分分为5个层次，利用匹配程度来进行衡量，每个评分表示不同的匹配程度。在“同事关系”指标中，“1”表示很生分，“2”表示较生分，“3”表示一般，“4”表示较融洽，“5”表示很融洽；在其他指标中，“1”表示很不符合，“2”表示较不符合，“3”表示一般，“4”表示比较符合，“5”表示完全符合。评分越高，表明所测量的工作关系越好，反之则表示工作关系越不好。

表 4－2　工作关系的测量题器

维度	指标	题器
工作关系	领导肯定	我的工作能力经常得到领导的肯定和赞扬
	同事肯定	我的工作能力经常得到同事的肯定和赞扬
	工作支持	当工作上遇到困难时，我总能得到大家的支持和帮助
	对上信任	总的来说，我对我们单位的领导很信任
	人缘关系	我在单位中有很好的人缘
	同事关系	您和同事之间的关系如何
	沟通顺畅	在工作上，我和主管之间能够做到畅所欲言

2. 组织氛围的操作化解释与测量

本研究中的组织氛围是指员工对组织环境的主观知觉（段锦云等，2014），体现出组织对于公职人员的态度和行为导向。组织氛围用于衡量公职人员对所在工作单位气氛的整体感受。在本研究中，如表 4－3 所示，组织氛围维度共由 4 个指标构成，题器的评分分为 5 个层次，利用匹配程度来进行衡量，每个评分表示不同的匹配程度。其中，“意见表达畅通”“个体交流坦诚”采用正向量度方式，“1”表示很不符合，“2”表示较不符合，“3”表示一般，“4”表示比较符合，“5”表示完全符合。评分越高表明情况越符合，评分越低表明越不符合。因为“敬业精神导向”“组织民主氛围”两个指标题器的描述为负面的，所以对其进行调整，调整后评分越高表明公职人员单位出现题器所描述的负面氛围情况的可能性越小，即组织氛围越好。

表 4－3　组织氛围的测量题器

维度	指标	题器
组织氛围	敬业精神导向	兢兢业业的人在我们单位根本不吃香
	组织民主氛围	少数人把持着单位，其他人对此无能为力
	意见表达畅通	我常常有机会表达对工作的改进意见
	个体交流坦诚	在我们单位中，大多数人仍然可以坦诚相待

3. 工作行为的操作化解释与测量

本研究中的工作行为是指公职人员在自己岗位上的举止行动。如表 4－4 所示，工作行为维度共由 6 个指标构成，题器采用负面描述的方式，评分分为 3 个层次，利用匹配程度来进行衡量，每个评分表示行为出现的不同程度，“1”表示经常，“2”表示偶尔，“3”表示从不，分数越高表明公职人员单位出现题器所描述的负面工作行为的可能性越小，即公职人员的工作行为状况越好。

表 4－4　工作行为的测量题器

维度	指标	题器
工作行为	拒绝上级分配的工作	拒不接受上级分配的工作
	上班时打私人电话	上班时间打私人电话
	上班干私活	上班时间干私活
	借故不上班	借故不上班
	上班聊天	上班时间聊天
	有意放慢工作节奏	有意放慢工作节奏

4. 薪酬待遇的操作化解释与测量

薪酬待遇是工作回馈的最重要的方式，也是员工日常生活开支的主要来源。该维度既考察公职人员薪酬待遇的客观变化情况，即公职人员最近三年的薪酬待遇是否有变化，也考察公职人员对于自身薪酬待遇的态度，如公职人员对目前的薪酬待遇是否满意。同时，相对剥夺感会使人产生消极情绪，可以表现为愤怒、怨恨和不满，越强烈的相对剥夺感，越会使人产生负面的情绪和行为。薪酬相对剥夺感是将自身的薪酬待遇情况，与其他人员（如日常交流频繁的认识的朋友、处于一个共同的大环境中的人、处于相同职业环境中的同职业的人）的薪酬待遇情况进行比较，发现自己处于劣势时所产生的受剥夺感受。所以，本维度还考察公职人员对自身薪酬待遇的比较情况。如表4－5所示，在本研究中，薪酬待遇维度共由6个题器构成，在“朋友比较”“城市比较”“职业比较”三个指标中，“1”表示很低，“2”表示较低，“3”表示一般，“4”表示较高，“5”表示很高；在“三年变化”指标中，“1”表示下降很多，“2”表示略有下降，“3”表示基本未变，“4”表示偶有增加，“5”表示年年增加；在“能力－薪酬评估”指标中，“1”表示很不合理，“2”表示较不合理，“3”表示无所谓，“4”表示比较合理，“5”表示非常合理；在“薪酬待遇满意状况”指标中，“1”表示很不满意，“2”表示较不满意，“3”表示一般，“4”表示较满意，“5”表示很满意。

表4－5　薪酬待遇的测量题器

维度	指标	题器
薪酬待遇	朋友比较	和您认识的朋友相比，您觉得现在的收入是高还是低
	城市比较	在您居住的城市或地方，和别人相比，您觉得现在的收入是高还是低
	职业比较	和您同职业的人相比，您觉得现在的收入是高还是低
	能力－薪酬评估	就您的能力和工作付出而言，您觉得您现在的收入是否合理
	三年变化	在最近三年中，您的工资是否有变化
	薪酬待遇满意状况	您对目前的收入是否满意

5. 工作认同的操作化解释与测量

认同是现代社会学与社会心理学中最为流行的术语之一，它直接涉及我是谁或我们是谁、我在哪里或我们在哪里的反思性理解（周晓虹，2008）。个体成员在工作情境中，以交换关系为基础会对提供工作机会的组织、开展工作的地域等工作要素既产生理性的契约感和责任感，又产生非理性的归属感和依赖感，从而形成特定的心理结构与行为表现。可以说，工作认同就是组织成员以工作为中心，在与工作要素的密切互动中寻求一致性的结果（陈晓婧，2013）。如表4－6所示，在本研究中，工作认同维度共由4个题器构成，“更换工作想法”指标的评分分为3个层次，“1”表示经常有，“2”表示偶尔有，“3”表示从没有；“工作满意情况”“理想工作比较”“重新择业选择”三个指标的评分分为5个层次。在“工作满意情况”指标中，“1”表示很不满意，“2”表示较不满意，“3”表示一般，“4”表示较满意，“5”表示很满意；在“理想工作比较”指标中，“1”表示很差，“2”表示较差，“3”表示差不多，“4”表示较好，“5”表示很好；在“重新择业选择”指标中，“1”表示肯定不会，“2”表示大概不会，“3”表示不确定，“4”表示大概会，“5”表示一定会。

表4－6　工作认同的测量题器

维度	指标	题器
工作认同	工作满意情况	您对现在的工作满意程度如何
	理想工作比较	与您理想的工作相比，您觉得现在的工作如何
	更换工作想法	您是否有换一个工作的想法
	重新择业选择	如果能够从头再来一次，您会不会再选择现在这份工作

6. 总体评价维度的操作化解释与测量

总体评价维度反映的是公职人员对自己综合状况的评价，测量题器如表4－7所示。在该维度中，“生活水平评价”和“单位福利评价”指标的评分分为5个层次，“1”表示很不满意，“2”表示较不满意，“3”表示一般，“4”表示较满意，“5”表示很满意；“经济收入评价”和“社会地位评价”指标是按照整个社会由下到上分为十层，其中第一层代表最低、第十层代表最高的标准，由公职人员进行反馈，评分越高表示评价越好。

表 4-7　工作倦怠的测量题器

维度	指标	题器
总体评价	生活水平评价	您对总体生活水平方面的满意程度如何
	单位福利评价	您对单位福利待遇方面的满意程度如何
	经济收入评价	如果整个社会由下到上分为十层（第一层代表最低，第十层代表最高），您的经济收入属于第几层
	社会地位评价	如果整个社会由下到上分为十层（第一层代表最低，第十层代表最高），您的社会地位属于第几层

三　数据结果与比较

本研究对 2017 年中国社会科学院社会发展战略研究院中国城镇居民工作环境调查的调查数据进行了筛选和剔除，首先按照目标研究群体，根据单位类型筛选出 445 份有效问卷。

（一）2017 年样本特征描述

从被访者所在的地域情况来看，被访者来自四川、陕西、安徽、江西、天津、山东、福建等 24 个省份，覆盖面较广。如表 4-8 所示，来自西部省份的有效样本有 90 个，占比 20.2%；来自中部省份的有效样本有 194 个，占比 43.6%；来自东部省份的有效样本有 161 个，占比 36.2%。从被访者的基本情况来看，男性有 146 名，占比为 32.8%；女性有 299 名，占比为 67.2%。从身体健康状况来看，被访者的身体健康状况较好，没有“很差”的人员；“较差”的有 4 人，占比为 0.9%；“一般”的有 82 人，占比 18.5%；“较好”的有 176 人，占比为 39.6%；“很好”的有 182 人，占比为 41.0%。整体来看，被访者的身体健康状况良好。从被访者的受教育程度来看，“小学及以下”受教育程度的被访者有 4 人，占比为 0.9%；“初中”受教育程度的被访者有 18 人，占比为 4.0%；“高中、技校、职高、中专”受教育程度的被访者有 57 人，占比为 12.8%；“大专”受教育程度的被访者有 84 人，占比为 18.9%；“大学”受教育程度的被访者有 219 人，占比为 49.2%；“硕士”受教育程度的被访者有 50 人，占比为 11.2%；“博士”受教育程度的被访者有 13 人，占比为 2.9%。整体来看，大学及以上受教育程度的被访者共有 282 人，占比超 60%，这符合近年来各公职单位的招聘趋势及要求。从被访者参加工作的时间来看，“10 年及以下工龄”的被访者有 258 人，占比为 58.1%；“11～20 年工龄”的被访者有 104 人，占比为 23.4%；“20 年及以上工龄”的被访者有 82 人，占比为 18.5%。从被访者的年龄来看，年龄为“30 岁及以下”的被访者有 176 人，占比为 39.6%；年龄为“31 岁到 40 岁”的被访者有 131 人，占比为 29.5%；年龄为“41 岁到 50 岁”的被访者有 95 人，占比为 21.4%；年龄为“大于 50 岁”的被访者有 42 人，占比为 9.5%。根据上述样本特征，整体来看，本研究的 445 个有效样本分布较广，在地域、年龄等方面都具有代表意义。

表 4－8　样本特征情况

单位：份，%

	类别	样本量	百分比
地区	西部	90	20.2
	中部	194	43.6
	东部	161	36.2
性别	男	146	32.8
	女	299	67.2
身体健康状况	较差	4	0.9
	一般	82	18.5
	较好	176	39.6
	很好	182	41.0

续表

	类别	样本量	百分比
受教育程度	小学及以下	4	0.9
	初中	18	4.0
	高中、技校、职高、中专	57	12.8
	大专	84	18.9
	大学	219	49.2
	硕士	50	11.2
	博士	13	2.9
工龄	10 年及以下工龄	258	58.1
	11 ~20 年工龄	104	23.4
	20 年及以上工龄	82	18.5
年龄	30 岁及以下	176	39.6
	31 岁到 40 岁	131	29.5
	41 岁到 50 岁	95	21.4
	大于 50 岁	42	9.5

注：部分项目样本有缺失。

（二）2017 年公职人员工作环境、工作状况及其比较

1. 整体状况

根据 2017 年的调查数据，可以看到公职人员工作环境及工作状况的总体评分情况。从图 4－1 可以看出，与 2007 年的数据相比，2017 年的工作关系、组织氛围、薪酬待遇、工作认同四个维度的平均得分均更高。其中得分相差最小的为工作关系维度，分差为 0.13 分；而得分相差最大的是工作认同维度，分差为 0.41 分。2007 年及 2017 年，整体得分水平较高的是工作关系维度，分别为 3.65 分和 3.78 分；而整体得分水平较低的是薪酬待遇维度，分别为 2.97 分和 3.25 分。

在公职人员的工作行为方面，由图 4－2 可以看出，2007 年及 2017 年公职人员的工作行为平均得分较为接近且分数接近 3 分，

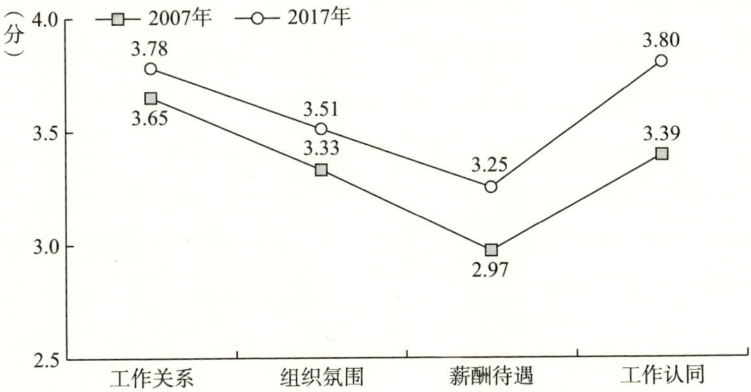

图 4－1　2007 年及 2017 年公职人员四维度平均得分

2017 年的得分稍高。这说明公职人员在工作岗位上出现拒绝上级分配的工作、上班干私活等不良行为较少。这和公职单位的行业特点有着密切关系，很多公职单位对于公职人员工作中的不负责任或者疏于管理、贯彻执行不力等状况都有明确规定，尤其是近年来随着一些条例、准则的出台以及工作作风建设，公职人员的工作纪律要求相对更加严格。

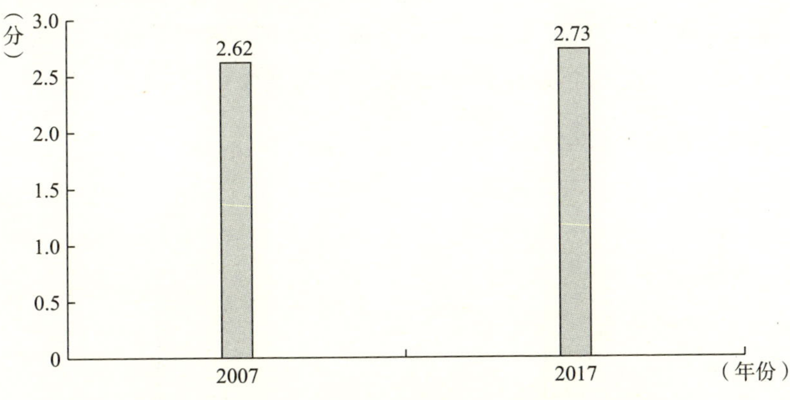

图 4－2　2007 年及 2017 年公职人员工作行为平均得分

在公职人员的总体评价方面，总体满意评价综合了公职人员对总体生活水平、单位福利待遇的评价，通过图 4－3 可以看到，2007 年和 2017 年公职人员的总体满意评价平均得分相差很多，分差达到了 0.68 分。2007 年和 2017 年公职人员的总体地位评价平均得分相同，但通过数据可以发现，公职人员对自身的地位评价并不高，公职人员对经济收入和社会地位的总体评价较低。

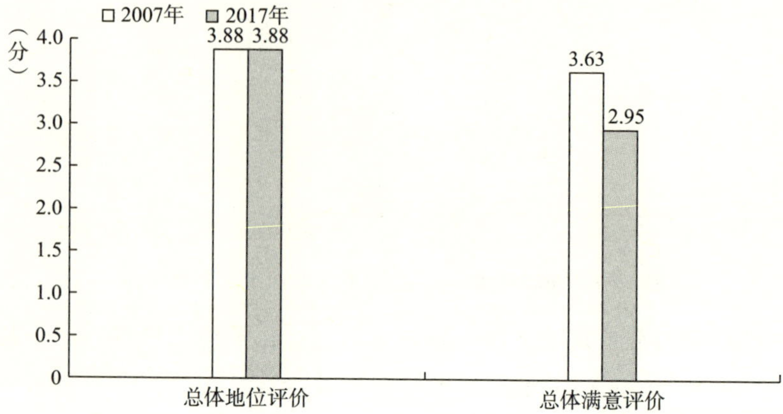

图 4-3　2007 年及 2017 年公职人员总体评价平均得分

如图 4-4 所示，按照 1~5 层及 6~10 层的划分，2007 年，在经济收入评价方面，有 85.7% 的公职人员集中于 1~5 层；在社会地位评价方面，有 78.5% 的公职人员集中于 1~5 层。如图 4-5 所示，2017 年，在经济收入评价方面，有 87.2% 的公职人员集中于 1~5 层；在社会地位评价方面，有 79.9% 的公职人员集中于

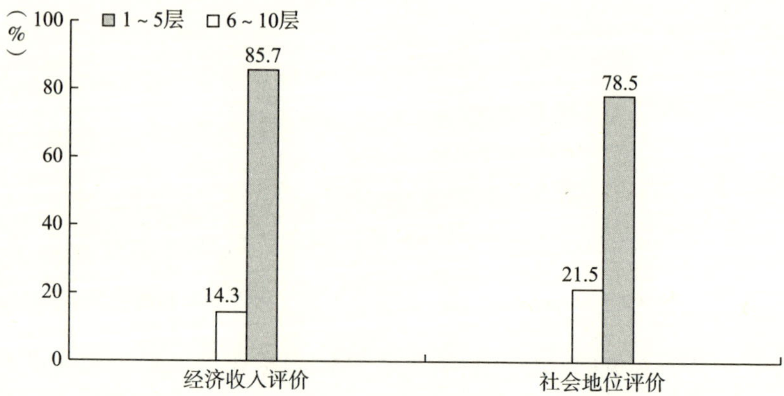

图 4-4　2007 年公职人员经济收入评价及社会地位评价指标层级占比情况

1～5层。公职人员对自身经济收入和社会地位的评价相对较低。

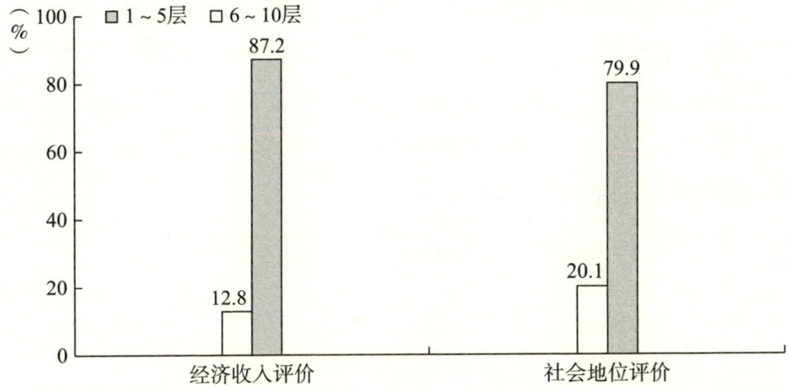

图 4－5　2017 年公职人员经济收入评价及社会地位评价指标层级占比情况

2. 2007 年及 2017 年公职人员工作环境及工作状况指标分析

（1）工作关系

在公职人员的工作关系方面，由图 4－6 可以得知，2017 年的各指标的平均得分均高于 2007 年，但是这两个年度的各指标平均得分相差不大，分差最大的指标为“领导肯定”指标，为 0.21 分；分差最小的指标为“同事关系”指标，仅为 0.05 分。2007 年工作关系方面平均得分最高的三个指标与 2017 年完全相同。

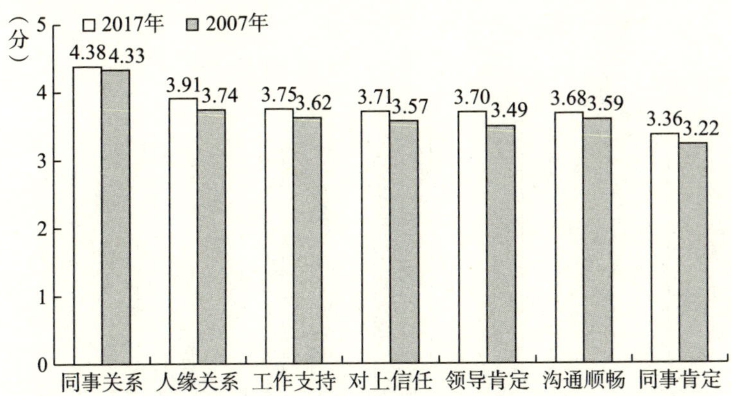

图 4－6　2007 年及 2017 年公职人员工作关系各指标平均得分

在2007年及2017年公职人员的同事关系指标中，如图4－7所示，没有被访者选择了“很生分”的选项，“较生分”和“一般”选项的所占比例也非常小，两个选项在2007年和2017年的占比总和都不到10%。被访者的选项多集中在“很融洽”和“较融洽”选项上，这也是本指标均分较高的原因，说明公职人员的同事关系一直保持在良好的状态。

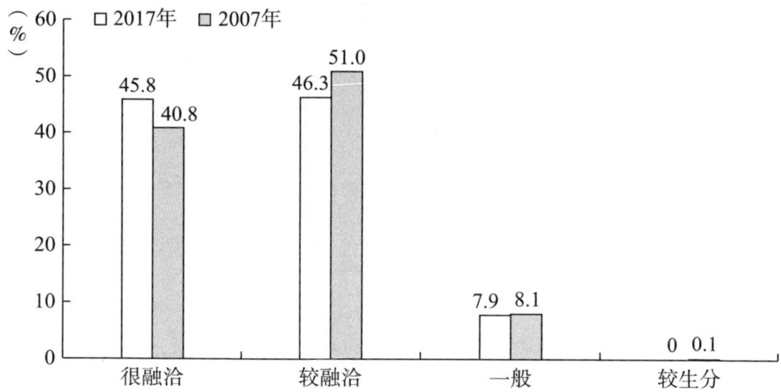

图4－7　2007年及2017年公职人员同事关系指标选项占比情况

2007年及2017年公职人员在工作关系的其他指标中，选择“很融洽”和“较融洽”选项的总比例也相对较高。如图4－8所

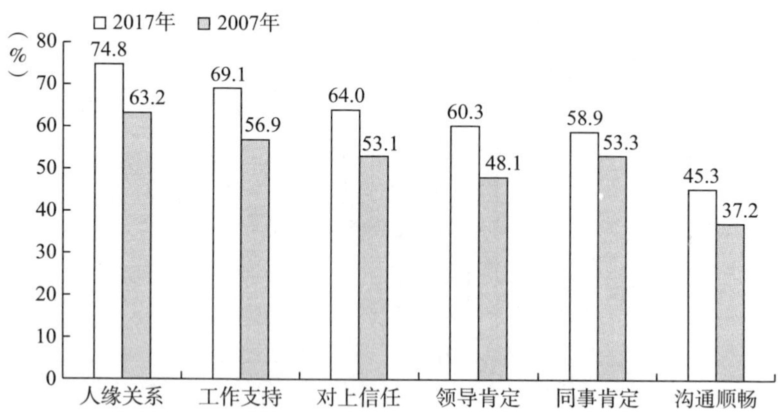

图4－8　2007年及2017年公职人员工作关系各指标正向评价比例

示，在其他指标中，2007 年及 2017 年“很融洽”和“较融洽”选项占比较高的前两位都是“人缘关系”和“工作支持”，比例均超过 50%，2017 年排在第三位的是“对上信任”，而 2007 年排在第三位的是“同事肯定”。值得注意的是“沟通顺畅”指标，“很融洽”和“较融洽”选项的总比例相对较低，2007 年只有 37.2%。如图 4－9 所示，2007 年“沟通顺畅”指标的负向评价占比较高，达到 17.7%，而 2017 年该指标的负向评价占比为 13.6%，也超过了工作关系维度中其他指标的负向评价比例，说明相对于其他的工作关系指标，公职人员在工作上与主管畅所欲言存在一些难度，这是因为公职人员的层级划分明确。对公职人员来说，有反馈投诉的渠道，但在工作中也有需要“服从”的要求；一些公职单位的领导与下属之间年龄差异较大，同时由于纪律约束，这些公职单位很难像一些企业一样，通过多次“团建”“外出游玩”的方式沟通人员感情。所以在沟通方面，公职人员与主管之间很难畅所欲言。

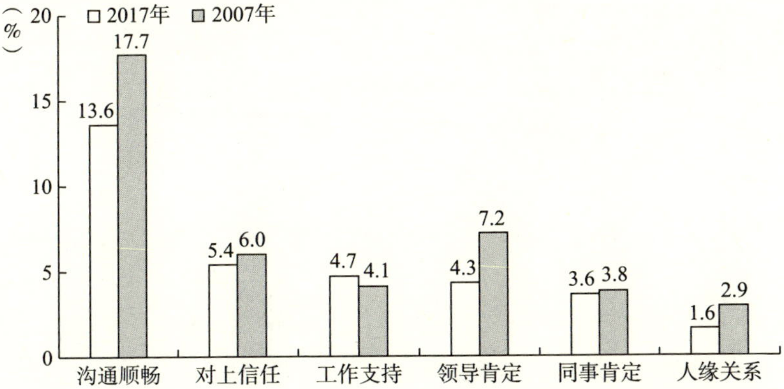

图 4－9 2007 年及 2017 年公职人员工作关系各指标负向评价比例

（2）组织氛围

在公职人员的组织氛围方面，由图 4－10 和图 4－11 可以看到，2007 年和 2017 年正向评价比例排在前两位的指标的排序相同，分别是“个体交流坦诚”“敬业精神导向”，其中“个体交流坦诚”指标的正向评价比例在两个年度都超过了50%。2007年的“意见表达畅通”和“组织民主氛围”的正向评价比例分别是34.3%和37.6%，相对较低。与之相对应，2007年“组织民主氛围”负向评价的比例为26.4%，“意见表达畅通”负向评价的比例是19.6%，而2017年“组织民主氛围”负向评价的比例为22.8%，都相对较高。

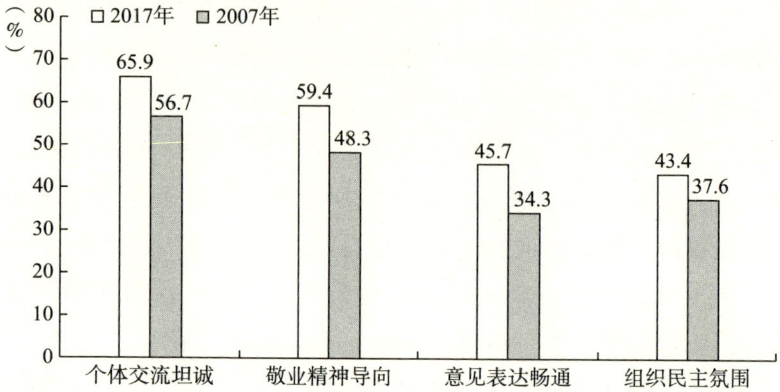

图4－10　2007年及2017年公职人员组织氛围各指标正向评价比例

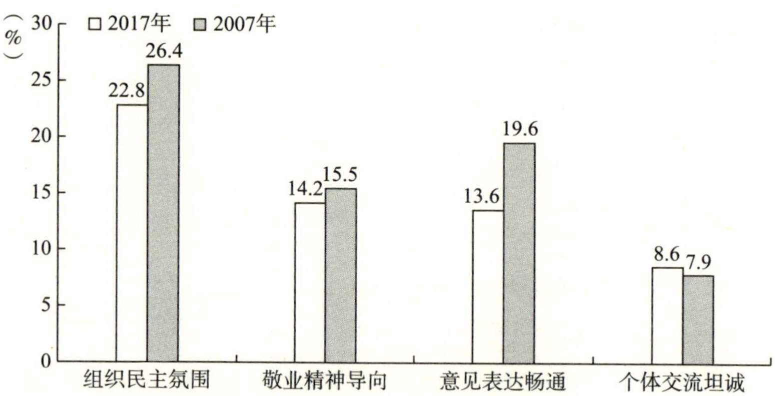

图4－11　2007年及2017年公职人员组织氛围各指标负向评价比例

如图4－12所示，2007年和2017年的“意见表达畅通”和“组织民主氛围”指标的平均得分相对较低，2007年分别为3.17分和3.50分，2017年分别为3.37分和3.32分。而2007年和2017年“个体交流坦诚”指标的平均得分较为接近，分别为3.56

分和 3.66 分，且分数相对较高。

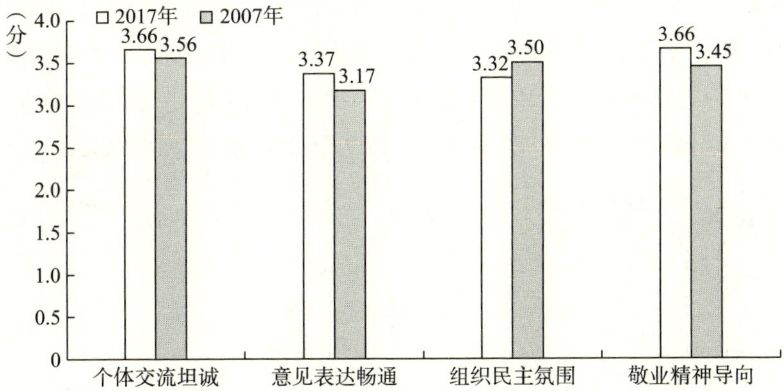

图 4－12　2007 年及 2017 年公职人员组织氛围各指标平均得分

（3）工作行为

在公职人员的工作行为方面，由图 4－13 可以看到，2007 年及 2017 年公职人员的工作行为均比较良好，平均得分均高于 2 分，2017 年的各指标的平均得分都高于 2007 年。其中“拒绝上级分配的工作”和“借故不上班”两个指标在 2007 年和 2017 年的平均得分都较高，“上班时打私人电话”和“上班聊天”两个指标的平均得分相对较低。

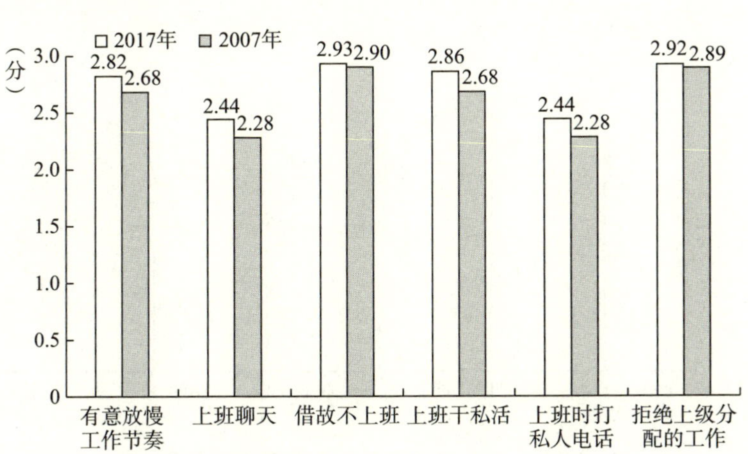

图 4－13　2007 年及 2017 年公职人员工作行为各指标平均得分

在“借故不上班”“拒绝上级分配的工作”两个指标上，公职人员更倾向于“从不”出现这种状况，如图 4－14 所示，2007 年及 2017 年公职人员这两个指标的“从不”选项占比都接近或者超过 90%。“上班时打私人电话”和“上班聊天”状况“从不”出现的比例较低，2007 年分别仅为 30.8% 和 31.4%，2017 年分别为 46.0% 和 45.9%。

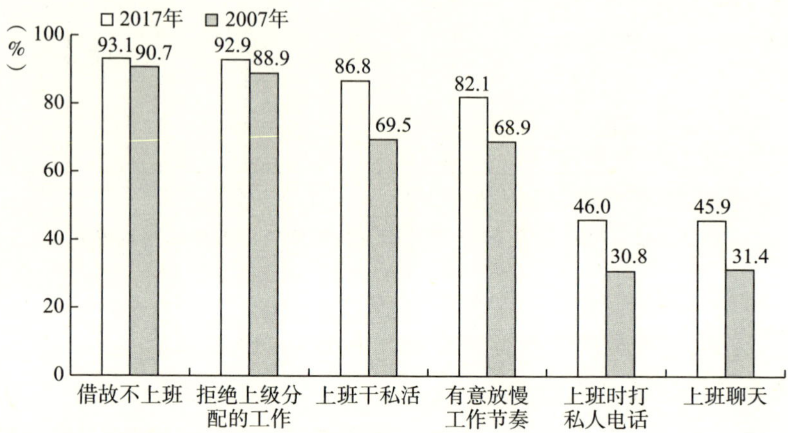

图 4－14　2007 年及 2017 年公职人员工作行为指标“从不”选项比例情况

（4）薪酬待遇

在薪酬待遇方面，从图 4－15 可以看到，2007 年和 2017 年三

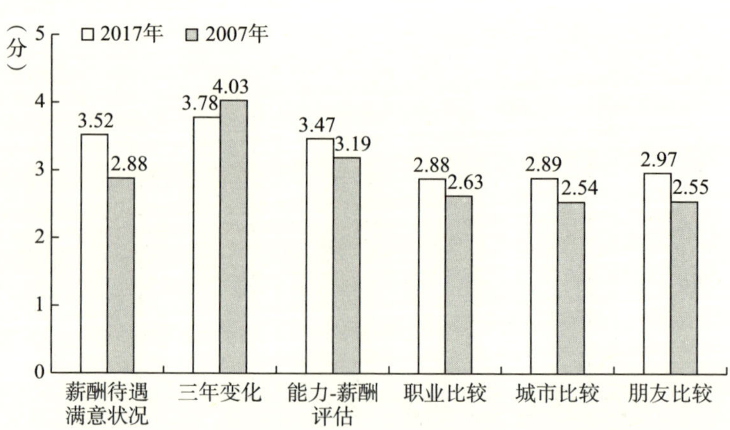

图 4－15　2007 年及 2017 年公职人员薪酬待遇各指标平均得分

年变化指标的平均得分在4分左右，表明在调查年份的近三年，公职人员的薪酬有所增加。与2017年相比，2007年的公职人员的三年变化指标的平均得分更高，为4.03分。2017年公职人员的“城市比较”“职业比较”“朋友比较”指标得分均高于2007年，说明2007年公职人员在薪酬方面的相对剥夺感更强。

（5）工作认同

在工作认同方面，从图4－16可以看到，2007年及2017年公职人员在“理想工作比较”和“工作满意情况”指标上的平均得分均超过3分，但没有超过4分，公职人员表现出了对工作“较满意”“较好”的态度，2017年的平均得分更高。而在“重新择业选择”指标上，2007年公职人员的平均得分只有3.18分，表明公职人员虽然没有选择“大概不会”和“肯定不会”，但是也没有很肯定地选择“一定会”和“大概会”，而是更趋近于“不确定”。在2007年的调查中，公职人员“理想工作比较”指标的平均得分是3.36分，公职人员认为实际的工作与理想的工作相差不大。而2017年“重新择业选择”和“理想工作比较”两个指标的平均得分有了很大提升，分别为3.71分和3.72分。这表明公职人员对于自身工作的认同度有了一定提升，这对于公职人员更好地履职有一定的帮助。

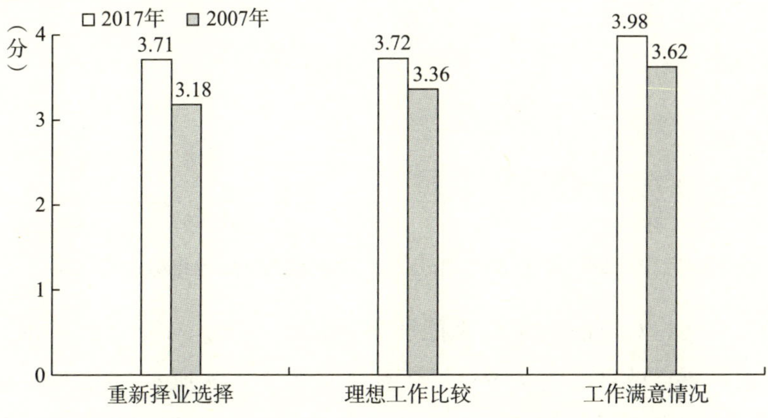

图4－16 2007年及2017年公职人员工作认同各指标平均得分

如图4－17所示，从2007年到2017年，公职人员工作满意情况指标的“较满意”和“很满意”选项比例上升，2007年的选项集中在“一般”和“较满意”两项上，2017年“很满意”的比例超过了“一般”的比例，公职人员对于工作的满意程度在上升。从图4－18同样可以看到，公职人员对于工作岗位的评价在提升，认为公职工作接近他们理想的工作。

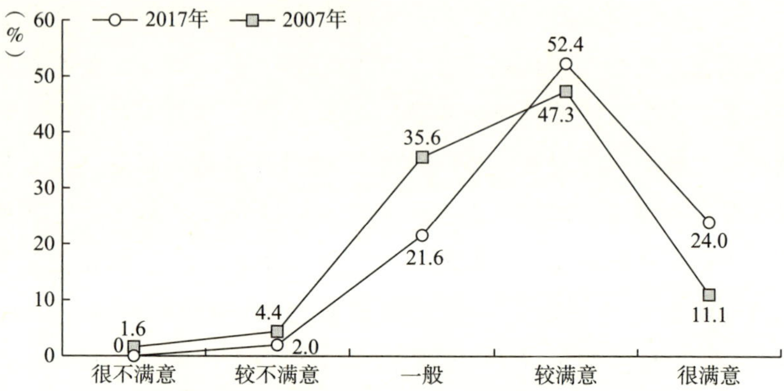

图4－17　2007年及2017年公职人员工作满意情况指标选项比例

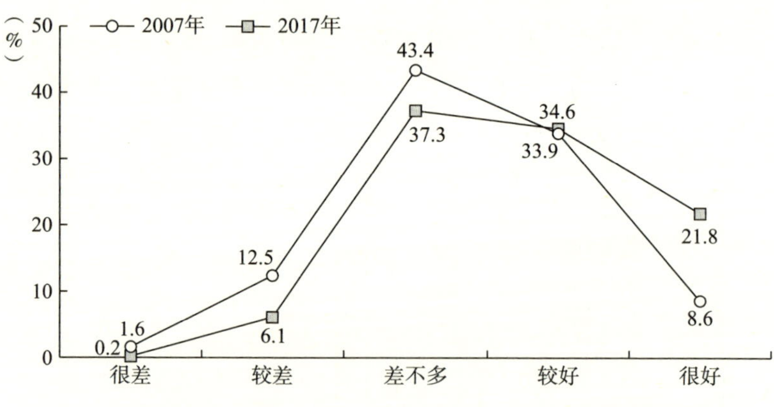

图4－18　2007年及2017年公职人员理想工作比较指标选项比例

与之相对应的就是如果能够重新选择一次，有更大比例的公职人员愿意做自己的这份公职工作。如图4－19所示，与2007年相比，2017年认为自己“肯定不会”选择这份工作的公职人员比例下降到了 2.8%，“一定会”的比例上升到 24.3%。

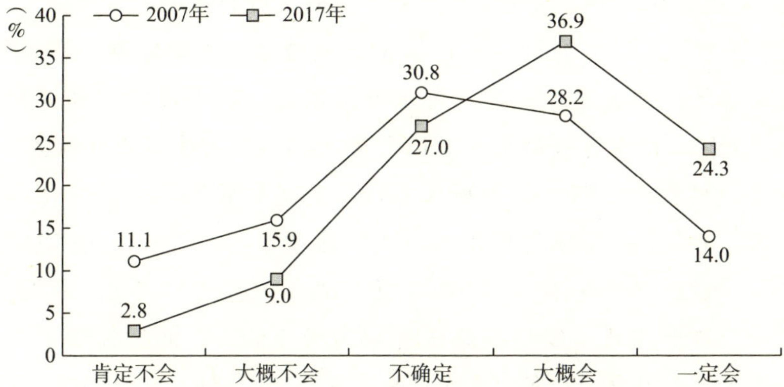

图 4－19　2007 年及 2017 年公职人员重新择业选择指标选项比例

公职人员有换工作想法的比例也在下降，从图 4－20 可以看到，2007 年公职人员“经常有”换工作想法的比例达到了 9.8%，2017 年下降为 3.8%，而“从没有”换工作想法的比例由 32.9% 上升到 48.4%。近几年的一些报道显示，公职人员队伍存在人员流失问题，但也应该看到，很多在职的公职人员对于职业和岗位的认同感在提升。

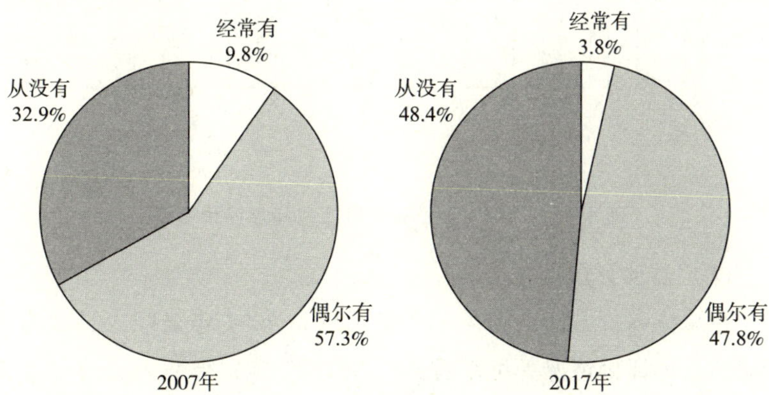

图 4－20　2007 年及 2017 年公职人员换工作想法指标选项比例

另外，公职单位和公职工作的特点，也是公职人员产生工作认同感的重要原因。2017 年，公职人员对工作特点的评价情况如

图 4－21 所示。在 15 种工作特点之中，占比最高的特点是“稳定”，达到 62.2%，这也是外界对于公职人员群体很容易出现的评价，公职人员通常通过“编制”的方式被纳入管理体制，除违反法纪等严重情况之外，离开公职单位多是公职人员的主动选择，而非开除、辞退等被动选择。以公务员为例，《中国青年报》在 2015 年的报道中提到自 1996 年实行辞退制度至 2003 年的 8 年间，全国公务员辞退率仅为 0.05%，人员流动率为 1.25%，公务员是中国“最稳定的群体”。[①] “离家近”的占比达到 41.7%。根据中国社会科学院社会发展战略研究院的历年调查，通过计算可得，公职人员上下班所花费的平均时间基本在 30 分钟左右，2015 年是 27.5 分钟，2016 年是 26.2 分钟，2017 年是 31.8 分钟。

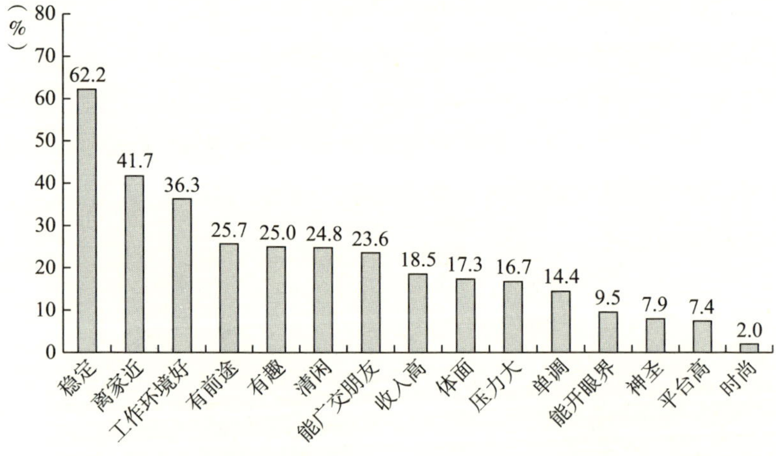

图 4－21　2017 年公职人员工作特点评价情况

（6）总体评价

在总体评价方面，图 4－22 显示的是 2007 年公职人员及全体人员的总体评价情况，可以看到，在 2007 年，公职人员的“生活水平评价”平均得分为 2.80 分，低于全体人员的 3.13 分。但是，

① 《中国青年报》2015 年 4 月 3 日，第 5 版。

公职人员在“单位福利评价”“经济收入评价”“社会地位评价”方面的平均得分都高于全体人员。如图 4－23 所示，2017 年公职人员的总体评价情况都好于全体人员，全体人员的“生活水平评价”“单位福利评价”平均得分由 2007 年的 3.13 分和 2.92 分上升为 2017 年的 3.47 分和 3.36 分，同时，公职人员这两项指标的平均得分也由 2007 年的 2.80 分和 3.09 分上升为 2017 年的 3.65 分和 3.61 分。而对于“经济收入评价”和“社会地位评价”，在全体人员的平均得分有所下降的情况下，公职人员的平均得分几乎没有变化。

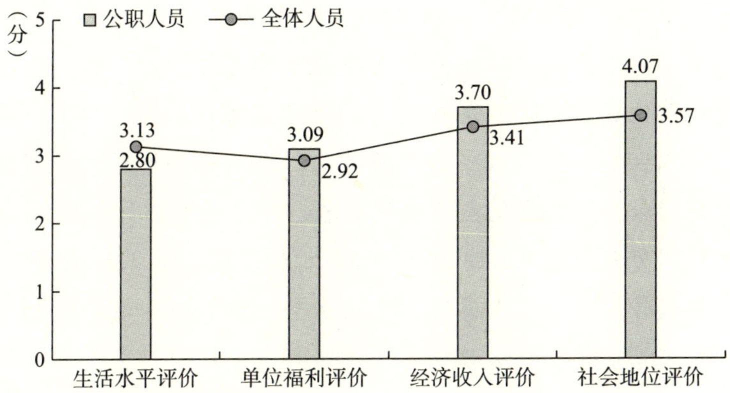

图 4－22 2007 年公职人员及全体人员总体评价情况

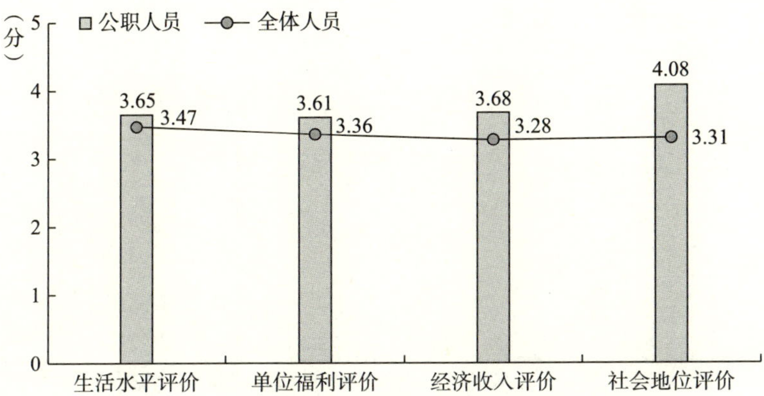

图 4－23 2017 年公职人员及全体人员总体评价情况

图4-24为2007年及2017年公职人员总体评价方面各指标情况，2017年公职人员“社会地位评价”和“经济收入评价”的平均得分和2007年接近，“社会地位评价”的平均得分2017年略高，“经济收入评价”的平均得分2007年略高，这说明按照第一层代表最低、第十层代表最高的标准，公职人员对于自身所在层级的评价保持稳定。但是公职人员对这两个指标的评价得分都不高，并且“经济收入评价”的平均得分在不同年度都略低于“社会地位评价”。

在“单位福利评价”和“生活水平评价”方面，如图4-24所示，2017年公职人员的平均得分高于2007年。“单位福利评价”指标的平均得分由2007年的3.09分变为了2017年的3.61分。这是因为一方面，新入职的公职人员的预期更加合理，他们会在综合考虑和比较各种因素的情况下选择公职单位；另一方面，在各种规定出台后，公职人员的薪酬体系、结构也在调整，公职人员可以通过公开、合理的方式获得福利。而“生活水平评价”指标的平均得分差距较大，由2007年的2.80分变为了2017年的3.65分，提高较多。公职人员的“生活水平评价”既与职业薪酬待遇有一定关系，也与社会整体生活水平相关。随着社会发展与相关政策的落实，人民获得感显著增强，生活水平不断改善、提升，公职人员的“生活水平评价”也相应提升。

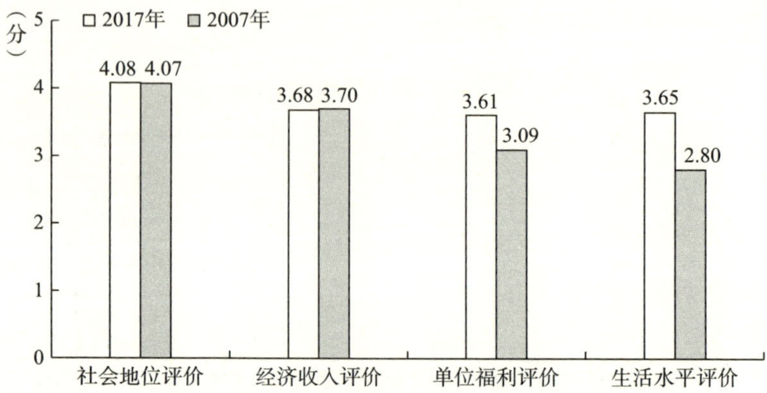

图4-24　2007年及2017年公职人员总体评价方面各指标情况

(7) 其他指标

1) 单位配套服务设施

从2007年到2017年，公职单位的配套服务设施更加完善，如图4-25所示，公职单位设有食堂、员工活动中心、医务室、集体宿舍、公共浴室、幼儿园等配套服务设施的比例均有不同程度的提高，这可以满足公职人员的相应需要，也是对公职人员群体权利重视的一种体现。而在排序方面，2007年和2017年完全相同，食堂的比例最高，其次是员工活动中心，这和公职人员的日常需要相切合。而幼儿园的占比最低，因为幼儿园的设置涉及相关人员配置、监督等诸多要求，具有一定难度。

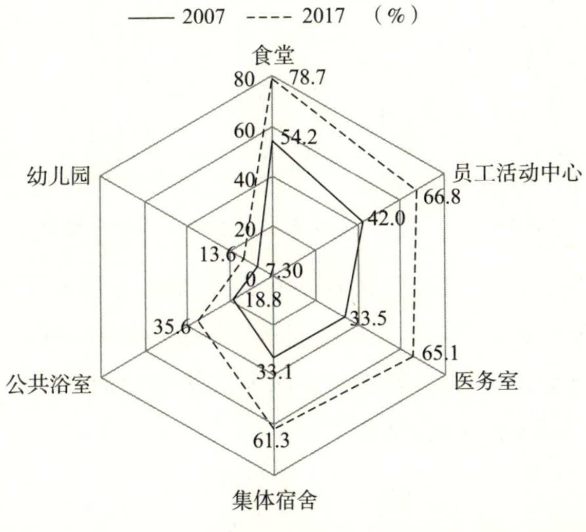

图4-25 2007年及2017年公职单位设有配套服务设施情况

2) 培训及日常活动

在培训及日常活动方面，我们对2007年和2017年的题器进行了一些调整和补充，但仍然能通过不同的题器对公职人员该方面的状况进行说明。如图4-26所示，2007年，无论是公职人员还是全体人员，接受过岗位培训的人员的比例都是最高的，公职人员接受过岗位培训、技术培训和管理培训的比例和全体人员非常接近。但接受过素质培训的公职人员的比例是47.8%，明显高于全体人员的 36.7%；公职人员中接受过安全培训的比例是 39.9%，低于全体人员的 49.0%，这也是唯一一个公职人员培训比例低于全体人员培训比例的培训项目。从职业特点的角度来说，公职人员的工作环境相对安全，在安全保障、公共卫生方面都有制度化的标准，而对于技术和素质的要求更高。

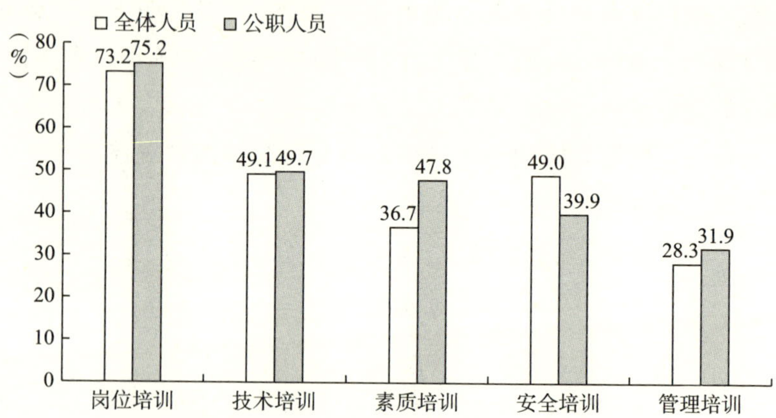

图 4－26　2007 年公职人员及全体人员培训情况

2017 年，公职人员接受各种在岗培训的比例有了大幅提升。如图 4－27 所示，公职人员接受过规章制度培训和知识、技能、流程培训的比例都超过了 90%，公职人员接受过职业安全教育培训

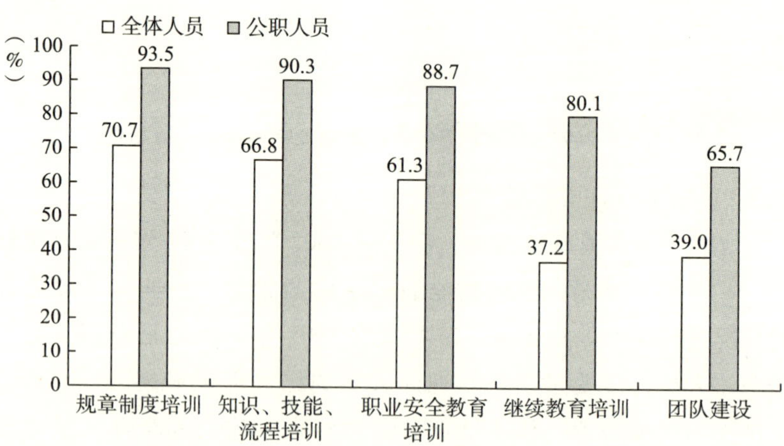

图 4－27　2017 年公职人员及全体人员培训情况

和继续教育培训的比例超过了 80%，都高于全体人员的比例。值得注意的是，2017 年，全体人员接受过继续教育培训的比例只有 37.2%，而公职人员接受过继续教育培训的比例有 80.1%，公职人员的继续教育有助于他们在岗位上更好地履职，具有社会意义。同时，公职人员的培训满意比例高于全体人员，如图 4－28 所示，公职人员对于培训满意（包括较满意和很满意）的总比例超过了 60%，“较满意”的比例为 47.6%，高于全体人员的 37.5%。“很满意”的比例为 18.2%，高于全体人员的 15.6%。

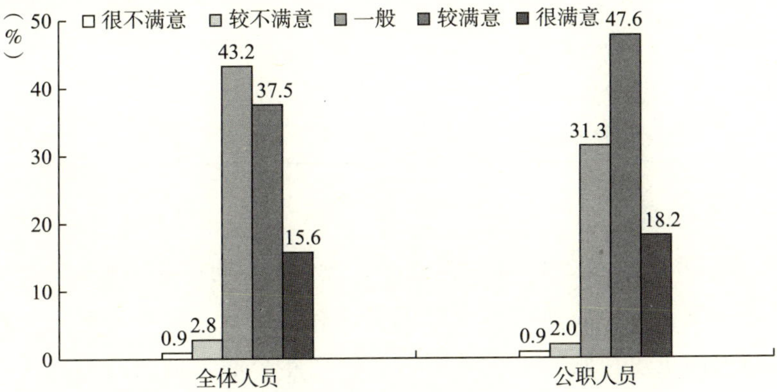

图 4－28　2017 年公职人员及全体人员培训满意情况

在日常活动方面，如表 4－9 所示，2007 年公职人员日常活动中有“穿单位制服或佩带单位徽标”“给员工过生日”“新员工加入单位的仪式（入职仪式）”活动的比例低于全体人员的比例。“开展文体活动”和“学习单位规章、训令”的比例较高。2017 年公职人员日常活动的比例都有所上升，日常活动中有“穿单位制服或佩带单位徽标”“给员工过生日”的比例仍然低于全体人员。

表 4－9　2017 年及 2017 年公职人员及全体人员日常活动情况

单位：%

日常活动	2007 年		2017 年	
	公职人员	全体人员	公职人员	全体人员
穿单位制服或佩带单位徽标	36.3	46.9	39.6	47.0

续表

日常活动	2007 年		2017 年	
	公职人员	全体人员	公职人员	全体人员
给员工过生日	14.9	18.2	25.5	41.2
新员工加入单位的仪式（入职仪式）	12.1	13.7	23.2	19.2
开展文体活动	78.2	58.4	74.9	40.3
唱单位歌曲或升单位旗帜	15.5	11.7	30.6	12.2
学习单位规章、训令	71.6	60.2	62.6	45.9
老员工退休仪式	22.9	14.9	23.5	11.1
单位历史教育	18.7	14.3	30.8	14.0
发放员工手册			42.9	38.0
张贴标语或海报			32.9	31.7

3）加班情况

在 2007 年和 2017 年的调查中，我们对不同行业的加班情况进行了了解，将公职人员与全体人员进行了比较，发现公职人员的加班时间更短。如表 4－10 所示，2007 年公职人员上月每天平均工作时间为 8.18 小时，低于全体人员的 8.36 小时。但公职人员的工作态度在调查中有一定的体现，“主动加班或把工作带回家做”的比例稍高于全体人员。如图 4－29 所示，公职人员“经常”在工作岗位上不计报酬加班加点的比例为 30.4%，高于全体人员的 21.2%。

表 4－10　2007 年公职人员及全体人员加班情况

单位：小时，%

		公职人员	全体人员
上月每天平均工作时间		8.18	8.36
是否领到加班费	是	41.3	50.9
	否	58.7	49.1

续表

		公职人员	全体人员
常常主动加班或把工作带回家做	很不符合	7.6	10.5
	较不符合	16.2	23.4
	一般	36.6	36.8
	比较符合	26.6	21.1
	完全符合	13.0	8.2

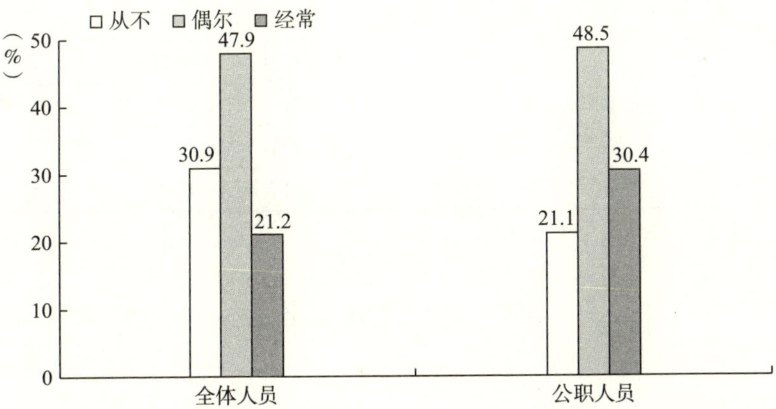

图 4－29　2007 年公职人员及全体人员不计报酬加班加点比例情况

如表 4－11 所示，2017 年公职人员上月每天平均工作时间为 8.04 小时，与 2007 年相比有所下降，也低于全体人员的 8.46 小时。综合 2007 年及 2017 年的数据，公职人员的加班压力相对要小。另外，公职人员虽然加班时间少于全体人员，但是在八小时之外和下班时间，仍然需要为工作花费一定的额外精力，在“八小时之外还要接听工作电话、收发电子邮件、回复消息”和“下班之后，仍然惦记着工作中的事情”两个指标的“符合”（包括比较符合和完全符合）比例方面，公职人员都要略高于全体人员。

表 4－11　2017 年公职人员及全体人员加班情况

单位：小时，%

		公职人员	全体人员
上月每天平均工作时间		8.04	8.46
八小时之外还要接听工作电话、收发电子邮件、回复消息	很不符合	10.7	16.0
	较不符合	18.2	19.0
	一般	29.6	28.2
	比较符合	28.0	24.4
	完全符合	13.5	12.4
下班之后，我仍然惦记着工作中的事情	很不符合	3.2	6.1
	较不符合	10.0	12.2
	一般	37.3	39.6
	比较符合	37.3	29.6
	完全符合	12.2	12.5

四　研究结论及建议

（一）研究结论

对比 2007 年和 2017 年公职人员的工作环境及工作状况，可以看到，公职人员的工作环境及工作状况要好于全体人员，并且 2017 年的整体状况要好于 2007 年，但在一些方面仍需要通过制度等途径进行提升和改进。公职人员在工作关系方面呈现良性状态，拥有较好的同事关系，当工作上遇到困难时能得到支持和帮助；但是在沟通尤其是和主管沟通方面，还要提高沟通顺畅程度。在组织氛围方面，2007 年和 2017 年，有很大比例的公职人员认为他们与自己单位的大部分人员都可以坦诚交流。与 2007 年相比，2017 年各指标的正向评价总比例都在上升，公职单位的组织氛围整体在向良性方向发展，但是在组织民主氛围方面还有一定进步空间。在工作行为方面，2007 年及 2017 年公职人员均表现良好，且2017年的各项指标的平均得分都高于2007年，公职人员基本不会出现借故不上班和拒绝上级分配的工作的情况。但在2007年和2017年，都有上班时打私人电话和上班聊天的情况，2017年的情况有所改善。在薪酬待遇方面，2007年，公职人员认为自己近三年的工作变化更明显，2007年和2017年，公职人员都认为薪酬待遇基本与自身的能力、工作付出相匹配，但公职人员认为自己的薪酬待遇与朋友、同城市的人、同职业的人相比相对较低。在工作认同方面，相比于2007年，2017年公职人员对于自身工作的认同度有了一定提升，他们认为自己所从事的工作接近自己理想的工作，并且有换工作想法的比例在下降。在2017年的进一步调查中，公职人员认为工作为其带来了一定的个人价值和社会价值，大部分公职人员认为工作和自己的知识能力、兴趣匹配情况良好。在总体评价方面，2007年公职人员对于自身生活水平的评价低于全体人员，但在单位福利、经济收入、社会地位方面的评价都好于全体人员，2017年公职人员的各项评价好于全体人员。在其他方面，从2007年到2017年，公职单位的配套硬件设施更加完善，食堂、员工活动中心、医务室、集体宿舍、公共浴室、幼儿园等配套服务设施的比例均有不同程度的提高；与全体人员相比，公职人员所在单位开展文体活动和学习单位规章、训令活动的比例较高，并且在岗培训比例也很高。与全体人员相比，无论是2007年还是2017年，公职人员的加班时间都更短，加班压力相对要小。

（二）实践启示及改进策略

1. 个体层面：对公职单位的工作环境应有合理期待

当个体的期望过高而又不能得到满足的时候，个体就会产生期望与实际之间的落差感；而当个体把自己的状况与他人进行比较处于劣势的时候，个体就会产生消极感受，表现出愤怒、不满等情绪。现在公职单位仍然是社会招工的热门单位，是一些毕业生和转换职业人员的首选方向。个体应该通过咨询等方式提前了解意向公职单位的工作与自身职业能力、专业素质的匹配状况，同时通过研究报告、报道等方式对公职单位工作关系和组织氛围进行了解、评估，以做多角度的衡量，避免盲目报考和过高期待。在公职人员入职后，在进行培训的时候，公职单位应该通过课程等方式，将薪资结构、任务情况等工作环境的各个方面及时进行介绍，公职人员也需要在入职后及时与主管进行沟通，了解组织对职位角色的期待，对个人情况与岗位匹配情况进行进一步的评估，及时根据自身优劣势制定合理的个人职业生涯规划。

2. 组织层面：构建制度与提供支持、保障

（1）发挥公职单位内部的支持作用

从工作时间所占比例的角度来看，工作者每天都有很大一部分时间是在既定的工作环境中度过的，所以其所在组织能够提供的支持直接影响着工作者对于工作的热情和信心。对于公职单位来说，因为时间和岗位要求的限制，不能长期、多次地举行大规模集体性活动，但是各个公职单位可以根据自身的组织特点，通过团队建设、集体拓展性活动使成员在团队活动中体会到团队的重要性，形成内部的凝聚力；另外，公职单位需要针对不同群体的特点进行区别性的支持，如刚进入公职单位的很多年轻干部对于新的工作环境并不适应，容易出现目标不清的情况，可以通过有针对性的中青年培训、与年龄较大的公职人员以及优秀公职人员交流等方式，关心他们的成长。同时，公职单位应该根据自身的特征对组织内部人员给予支持，如研究型公职单位和实践型公职单位的工作职能不同，工作的重点也不同。对于研究型公职单位来说，可以举行定期的讲座及进行调研，以帮助内部人员拓宽研究视野；而对于实践型公职单位来说，需要及时给内部人员提供、更新能够提高绩效的相关设施，并请优秀的人员进行经验介绍。

（2）对公职人员进行有效援助和保障

员工援助计划起源于20世纪40年代的美国，其最初用于解决员工的心理问题，后来广泛应用于欧美国家，主要是帮助员工解决各种心理问题以及其他与工作相关的问题所进行的一系列系统的专业的心理咨询和医疗援助活动。员工援助计划的核心是通过对员工的深层关怀，解决员工的各种问题，使他们的身心更加健康、保持更高的工作效率（陈辛，2012）。对于公职人员来说，合理的援助和保障是提升他们工作环境质量的一部分，这种保障并不是提供超出组织和社会标准的额外的福利，而是在公职人员工作过程中给予合理支持。对于应急、信访、司法等部门和基层单位等各种公职单位来说，应该提供心理援助服务，当相关人员出现情感衰竭、动力不足等问题的时候要给予及时的支持。另外，对于一些存在风险的公职工作，应该有补充保险、家人援助计划，并且应根据社会的平均水平和实际状况及时进行调整，以减少公职人员在工作中的顾虑。

3. 社会层面：对公职人员群体合理监督

社会应该对公职人员群体进行外部监督，只有这样才能保证各个公职单位履行职能的规范性，但是监督本身应该是合理合规的监督。首先，外部群体对公职人员群体的监督应该具有规范性和合理性，这体现为监督必须要在一定的边界内进行，不能将个人感情和组织利益带入监督过程中而产生偏颇、激进的监督效果，更要防止以监督名义进行的对公职人员及其家庭、单位的有针对性的攻击。同时，应该增强监督的对等性，现在社会对公职人员群体和社会群体的监督并不对等，公职单位外部群体在监督和互动过程中产生越轨行为的行动成本相对较低，有时即使公职人员没有出现失范行为，社会群体也会出于各种原因对其进行质疑，这造成了公职人员工作环境不够良性的问题。在实践中，应该保证监督和互动的合理性、合规性，对于任何一方的越轨行为都应该按照法律和相关规章的规定进行相应的处理。

参考文献

陈珊，2005，《北京市机关青年工作满意度与价值观的相关性研究》，《北京社会科学》第3期，第131~138页。

陈晓婧，2013，《基层组织变革中的工作认同——对昆明市社区工作者的实证研究》，中央民族大学博士学位论文。

陈辛，2012，《基层公务员工作倦怠问题研究》，广西大学硕士学位论文。

段锦云、王娟娟、朱月龙，2014，《组织氛围研究：概念测量、理论基础及评价展望》，《心理科学进展》第12期，第1964~1974页。

梁丽芝、鲁毅，2016，《公务员人际生态：失谐、成因及其调适路径》，《中国行政管理》第3期，第14~19页。

马成群，2015，《优化基层公务员发展环境的思考与建议》，《领导科学》第7期，第18页。

徐宪，2008，《论事业单位人事制度改革与人才环境创新》，《经济体制改革》第4期，第172~174页。

袁峰，2016，《净化公职人员从政环境的单位机制研究》，《中共浙江省委党校学报》第4期，第31~38页。

袁泉、焦慧卿，2010，《我国政府公务员非正式培训问题研究》，《中国行政管理》第8期，第68~71页。

张广科，2012，《行政机关公务员薪酬公平及其影响因素研究》，《统计研究》第1期，第92~95页。

周晓虹，2008，《认同理论：社会学与心理学的分析路径》，《社会科学》第4期，第46~53页。

世界卫生组织，2013，《健康工作场所行动模式》，李霜译，人民卫生出版社。

第五章　中国公立医院医生工作环境研究：一种个案数据的分析

一　问题与背景

随着医药卫生体制改革的持续推进，诸多问题浮出水面，因其线索错综复杂、具体思路难以明确、举措难以细化，故人们常以“步入深水区”来形容医改当下所面临的处境。但毫无疑问，医改若要富有成效地推进，必然要进入“深水区”，去发现不曾直面的问题，并厘清重要问题的线索。

众所周知，医改是一项系统工程，需要全社会的投入和医患双方的配合。而医生视角一直是未被充分重视的视角，医生积极性不高是医改难以推进的重要原因之一。医生积极性主要表现为医生的工作积极性，医生的工作积极性需要通过在工作环境中被调动。而公立医院医生的工作环境问题正是既有研究不够关注的，也是医改急需重视的环节。

首先，伴随高强度的体力与脑力劳动，公立医院是医生的主要“栖身”场所，其工作环境的重要性日益凸显。我们认为“工作环境”是一个关联微观个体行为、态度与中观组织制度安排以及宏观社会与经济发展的结构性因素，可以通过营造良好的工作环境来提高成员对组织乃至社会的认同程度，提高组织成员的人力素质，进而减少社会矛盾，实现社会团结及广泛的社会公平。

其次，近年来，伤医事件频发、医患冲突升级，医务人员工作环境问题亟待重视。早在2010年8月，《柳叶刀》就发文称：医院已经成为战场，在中国当医生是从事一种危险的职业。事实上，围绕“看病难、看病贵”现象的讨论不应只偏重患者的感受和权益，医生的主观感受和客观处境也应予以充分关注。面向公众、研究人员和政策制定者客观、真实地呈现医生群体的具体工作状况乃至与之相关的生活状况，既有利于揭开日渐被媒体“妖魔化”的医生群体的日常生存处境的黑箱、打破医患之间信息不对称的局面，也有利于研究人员和政策制定者深入发掘医生工作环境中存在的问题、有的放矢地探索解决问题的方法、路径。

最后，医生是医改的主力军和目标群体，医生的行为与激励，关系到医改的成败。而只有充分了解医生工作环境状况，才可能有重点、讲策略地调动不同地域、层级、科室医务人员的工作积极性，使其主观上配合改革，客观上有能力为改善“看病难、看病贵”“看病乱”做出努力。医生理应和患者一起成为医改的受益人，即医改应能达到在医生追求自我利益的同时，实现患者利益最大化的目的。医生工作环境为相关政策效果检验、完善及前景预期提供了必不可少的场域——好的政策应是能够改善医生工作环境、提高医生工作满意度的政策。医生工作环境研究因此成为医药卫生体制改革必不可少的一环，有重大现实意义。

基于以上，本研究力图较全面地呈现公立医院医生工作环境基本状况，并考察工作环境与医生行为态度变化之间的关系，进而提出合理的政策建议。

二　文献综述及研究进路

（一）文献综述

国外对工作环境的研究，起源于欧盟自1990年开始的“欧洲工作环境调查”，该调查每隔五年在欧盟成员国实施一次，迄今已有五份报告。这一系列报告提出了可供参考的工作环境测量维度，但其中并没有专门针对医生群体工作环境的调查。

1. 工作环境问题研究

如表 5－1 所示，始于 1990 年的“欧洲工作环境调查”将员工的工作环境分为物理工作环境（包括工作时间、工场设施等方面）和心理工作环境（包括工作压力、工作自主性、工作－生活平衡、待遇公平等方面），通过人们对这些方面的主观感受来评估工作环境的好坏，客观展示欧盟成员国员工工作环境的历时性发展过程及特点。虽然这五份报告没有提供系统的工作环境研究理据，甚至在对工作环境的概念上都缺乏认知统一的表述，但其最大的贡献在于，随着数年来参与“欧洲工作环境调查”的欧盟成员国数量不断增加，工作环境的测量维度几经聚类、归纳，大致形成了“工作发展”“工作强度与自主性”“工作的社会性创新”“工作中的物理及心理风险”“工作－生活平衡”五个方面。2013 年，德国工作环境调查将其拓展到 15 个有效指标。

表 5－1　欧洲工作环境研究谱系

<table>
<tr><th>时间跨度</th><th>总体特征</th><th colspan="2">主要观点</th><th>观点间的相互关系</th></tr>
<tr><td rowspan="3">1960s—1990s</td><td rowspan="3">在技术变迁与工作环境变迁的相互关系上存在趋同性</td><td>60s</td><td>技术改进提升劳动者地位，改变其工作处境</td><td rowspan="3">观点不断深化并得以补充</td></tr>
<tr><td>70s</td><td>技术改进和产业结构影响员工工作环境</td></tr>
<tr><td>80s—90s</td><td>信息技术革新提升工作自由度与工作质量</td></tr>
<tr><td>1990s—2000s 第 1、2 次欧洲工作环境调查</td><td>在生产体制与就业体制上因各国社会情境的不同而存在差异性，进而影响工作环境变迁的特点</td><td colspan="2">生产体制的性质将会影响个人工作经验的不同方面，包括工作技能水平、工作自由度、工作安全感、员工参与度，乃至工作－家庭平衡等。就业体制的类型促使雇员通过组织化的工会或其他组织与雇主在国家层面实现协商合作的方式，从而获得组织内的权力资源</td><td>修正了 20 世纪 60 年代到 90 年代关于工作环境变迁存在趋同性的观点</td></tr>
</table>

续表

时间跨度	总体特征	主要观点	观点间的相互关系
2000s—2010s 第3、4、5次欧洲工作环境调查	工作环境的维度被细分为物理工作环境、组织客观环境以及员工心理环境	工作环境被操作化为多个指标，归属物理工作环境、组织客观工作环境与员工心理环境的不同指标相互影响。物理工作环境和组织客观工作环境会对员工个体的心理、生理环境产生影响	源于劳动过程理论的劳资关系视角，对传统理论视角进行了全面的修正
2010s 至今	各种类型的工作环境，以及各个测量维度中的工作环境都会影响人类福祉	工作环境的各个维度，从不同层面和角度影响着人们的个人福祉，而个人福祉的多寡、高低则影响着组织结构，甚至社会结构	将工作环境的各个维度与个人主观感受进行影响因素的细分

尽管有上述贡献，但欧洲现有的工作环境研究存在三个方面的缺憾。（1）偏重微观性、个体性和主观性的研究，缺乏将这些研究嵌入客观指标与系统的研究取向。（2）研究数据的解读性描述侧重于经验性描述，不注重对事物之间因果逻辑的解释性阐述。（3）工作环境的概念、量表和指标缺乏理论建构和方法论的深入探讨。

国内关于工作环境的研究基本上处于初级阶段，其研究重点大多放在工作质量的研究上。已有的文献主要关注以下几个方面：一是关注弱势群体的工作境况（比如农民工群体），并由此获得了丰富的理论与经验研究成果；二是评述美国工作生活质量（quality of working life，QWL）的研究成果，并探讨这一指标在国内的适用性；三是根据国际劳工组织（ILO）及欧盟对于“体面劳动”概念的提出与发展，侧重于概念介绍以及对国内适用性的探讨。

国内现有研究中普遍存在的问题是试图通过对工作环境某方面的主观态度变化来反映一个组织的发展变迁状况，尚未将结构性因素以及客观指标纳入其中来考量，也不清楚良好的工作环境形成的过程和条件，进而在关键机制方面缺乏解释力。

2. 医生工作环境问题研究

综上所述，工作环境研究在国内尚处于开拓阶段，因而，罕有以“医生工作环境”为关键词的文献，但现有涉及医师执业环境、执业状况、工作压力、职业倦怠、离职意向、工作满意度等的研究表现出近似的意图。相关研究有三种倾向。（1）以某地某级医院医务人员在工作中面临的某特定问题及其影响因素为研究对象，如柯颖达等人的《上海市三甲医院医务人员职业压力与倦怠调查及对策研究》。（2）以某地某级医院医务人员对医院工作环境的评价为研究对象，如谭燕等人的《武汉市两家二级公立医院临床医生对医疗执业环境和工作环境的评价》。（3）依托更大范围的调查，以从总体上客观反映医师执业状况为研究目标，以王帅等人的《第五次国家卫生服务调查结果之三——医务人员执业环境现状》及中国医师协会的《中国医师执业状况白皮书》为代表。前两种研究倾向的问题在于，缺少更为整体的视角及可参照的对象，研究结论的可检验性不强，因素分析易流于形式。后一种倾向的问题在于，尽管具有比较宏观的视野，但由于在工作环境的概念、量表和指标上缺乏理论建构和方法论的深入探讨，存在与上述欧盟及国内既有工作环境研究类似的问题。

值得注意的是，以医务人员为对象的上述研究普遍缺少性别视角，女性医务工作者的主观感受和客观处境，及其与男性医务工作者的可能差异被长期忽视。迄今只有朱颖（2018）在其博士学位论文中讨论了女性医务工作者的角色冲突问题。朱颖指出，女性医务工作者的角色冲突主要是“工作－家庭”冲突，这种角色冲突主要受组织环境、人际互动、个体特征因素的影响，因而需要在制度和精神层面给女性医务工作者提供更多的支持。

（二）研究进路

我们认为，工作是一个动态过程，即员工基于一定目标在特定环境中投入成本并有所产出的活动过程。工作目标、工作投入、工作环境和工作产出是工作过程的四个要素，而工作环境则是其中起关键作用的环节。在一定的工作投入下，工作环境的良性与否，决定着工作产出与工作目标的匹配程度，换言之，好的工作环境，应有助于工作产出与工作目标相匹配。

基于过程视角，本研究将上述四个要素细分为若干个维度。

1. 工作投入：经验、知识、技能、时间等；

2. 工作环境：物理环境、制度环境、组织环境、互动环境、心理环境；

3. 工作产出：客观产出、主观产出；

4. 工作目标：客观目标、主观目标。

将上述视角和分类引入本研究所面向的职业群体——医生群体，可以进行更为细致的讨论。①

医生以治病救人为其天职，可以将治病救人视为其最主要的客观工作目标。但由于临床医学作为经验科学有着自身的局限性，无法"以成败论英雄"，或者说，尽其所能去救治病人，才更合适作为衡量医生工作是否尽职的标准。"尽其所能"首先要求医生具备促进病患康复的基本能力，其次要求其有强烈的意愿去实现对病患的救治，最后需要有支持心怀强烈救治意愿的医生能够将其能力充分施展的条件。在此意义上，可以将医生工作目标转化为，持续生成自我激励机制以解决救治过程中可能遇到的诸多困难，从而实现对病患的最佳治疗。与这一目标相匹配的工作产出，可以包含以下方面：合理的社会及经济地位、较高职业认同、较高满意度、较强信念感、较公平合理的工作报偿、健康、工作－家庭平衡。

基于以上，本研究所设计的面向医生群体的问卷，包含工作

① 作为本研究对象的"医生"，特指临床医生，不含同样持有执业医师从业资格证书的药师、技师等。

投入、工作环境、工作产出三个主要部分。其中工作投入部分包含性别、工作年限、岗位、受教育程度、职称、是否在编、工作时间等；工作环境部分包含物理、制度、组织、互动、心理环境五个维度，并细分为自主性、医患矛盾解决机制、职业前景、组织支持、冲突、医生面对患者的心理状态、情绪劳动、压力反应等；工作产生部分包含社会及经济地位、职业认同、满意度、信念感、报偿、健康、工作-家庭平衡。期待以此呈现公立医院医生工作过程的全貌，发现其中的性别差异，分析工作环境对医生工作产出的影响，并探索提高医生工作积极性的可能路径。

三　调研数据基本情况概述

此次调查开展于2019年，所收集的数据一部分来自北京一家公立医院（简称医院数据），另一部分由医学专业学会（如北京心血管学会）在其组织的京外医学学术会议上随机向医务人员派发问卷收集而得（简称会议数据）。共回收有效问卷2306份，其中医院数据共1825份，会议数据共481份。

1. 从岗位情况上看，医院数据中护士占比较多，为67.97%；医生占比为25.01%；其他岗位医务人员占比为7.02%。会议数据中，医生占比较多，为63.72%；护士占比为24.34%；其他岗位医务人员占比为11.94%。

需要说明的是，虽然本次问卷调查的对象是在公立医院工作的全体员工，包括医生、护士、药剂师、管理人员和后勤人员，但出于研究对象的主体是医生群体的考虑，在后续分析中，我们聚焦于对医生工作的描述，并将对护士工作的描述作为参照；以期基于一定程度的医护差异，呈现医生工作环境的独特性。

2. 从性别上看，医院数据中，男性医生占比40%，女性医生占比60%；男性护士占比1%，女性护士占比99%。会议数据中，男性医生占比35%，女性医生占比65%；男性护士占比1%，女性护士占比99%。两次调查中的性别差异较为显著。尤其是在护士群体中，女性占绝大部分。

3. 从年龄上看，医院数据中，医生群体年龄在24岁及以下的占2.5%，25~35岁的占41.5%，36~45岁的占36.7%，46~60岁的占18.2%，60岁及以上的占0.9%；护士群体中，24岁及以下的占7.2%，25~35岁的占52.8%，36~45岁的占31.2%，46~60岁的占8.6%，61岁及以上的占0%。

会议数据中，医生群体年龄在24岁及以下的占0.3%，25~35岁的占28.6%，36~45岁的占42.3%，46~60岁的占25.4%，60岁及以上的占3.1%；护士群体24岁及以下的占3.1%，25~35岁的占50.5%，36~45岁的占21.0%，46~60岁的占25.2%，61岁及以上的占0%。

总体上看，受访者以中青年为主。

4. 从受教育程度来看，医院数据中，医生学历为大专的占比0.4%，本科占比15.8%，硕士研究生占比55.9%，博士研究生占比27.8%；护士学历为高中及以下的占比为0.5%，大专占比27.4%，本科占比71.3%，硕士研究生占比0.5%，博士研究生占比0%。

会议数据中，医生学历为高中及以下的占比为1.1%，大专占比8.2%，本科占比59.7%，硕士研究生占比24.8%，博士研究生占比6.0%；护士学历为高中及以下的占比为4.9%，大专占比19.6%，本科占比75.4%，硕士研究生占比0%，博士研究生占比0%。

本科学历及以上的受访者占比过半，表明受访者群体总体受教育程度较高。其中医院数据中，医生学历以研究生为主，护士学历以本科为主；会议数据中的医生和护士则以本科学历为主。

5. 从职称上看，医院数据中，医生群体中未定级的占比6.7%，初级占比18.6%，中级占比46.4%，副高级占比20.7%，正高级占比6.9%；护士群体中未定级的占比2.1%，初级占比

55.6%，中级占比40.9%，副高级占比0.5%，正高级占比0.1%。

会议数据中，医生群体中未定级的占比3.4%，初级占比23.7%，中级占比42.5%，副高级占比22.9%，正高级占比6.9%；护士群体中未定级的占比1.0%，初级占比43.3%，中级占比41.2%，副高级占比13.4%，正高级占比1.0%。

医院数据和会议数据中受访的医生都以中级为主，副高级及正高级职称比例近似；护士则都以初、中级职称为主，少有正高级职称。

6. 从婚姻状态来看，医院数据和会议数据中，大部分受访者的婚姻状态为已婚，分别占81%和74%；未婚比例则分别为18%和25%；只有少部分受访者的婚姻状态为其他。

7. 从医护人员所在科室情况来看，两份样本都基本覆盖了医院各主要科室。

8. 从人员编制情况来看，医院数据中，医生正式在编的比例为83.6%，劳动合同聘用的比例为7.9%，其他形式占比8.4%；而护士正式在编的比例为82.3%，和医生相差无几，但劳动合同聘用的比例为16.8%，远高于医生，其他形式占比0.8%。

会议数据中，医生正式在编的比例为70.9%，劳动合同聘用的比例为22.1%，其他形式占比6.8%；护士正式在编的比例仅为38.7%，劳动合同聘用的占比高达58.1%，其他形式占比3.0%。

9. 从工作年限来看，医院数据中，医生群体和护士群体工作年限在“1~10年”的受访者占比最多；会议数据的医生群体中，工作年限“多于20年”的受访者占比最多，而护士群体则仍是工作年限为“1~10年”的受访者占比最多。

10. 从医院级别来看，会议数据受访者所在医院级别以二级（41%）和三级（46%）为主，进一步区分医生和护士所在医院的级别可知二者情况近似。

四 医生工作环境的作用机制

基于医院、会议两个样本在部分描述结果上的趋同性，以下有关工作环境对医生工作产出的作用机制的考察建立在合并医院数据、会议数据的基础上。这一部分将集中考察工作环境各维度对以健康、满意度、工作－家庭平衡为代表的工作产出项的影响。

（一）工作环境的维度及描述性统计

如表5－2所示，我们建立了医生工作环境的5个二级维度，包括物理环境、制度环境、组织环境、互动环境和心理环境，以及13个三级维度。

表5－2 工作环境维度

<table>
<tr><th>一级维度</th><th>二级维度</th><th>三级维度</th></tr>
<tr><td rowspan="13">工作环境</td><td rowspan="2">物理环境</td><td>危害物质</td></tr>
<tr><td>健康影响</td></tr>
<tr><td rowspan="3">制度环境</td><td>工作时间</td></tr>
<tr><td>工作自主性</td></tr>
<tr><td>制度公平</td></tr>
<tr><td rowspan="3">组织环境</td><td>组织支持</td></tr>
<tr><td>组织信任</td></tr>
<tr><td>组织激励</td></tr>
<tr><td rowspan="3">互动环境</td><td>同事关系</td></tr>
<tr><td>医患关系</td></tr>
<tr><td>人际冲突</td></tr>
<tr><td rowspan="2">心理环境</td><td>情绪劳动</td></tr>
<tr><td>精神压力</td></tr>
</table>

1. 物理环境

物理环境包含危害物质和健康影响两个子维度。其中，“危害物质”通过量表测量，受访者需回答其工作环境中是否包含放射性物质、有毒化学品、物理危害、有害生物4类危害物质，工作环境暴露的危害物质越多，该维度的评价越低。健康影响通过受访者自评测量，受访者需要回答“您的工作环境对您的健康有什么影响”，选项包含“有利于健康”、“没有影响”和“不利于健康”。综合两个子维度，得出物理环境指数，见表5－3。从表5－3可见，医生的物理环境指数偏低，均值仅为31.17，其中“危害物质”均分为47.86，“健康影响”仅为14.48。表明医生很大程度暴露在充满危害物质的环境之中，这些危害物质对其健康有较大的负面影响。

2. 制度环境

制度环境包含工作时间、工作自主性和制度公平3个子维度。其中，“工作时间”通过受访者的周均工作时间测量，受访者需回答“您上周大概工作多少小时”，选择包含5个时间段，工作时间越长，对工作时间的评价越低。“工作自主性”通过量表进行测量，受访者需要对其6个方面的工作自主性进行自评，包括工作量的大小、工作时间的长短、工作节奏的快慢、工作地点的选择、工作内容的取舍、工作进度的调整。“制度公平”的测量询问了受访者是否在工作中受到过不公平的待遇，选项为5分类。通过综合3个子维度，得出制度环境指数，见表5－3。如表5－3所示，制度环境指数为41.55，其中“工作自主性”的评价最低，仅20.96，表明医生对工作各方面的自主决定权很小。

3. 组织环境

组织环境包含3个子维度：组织支持、组织信任和组织激励。其中，“组织支持”通过问题“当工作上遇到困难时，我总能得到大家的支持和帮助”测量；“组织信任”通过问题“总的来说，我对我们单位领导很信任”测量；“组织激励”通过问题“我的工作能力经常得到领导肯定和赞扬”测量。上述3个问题中，受访者均需要回答该描述是否符合其情况，选项为5分类。通过综合3个子维度，得出组织环境指数，见表 5－3。如表 5－3 所示，组织环境指数为 61.51，该维度评价相对较高，组织支持、组织信任和组织激励三个子维度的得分均超过中值（50）。

4. 互动环境

互动环境包含 3 个子维度：同事关系、医患关系、人际冲突。其中，“同事关系”通过询问受访者是否“在单位中有很好的人缘”来测量，选项为 5 分类。“医患关系”通过三个问题测量：“您是否被患者的抱怨弄得很恼火或沮丧”“您是否发现自己潜意识中（私底下）希望患者不要再来”“您是否觉得照顾您的患者很浪费时间”，选项均为 5 分类。“人际冲突”通过量表测量，受访者需要回答其在工作交往中在多大程度上存在下列冲突：言语冲突、肢体冲突、口头威胁、性骚扰、羞辱、驳面子和穿小鞋。通过综合 3 个子维度，得出互动环境指数，见表 5－3。如表 5－3 所示，互动环境指数为 62.67，其中“人际冲突”的评价最高，达到 71.65。

5. 心理环境

心理环境包含情绪劳动和精神压力两个子维度。其中，“情绪劳动”通过三个问题测量，受访者需要回答其出现下列情况的频率：“我会假装心情好的样子，即使内心并不是如此”“工作时表现出适合的表情与态度，对我而言就如同是在演戏一样”“为表现出特定的表情与态度，我会掩饰内心真正感受”，选项为 6 分类。“精神压力”通过量表测量，量表描述了 7 个存在精神压力的表现，包括紧张、担忧、难放松、无法静坐、易烦躁、害怕等，选项为 4 分类。通过综合两个子维度，得出心理环境指数，见表 5－3。如表 5－3所示，医生的心理环境指数为 65.85，在所有工作环境维度中评分最高，其中“精神压力”的评价相对最高，达到 72.94。

表 5-3　工作环境及其子维度描述性统计

序号	二级维度	均值	标准差	最小值	最大值	样本量
1	危害物质	47.86	32.10	0.00	100.00	643
2	健康影响	14.48	23.40	0.00	100.00	643
3	物理环境指数	31.17	23.39	0.00	100.00	643
4	工作时间	50.31	26.58	0.00	100.00	643
5	工作自主性	20.96	19.94	0.00	100.00	643
6	制度公平	53.38	24.03	0.00	100.00	643
7	制度环境指数	41.55	14.61	0.00	91.67	643
8	组织支持	64.51	19.64	0.00	100.00	643
9	组织信任	60.92	22.95	0.00	100.00	643
10	组织激励	59.10	20.57	0.00	100.00	643
11	组织环境指数	61.51	17.35	0.00	100.00	643
12	同事关系	55.92	15.55	0.00	80.00	643
13	医患关系	60.45	17.07	0.00	100.00	643
14	人际冲突	71.65	20.85	0.00	100.00	643
15	互动环境指数	62.67	12.29	24.60	90.95	643
16	情绪劳动	58.76	22.63	0.00	100.00	643
17	精神压力	72.94	22.09	0.00	100.00	643
18	心理环境指数	65.85	18.66	0.00	100.00	643
19	工作环境指数	52.55	10.75	19.74	82.94	643

（二）综合评价指标的结构检验

利用指标间的皮尔逊相关系数对工作环境指数的结构进行检验，各变量的皮尔逊相关系数见表 5-4。根据欧盟委员会联合研究中心，良好的综合评价指标结构应该满足如下标准：（1）子要素与综合评价指标的相关系数应该介于 0.4～0.8；（2）子要素与综合评价指标之间应该具有正相关性；（3）基础指标与子要素之间的相关系数应该符合预期，综合评价指标中不应该包含那些与评价结果弱相关的基础指标（张明倩，2017）。

表 5-4 变量皮尔逊相关系数

序号	指标	1	2	3	4	5	6	7	8	9	10	11	12	13	14	15	16	17	18	19
1	危害物质	1.00																		
2	健康影响	0.41*	1.00																	
3	物理环境指数	0.89*	0.78*	1.00																
4	工作时间	0.11*	0.10*	0.12*	1.00															
5	工作自主性	0.16*	0.18*	0.20*	0.11*	1.00														
6	制度公平	0.09*	0.05	0.08*	0.05	0.06	1.00													
7	制度环境指数	0.19*	0.17*	0.21*	0.68*	0.56*	0.61*	1.00												
8	组织支持	0.00	0.07	0.04	0.03	0.06	0.28*	0.20*	1.00											
9	组织信任	0.08*	0.13*	0.12*	(0.02)	0.15*	0.25*	0.20*	0.46*	1.00										
10	组织激励	0.09*	0.12*	0.12*	0.03	0.10*	0.22*	0.19*	0.53*	0.56*	1.00									
11	组织环境指数	0.07	0.13*	0.12*	0.02	0.13*	0.30*	0.24*	0.79*	0.84*	0.84*	1.00								
12	同事关系	(0.03)	(0.00)	(0.02)	(0.04)	0.01	0.13*	0.05	0.55*	0.33*	0.45*	0.53*	1.00							
13	医患关系	0.00	0.08*	0.04	0.08	0.15*	0.20*	0.23*	0.20*	0.14*	0.16*	0.20*	0.19*	1.00						
14	人际冲突	0.17*	0.12*	0.18	0.07	0.12*	0.30*	0.26*	0.17*	0.22*	0.17*	0.23*	0.16*	0.27*	1.00					
15	互动环境指数	0.08*	0.11*	0.11*	0.06	0.14*	0.32*	0.27*	0.42*	0.33*	0.36*	0.45*	0.60*	0.69*	0.75*	1.00				
16	情绪劳动	0.06	0.08	0.08*	0.12*	0.14*	0.19*	0.24*	0.10*	0.17*	0.14*	0.17*	0.05	0.32*	0.30*	0.34*	1.00			
17	精神压力	0.12*	0.13*	0.15*	0.15*	0.20*	0.24*	0.32*	0.14*	0.13*	0.18*	0.18*	0.19*	0.28*	0.23*	0.34*	0.39*	1.00		
18	心理环境指数	0.11*	0.12*	0.13*	0.16*	0.21*	0.26*	0.33*	0.14*	0.18*	0.19*	0.21*	0.15*	0.36*	0.32*	0.41*	0.84*	0.83*	1.00	
19	工作环境指数	0.52*	0.49*	0.60*	0.31*	0.38*	0.46*	0.62*	0.47*	0.51*	0.52*	0.61*	0.36*	0.43*	0.50*	0.64*	0.52*	0.57*	0.66*	1.00

* $p<0.5$。

从表5－4可以看出，工作环境指数与五个二级构成指标的相关系数分别为0.60、0.62、0.61、0.64和0.66，相关系数均介于0.4～0.8。与三级构成指标的相关系数介于0.31～0.57。这些相关系数均在95%的置信度上显著。除此之外，五个二级构成指标之间的相关系数介于0.11～0.45，除了互动环境与组织环境及心理环境的相关系数较高以外（超过0.4），其他指标之间的关系均较弱，因此可以认为，构成指标之间不存在过度重叠，也即冗余度较低。

物理环境指数与其两个子维度的相关系数分别为0.89和0.78，其中与“危害物质”的相关系数略超过0.8的上限；两个三级指标之间的相关性较高，为0.41。

制度环境指数与其三个子维度的相关系数分别为0.68、0.56和0.61，均介于0.4～0.8；子维度之间的相关性较弱，最高为0.11。

组织环境指数与其三个子维度的相关系数为0.79、0.84和0.84；三级指标之间的相关性较高，均超过0.4。

互动环境指数与其三个子维度的相关系数分别为0.60、0.69和0.75，均介于0.4～0.8；三级指标之间的相关度较低，不超过0.3。

心理环境指数与其两个子维度的相关系数分别为0.84和0.83，略超过0.8的上限；两个三级指标之间的相关性也较高，为0.39。

总的来说，工作环境指数与二级指标、二级指标与三级指标的相关性基本具有一个良好的综合评价指标的结构。

（三）工作环境的影响

有关工作环境各维度对医生工作产出的影响，我们选取了3个重要的结果变量：身体健康、工作满意度和工作－家庭平衡。

1. 变量及其操作化

（1）因变量

①身体健康，利用“躯体反应量表”和主观健康自评进行测

量，“躯体反应量表”询问受访者在过去4周内，是否有胃痛、背痛、关节痛、头痛等15项病症的困扰，选项为3分类；主观健康自评中，受访者需要回答“总的来说，您认为目前身体健康状况怎样”，选项包括3个等级。综合量表和自评得分，可以得到反映医生身体健康程度的评分，分数越高表明受访者身体健康程度越高。基本描述性统计结果见表5-5。

②工作满意度，利用“满意度量表”进行测量，该量表询问了受访者对工作各方面的满意度，包括工作时间、工作设施、培训和进修机会、单位奖励、工作安全等10项，选项为5分类。汇总各项得分，并转换为百分制，得到受访医生的工作满意度得分，分数越高，表明其工作满意度越高。基本描述性统计结果见表5-5。

③工作-家庭平衡，利用“工作影响家庭”量表进行测量，该量表要求受访者就工作对家庭生活的负面影响进行评估，包括“我的工作要求影响了家庭生活”、“我的工作时间使我很难尽到家庭责任”、“因为工作要求，我在家没办法去做自己想的事”、“我的工作压力使我很难尽到家庭义务”和“因为工作责任所在，我不得不对家庭活动计划做出改动”5个题项，选项为5分类。对各项进行反向计分，加总后得到反映工作-家庭平衡状况的分数，分数越高表明受访者工作对家庭的冲突程度越低，工作与家庭的平衡程度越高。基本描述性统计结果见表5-5。

（2）自变量

自变量为工作环境的5个子维度，包括物理环境、制度环境、组织环境、互动环境和心理环境。自变量的基本描述性统计结果见表5-5。

（3）控制变量

本研究选取的控制变量包括：年龄、性别、学历、婚姻状况、单位级别、职称等级和合同形式。控制变量的描述性统计结果见表5-5。

表 5－5　变量描述性统计结果

变量	均值	标准差	说明
因变量：			
身体健康	60.69	17.19	最小值＝0；最大值＝100
工作满意度	27.09	12.43	最小值＝0；最大值＝65
工作－家庭平衡	39.21	20.68	最小值＝0；最大值＝100
自变量：			
物理环境	31.17	23.39	最小值＝0；最大值＝100
制度环境	41.55	14.61	最小值＝0；最大值＝91.67
组织环境	61.51	17.35	最小值＝0；最大值＝100
互动环境	62.67	12.29	最小值＝24.6；最大值＝90.65
心理环境	65.85	18.66	最小值＝0；最大值＝100
控制变量：			
年龄	38.65	8.19	最小值＝23；最大值＝70
性别	0.38	0.49	女＝0；男＝1
学历	3.86	0.77	高中及以下＝1；大专＝2；本科＝3；硕士＝4；博士＝5
婚姻状况	0.84	0.37	未婚＝0；已婚＝1
单位级别	2.77	0.53	一级＝1；二级＝2；三级＝3
职称等级	2.98	0.98	未定级＝1；初级＝2；中级＝3；副高级＝4；正高级＝5
合同形式	0.81	0.39	外聘工＝1；正式工＝2

2. 回归结果

本研究利用多元线性回归对变量间的关系进行拟合。

（1）工作环境与身体健康

表 5－6 中，模型 1 为基础模型，仅包含因变量和控制变量，模型 2 加入了全部自变量。从回归结果来看，在模型 1 中，在控制变量方面，除了学历在 90% 的置信度上具有显著性以外，其他变量对医生的身体健康均没有显著影响（$p>0.1$）。

结合模型 1 和模型 2 的结果来看，加入自变量之后，模型调整后 R 方从 -0.004 上升到 0.308，AIC 值也较模型 1 有所下降，这表明模型 2 具有更好的解释效果。根据模型 2 的运行结果，除组织环境外，物理环境、制度环境、互动环境和心理环境均对医生的身体健康有显著影响（$p<0.1$）。具体来说，平均而言，物理环境指数每上升 1 个单位，医生的身体健康程度增加 0.09 个单位；制度环境指数每上升 1 个单位，医生的身体健康程度增加 0.15 个单位；互动环境指数每上升 1 个单位，医生的身体健康程度增加 0.17 个单位；心理环境指数每上升 1 个单位，医生的身体健康程度增加 0.39 个单位。

由此可见，工作环境的各个维度对医生身体健康的影响程度从高到低依次是心理环境、互动环境、制度环境和物理环境，组织环境没有显著影响。

表 5-6　工作环境与身体健康回归结果

	模型 1	模型 2
年龄	0.02 (0.14)	-0.20 (0.13)
性别	0.68 (1.40)	3.09 ** (1.17)
学历	1.90 + (1.05)	1.64 + (0.86)
婚姻状况	0.21 (2.14)	-0.98 (1.76)
单位级别	-2.28 (1.61)	-1.80 (1.30)
职称等级	0.03 (1.15)	0.03 (1.01)
合同形式	-0.52 (1.86)	0.68 (1.54)
物理环境		0.09 *** (0.02)
制度环境		0.15 *** (0.04)
组织环境		0.02 (0.04)

续表

	模型 1	模型 2
互动环境		0.17 ** (0.06)
心理环境		0.39 *** (0.04)
常数	58.90 *** (6.06)	20.61 *** (5.77)
样本量	643	643
调整后 R 方	-0.004	0.308
AIC	5493.28	5259.17

注：(1) + $p<0.10$，* $p<0.05$，** $p<0.01$，*** $p<0.001$；(2) 括号内为稳健的标准误；(3) 因变量为身体健康。

(2) 工作环境与工作满意度

表 5-7 中，模型 3 为基础模型，仅包含因变量和控制变量，模型 4 加入了全部自变量。从回归结果来看，在模型 3 中，控制变量对医生的工作满意度没有显著影响（$p>0.1$）。

结合模型 3 和模型 4 的结果来看，加入自变量之后，模型调整后 R 方从 -0.004 上升到 0.286，AIC 值也较模型 3 有所下降，这表明模型 4 具有更好的解释效果。根据模型 4 的运行结果，除互动环境外，物理环境、制度环境、组织环境和心理环境均对医生的工作满意度有显著影响（$p<0.1$）。具体来说，平均而言，物理环境指数每上升 1 个单位，医生的工作满意度增加 0.1 个单位；制度环境指数每上升 1 个单位，医生的工作满意度增加 0.27 个单位；组织环境指数每上升 1 个单位，医生的工作满意度增加 0.12 个单位；心理环境指数每上升 1 个单位，医生的工作满意度增加 0.07 个单位。

由此可见，工作环境的各个维度对医生工作满意度的影响程度从高到低依次是制度环境、组织环境、物理环境和心理环境，互动环境没有显著影响。

表 5－7　工作环境与工作满意度回归结果

	模型 3	模型 4
年龄	－0.06 (0.10)	－0.15 $^{+}$ (0.08)
性别	－0.38 (1.04)	1.36 (0.88)
学历	0.30 (0.75)	0.36 (0.65)
婚姻状况	1.23 (1.60)	1.34 (1.26)
单位级别	0.45 (0.93)	1.08 (0.81)
职称等级	1.00 (0.82)	0.76 (0.72)
合同形式	－1.88 (1.49)	－0.67 (1.22)
物理环境		0.10 *** (0.02)
制度环境		0.27 *** (0.03)
组织环境		0.12 *** (0.03)
互动环境		0.07 (0.04)
心理环境		0.07 * (0.03)
常数	24.68 *** (4.35)	－5.37 (4.42)
样本量	643	643
调整后 R 方	－0.004	0.286
AIC	5076.02	4862.01

注：(1) $^{+}p < 0.10$, $^{*}p < 0.05$, $^{**}p < 0.01$, $^{***}p < 0.001$；(2) 括号内为稳健的标准误；(3) 因变量为工作满意度。

（3）工作环境与工作－家庭平衡

表 5－8 中，模型 5 为基础模型，仅包含因变量和控制变量，模型 6 加入了全部自变量。从回归结果来看，在模型 5 中，在控制变量方面，除了学历和单位级别之外，其他变量对医生的工作－

家庭平衡均没有显著影响（$p>0.1$）。

结合模型5和模型6的结果来看，加入自变量之后，模型调整后R方从0.014上升到0.257，AIC值也较模型5有所下降，这表明模型6具有更好的解释效果。根据模型6的运行结果，除组织环境和互动环境外，物理环境、制度环境和心理环境均对医生的工作－家庭平衡具有显著影响（$p<0.1$）。具体来说，平均而言，物理环境指数每上升1个单位，医生的工作－家庭平衡程度增加0.13个单位；制度环境指数每上升1个单位，医生的工作－家庭平衡程度增加0.44个单位；心理环境指数每上升1个单位，医生的工作－家庭平衡程度增加0.3个单位。

由此可见，工作环境的各个维度对医生工作－家庭平衡的影响程度从高到低依次是制度环境、心理环境、物理环境，组织环境和互动环境没有显著影响。

表5－8　工作环境与工作－家庭平衡回归结果

	模型5	模型6
年龄	0.00 (0.17)	−0.17 (0.15)
性别	−0.08 (1.67)	2.52^{+} (1.44)
学历	−2.72* (1.34)	−2.68* (1.14)
婚姻状况	−1.75 (2.65)	−2.43 (2.27)
单位级别	−3.32^{+} (1.82)	−2.63^{+} (1.57)
职称等级	0.50 (1.36)	0.27 (1.27)
合同形式	1.41 (2.21)	3.00 (1.89)
物理环境		0.13*** (0.03)
制度环境		0.44*** (0.05)

续表

	模型 5	模型 6
组织环境		0.03 (0.05)
互动环境		-0.11 (0.07)
心理环境		0.30 *** (0.05)
常数	57.74 *** (7.99)	24.64 ** (7.91)
样本量	643	643
调整后 R 方	0.014	0.257
AIC	5719.09	5541.83

注：（1）$^{+}p<0.10$，$^{*}p<0.05$，$^{**}p<0.01$，$^{***}p<0.001$；（2）括号内为稳健的标准误；（3）因变量为工作－家庭平衡。

五　过程视角下的医生工作环境

基于投入、环境、产出过程视角，我们的研究发现如下。

（一）超长时间工作及较少休闲成为常态

在日常时间投入方面，数据显示，医生日均工作与加班时间总和为 10 小时以上，与之相对应，日均休息（睡觉）时间少于 5 小时。其中，女医生在家务和育儿方面的日均时间投入多于男医生。已婚医生在工作和学习上的时间会被家庭更多挤占，休息时间更少。

在周工作时间方面，有近 30% 的受访医生周工作时间超过 60 小时。两个样本数据都显示，职称水平越低，超长工作的可能性越大；正高级职称水平的医生在工作时间安排上的自主性更大，有可能缩短工作时间（控制在 40 小时之内），但亦有可能花在工作上的时间更长（超过 70 小时）。

除了承担所在医院的工作之外，10%左右的受访医生利用工作日的业余时间、周末或节假日从事多点执业活动，其中有半数以上人的周多点执业时间在9小时以上。

与超长工作时间形成对比的是在休年假方面，受访医生平均休带薪年假天数只有可休带薪年假的一半左右，亦有超过1/4的受访医生表示虽有年假，但前一年并没有休过。从职称角度来看，副高级职称者休假比（休假比 = 去年休假天数/带薪年假天数）低于中级和正高级职称者，为休假时间最少的群体。

（二）医生工作自主性较弱，较难发挥工作主动性

调查显示，工作不自主是受访医生的常态，医生很难自主决定自己的工作地点、工作内容、工作量和工作时间。相对而言，在工作进度的调整、工作节奏的快慢上，医生工作自主性稍强。较弱的工作自主性意味着医生多数只能被动地完成既定工作，而无法充分发挥工作主动性、积极性和创造性。

从性别角度来看，男性工作自主性强于女性。从职称水平看，医生工作自主性基本随职称水平提高而增强，在已定级人员中，初级职称者工作自主性最弱，正高级职称者工作自主性最强。

（三）相比于护士，医生对组织的正面感知更弱、负面感知更强

与护士相比，医生对组织氛围、组织支持和组织信任的评价总体更低。无论是对组织的正面感知还是负面感知，总体上都随着职称水平的提高而增强，且负面感知更强。相较于女医生，男医生更容易感知到组织中的负面因素。

（四）医生在工作场所的人际交往中遇到的冲突多于护士

调查显示，医生在工作环境中遭遇的频繁冲突多是语言上的。由于医患关系是医生日常工作所需处理的主要关系模式，可以认

为，医生工作场所的冲突主要存在于医患之间。数据进一步显示，男医生遇到的冲突比女医生多。

（五）医生自评医患关系尚可，但对未来医患关系的好转并不抱乐观态度

通过医生视角下的医患关系量表（DDPRQ－10）的反馈，可以看到，医生对医患关系的自评结果相对正面，并且，女医生对医患关系的感知比男医生好。但问及对未来十年医患关系的改善是否有信心时，只有不到20%的受访医生表示有信心。

调查显示，医生群体最期待（医生认为患者明显欠缺）的是，患者在医疗意外和医疗纠纷中的理性表现及对医护人员的信任，在其背后有患者对医学局限性的认知的不足。

此外，只有不到一半（48%）的受访医生认为所在医院在预防和减少医患纠纷方面采取了有效措施，另有32%表示不清楚，20%认为医院没有采取有效措施。医院相关机制不健全也是医患纠纷不能得到及时发现和解决的重要原因之一。

（六）医生工作压力普遍较大，并明显大于护士

受访者对压力的感知由强到弱、排名前几位的分别为工作压力大、工作十分劳累、对工作提不起兴趣、对自己失去信心，其中尤其值得注意的是，有近90%的医护人员有“对工作提不起兴趣”的感觉。医护人员伴随工作压力大而出现的工作倦怠现象等应引起重视。

从性别角度来看，男医生的工作压力大于女医生。职业上，医生的工作压力比护士的更大。职称水平上，总体来看，职称水平越高，压力越小。

工作压力来源排在前四位的是：“很难兼顾临床和科研”、“很难兼顾工作与家庭”、“工作量特别大”和“医疗纠纷”。

（七）医生收入不公平感显著，自评经济、社会地位较低

调查显示，医生无论是与同职业其他人进行比较（同业参照），还是以自身能力和付出为参照，都有显著的收入不公平感。其所期望年收入与实际收入之间，普遍存在10万~20万元差距。

从自评经济地位来看，80%以上的受访医生认为自己的经济地位处于中间水平或以下。即便是认为自己的经济地位处于社会中间水平以上的受访者，其选择的几乎都是6层或7层（最高10层）。总体上看，医生群体的自评经济地位平均高于护士，男医生自评经济地位高于女医生。进一步的研究显示，自评经济地位与年收入相关。受访者在医院的年收入越高，其自评经济地位也就越高。

从自评社会地位来看，医生群体的自评社会地位远高于护士群体，但仍有70%以上的人认为自己的社会地位处于社会中间水平或以下。进一步考察可知，受访者的自评社会地位与自评经济地位具有强正相关性，即经济地位与社会地位总是紧密相关的。研究也发现，医生的职称水平与其自评社会地位的关系并不显著，即高职称水平并不意味着较高的自评社会地位。

（八）过半数的医生的职业认同感强，近20%的医生有很强的职业信念感，但多数不希望子女将来从医

调查显示，尽管自评经济地位及自评社会地位较低，但过半数的医生对现在的工作都持较喜欢或非常喜欢的态度，有近60%的受访医生认为工作在较大或很大程度上增强了自豪感。这表明，医生群体对工作本身有着较强认同感。总体而言，医生职称水平和其对工作的喜欢程度正相关。

有近20%的受访医生表示，即使有花不完的钱，也愿意从事目前这份工作，这表明有相当一部分医生对医疗工作有超越功利考虑的热爱。

但当被询问是否希望自己的子女将来从医时，只有 7% 的受访医生表示希望，有近 60% 的受访医生明确表示不希望子女将来从医。这种对子代的期望与上述认同和信念所形成的反差，表明医生群体尽管相对认同自身工作的价值与意义，但对从事医疗工作的艰难困苦亦有相对清楚的认知。

（九）医生工作满意度较低、生活满意度一般，二者呈正相关关系

调查显示，医生的工作满意度较低，甚至比护士还低。满意度最低的三项为：工作收入、单位福利和单位奖励（含荣誉）。从岗位上看，虽然护士的工作认同感弱于医生，但在工作满意度上，护士略高于医生。从职称水平看，在医生群体中，中级职称者的工作满意度最低，正高级职称者的工作满意度最高。并且，工作满意度与对工作的喜欢程度（工作认同）呈正相关关系。此外，工作压力对工作满意度有显著负向影响，即受访者工作压力越大，工作满意度越低；工作自主性对工作满意度有显著正向影响，即工作自主性越强，工作满意度越高。

在生活满意度上，医生高于护士，超半数受访医生的生活满意度打分集中在 4～7 分，即一般水平。从职称水平看，医生群体的生活满意度与职称水平呈显著正相关。从家庭状况来看，结婚的女医生的自评生活满意度要高于未结婚的女医生；医生数据进一步显示，有孩子的女医生的自评生活满意度高于没孩子的女医生。这表明，良好的家庭支持对于改善女医生的生活满意度有所帮助，而男医生从家庭中获得的支持与其生活满意度并无显著关系。

受访者的工作满意度与生活满意度紧密相关，工作满意度对所有子群体的自评生活满意度的影响都十分显著。这表明，提升医疗工作人员在工作中的满意度，将显著地改善他们对生活的满意度。

（十）医生身体健康状况不佳，焦虑、抑郁等精神健康问题普遍存在

调查显示，只有不到20%的受访医生认为自己的健康状况较好或很好。女医生的自评身体健康状况略好于男医生。81%的受访者体检时有异常项，其中在男医生群体中排名前三位的体检异常项为高血脂、高血压和脂肪肝；在女医生群体中排名前三位的体检异常项为乳腺增生、颈椎病和高血脂。

在健康状况不理想的同时，当被询问是否定期健身时，70%多的受访医生表示很少健身或从不健身。考虑到医生群体相比于普通民众具备更高水平的健康认知，在明知自己健康状况不佳的情况下，依旧普遍没有通过健身运动来改进健康状况的行为或与其在较大的工作压力下，没有时间和精力投入健身运动有关。

此外，调查显示，绝大多数受访者认为自身所处的物理工作环境不利于健康，并对医院环境中存在的物理危害有较为一致的判断。危害感知程度从高到低依次为：有害生物（如各种病毒、病菌等）、放射性物质（如X射线、放射性物品或器具等）、物理危害（如高频振动、激光、电磁辐射等）、有毒化学品（如铅铬等重金属、毒气、毒液等）。

在精神健康方面，调查选用PHQ-15量表来考察以躯体症状为表现的精神问题，使用这一量表的好处在于可以避免直接询问精神健康问题时受访者因抵触而不真实答题的情况。结果显示，有近65%的受访医生有不同程度的躯体症状，其中，女医生中有躯体症状者的比例多于男医生；在中、重度躯体症状上，女医生的比例也高于男医生。这表明，女医生的精神健康状况总体上可能差于男医生。

调查也用GAD-7量表明确询问了受访者的焦虑情况，结果显示，有一半以上的受访医生存在轻度以上的焦虑，其中男医生有焦虑问题的比例高于女医生。

针对同仁医院的受访者，问卷增加了 PHQ-9 抑郁量表及焦虑抑郁自评题器。PHQ-9 抑郁量表的结果显示，有 60% 的受访医生有轻度及以上抑郁，在中、重度抑郁方面，男医生的比例高于女医生。在直接询问受访者是否感觉自己存在焦虑或抑郁状态时，有 44% 的医生回答“否”，在回答“是”的医生中，女医生的比例高于男医生，即同仁女医生的自评焦虑或抑郁程度略高于男医生。

虽然同仁数据呈现的结果不具有统计学上的代表性，但综上所述，有两个待检验的问题：男医生在焦虑和抑郁问题的实际感受上，比女医生更为强烈，但倾向于保守回应；女医生相比于男医生，在躯体反应上更为敏感，也在自评焦虑和抑郁时，更倾向于正面回应。换言之，女医生在面对情绪障碍时，可能表现出比男医生更积极的态度。

情感劳动量表的分析结果显示，女医生的情感劳动表层表现得分低于男医生、深层表现得分高于男医生。根据既有研究，情绪智力与表层行为呈负相关，与深层行为呈正相关，即表层表现得分越低，情绪智力越高；深层表现得分越高，情绪智力越高。本调查所显示的结果可以说明女医生的情绪智力高于男医生。情绪智力与精神健康之间的关系及其性别差异有待进一步考察。

（十一）工作-家庭平衡是医生群体不得不面对的挑战

调查从 10 个方面分别考察了受访者工作影响家庭和家庭影响工作的情况，结果显示，医生更认同工作影响家庭，而较少认同家庭影响工作。这表明在二者冲突时，绝大多数医生会将工作需要放在首位，而牺牲家庭需要。

在工作影响家庭方面，男医生比女医生更认同“工作影响家庭”；职称水平较低者认为工作影响家庭的程度较小，而职称水平较高者认为工作影响家庭的程度较大；随着家中需要照顾的家庭成员的增多，被访者对工作影响家庭的认同感更强。而且相比于有一个需要照顾的和超过一个需要照顾的，没有和有一个之间的差距更大，说明有无成员需要照顾对被访者影响更大。

在家庭影响工作方面，大部分医生认为家庭对工作影响较小，女医生对“家庭影响工作”的认同程度低于男医生。总体上，随着职称水平的提高，被访者认为家庭影响工作的程度有降低的趋势；随着需要照顾的成员人数的增多，对家庭影响工作的认同感也会增强。

上述讨论医生工作压力的部分提及，“很难兼顾工作与家庭”是医生群体的重要压力源之一，医生需要不断平衡二者的关系。所以调查结果在某种程度上说明，男医生比女医生在“工作影响家庭”和“家庭影响工作”上所体现出的更强的认同感，恰恰说明男医生在对工作－家庭的冲突处理方面差于女医生，换言之，女医生可能在工作－家庭平衡方面做出了更大努力。

此外，从作用机制来看，研究也发现，工作环境不同维度对工作产出各项的影响程度不同。以健康，工作满意度、工作－家庭平衡为例，分析结果如下：①对医生身体健康影响较大的工作环境维度是心理和互动环境，即压力感受、情绪劳动的精力消耗、人际关系、医患关系等直接影响医生身体健康。这意味着，减压，激发情感劳动的正面效应，营造良好人际关系、医患关系，是提高医生健康水平的关键。②对医生工作满意度影响较大的工作环境维度是制度环境和组织环境，即工作时间、工作自主性、制度公平，以及组织的支持、信任和激励是影响医生工作满意度的主要因素。这意味着，完善包括工作时间、自主性、公平在内的制度环境并增强组织的支持、信任和激励是提高医生工作满意度的关键。③对医生工作－家庭平衡影响较大的工作环境维度是制度环境和心理环境，即工作时间、工作自主性、制度公平，以及情感劳动的精力消耗和工作压力感受是影响医生工作－家庭平衡的主要因素。这意味着完善制度环境并营造良好的心理环境，是帮助医生平衡工作－家庭关系的重要环节。

六 总结与建议

如前所述，好的工作环境应有助于工作产出与工作目标相匹配。具体到医生职业，好的工作环境应能够促进医生持续生成自我激励机制以解决救治过程中遇到的困难，实现对病患的最佳救治。与这一目标相匹配的工作产出即合理的社会及经济地位、较强的职业认同、较高的工作生活满意度、较公平合理的工作报偿，以及健康和工作－家庭平衡等。

但基于本研究的数据分析，可以比较清楚地看到，医生群体的上述工作产出并不理想：自评社会、经济较低；尽管自身出于职业认同感甚至信念感而从事医疗行业工作，但多数不希望子女将来从医；对工作满意度低，对生活满意度偏低；收入不公平感显著，对工作收入的满意度很低；身心健康状况堪忧；因工作而影响家庭生活的情况已普遍到被医生群体认为习以为常。并且，这种工作产出上的不理想状况并不存在显著性别差异和样本差异，因而，在一定程度上可以视其为反映了总体性的问题。

尽管多数结果不提示统计学意义上的显著，但工作环境过程中的性别差异仍然存在：女医生与男医生一样承担超长时间工作，但工作之外，还要在家务和育儿方面投入比男医生更多的时间；医生工作自主性普遍不高，而女医生的工作自主性更低于男医生；女医生可能比男医生有更高的情绪智力，表现为能更好化解医院人际关系及医患之间的冲突、矛盾，能更少受组织中的负面因素影响，并更善于减压；男医生在焦虑和抑郁的实际感受上比女医生更为强烈，但女医生比男医生在躯体反应上更为敏感；男医生比女医生更认同“工作影响家庭”；相比于男医生，婚育更有可能提高女医生的生活满意度。统计结果至少提示三点。①家庭生活在女医生生活中的意义大于男医生。男医生更容易认同并接受“工作影响家庭”，而女医生会在家庭生活中投入更多时间、精力，由此获得一定满足感，同时承担更多工作-家庭平衡的压力。②女医生可能比男医生更善于处理人际关系和情绪问题，但由之而产生的耗损集中体现在躯体反应上。③工作、生活时间分配和工作自主性方面的统计结果，可能提示女医生在职场竞争中处于性别劣势。

本研究选取工作满意度、健康、工作-家庭平衡这三个重要工作产出项进行进一步的影响因素分析，可以看到，工作环境的不同维度对不同工作产出项的影响的显著程度不同。因此，为了在提高医生工作积极性、提升医院绩效的意义上，实现与工作目标相匹配的工作产出，在医院管理方面，需要有针对性地改善工作环境的不同面向。

基于本研究所呈现的公立医院医生工作环境基本状况，以及工作环境与医生行为态度之间的变化关系，就如何改善医生工作环境、推进医改深化、增进人民福祉，本研究提出如下建议。

在医院管理层面，第一，制定合理的薪酬制度。工作满意度调查结果显示，在满意度各项指标中，收入、福利项得分最低，即最不满意。同时，收入公平感的调查结果显示，医生收入不公平感显著，多数医生认为付出远大于回报。由此，提高医生合理收入，是激发医生工作积极性的重中之重。

第二，改变重科研、轻临床的职称考评机制。工作压力大是医生的普遍反映，甚至有近90%的医护人员出现了工作倦怠情绪。对压力源的询问结果显示，“很难兼顾临床和科研”居于首位。在当前医院实际工作中，临床大夫在承担较多工作量的同时，还需要面对职称晋升的科研压力，在既有重科研、轻临床的医院考评机制下，科研能力很容易成为优秀临床大夫职称晋升的短板。这不仅不利于医院培养临床骨干、激发其工作积极性，更有可能在增加临床大夫工作压力的同时，使科研流于形式。优秀的临床医生无法脱颖而出的后果，是医院和病患的双输。

第三，建立并完善医疗纠纷协调、处理机制。近年来医患冲突升级、伤医事件频发，其程度往往触目惊心。尽管医患之间由社会、经济、文化、制度等因素而造成的紧张关系由来已久，亦非短期可以缓和，但在具体的纠纷、冲突面前，不但需要相对独立的第三方机构（如医疗纠纷人民调解委员会）介入，也需要医院有专门的部门及时了解情况，给予双方以理性论辩机会，从而起到缓冲阀作用。换言之，在具体纠纷事件中，医院需有明确的应对流程，并以事实为依据最大限度地平衡医院、医生与患者的利益。在建立并完善常规医疗纠纷协调、处理机制之外，面对恶性伤医事件，医院需有能力迅速制止并坚决追责，以最大限度保护医者生命安全、维护职业尊严。

第四，重视医务人员身心健康，将健康视角引入医院日常管理工作。早已有研究提醒，医务人员的心理健康水平低于一般人，本研究也显示医生的身心健康状况堪忧。医务人员相比于一般人具有更充分的健康和医学知识，如这一群体的健康状况出现问题，不但影响救治工作的顺利开展，也会有损医生群体的知识精英形象。如果说一般人的健康问题主要源于健康知识匮乏及不良生活习惯，更倾向于一种“无知”的后果，那么，医生群体的健康问题更可能源于压力所致的“身不由己”。因此，除了为医务人员提供常规体检、定期组织体育运动之外，医院从长远发展角度考虑，还需密切关注医务人员的心理健康状况，组织专业团队定期对有需要的人员进行心理疏导，并且，应明确将健康视角引入医院管理的总体规划和实施细节。

第五，引入家庭视角，倡导既要认真工作亦需幸福生活的理念。尽管基于传统性别角色扮演习惯，在工作 - 家庭平衡问题上，男医生比女医生更明显地表现出重工作而轻家庭的倾向。但家庭生活作为生活的重要组成部分，必然对生活的其他面向产生影响，如本研究所显示的，家庭支持对女医生的工作满意度有正向作用。为缓解医生工作 - 家庭平衡焦虑，同时不让其过多以牺牲家庭生活为代价来完成工作任务，医院需在各项规章制度制定和实施中纳入家庭视角，对工作对家庭可能产生的“侵蚀”有所规避，亦需以定期组织家庭活动等方式增强医生（尤其是男医生）的家庭观念和家庭责任，并为医生（尤其是女医生）提供在养老抚幼方面的制度支持。

医院系统毕竟只是整个医药卫生体系中的一个环节，医院改革也必然要嵌入宏观的医药卫生体系改革之中，只有以遵循总体性的改革方向为前提，才能发挥自身的能动性。换言之，医院上述调整方案还需要国家相关政策予以支持和推进。

第一，需大力推进分级诊疗制度。只有分级诊疗的实现（小病在基层、大病到医院、康复回社区），才可能一定程度上减轻医生的工作负担，有利于营造较为宽松、理性的就医环境，使医患矛盾得到一定程度的缓解。但分级诊疗制度的建立、完善必然是长期的过程。在其实施情况较好的英、德等国家，作为其前提的是开放、竞争的医师执业管理制度以及以私立诊所为主的门诊医疗机构开业管理制度，医疗机构的功能分级及患者的就医取向往往是在这些管理制度下自然形成的。而我们的医疗制度环境显然有很大不同，要借鉴西方先进经验，更要尝试构建符合中国国情的制度生成路径，比如建立以医师自由执业为核心的医师管理制度，鼓励社会办医。一方面，通过鼓励社会办医，打破公立医院的垄断地位，让民营医院在医疗市场良性竞争中分流一部分患者，留下真正有需求的公立医院就诊患者。另一方面，医生自主选择从业方向和从业领域，有利于实现全科医生和专科医生的有效配给。

第二，将提高全民健康素养作为战略性目标。以往谈及“看医难、看医贵”等医改难题时，一般是从患者角度探讨医生和医药卫生体制的问题，但此仅为问题的一个方面，亦需要从医学发展规律视角对患者和一般民众的素质和能力进行探讨。也就是说，只有同时具备符合患者期待的医务工作人员，与尊重科学规律、了解医学局限性、有可沟通的医学知识的受众时，就医难题才有可能得到真正意义上的缓解。对此认识不足，会使问题的天秤倒向一侧、医务人员不堪重负。而在上述意义上实现对受众的素质和能力的提升，即意味着提高全民健康素养。

健康素养是指个人获取和理解健康信息，并运用这些信息维护和促进自身健康的能力。公民健康素养包括三方面内容：基本知识和理念、健康生活方式与行为、基本技能。国家卫健委公布的数据显示，2019 年我国居民健康素养总体水平继续稳步提升，达到 19.17%。根据《国务院关于实施健康中国行动的意见》，我国将实施健康知识普及行动，目标是到 2022 年和 2030 年，全国居民健康素养水平分别不低于 22% 和 30%。正如加拿大医学家威廉·奥斯勒所指出的，医学是一门不确定性的科学和可能性的艺术。尽管现代医学突飞猛进，但仍然有很多疾病尚无法完全治愈。事实上，民众只有通过提升健康素养，掌握必要的医学知识，理解生老病死的自然规律，了解医疗技术的局限性，才能够更好地理解和尊重医学和医务人员、增进医患信任，医药卫生体制改革的诸多难题才有可能在更大程度上得到化解，在此意义上，应将提高全民健康素养作为战略性目标提出，并予以大力推进。

参考文献

白剑峰，2011，《中国式医患关系》，红旗出版社。

白剑峰，2019，《以健康素养促进“主动健康”》，《人民日报》8 月 15 日。

戴敏、周朝当，2015，《医务人员职业压力水平及与自我效能感、应付方式的关系》，《世界最新医学信息文摘》第 53 期。

房莉杰，2016，《2016 年中国医疗卫生事业发展报告》，载李培林、陈光金、张翼主编《2017 年中国社会形势分析与预测》，社会科学文献出版社。

冯雁、董铭、陈淑敏，2016，《上海市嘉定区社区全科医生执业现状调查》，《中国公共卫生管理》第 5 期。

郭金玲、姬昆、蔡晨慧等，2014，《河南省医师执业环境现况调查与发展对策研究》，《中国医院管理》第8期。

黄樱硕、赵冬梅、李敏等，2014，《北京市九家医院干部保健医务人员的职业压力及心理状况调查》，《临床和实验医学杂志》第4期。

慧芸、宋道平，2016，《上海市浦东新区全科医生的家庭医生信心指数调查》，《中国全科医学》第30期。

寇博轩、姜忠，2013，《苏州市医务人员职业压力影响因素调查》，《医学与社会》第8期。

木子宏，2011，《中国发布医师执业状况调研报告》，《中国卫生产业》第25期。

谭燕、李梁、张睿等，2016，《武汉市两家二级公立医院临床医生对医疗执业环境和工作环境的评价》，《医学与社会》第11期。

王吉云，2016，《推进分级诊疗 缓解医患矛盾》，《中国社会科学报》9月9日。

卫生部统计信息中心，2010，《中国医患关系调查研究》，中国协和医科大学出版社。

吴思英、李煌元、王晓蓉等，2011，《医护人员亚健康状态与职业紧张因素相关分析》，《中国公共卫生》第8期。

谢海鲲、王志锋、李宁燕等，2016，《北京市西城区全科医生职业压力情况》，《公共卫生与预防医学》第5期。

徐慧明、李莉、曹文群，2014，《当前医师执业环境对在校医学生影响的调查研究》，《医学与哲学》第8A期。

姚泽麟、赵皓玥、卢思佳，2017，《医疗领域的暴力维权及其治理——基于2002—2015年媒体报道的内容分析》，《社会建设》第1期。

于德志，2013，《医改专题研究（2012年）》，人民卫生出版社。

赵永云，2013，《中外医师执业状况比较与研究》，《社科纵横》（新理论版）第2期。

中国发展研究基金会，2016，《中国医药卫生体制改革研究》，中国发展出版社。

《中国医改发展报告》编撰委员会，2015，《中国医改发展报告（2009—2014）》，中国协和医科大学出版社。

中国医师协会，2015，《中国医师执业状况白皮书》，http://www.cmda.net/

xiehuixiangmu/falvshiwubu/tongzhigonggao/2015 - 05 - 28/14587. html，5 月 28 日。

张明倩，2017，《多指标综合评价质量的评估方法与实践》，上海人民出版社。

朱颖，2018，《女性医务工作者角色冲突问题研究——以 Y 市 F 医院为例》，吉林大学博士学位论文。

Abadie, H. 2015. "Comparitive Study between the Working Conditions of Doctors Working in Public Sector Versus Private Sector." *European Psychiatry*, vol. 30, No. 8, pp. S136 - S137.

Agnès Parent-Thirion, Enrique Fernández Macías, John Hurley & Greet Vermeylen. 2007. *Fourth European Working Conditions Survey*. Denmark: European Foundation for the Improvement of Living and Working Conditions.

Agnès Parent-Thirion, Greet Vermeylen, Gijs van Houten, Maija Lyly-Yrjänäinen, Isabella Biletta & Jorge Cabrita. 2012. *Fifth European Working Conditions Survey*. Luxembourg: Publications Office of the European Union.

Arlie Russell Hochschild. 2012. *The Outsourced Self*. New York: A Metropolitan Book Henry Holt and Company.

Christian Korunka & Peter Hoonakker. 2014. *The Impact of ICT on Quality of Working Life*. Germany: Springer.

Degen Christiane et al. 2014. "The Impact of Training and Working Conditions on Junior Doctors' Intention to Leave Clinical Practice." *BMC Medical Education*, Vol. 14, No. 119.

Diaz Oliver, B., E. Figueroa Murillo, & A. Fernandez Ajuria. 2009. "Stress and Working Conditions of Medical Interns in Hospital Emergency of an Andalusian Provice and Its Possible Relationship with Health." *Gaceta Sanitaria*, Vol. 23, No. 1, pp. 77 - 78.

Freudenberger, H. J. & G. Richelson. 1980. *Burn-Out: The High Cost of High Achievement*, *3rd Edition*. Garden City: Anchor Press, pp. 267 - 289.

Gallie, D. & Y. Zhou. 2011. "The Changing Job Skills of Female Part-time Workers in Britain 1992 - 2006." *Human Resource Management Journal*, Vol. 21, No. 1, pp: 28 - 44.

Gallie, D., Y. Zhou, A. Felstead, & F. Green. 2012. "Teamwork, Skill Development and Employee Welfare." *British Journal of Industrial Relations*, Vol. 50, No. 1 , pp: 23 – 46.

Hallden, K. , D. Gallie & Y. Zhou. 2012. "The Skills and Autonomy of Female Part-time Work in Britain and Sweden." *Research in Social Stratification and Mobility*, Vol. 30, No. 2, pp. 187 – 201.

Larsman Pernilla, Kadefors Roland& Sandsjo Leif. 2013. "Psychosocial Work Conditions, Perceived Stress, Perceived Muscular Tension, and Neck/Shoulder Symptoms among Medical Secretaries." *International Archives of Occupational and Environmental Health*, Vol. 86, No. 1, pp. 57 – 63.

Mache Stefanie et al. 2012. "Doctors' Working Conditions in Emergency Care Units in Germany: A Real-time Assessment." *Emergency Medicine Journal*, Vol. 29, No. 12.

Mache Stefanie et al. 2012. "Improving Quality of Medical Treatment and Care: Are Surgeons' Working Conditions and Job Satisfaction Associated to Patient Satisfaction?" *Langenbecks Archives of Surgery*, Vol. 397, No. 6, pp. 973 – 982.

Mache Stefanie et al. 2015. "Managing Work-family Conflict in the Medical Profession: Working Conditions and Individual Resources as Related Factors." *BMJ Open*, Vol. 5, No. 4.

McGowan, Yvonne et al. 2012. "Doctors Perspectives on Their Stress and Working Conditions A Qualitative Study." *Psychology & Health*, Vol. 27, No. SI, pp. 89 – 89.

McGowan Yvonne et al. 2013. "Through Doctors' Eyes: A Qualitative Study of Hospital Doctor Perspectives on Their Working Conditions." *British Journal of Health Psychology*, Vol. 18, No. 4, pp. 874 – 891.

Mizzi, S. et al. 2016. "Medical Students' Knowledge of Doctors' Working Conditions in Malta." *British Journal of Surgery*, Vol. 103, No. SI, pp. 51.

Newton, T. , J. Handy& S. Fineman. 1995. *Managing Stress: Emotion and Power at Work*. London: Sage, pp. 356 – 367.

Stephen R. Barley& Gideon Kunda. 2004. *Gurus, Hired Guns, and Warm Bodies: Itinerant Experts in a Knowledge Economy*, Princeton: Princeton University Press.

第六章　工作投入与自尊

——一种文献的综述

一　关于工作倦怠的研究

工作倦怠（job burnout）也称职业倦怠，国内有学者将其翻译为“工作耗竭”“职业枯竭”等，其通常被认为是工作中的慢性负向情绪和人际压力的延迟反应等一系列与工作相关的症状。Maslach 和 Jackson（1981，1986）最早用三维度模型对其做了操作性定义，他们认为工作倦怠是一种心理上的综合病症，主要有三方面的表现：情绪衰竭（emotional exhaustion）、人格解体（depersonalization）以及个人成就感丧失（diminished personal accomplishment）。2004 年，一份由中国人力资源开发网完成的名为《中国“工作倦怠指数”调查结果》的调查报告表明，工作倦怠普遍存在于世界各地的劳动者群体中，并且这种现象正在向中国蔓延。国内一些学者也认为，“中国正进入工作倦怠现象高峰期，工作倦怠已成为社会流行病”，“因为社会上不确定性因素越来越多，工作倦怠现象在我国呈增多趋势”。

对工作倦怠的研究始于 20 世纪 70 年代，具有代表性的是 Freudenberger（1974）和 Maslach（1976）等人对服务业及医疗领域人员的研究。经过几十年的发展，研究者们对工作倦怠的研究不断深入，研究成果也颇为丰硕。近年来，工作倦怠已成为美国企业人力资源会议上讨论的主要议题之一。

20 世纪 90 年代，随着美国心理学会前任主席 Seligman 发起了积极心理学运动，人类的积极心理能力受到了学术界的广泛关注。在此背景下，针对工作倦怠这一经典研究问题，学者们开始把焦点转向了其具有积极意义的对立面——工作投入（work engagement）。工作投入也成为组织行为学和人力资源管理领域新的研究热点。

Schaufeli 等人将工作投入定义为一种与工作相关的积极、完满的情绪与认知状态。这种状态具有持久性和弥散性的特征，而非针对某一特定的目标、事件或情境。工作投入本身就是一种正性体验，体现了劳动者在工作中的高能量水平和对所从事工作的强烈认同感，并且精力专注而不涣散。

根据 Schaufeli 等（2002）对工作投入的操作性定义，我们可以推论，当个体的工作投入度较高时，他会将自己的精力投入角色行为中，并在角色中展现自我；愿意为工作付出努力，不容易感到疲劳，面对困难也能够坚持；工作伴随热情，为自己的工作感到自豪和激动；能够完全沉浸在工作中，无法从中脱离出来。

因此，工作投入度高的员工对企业的生产力以及良好工作气氛的形成都具有重要的推动作用。而影响工作投入的因素可谓众多,其中有的变量已经通过了实证检验，而有的变量则只是处于假设阶段。通过对以往研究结果的总结，本文结合 Rabinowitz 和 Hall（1977）提出的工作投入综合模型，把各因素归纳为以下三部分。

①个体自身特征。个体自身特征包括个体的心理学变量和人口学变量，如心理状态、人格特征、身份认同、应对策略、年龄、工龄等。

②个体周围的环境因素。个体周围的环境因素包括工作相关特性、婚姻家庭等。工作相关特性又由工作资源、组织气候、组织支持、组织承诺、角色压力、绩效指导方针等因素组成。

③个体与环境交互作用。主要表现为个体与工作岗位的匹配度（P-J Fit）。个体与工作岗位的匹配度高，容易工作投入，反之则容易工作倦怠。

由于工作投入属于近年来较新的研究课题，所以国内外学者对其相关变量的实证研究较少，而且被试主要集中在学生群体。现有研究主要研究过中学生的自尊与学习倦怠之间的关系、外显自尊对大学生工作投入的预测作用等。

自尊是人格的重要组成部分，在心理学领域，自尊研究可谓历史悠久。早在19世纪末，著名心理学家James就注意到自尊作为一个人格特质的重要性，并做了开创性的论述。之后，有很多学者对自尊的定义给出了自己的看法，他们有的把自尊视为一种态度，有的强调自尊的情感面，有的强调自尊的评价侧面，有的把自尊理解为人的一种基本需要，有的认为其是人类发展的结果，但始终没有一个关于自尊的定义能够得到学术界的广泛认可。

近年来自尊与工作投入的关系受到学术界的重视，并且已有学者对其进行了实证研究。特别是Katariina Salmela-Aro和Jari－Erik Nurmi（2007）在*Journal of Vocational Behavior*上发表的“Self-esteem during University Studies Predicts Career Characteristics 10 Years Later”，介绍了一个长达十年（1996～2006年）的纵向研究。文章中，自尊由外显自尊和内隐自尊二维结构组成，研究初期，研究者使用Rosenberg自尊量表对297名大学生进行自尊测量，并在十年间对可联系到的被试进行了四次职业生涯问卷调查，其中包括工作投入研究（使用UWES量表），结论之一是自尊能够预测工作投入，两者的相关系数为0.28。

但其他学者的研究表明，外显自尊和内隐自尊是相对独立的，二者的测量结果出现结构性分离，呈低相关。而内隐自尊与工作投入的关系尚未有实证研究结果，因此自尊能够预测工作投入的结论需要进一步验证。

二 关于工作投入的研究

(一) 工作投入的定义及与相关概念的区别

有学者认为，工作投入的定义最早由 Lodahl 和 Kejner 在 1965 年提出，他们将工作投入定义为个体对其工作心理的认同程度，并且进一步指出工作投入是工作绩效影响个人自尊的程度。

而学术界的一般观点认为，Kahn 是最先提出工作投入概念的人，他将工作投入定义为“组织成员控制自我，以使自我与工作角色相结合”（Kahn，1992），并认为自我与工作角色处于一个动态和相互转化的过程中，当个体工作投入程度较高时，个体会将自己的精力投入角色行为中，并在角色中展现自我。

Steers（1991）认为工作投入并非指个体对工作很喜欢或很满意，而是个体将高质量地完成工作视为自己的责任，因此他认为工作投入是指一个人对任务感兴趣及投入的程度。Puallay 等（1994）也认为工作投入是个体在认知上对于目前所从事工作的专注、关心与努力的程度。

Schaufeli 等（2002）把工作投入定义为雇员持续的、积极的情感激活状态，其特征为活力（vigor）、奉献（dedication）和专注（absorption）。活力是指高水平的能量和恢复力，愿意为工作付出努力，不容易疲劳，面对困难时也能够坚持；奉献是指高强度的工作卷入，伴随热情和对自己的工作有一种重要性的感觉，为自己的工作感到自豪和激动；专注是指完全沉浸在工作中的舒适状态，其特征为感觉时间过得很快，不能将自己从工作中脱离开来。

综合研究者的研究结果，本研究认为工作投入是受众多因素影响的，与员工幸福感和工作行为有关的概念。它是员工工作中的一种积极、持续的情感体验（Schaufeli et al.，2002），与身心健康和正性工作情感有关（Demerouti et al.，2001；Rothbard，2001），并且能够帮助个体从有压力的工作中得到益处（Britt，Adler，& Bartone，2001）。

（二）工作投入的维度及内容

学术界对工作投入的维度至今仍没有一个公认的提法，各学者从各自的角度提出了不同的维度分类。

Kahn 将工作投入分为生理（physical）、认知（cognitive）和情绪（emotional）三个维度。生理投入是指个体在执行角色任务时能保持生理上的高度卷入；认知投入是指个体能够保持认知上的高度活跃及唤醒状态，并能清晰地意识到自己在特定工作情境中的角色和使命；情绪投入是指个体能够保持自己与其他人（如同事和上级）的联系以及对他人情绪和情感的敏感性。

Schaufeli 认为工作投入包括活力（vigor）、奉献（dedication）和专注（absorption）三个维度。确切地说，他认为工作投入包括活力和奉献两个核心维度，而专注是工作投入的相关组成部分。这个三维结构被认为是目前对工作投入最权威的维度划分。其中，活力是指个体具有充沛的精力和良好的心理韧性，自愿为自己的工作付出努力而不易疲倦，并且在困难面前能够坚持不懈；奉献是指个体具有强烈的意义感、自豪感以及饱满的工作热情，能够全身心地投入工作中，并勇于接受工作中的挑战；专注的特点表现为个体全神贯注于自己的工作，并能以此为乐，感觉时间过得很快而不愿从工作中脱离出来。研究者曾利用自制量表（UWES）对西班牙人进行实证研究，通过对样本的初步分析，表明此自制量表的三个维度具有较好的内部一致性，维度之间具有中度到高度的正相关，三因素模型也得到了数据资料的支持。另外，Schaufeli 首次指出工作投入并不是工作倦怠的完全对立面，两者也不是工作状态的两个极端反映。

此外，比较典型的一种划分是 Britt 等（2001）以 Schlenker 等（1994）的责任三维模型（the triangular model of responsibility）为

理论基础，把工作投入划分为责任感（perceived responsibility）、承诺（commitment）和绩效影响知觉（perceived influence of job performance）三个维度。

上述几种维度划分方式在内容上有较明显的不同，但也有学者认为前两种观点存在着一个共同之处，即工作投入都是发生于日常工作中的，并能通过个体的具体工作行为或其他角色活动表现出来，而 Britt 等人提出的模型则相对忽视了工作投入的外在行为表现。

另外，May 等（2004）提出了三维度结构，分别是身体成分（例如，我在我的工作上花费了很多精力）、情感成分（例如，我在工作中全身心地投入）、认知成分（例如，在工作的时候我非常的专注，以至于忘了周围的一切）。但实际上，这种划分及解释与 Schaufeli 的观点是基本一致的。

（三）工作投入的测量

May 等（2004）曾根据 Kahn 有关工作投入结构的观点编制了一个由 24 个题项组成的预试量表，但探索性因素分析的结果并未得出 3 个独立且稳定的维度，因此他们选择其中的 13 个题项组成了一个总体量表（$\alpha = 0.77$），并对工作投入进行测量。这些题项较均匀地反映了生理投入、认知投入及情绪投入三个方面的内容。

Maslach 等认为对于工作投入的测量可直接采用倦怠问卷（Maslach Burnout Inventory，MBI），通过个体在枯竭（exhaustion）、讥消（cynicism）和专业效能感（professional efficacy）三个维度上的得分的相反模式来评估，即在枯竭、讥消上的低得分和在专业效能感上的高得分分别代表高工作投入。

Schaufeli 等人根据他们提出的工作投入维度，开发了“Utrecht 工作投入量表”（the Utrecht Work Engagement Scale，UWES），该量表包括活力（6 个项目，$\alpha = 0.72$，如在工作中，我感到自己迸发出能量）、奉献（5 个项目，$\alpha = 0.89$，如我对工作富有热情）和专注（6 个项目，$\alpha = 0.72$，如当我工作时，我忘记了周围的一切事情）三个分量表。UWES 目前已经成为相关实证研究中应用最为广泛的工作投入测量工具。从跨地域稳定性上来看，研究者在多个国家中抽取样本，利用验证性因素进行分析，结果表明 UWES 的三个结构在这些国家中的检验结果是基本相似的，没有明显的不同之处。Storm 和 Rothman（2003）在一个相似的研究中得出结论，UWES 对白人、黑人、其他有色人种以及来自南非警察机构的印第安人的测量结果是一样的。在这些种族群体的测量结果中，没有数据显示项目有偏差。从内部一致性来看，UWES 三个分量表的内部一致性与其他工作投入量表相比是最好的，在所有的研究中，Cronbach' s α 指数不仅超过了临界值 0.70，而且超过了更为严格的标准 0.80。从跨时间稳定性上来看，UWES 的分数也十分稳定，能够经得起时间的检验。如研究者分别在澳大利亚和挪威实施的两项纵向研究显示，UWES 的三个分量表的稳定性系数在间隔一年之后仍然保持在 0.50 ~ 0.60。

我国学者张轶文、甘怡群（2005）把中学教师群体作为被试，对该量表进行了修订，形成了 15 题 UWES 中文版量表，并发现修订后的量表信度和效度都比较高，可以应用于国内的相关研究。但分量表之间的相关性偏高，表明量表本身具有较强的一维性。本研究将采用 15 题 UWES 中文版量表进行工作投入部分的测量。

2006 年，Schaufeli 等人在 UWES 的基础上精简了工作投入测量工具。新的量表共包括三个因素——活力、奉献和专注，每个分量表都分别包含 3 个项目，共 9 个项目以尽可能精简原来的 17 个项目。大量的研究表明，UWES-9 问卷可以替代最初的 UWES-17 问卷，能够较好地评价工作投入。

（四）工作投入的前因变量及结果变量

工作投入的前因变量可谓众多，有的变量已经通过实证检验，而有的变量则只是处于假设阶段。通过对以往研究结果的总结，本研究结合 Rabinowitz 和 Hall（1977）提出的工作投入综合模型，把各因素统一在以下三部分内。

（1）个体自身特征。个体自身特征包括个体的心理学变量和人口学变量。下文将对几个重要的变量进行阐释。

①人格特征。研究者对个体的部分人格特征对工作投入的影响进行了实证检验。Britt 等（2001）的研究发现，人格坚韧性（personality hardiness）与个体的工作投入存在显著的正相关；Langelaan 等（2006）的研究表明，神经质（neuroticism）、外倾性（extraversion）和灵活性（mobility）均能对工作投入进行预测：高工作投入者的人格往往具有低神经质、高外倾性和高灵活性的特点。

②身份认同。这里的身份认同包括本质特性、社会性契约以及道德的坚持三方面的内容。其中，本质特性是指具体的行业或职业；社会性契约是指个体接受某种身份时，会期待某种形式的酬赏；道德的坚持是指被个体内化了的道德身份，具有督促作用。Britt（2003）的研究发现，如果个体在其职业领域之内有较强的身份认同，即使是在工作不利的条件下，他也能保持高水平的工作投入。

③应对策略。当个体在工作过程中遇到与工作相关的问题时，他们面对问题以及处理问题时采用的应对策略对其工作投入的程度有着显著影响，具体表现为“积极应对”和“寻求情感支持”两种应对策略与工作投入三维度均存在显著的正相关。

④人口学变量。包括员工的年龄、性别、受教育程度、工作年限等。Rabinowitz 和 Hall（1977）发现，个体年龄越大，对工作就会越投入。Lodahl 和 Kejner 的研究得出了同样的结论。但 Mannheim（1975）针对以色列各阶层男性劳工进行的一项研究表明，年龄与工作投入之间并没有显著的相关性，女性的工作投入程度会随着年龄的增加而提高。Schuyhart 和 Smith（1972）对企业中层管理人员进行的研究也发现工作年限与工作投入无关。

根据传统的性别角色社会化假设，男性的工作投入程度可能高于女性。Rabinowitz 和 Hall（1977）对加拿大公务员进行的研究结果证实了这一假设。但是，Lorence（1987）的研究指出，男性到特定年龄后工作投入程度会有所下降，而女性的工作投入程度随着年龄的增长会呈现逐渐提高的趋势。另外，Scott 和 McClellan（1990）通过研究得出结论，男女的工作投入无显著差异；Rabinowitz 和 Hall（1977）也指出，在控制了工作岗位和职务等情境因素及受雇时间以后，男女两性的工作投入并无明显差异。

（2）个体周围的环境因素。个体周围的环境因素包括工作相关特性、婚姻家庭等。工作相关特性包括工作资源、组织气氛、组织支持、组织承诺、角色压力、绩效指导方针等。其中一些因素的影响比较直接，而另一些因素则要通过中介变量发挥作用。有研究表明，组织承诺主要表现为直接影响，组织公平和组织支持则对工作投入会产生显著的间接影响，而角色压力对工作投入既有直接影响，又有间接影响。

现有的关于婚姻与家庭对工作投入影响的相关研究相对还比较少，但它们所起到的作用，特别是家庭与工作的冲突以及家庭支持对工作投入的影响是不可忽视的。Rothbard（2001）考察了个体对工作的投入与其对家庭的投入之间相互影响的动态过程。他发现，对女性而言，工作中的消极情感会使其对家庭的关注程度降低，而家庭中的积极情感则有利于提高女性对工作的专注程度；对男性而言，工作中的积极情绪会提高其对家庭的关注度。而 Bakker 等（2005）的研究则发现，工作投入和工作倦怠在同为上班族的夫妻（working couples）之间存在着显著的交叉传递效应，并且这两个变量在传递效应的大小以及从丈夫到妻子或从妻子到丈夫的传递效果上并不存在显著差异。Montgomery 等（2003）的研究指出，工作和家庭的压力使个体扮演一个角色时，就无法兼顾另一个角色。工作和家庭的需求导致人们因工作而过于疲劳，并减少了工作投入；而工作和家庭的资源导致人们的投入感增强，并减轻了工作倦怠感。研究得出的结论是工作－家庭冲突（WHI）是工作倦怠的中介变量，但不是工作投入的中介变量。

（3）个体与环境交互作用。受组织心理学领域的工作－个人匹配度（J-P Fit）理论影响，Maslach 等人在研究工作倦怠时，对原本的理论框架进行扩展，倾向于将工作倦怠的个人与情境因素更加紧密地整合在一起。工作－个人匹配度理论认为，个体与工作岗位之间匹配得越好，他就越能更好地适应工作，压力也越小。具体到工作投入方面，主要表现为个体与工作岗位的匹配程度（P-J Fit）越高，其工作投入的程度就越高。

工作投入的结果变量同样繁多，对学者们的研究结果进行分类，大体可以分为个体变量和组织变量两类。对个体影响的研究广泛涉及员工的工作满意度、工作绩效、离职倾向、前瞻性行为和工作压力等多个方面，并取得了丰硕的研究成果。

下文分别介绍几种相对重要的个体变量。

（1）工作满意度。依据 Lodahl 和 Kejner 对工作投入的定义，Rabinowitz 和 Hall（1977）在研究工作投入与工作满意度的关系时，将工作满意度分为对工作本身、督导方式、薪酬、晋升机会及同事五个方面的满意度，并得出结论：工作投入与整体工作满意度呈显著的正相关。盖洛普公司的研究也发现，与工作投入程度低的组织成员相比，工作投入程度高的组织成员的工作满意度更高。

（2）工作绩效。Keller（1997）对四个行业中的 532 名科研人员及工程师进行的研究发现，工作投入与工作绩效显著相关。而 Salanova 等（2003）的实证研究发现，工作投入不能直接预测员工的工作绩效，而是完全通过组织气氛这一中介变量对后者产生正面的影响。值得一提的是，Brown（1996）针对工作投入所做的元分析表明，工作投入与工作绩效并没有显著的直接关系。但也有学者指出，Brown 的研究是因为没有对工作投入与工作重要性变量予以明确区分，所以才会得出工作投入与工作绩效关系不显著的结论。

（3）离职倾向。工作投入与离职倾向之间关系的实证研究表明，工作投入程度较高的员工，其离职意愿比较低，即工作投入与离职意愿呈显著的负相关。Blau 和 Boal（1987）研究了工作投入对员工离职及缺勤情况的影响，结果表明员工工作投入与缺勤率呈负相关，并且员工的工作投入程度是预测员工离职行为的有效指标之一。

（4）前瞻性行为。前瞻性行为是个体主动地采取行动，追求并达到学习目标的行为。Sonnentag（2003）的研究表明，工作投入与前瞻性行为存在显著的正相关关系，并且对恢复（recovery）与前瞻性行为的关系具有显著的中介作用：个体如果感觉自己在各方面得到了充分恢复，那么在随后的工作中会表现出更高的工作投入水平，而这种高水平的工作投入进而又能促进他的前瞻性行为。

（5）工作压力。Britt（2003）的研究表明，工作投入在压力源与紧张情绪之间起到缓冲器的作用：当个体承受较大的工作压力时，工作投入水平高的个体比工作投入水平低的个体的心理紧张程度更低，躯体症状也更轻。研究者对这种结论的解释为：由于工作投入水平高的个体全身心地投入工作中，所以其就不会在其他方面想太多，也就不会使用更多的认知资源来加工相关的压力。随后的研究表明，工作投入与不同的压力源之间存在着复杂的交互作用，具体表现为当工作量超过个人的能力时，工作投入水平高的个体更容易出现胸闷、气短等生理症状。研究者认为这可能是因为工作投入水平高的个体对自己的绩效要求更高，对工作的成败也更为关心，因此当他们认为任务或责任超过了自己的承受能力，自己无法达成高绩效目标时，所受到的负面影响也就更大。

除了个体变量，员工的工作投入与客户满意度、组织生产力、总利润率以及单位总体绩效等组织结果变量均存在显著的正相关关系，并与员工流失率和事故发生率存在显著的负相关关系。Salanova等（2003）的研究发现，在工作团体层面，培训等组织资源和工作投入对服务气氛均具有显著的预测效度，并且工作投入在组织资源与服务气氛之间起到中介作用。

三 关于自尊的研究

（一）自尊的起源

自尊源于生命的本质，即维护自我。自尊是人类特有的，其他地球生命无自尊可言，但自尊并非自然产生的，只有当个体在社会中作为某种关系而存在的时候，个体才拥有自尊。自尊的产生有两个前提：一是“我”与“非我”意识的建立；二是挫折、死亡对生命的威胁。人在生命初始阶段与其他动物一样，以本能反应应对外界环境，在他的心理世界中没有自我，也没有他人，因此就没有自尊。随着认知能力的不断发展，个体的社会认知能力开始出现（如依恋等），其最初表现是在意熟悉的人（主要是母亲）对自己的态度，并根据环境及人的状况表现自我的情绪体验。

从国内的心理学词典和著作中查找“自尊”的定义，比较典型的有以下几种：《心理学大词典》（北京师范大学出版社，1989）指出，“自尊是社会评价与个人需要的关系的反映”；《教育大词典》（上海教育出版社，1990）指出，“自尊是指个体以自我意象和对自身社会评价的理解为基础，对个人的值得尊重程度或其重要性所作的评价”；《简明心理学百科全书》（湖南教育出版社，1991）指出，“自尊是一个人自我感觉的一种方式，一种胜任愉快值得受人敬重的自我概念”；《发展心理学》（人民教育出版社，1995）指出，“自尊是自我意识中具有评价意义的成分，是与自尊需要相联系的、对自我的态度体验，也是心理健康的重要指标之一”。

自从自尊成为心理学、社会学及人类学领域的一个核心课题后，其一直是学者们研究的热点，但至今人们仍未能解决 Semler（1989）提出的所谓的关于自尊的“定义迷宫”问题。学者们一直希望能给出一个为学术界所广泛认可的综合性的自尊定义，最早进行这一尝试的是 Wells 和 Marwell（1976）。他们对众多的自尊定义进行概括和分类，发现大多数人对自尊的理解都涉及评价和情感两个过程，只是强调的过程不同。基于对两个过程的不同侧重，他们把自尊的定义归为四大类：第一类把自尊作为一种态度，以自我为注意的目标；第二类认为自尊体现的是不同态度间的关系；第三类强调个体对自己的心理反应，这种反应通常是以情感为基础的，如积极对消极、接受对拒绝；第四类把自我作为人格的一种功能成分，认为自尊是自我系统中的一部分，强调其动机和自我调控功能。

之后，Semler（1989）从另一个角度对既往的自尊的定义进行了分析，发现在有关自尊的定义中，有一些把自尊当作整体来看，强调自尊的稳定性；而另一些则更多地把自尊与具体的情境相联系，认为自尊是可变的，会随着时间和具体情况的变化而变化。

Christopher J. Mruk 于 1999 年完成了迄今为止最全面的对自尊的概括。他运用现象逻辑学的方法，以时间为线索，对历史上曾出现并经受了时间考验的定义再次进行了整理。结果发现，自尊的基本结构可以从三个方面来描述，即自尊的基础成分（the basic components of self-esteem）、自尊的存在特性（the lived qualities of self-esteem）和自尊的动态性（the dynamics of self-esteem）。在分析的基础上，他对自尊进行了一个较为综合的描述：“自尊是个体能不断地以一种有价值的方式应对生活挑战的能力状态。”

（二）自尊的结构

目前的研究者对于自尊的具体结构及结构间的关系尚无统一的看法，他们各自从不同的角度提出了自尊的结构模型。

在19世纪80年代以前，人们通常将自尊作为一个单一维度的概念来看待，倾向于认为自尊就是对自我的总体性评价。

1983年，Steffenhagen和Burns提出了三维结构模型，这一模型包括三个相互联系的子模型，即物质/情境模型（material/situational model）、超然/建构模型（transcendental/construct model）、自我力量意识/整合模型（ego strength awareness/integration model）。其中物质/情境模型自尊包括自我意象、自我概念和社会概念三个成分，每个成分又又都包括地位、勇气和可塑性三个元素；超然/建构模型自尊包括身体、心理和精神三个成分，每个成分又都包括成功、鼓励和支持三个元素；自我力量意识/整合模型自尊包括目标取向、活动程度和社会兴趣三个成分，每个成分又都包括知觉、创造和适应三个元素。

1988年，Pope和McHale提出了二维结构模型，认为自尊是由知觉我（perceived self）和理想我（ideal-self）两个维度构成的。知觉我是个体对自己的客观认识和评价，而理想我则是指个体希望获得某种特性的期望和愿望。当知觉我和理想我一致时，自尊就是积极的；反之，自尊就是消极的。

Greenwald和Banaji（1995）从内隐社会认知这个角度，提出了外显自尊和内隐自尊双结构模型。外显自尊是个体对自我意识性和精加工式推理的评价，内隐自尊是个体对自我无意识性和个体意识之外的评价。有研究表明，内隐自尊与外显自尊是相对独立的，却又存在较低水平的正相关，并且它们分别作用于不同的心理与行为。内隐自尊对突然自发的行为和由情感驱动的行为反应有较高的预测水平；而外显自尊则是人们在意识层面能够确认的一种自我评价，主要影响人们有意识的行为与判断。

Jordan等（2003）从自尊结构性分离的观点出发，把自尊分为安全性自尊、防卫性自尊和低自尊；又把自尊水平与外显自尊、内隐自尊相结合，把高自尊个体区分为安全性高自尊（secure high self-esteem）个体和防卫性高自尊（defensive high self-esteem）个体。安全性高自尊个体指的是外显自尊和内隐自尊皆高的个体，防卫性高自尊个体指的是外显自尊高而内隐自尊低的个体。

黄希庭及有关学者（黄希庭，1998；杨雄、黄希庭，1999）提出了自我价值感多层次多维度结构模型，认为不仅要在意识层面探讨自尊的构成要素，还要从个体行为表现出来的价值取向上对自尊及自我认知进行分析。

张向葵及有关学者（张向葵等，2004；张向葵、吴晓义，2003）则在信息加工的经验结构理论的基础上提出自尊是由潜在自尊、社会自尊和元自尊三部分构成的“倒立金字塔”结构模型。在这个模型中，自尊是一个综合的、动态的加工系统，各维度之间既独立，又相互协调、相互支持。

本研究对自尊的维度划分采用了内隐和外显双维度结构划分形式。

（三）内隐自尊的发展与测量

内隐自尊源于近年来内隐社会认知与外显社会认知的对比性研究。1995 年，Greenwald 等人正式提出了内隐自尊的概念，认为内隐自尊就是在对与自我或相关的事物做评价时，一种做出积极评价的倾向，一种态度表现，而这是无法通过内省的方式被意识到的。根据近几年的研究成果，Greenwald 与 Banaji（1995）将内隐自尊效应概括为三种形式：实验性的内隐自尊效应、自然形成的内隐自尊效应、次级内隐自尊效应。实验性的内隐自尊效应分为说服中的角色扮演（role playing in persuasion）、单纯所有权（mere ownership）及小群体效应（minimal group effect）。小群体效应又分为相似性吸引（similarity-attraction）、认知性的说服反应（cognitive reponse to persuasion）、决策后效应及对姓名字母与数字的偏爱。次级内隐自尊效应是指个体做出的判断通常是与个体的自尊密切相连的，都有维护和促进自尊的功能，但个体本身对此并没有明确的意识。

目前在研究方法上，内隐自尊的研究以反应时范式为主，最常用的是内隐联想测验，还包括阈上语义启动、阈下语义启动、Stroop 颜色命名任务、内隐自我评价调查和外部情绪性 Simon 任务等。

阈上语义启动与自动激活效应研究中常用的方法类似（e. g. , Bargh et al. , 1992；Fazio et al. , 1986），Hetts 等（1999）用它来测量紧跟在自我相关和非自我相关的态度启动词之后的提取积极词和消极词的难易程度。在该类任务中，要先在计算机的屏幕中央快速（200 毫秒）向被试闪现一个态度启动词，紧接着呈现一个目标词，要求被试尽可能快地判断其是好或坏并按键，每个态度启动词（包括自我相关和非自我相关的词，如我、我们、他、他们、那些）分别与两个目标词（好与坏）配对，所有词对随机呈现。正式实验前，有几次练习机会。每个态度启动词与目标词各配对一次。

阈下语义启动与上述阈上语义启动过程相似，但是，所有的态度启动词均是以阈下方式呈现的。Spalding 和 Hardin（1999）曾执行过该任务。他们让自我相关（我、我自己）和非自我相关（公正、礼貌）的态度启动词在屏幕上呈现 17 毫秒，使其处于阈下水平。目标词是六个互为反义的词。在该任务中，每个态度启动词均与目标词配对两次，这样共有 96 个启动 - 目标词对，词对随机呈现，正式实验前有 4 组练习。

Stroop 颜色命名任务以 Stroop 效应的原理为基础，用来测量个体对积极或消极的自我态度语的颜色进行识别的速度。通过计算机向被试呈现七个积极的自我陈述（如我很伟大）和七个消极的自我陈述（如我一点儿也不好），每个自我陈述单独呈现在屏幕的中央，颜色为红色、蓝色或绿色，与每个目标陈述相对应，设置一系列由“x”组成的具有相同颜色的控制语句。这样，该任务共有 28 个颜色命名任务，全部任务随机呈现，每次呈现一个陈述，要求被试对呈现的陈述的颜色尽可能快地进行判断并按键。

内隐自我评价调查用来测量在自我态度启动后对愉快/不愉快词的提取的难度。Pelham 和 Hetts（1999）曾经运用过该方法，采用 likert 等级量表，让被试对用作自我态度启动的 10 个自我陈述进行自评。在自评后，要求被试对三个相继呈现的具有相同的字母的残词进行补缺。设计残词使得产生四对愉快/不愉快词成为可能：自我陈述和相应的残词补缺任务被分成四组，各组以两个插入项目分开。在四组启动陈述的每组中，两个残词为愉快的，两个为不愉快的。互为反义的词不用作同一组的单词补全。

（四）内隐自尊的稳定性

关于内隐自尊的稳定性问题，现有的研究结论不一致，有的研究发现内隐自尊是相对稳定的，只有经过长期的经验积累才能逐渐改变它的水平。学者们认为，内隐自尊是在大量经验积累的基础上形成的潜意识的、自动化的自我评价，因而相对稳定，只有通过新经验的积累才能使其发生渐变（Pelham & Hetts，1999）。内隐自尊一旦形成，其变化速度要比外显自尊缓慢得多。Hetts 等（1999）研究了一组在美国抚养长大的亚裔美国人和一组过去十年中移居美国的亚洲人的内隐自尊和外显自尊，发现亚洲移民与在美国抚养长大的人相比内隐自尊更低。但两个群体在外显自尊水平上没有差异。Hetts 等认为，亚洲移民移居美国时，其外显自尊很快改变，而其特质性的内隐自尊的改变却要缓慢得多。此外，张镇（2003）对初中生、高中生和大学生的内隐自尊进行了比较，结果发现，内隐自尊不存在显著的年级差异，这从发展的角度证明了内隐自尊具有某种稳定性。

而有的研究发现内隐自尊具有情境性，与个体在具体情境中的认知资源、动机水平、情绪状态等有关。许多研究表明，内隐自尊与情绪密切相关。Koole 等（1999）的研究发现，在智力测验后给予被试消极的负反馈会使被试对自我的积极偏好降低；而对被试某种重要的人格特质给予积极的评价时，被试对自我的积极偏好又会上升。还有研究表明，当被试面临死亡提示而感受到自我受到威胁时，其姓名首字母偏好会降低（Koole et al.，2001）。还有的研究发现，可以通过经典条件反射来增强内隐自尊。Baccus 等（2004）的研究表明，内隐自尊可以通过将与自我有关的信息和笑脸不断重复配对的电脑游戏得到增强。该研究结果与经典条件反射的原理一致，明确了内隐自尊的联想特征和人际特征，表明了在内隐自尊领域运用基本学习规则的潜在效用。

Tracy（2003）提出了特质内隐自尊和状态内隐自尊的概念。特质内隐自尊是指个体习惯性的（平均的）内隐自尊水平，而状态内隐自尊是指在任一特定时刻的阶段性的内隐自尊。研究者们相信特质内隐自尊改变得非常缓慢（Hetts et al. 1999），而状态内隐自尊可能会因人们最近的经历而发生改变。

参考文献

蔡华俭，2003，《内隐自尊效应及内隐自尊与外显自尊的关系》，《心理学报》第 35 期，第 796 ~ 801 页。

丛晓波，2002，《自尊的本质研究》，东北师范大学博士学位论文。

黄希庭，1998，《青年学生自我价值感量表的编制》，《心理科学》第 4 期，第 289 ~ 292 页。

李金波、许百华，2006，《影响员工工作投入的组织相关因素研究》，《应用心理学》第 12 期，第 176 ~ 181 页。

李锐、凌文辁，2007，《工作投入研究的现状》，《心理科学进展》第 2 期，第 366 ~ 372 页。

李晓东、袁冬华，2004，《内隐自尊与外显自尊对自我妨碍的影响》，《心理科学》第 6 期，第 1337 ~ 1339 页。

李永鑫、张阔，2007，《工作倦怠研究的新趋势》，《心理科学》第 2 期，第 478 ~ 481 页。

李永鑫、张阔，2007，《投入：工作倦怠研究的新视角》，《中国健康心理学杂志》第 6 期，第 569 ~ 571 页。

林琳、时勘，2008，《工作投入研究现状与展望》，《人力资源管理》第20期，第8~15页。

骆静、廖建桥，2007，《企业员工工作投入研究综述》，《外国经济与管理》第5期，第40~46页。

马前锋、蒋明华，2002，《自尊研究的进展与意义》，《心理科学》第25期，第221~242页。

唐令力，2003，《中海油天津分公司人力资源战略及规划研究》，天津大学硕士学位论文。

杨丽珠、张丽华，2003，《论自尊的心理意义》，《心理学探新》第23期，第10~13页。

杨雄、黄希庭，1999，《青少年学生自我价值感特点的初步研究》，《心理科学》第6期，第484~487、573页。

张向葵、吴晓义，2003，《自我尊重：学校教育不容忽视的心理资源》，《教育研究》第1期，第53~57页。

张向葵、张林、赵义泉，2004，《关于自尊结构模型的理论建构》，《心理科学》第4期，第791~795页。

张铁文、甘怡群，2005，《中文版Utrecht工作投入量表（UWES）的信效度检验》，《中国临床心理学杂志》第3期，第268、280页。

张镇，2003，《青少年内隐与外显自尊的发展研究》，天津师范大学硕士学位论文。

Ammondson P. 2000. "Job Burnout." *Society of Management* 74 (3): 11 - 12.

Baccus, J. R., M. W. Baldwin & D. J. Packer. 2004. "Increasing Implicit Self-esteem through Classical Conditioning." *Psychological Science* 15.

Bakker, A. B., E. Demerouti & W. B. Schaufeli. 2005. "The Crossover of Burnout and Work Engagement among Working Couples." *Human Relations* 58 (5): 661 - 689.

Bargh, J. A., S. Chaiken, R. Govender & F. Pratto. 1992. "The Generality of the Automatic Attitude Activation Effect." *Journal of Personality and Social Psychology* 62 (6).

Blau, G. J., & K. B. Boal. 1987. "Conceptualizing How Job Involvement and Organizational Commitment Affect Turnover and Absenteeism." *Academy of Manage-*

ment Review 12 (2): 288 - 300.

Britt, Thomas W. 2003. "Motivational and Emotional Consequences of Self-Engagement: Voting in the 2000 U. S. Presidential Election." *Motivation and Emotion* (27).

Britt, T. W., A. B. Adler & P. T. Bartone. 2001. "Deriving Benefits from Stressful Events: The Role of Engagement in Meaningful Work and Hardiness." *Journal of Occupational Health Psychology* 6 (1): 53 - 63.

Brown, S. P. 1996. "A Meta-analysis and Review of Organizational Research on Job Involvement." *Psychological Bulletin* 120 (2).

Demerouti, E., A. B. Bakker, J. De Jonge, P. P. M. Janssen & W. B. Schaufeli. 2001. "Burnout and Engagement at Work as a Function of Demands and Control. Scandinavian Journal of Work." *Environment & Health* 27 (4).

Fazio, R. H., D. M. Sanbonmatsu, M. C. Powell & F. R. Kardes. 1986. "On the Automatic Activation of Attitudes." *Journal of Personality and Social Psychology* 50 (2).

Freudenberger, Herbert J. 1974. "Staff Burn-Out." *Journal of Social Issues* 30 (1).

Greenwald, A. G. & M. R. Banaji. 1995. "Implicit Social Cognition: Attitudes, Self-esteem, and Stereotypes." *Psychological Review* 102 (1).

Hetts, J. J., M. Sakuma & B. W. Pelham. 1999. "Two Roads to Positive Regard: Implicit and Explicit Self-evaluation and Culture." *Journal of Experimental Social Psychology* 35 (6).

Jordan, C. H., S. J. Spencer, M. P. Zanna, E. Hoshino-Browne & J. Correll. 2003. "Secure and Defensive High Self-Esteem." *Journal of Personality and Social Psychology* 85 (5).

Kahn, W. A. 1992. "To Is Fully There. Psychological Presence at Work." *Human Relations* 45: 321 - 349.

Katariina Salmela-Aro & Jari-Erik Nurmi. 2007. "Self-esteem during University Studies Predicts Career Characteristics 10 Years Later." *Journal of Vocational Behavior* (70): 463 - 477.

Keller, R. T. 1997. "Job Involvement and Organizational Commitment as Longitudinal Predictors of Job Performance: A Study of Scientists and Engineers." *Jour-*

nal of Applied Psychology 82 (4).

Koole, S. L., A. Dijksterhuis & A. van Knippenberg. 2001. "What's in a Name: Implicit Self-esteem and the Automatic Self." *Journal of Personality and Social Psychology* 80 (4).

Koole, S. L., K. Smeets, A. van Knippenberg & A. Dijksterhuis. 1999. "The Cessation of Rumination through Self-affirmation." *Journal of Personality and Social Psychology* 77 (1).

Langelaan, S., A. B. Bakker, L. J. P. van Doornen & W. B. Schaufeli. 2006. "Burnout and Work Engagement: Do Individual Differences Make a Difference?" *Personality and Individual Differences* 40 (3).

Lodahl, T. M. & M. M. Kejner. 1965. "The Definition and Measurement of Job Involvement." *Journal of Applied Psychology* (49).

Lorence, J. 1987. "Age Differences in Work Involvement: Analyses of Three Explanations." *Work and Occupations* 14 (4).

Mannheim, B. 1975. "A Comparative Study of Work Centrality, Job Rewards and Satisfaction." *Sociology of Work and Occupation* (2).

Maslach, C. 1976. "Burn-Out." *Human Behavior* (5).

Maslach, C., & S. E. Jackson. 1986. *Maslach Burnout Inventory Manual* (*2nd ed.*). Palo Alto, CA: Consulting Psychologists Press.

Maslach, C., & S. E. Jackson. 1981. "The Measurement of Experienced Burnout." *Journal of Organizational Behavior* 2 (2).

Maslach, C. 1982. "Understanding Burnout. Definitional Issues in Analyzing a Complex Phenomenon." In Paine W. S. (ed.) *Job Stress and Burnout*. Beverly Hills. CA: Sage, 29-40.

May, D. R., R. L. Gilson & L. M. Harter. 2004. "The Psychological Conditions of Meaningfulness, Safety and Availability and the Engagement of the Human Spirit at Work." *Journal of Occupational & Organizational Psychology* 77 (1): 11-37.

Montgomery, Anthony J., Efharis Panagopolou & Alexis Benos. 2003. "Work-family Interference as a Mediator between Job Demands and Job Burnout among Doctors." *Stress & Health* 22 (3).

Paullay, I. M., G. M. Alliger & E. F. Stone-Romero. 1994. "Construct Validation of

Two Instruments Designed to Measure Job Involvement and Work Centrality." *Journal of Applied Psychology* (79): 224 - 228.

Pelham, B. W., & J. J. Hetts. 1999. "Implicit and Explicit Personal and Social Identity: Toward a More Complete Understanding of the Social Self." In T. R. Tyler, R. M. Kramer & O. P. John (Eds.), *The Psychology of the Social Self* (pp. 115 - 143). Lawrence Erlbaum Associates Publishers.

Rabinowitz, S., & D. T. Hall. 1997. "Organizational Research on Job Involvement." *Psychological Bulletin* 84 (2): 265 - 288.

Rabinowitz, S., & D. T. Hall. 1977. "Organizational Research on Job Involvement." *Psychological Bulletin* 84 (2).

Rothbard, N. P. 2001. "Enriching or Depleting. The Dynamics of Engagement in Work and Family Roles." *Administrative Science Quarterly* 46 (4): 655 - 684.

Salanova, M., S. Lorens & E. Cifre. 2003. "Perceived Collective Efficacy, Subjective Well-being and Task Performance among Electronic Work Groups An Experimental Study." *Small Group Research* 34 (1): 43 - 73.

Schaufeli, W. B. 2006. "From Burnout to Engagement: Toward a True Occupational Health Psychology." 26th International Congress of Applied Psychology. Athens, Greece.

Schaufeli, W. B., Salanova M. & González-RomáV. 2002. "The Measurement of Engagement and Burnout: A Confirmative Analytic Approach." *Journal of Happiness Studies* 3: 71 - 92.

Schaufeli, Wilmar B., Marisa Salanova, Vicente González-romá & Arnold B. Bakker. "The Measurement of Engagement and Burnout: A Two Sample Confirmatory Factor Analytic Approach." *Journal of Happiness Studies* (3).

Schlenker, B. R., T. W. Britt, J. Pennington, R. Murphy & K. Doherty. 1994. "The Triangle Model of Responsibility." *Psychological Review* 101 (4).

Schuyhart, W. R. & P. C. Smith. 1972. "Factor in the Job Involvement of Middle Management." *Journal of Applied Psychology* 56 (3).

Scott, K. D., & E. L. McClellan. 1990. "Gender Differences in Absenteeism." *Public Personnel Management* 19 (2).

Semler, R. 1989. *Managing Without Managers*. Harvard Business Review.

Sonnentag, S. 2003. "Recovery, Work Engagement, and Proactive Behavior. A New Look at the Interface between Non-work and Work." *Journal of Applied Psychology* 88 (3): 518-528.

Spalding, L. R., & C. D. Hardin. 1999. "Unconscious Unease and Self-handicapping: Behavioral Consequences of Individual Differences in Implicit and Explicit Self-esteem." *Psychological Science* 10 (6).

Steers, R. M. 1991. "Introduction to Organizational Behavior." *Journal of Applied Psychology*.

Storm, K., & I. Rothman. 2003. "A Psychometric Analysis of the Utrecht Work Engagement Scale in the South African Police Service." *South African Journal of Industrial Psychology* 29.

Tracy, DeHart. 2003. *The Hidden Effects of Early Experiences: The Origins and Stability of Implicit Self-esteem.* Pro Quest Dissertations Publishing.

Wells, L. E., & G. Marwell. 1976. *Self-esteem: Its Conceptualization and Measurement.* Beverly Hills, Calif.: Sage Publications.

第七章　组织工作环境中的信任及其功能

一　引言

自1978年改革开放以来，公有制为主体、多种所有制经济共同发展，成为中国社会最基本的经济制度，中国劳动力的配置也由原来的计划为主逐渐转变为市场为主。计划经济时代的单位组织时期，国家通过资源和权力的垄断，通过职工对单位的全面依赖，达到对社会的统治和控制（李路路、李汉林，2000）。到了市场经济体制转型阶段，劳动关系逐渐转变为市场配置为主，市场化劳动关系揭开了单位组织的“温情”面纱，劳资双方利益主体形成，劳资矛盾和冲突显现，劳动者权益时常受到侵犯，于是劳动纠纷、招工困难、人才跳槽、工作倦怠、频繁离职甚至职工坠楼自杀等职场不良现象频频出现，信任或信任危机这一话题日益受到学术界的关注。应当看到，坚持以经济建设为中心，通过劳动体制和人事制度的种种改革，调动和激发劳动者的工作积极性，鼓励一部分人通过个人努力、合法经营先富起来，最终达到全体人民的共同富裕，实现中国社会的突破和超越式发展，这样的改革发展理念塑造了“中国奇迹”“中国发展模式”，起到了“动力源”的作用（韩保江，2008）。但同时应注意，这种渐进式改革给人们的社会生活所带来的震荡、所造成的行为模式不确定性，使人们所形成的种种心理不安以及信任危机（朱虹，2010），给社会良性运行和可持续发展的合作基础带来了巨大挑战，也与社会高质量发展的要求不相适应。

在现代社会里，组织是人们进行各种职业活动的基本单位，个体一旦进入某个组织变为“组织人”，他的整个行为就嵌入了组织内部的社会关系和社会互动之中。他们一方面在这些组织中从事各种工作活动，彼此合作、相互配合，达成组织追求的特定目标；另一方面，他们也体验着组织的再社会化过程，创造和维持着社会团结，以形成组织活动的秩序。在正常情况下，人们会通过了解组织及他人的角色期望，领悟自身角色行为规范和模式，从而顺利扮演角色，彼此满足角色期望，展开角色实践过程。问题是，中国经济社会的快速现代化，使得人们面对的工作环境日益复杂化，人们的角色行为不能不受到内外因素的影响，甚至适应社会发展要求的制度规范，也会因原有制度“路径依赖”的作用而无法得到有效的贯彻执行，从而使得组织工作环境日益表现出多种可能性和选择性的局面。而在社会活动的不确定性增强、社会失范现象凸显、社会信任下降或缺失的时候，政府能够通过制定和执行相应的法规政令、社会政策，及时做出适当的安排和调整反应，提升工作环境中的信任水平，无疑会对组织团结乃至整体经济社会的持续稳定发展产生举足轻重的作用。

经典社会学家齐美尔就曾精辟地指出，信任是社会中最重要的综合力量之一。没有人们相互间享有的普遍信任，社会本身将瓦解。现代生活远比人们通常了解的在更大程度上建立在对他人诚实的信任之上（齐美尔，2002）。无数的社会现实也告诉我们，无论是何种类型的社会群体，家庭、社团、企业、机关抑或整体社会，如果成员们不再能够塑造和维续信任关系，轻则彼此猜忌防范、人心不稳，重则各奔东西导致组织崩溃、解体。研究表明，世界上每天有数量众多的企业成立，每天同样也有难以计数的企业消失，组织解体或消亡都与组织成员丧失了信任这个根本有关。尤其是在“创新是引领发展的第一动力”的高质量发展时期，信任缺失只会抑制组织成员的创新能力，阻碍他们提出工作新设想，并使其不愿承担风险。甚至，如果不信任感、失范感在社会中弥散，演变成某种习惯性、整体性的社会情绪，时刻戒备设防、处处小心谨慎成为社会交往的常态，那么势必就会造成经济社会发展的困境、桎梏。正是基于这样的思考，本研究把组织信任置于中国社会深度转型的时代背景之下，探究组织工作环境中信任及其功能问题，以期对相关问题的解决有所助益。

二　概念、理论视角与研究假设

（一）信任与组织信任的概念

信任这一概念，学者们从不同角度所做的界定有所不同。信任是一方不考虑对另一方监视或控制的能力，基于另一方将会做出对自身重要的特定行为预期，而将自己置于另一方行动的易受伤害状态的意愿（Mayer & Davis，1995：709－734），是一种相信他人未来的可能行动的赌博（什托姆普卡，2005），是基于个人功利理性的一种计算（Burt & Knez，1995：255－292），是群体成员共有的一套非正式的、允许他们之间进行合作的价值观和准则（福山，2016），是一种重要的社会关系（社会资本）（科尔曼，1999），是一种社会复杂性简化方式（Luhmann，1979：8）。综合已有研究，这里主要参照社会学关于信任的社会关系取向，认为组织信任是指工作者在工作过程中所呈现的名实相符、言行一致、表里如一、诚实正直的可信任程度，是工作系统及制度整体运行的有效、连续、正常、可靠的良性状况。作为客观的社会事实，组织信任的判定依据是人和制度的可信任程度的评价，即工作者能感受或体验到它，它是个人对其所处工作环境中他人能力、善意、诚实等人格特质，对工作制度安排及功能可靠性等的主观评价。组织信任涉及人和组织系统的制度，因而构成了人与人之间、人与组织制度之间一种特殊的社会关系。

（二）信任——一种社会复杂性简化机制

按照卢曼（Luhmann）的观点，人们要共同完成一件事情，就要从社会环境中分离出来，形成一个群体，构成一个相对独立的社会系统。一个社会系统靠什么从环境中分离而形成呢？关键就是沟通，沟通是一个社会系统得以存在和运行的基本条件，只要人们通过沟通能够维持一种构造性边界，那么它就是一种社会系统。这里，沟通存在的最大的问题就是基于双重偶然性的“可能性”，即一切行动皆有可能，成员行动选择实在是太多、太复杂，同时协调众多角色的互动也极为复杂。所以如果一个社会系统欲展开行动、实现整合，并保证其持续存在和长远发展，就必须依靠某种媒介物。现代社会里构成这种媒介的事物多种多样，比如货币、权力、真理、爱、艺术等，它们能够在不同的社会领域减少社会系统的复杂性，成为人们沟通和互动的基础。

在众多社会复杂性的简化机制里，有一种特殊的媒介是最基础、最微妙的，那就是信任。所谓信任，就是群体成员对彼此之间的角色期望，对整个社会系统的信心。社会世界在时间和空间上都具有无比的复杂性，各种可能性超出了个人的想象，所以一个社会系统要维持自身的存在，其成员必须要借助信任来减少内心的不安和恐惧，所以，信任成为社会生活的基本事实。这就是说，群体成员要实现角色期望的互补性，其经由社会化过程而来的人格必须稳定、可靠，规定群体成员角色模式的制度规范也要有“势”，即能够在人们行动之前给出明确的预期。而只有符合这样的条件，一个社会系统才具有信任环境。

信任有两个构成成分，一个是信念，另一个是承诺。首先，信念是指信任牵涉特定的对他人的期望，即怀抱信任，我们行动，就像我们知道了未来一样。如卢曼所言，个体表现信任就是预示未来，会像未来是确定的一样去行动。所以信任指的是他人的行动，人们在正常情况下不会对自己的行动抱持信任。因此信任正是通过排除某些行动的可能性，以减少、化约了行动系统的复杂性。其次，任何群体成员都要积极主动地面对未来，所以信任就涉及通过行动而来的承诺，即要下赌注。比如一个组织的规章制度能正常发挥作用、领导能够说到做到，证明这个组织具有可信赖性，这时个体进入该组织努力工作，但这种加入行为其实是暗含着风险的。信任总是与风险相伴而行的，风险意指由他人行动而带来的威胁，意指某种未来发生的不确定性，还牵涉行动主体的承诺或倾注性，即意想不到的结果也是我们决策的结果。而有了信任，就意味着成员会悬置或搁置风险，行动起来就像风险不存在一样。

那么信任又是如何形成的呢？“在任何情况下，信任都是一种社会关系，受其自身特有的规则系统的影响。信任在一个互动框架内产生，该互动情境既受人格影响，也受制于社会系统，且不可能唯独与任何单方面相联系。”（Luhmann，1979：6）

这就是说，信任可以被分为人际信任（personal trust）和制度信任（system trust）两类。人际信任建立在个人人格是否具有可信度的基础之上，它要在熟悉的世界中获取，只有在熟悉的环境中，人们才能彼此对对方人格抱有可靠或不可靠的期望，从而产生信任或不信任。无论结果如何，人际信任或不信任都能用来衡量或预测他人的行动，个人有可信赖性，其行动的其他可能性就得以克服掉，行动一如既往地可靠，人们也会对其抱持相当高的角色期望，较强的社会关系便得以建立。反之，个人无可信性，就意味着其行动是不可预测的、变化无常的，难以满足互补性的角色期望，特定的社会关系自然难以建立。

而制度信任，主要是建立在社会系统的制度规范及相关的沟通媒介能够不被滥用而持续发挥其正常功能的基础之上。制度信任也要以熟悉为前提，如果人们依据过去的经验预估社会系统会一如既往地按照预期的方式运行，系统就具有了制度信任。此时一个社会系统就对个人行动产生了较大的驱动力，把自身和个人结合成个体与群体间的社会关系。反之，如果社会系统及其运行不能给人明确的预期，甚至使人产生了不好的期望，在这种情况下就会产生制度不信任，此时个人与群体双方不再会遵守系统规范，可能导致系统和个人的关系解体。

在卢曼看来，制度信任和人际信任是两种性质不同的信任，人际信任牵涉个体的人格和自我，依赖的经验是个体人格的表达和再现，参照的是人格与行动保持一致。在传统群体生活中，互动由人来完成并主要通过熟悉影响着人际信任。而随着社会环境高度分化、日益复杂，人际互动的狭窄性就变成了巨大问题，原来的熟悉也很难存在，人际信任变得不再够用，于是另一种新的信任——制度信任就扩展出来了。一个社会系统由制度规范及相应的各种沟通媒介要素构成，制度运行的稳定性、连续性、有效性就是制度信任，即制度信任的对象本质上不是制度，也不是个人，而是制度的功能，是人们感觉到制度赋予了他们稳定的行动预期。值得注意的是，尽管制度信任不是以人为信任对象的，它也与一般的信任一样需要最低程度的实在的基础：它也存在于有效交往的机会之中。

可见，无论是个人还是制度，基于先前互动的熟悉是信任产生的前提，也是不信任的前提，当然更是人们对未来持特定态度、做任何承诺的前提。熟悉是过去指向的，只有过去的、经历过的事物才是熟悉的。熟悉的世界是相对简单的，这种简单性在相当狭窄的范围内得到保证，因为只有通过将熟悉的东西与不熟悉的东西“断裂”开来，熟悉的东西才看上去不言自明。正是熟悉使得人们有可能抱有相当可靠的期望，以致容纳了尚存的风险，所以信任必须在熟悉的世界中获取。“在熟悉的世界中，过去胜过当下和未来，过去不包含任何其他的可能性，所以熟悉一开始就简化了复杂性。……只有在熟悉的世界信任才是可能的，信任需要历史作为可靠的背景，没有这种必不可少的基础，没有所有以前的经验，个人不可能付出信任。”（Luhmann，1979：20）

群体有了信任，实质上就结成了某种社会关系，作为社会关系的信任在社会生活中具有独特的意义和功能：它是社会系统复杂性的一种简化机制，在众多的交往媒介中，发挥着最基础的作用，是各种社会生活最基本的事实。熟悉决定信任，而信任则关乎个人的未来行动。“信任不只是来自过去经验的推断，它还能超越其所收到的信息，冒险去界定未来。”这就是说，信任不仅能在熟悉的世界里简化环境复杂性，更重要的是，它也是“未来指向的”。“通过信任行动，未来世界的复杂性得以简化。抱持着信任，个体参与行动，仿佛未来只有确定的可能性。行动者把他现在中的未来和未来中的现在联结在一起，他以这种方式给其他人提供了一个明确的未来、一个共同的未来，这个未来不是直接从他们共有的过去浮现出来的，而是包含着相对比较新的东西。”“熟悉和信任是吸收（环境）复杂性的互补方式，它们相互联系，一如过去和未来相互联系。时间的统一性——当下分离开过去和未来，却又使得它们互为指向，使得这种互补性的关系成为可能：关系一方信任，预设另一方熟悉。”（Luhmann，1979：20）

根据卢曼的信任功能观，信任通过超越可用信息以及把行为期待一般化，使人通过冒险来简化生活。就是说，在通往成功的道路上我们在时间上是预支了信任的。由于人们进出社会系统的自由以及行动的多种选择，以及由社会系统本身的开放而造成的众多可能性，现代社会变得极为复杂，其复杂性甚至超出了系统能够对之做出反应的能力。而人类能够意识到这种复杂性，具有理解这个世界的能力，能看到众多的替代选择、众多的可能，他们也能够彼此体验对方，彼此把对方作为互动对象传达着世界的复杂性。他们会凭借与对方的互动经验来对自己加以确认——是信任还是不信任，然后对未来行动做出决定。“有了信任，经历和行动的可能性就增多了。社会系统的复杂性增加，与其结构相调适的各种可能性也增加，而信任形成了一种更加有效的复杂性简化方式。”（Luhmann，1979：8）与其他互动媒介物如货币等的社会复杂性简化机制一样，信任是一种特殊媒介物，通过信任，系统成员有了采取行动的预期，从而大大增加了互动沟通的可能性。

（三）研究假设

1. 人际信任与制度信任的二律背反

工作环境中的信任是一种社会关系，它主要有两种存在类型，即人际信任与制度信任。人际信任是个体成员在基于工作角色而产生的互动过程中，对彼此展现的可信赖性的心理感受或评价，是一种人格化的信任。而制度信任的对象则是制度，制度虽是一种非人化的社会存在物，却对成员之间的互动状态及整个组织的可持续发展意义重大，于是这种制度所表现出的可靠性、效率性在成员心理上形成的知觉或评判就构成了另一种信任——制度信任。这就意味着，任何组织的结构与功能，至少要由两套评价体系加以评判，一个是规章制度下的正式组织的业绩与效率等标准，用以衡量制度是否被严格执行以达成目标；另一个是由约定俗成的社会行为规则所构成的，包括惯例、道德、价值观、伦理规范、信念和非官方的规则，以衡量人际关系是否和谐、和睦和能否满足成员的情感需要。制度信任的评价标准遵循的是非人化的“效率的逻辑”，体现的是系统管理的控制性和有效性；人际信任评价的标准遵照的则是人际关系的“感情的逻辑”，体现了人际和睦相处的客观要求。

社会学理论的研究表明，正是塑造这两类信任的评价标准的逻辑出发点不同，最终导致它们之间的关系呈现为一种二律背反的特征。韦伯（2005）认为信任贯穿于西方资本主义社会兴起和发展的整个过程。前期，源于新教伦理的近代资本主义精神气质的重要特质之一就是诚信，正是这种诚信或信用文化推动着人们之间的经济交换，构成了西方资本主义社会具有普遍价值和意义的推动力。而随着理性化在资本主义社会中的迅速扩张和发展，这种基于人的信任机制逐渐发生转变，被源于法律或规范可靠性的新的信任机制所取代，因为在高度理性化和市场化的条件下，单单建立在诚信或博爱等价值基础上的经济行为注定要失败。于是有了货币的使用、市场的管理，制度可靠日益取代人格可信，成就了现代社会和经济秩序。但是，以官僚制为代表的形式理性的发展却导致了非理性的生活方式，产生了实质的非理性现象，官僚制的形式合理性和实质合理性之间存在着对立和冲突，非理性与合理性共存，前者与后者相对立并表现为后者的结果（苏国勋，1988：241）。

中国社会思想中的“礼崩法生”的理论逻辑似乎同样可以用来解释和说明这两种信任的矛盾关系。最初，“礼”使人与人、人与群体相通相合如一体，塑造出群体或社会的和谐状态。“君君，臣臣，父父，子子”，“君使臣以礼，臣事君以忠”，每个人都有“道”、守“德”，按照自己社会角色相应的行为模式，尽自己的本分，这样群体中自然就会产生互信，互信贯通于心与心之间，将双方的心紧密联结，于是一切社会活动顺利进行，这就是孔子提出的“礼治”（王处辉，2002）。而到了春秋时期，随着生产力的发展以及私有财产、劳动分工的出现，人们私欲膨胀、利益对立，一时间，出现礼崩乐坏、相互争斗的混乱状态，单纯的“道德礼义”已无力制约人们的行动，此时要想控制人的行为只能凭借法律和制度。“礼崩法生”观告诉我们，任何一个群体或组织的整合，如果彰显了人治、礼治、德治，人际信任成为凝聚社会的主导力量，那么自然地，法规制度的设立就无必要，即使有“刑”，实施也定会因人而异，难以立信。但是一旦群体成员的德行变得不再可靠，人际信任面临断裂，法律制度势必要大行其道，群体便通过彰显制度可靠性的社会控制力，以达到维护自身秩序的目的。

卢曼更是用犀利的眼光看到了这一自相矛盾的现象。事件(event)的工具性取向以目标为参照，以对未来预期的效果为参照。而经历的表达性内容则有助于把“现在”稳定在它的“状态”的安全之上，而不是作为瞬间事件而闪烁出现。在这一情景下，“现在”通过它自身独有的未来和过去的视野，将其构成变化事件的持久基础（Luhmann，1979：13）。在卢曼看来，组织的制度是工具性的，指向整体组织连续性创造。而组织中的人际互动是表达性的，稳定“现在”是它的重要功能。工具性取向以牺牲现在为代价向前推进，是通过理性而提高效绩的一个条件。但是这却导致行动意义空洞化的“现在”，从而增加了对表达性变量因素需求的压力。（Luhmann，1979：13）卢曼明确指出，制度信任与人际信任在功能上相互排斥（mutual exclusiveness），它们作为互补的反面而相互强化，不能同时被应用，从而形成了两难困境（dilemma）。

所以，传统社会秩序与人际信任浑然一体，而现代社会整合与制度信任紧密相连，随着一个社会由传统向现代的快速转型，其依靠的社会关系类型也将由原来的人际信任逐渐过渡到制度信任。制度也是信任的对象，其不是支持而是节约了人际信任，以系统内在的确定性替代了外在确定性（卢曼，2005），从而发展过程中的人际信任与制度信任的关系就具有了一种矛盾倾向性，呈现为一种此消彼长、你进我退的辩证变化规律。所以，我们假定工作环境中的人际信任和制度信任的关系为一种负相关关系。

2.“熟悉－信任－未来”论

不同于初级社会群体，正式组织是通过精心设计，基于明确的劳动分工、权力分配、规范体系而建立起来的，每个成员都必须在固定的职位上发挥功能，且必须按照组织的要求行动。在组织内部角色互动实践中，如果上级领导及时调查和收集下属的信息，听取和征求下属员工意见，组织员工对方案进行了讨论，而且领导做到了在坚持工作标准的同时，又能体现以人为本的人道原则，关心其成员的需求和愿望，最大限度发展其成员的个人才能，严于律己、宽以待人，成人之美而不夺人所爱，领导人格魅力便得以彰显。领导的此类行动就彰显出了个人及其权威的可信赖性，下属基于这样的互动经历及熟悉就会与上级领导形成一种垂直信任的社会关系。

同时，组织结构中同级成员的角色模式是由职能分工、理性安排而决定的，各职位有明确专门的责权，招录人员需要具有技术资格，并要经过专门的训练。作为角色伴侣，个人的知识和技能首先要能胜任某角色要求，做到“在其位、谋其政”；其次是要有合作精神，说话算数，讲究信用，真诚合作。己所不欲，勿施于人；推己及人，仁爱待人。作为同事，能时时为对方着想，站在对方角度思考问题，工作上相互支持，交换意见、工作外友好交往、及时援助，这样就表现出了极大的可依靠性，基于同事之间的互动经验和熟悉，组织就会塑造出牢固的水平信任的社会纽带。可见，人际信任是以熟悉为基础的，它源于人们工作互动经验的累积。不论是垂直的上级信任还是水平的同事信任，人际信任都不是内生性的，其产生要受到组织内部已然产生或正在产生的人际互动情境的影响。

而事情到此并未结束，作为一种特殊社会事实的信任，具有其他沟通媒介所不可比拟的一个特性，那就是它不仅可以在熟悉的环境里简化复杂性，更重要的它是未来行动指向的，它会给行动者提供一个未来行动的确定预期。工作环境中一旦有了信任这种社会资本，职工更愿意承担风险，会与组织形成更为强烈的心理契约，把自己与组织紧紧黏合在一起。反之，如果工作环境中充满了矛盾、紧张和冲突，职工经常遭遇到“微歧视”，信任就难以从这样的经验中概化出来。缺乏人际信任或具有较低水平的人际信任，职工就不太可能对领导及同事具有较大的信心，而如果职工对其所处的人际结构丧失了信心和期望，失望与疏离就会蔓延开来，组织成员各奔东西、组织面临解体的危险就会大大增加。

所以，按照以上人际互动经验塑造信任、信任指向未来的理论逻辑，我们有理由认为信任在人际互动与个体未来行动倾向之间占据着中介地位，发挥着中介作用。换句话说，人际互动经验能否导致工作者继续参与未来行动，信任在其中扮演着桥梁纽带的角色，所以，我们这里假定人际互动对个人未来行为倾向的影响会通过人际信任而产生。

3. 制度信任——工作生活领域复杂性的简化机制

任何组织都有自身的制度或章程，这构成了所谓组织的规范结构。这些制度或章程规定各种职位的角色模式，赋予它们各自的权利和义务，并使各种角色、各个部门之间形成稳定的、模式化的联系。作为规则和制度的结构，是一种超越个人的关系，限制或制约着个人的行为。与人际信任不同，制度信任是以制度为对象的信任（Brian & Tomkins，2015），即制度信任的对象是一个社会系统的制度而非个人。在现代社会条件下，理性化的科层制度因可以协调大多数人的活动而使组织达到最高的运行效率，从而被现代组织程度不同地加以采用。科层化组织的规章制度把整个组织结构分层设科，各层有固定而清晰的权力范围、等级，规定好了各职位明确专门的责权及工作范围，并常常以文本的形式表现出来。这种制度尤其强调事本主义的非个人关系，要求个人完全照章办事，不讲任何私人情感；在人 - 岗分配上量才用人，任人唯能，不受任何与工作效率无关的个人好恶、裙带关系影响等。在组织运行过程中，如果形式的规章制度与其真正执行的状况及功能之间能够保持一致，做到了言实相符，就意味着组织制度具有可信任特征。

由于制度主要用来规范职工的工作生活，所以职工对制度的信任就是基于连续性参与制度执行的经验和熟悉而形成的，它是对制度的执行能力与执行效绩的一种社会承认与肯定。在某种程度上，制度运行越公平合理，越能增强职工的工作适应性，越能很好地满足职工的利益需求和期待，那么职工对制度及制度执行效果的评价就会越高。这里牵涉两个概念，一是制度的表现及效绩，二是职工的需求和期望。制度执行得越公平合理、越有效率，职工的利益需求满足程度越高，组织制度的可信任程度就越高，当然，成员对制度信任的评价也就越高。

制度约束下的工作生活领域（areas of worklife）既给组织制度的可靠性提供了判断的经验依据，又会即时性地唤起从业者对工作活动的特定情绪反应，使其形成积极或消极的工作情绪（Leiter & Maslach，2004）。对于工作生活状况与工作情绪之间的关系，工作要求－资源模型（JD-R Model）给出了合理的解释说明（Demerouti et al.，2001）。按照该理论模型，任何工作生活领域都有其自身特定的工作特征，即包括工作要求和工作资源两个方面，较高的工作要求和有限的工作资源最有可能导致工作紧张的产生，即会消耗从业者的身体和心理资源，导致他们有一种精力完全耗尽的体验。相较而言，适当的工作要求及充足的工作资源则可以给职工提供一种处理工作压力的应付策略，从而促进其工作参与，唤起更高的工作和成就动机。

在现实组织生活中，工作生活环境与工作情绪的关系不是固定不变的，可能要视制度信任程度而发生变化。信任是社会复杂性的简化机制，所以制度信任应是工作生活复杂性的重要简化机制，工作环境中的制度信任过高或过低，制度执行时一味坚持原则性（高制度信任），或者一味强调灵活性（低制度信任），就可能会使得工作要求、工作资源与工作情感反应的关系发生变化，即工作生活状况与工作情感反应的关系要受到制度执行所遵守的原则性和灵活变通性状况的影响。制度执行的原则性程度不同，工作生活状况与工作情绪反应间关系的强弱甚至方向也可能发生变化。“制度的稳定性减少了制度的执行成本，提高了制度的可信赖性，并因此而促进着人际互动。但稳定性的另一面是制度僵化的危险，即使是面临变化的环境也不例外，因此，必须要有一点调整的余地。”（柯武刚、史漫飞，2000：114）可以这样设想，制度规定与制度执行高度一致，员工对未来来自组织的互惠报酬预期变得十分确定，对组织发展充满信心，此时工作资源对工作投入的促进作用较之于低度制度信任环境会更加强大。而问题的另一面是，原原本本地执行制度的具体规定也是对组织目标追求的某种背离，因为现实组织生活具有复杂性、丰富性和多变性，从业者还要在复杂多变的工作生活中保持活力，发挥主观能动性。所以在坚持制度高度可靠的前提下，灵活变通地执行具体规定，能够增加员工职业行为的内在活力，对减少工作倦怠起到促进作用。于是，我们的第三个假设是工作生活状况与工作情绪之间的关系会受到制度信任的干扰或调节。

三　数据来源与概念测量

（一）数据来源

本研究的定量分析数据来自中国社科院“中国城镇居民工作环境调查”项目，该项目的研究对象总体是2017年生活在城市中的16岁及以上、居住于家庭户里的各类就业人口，包括雇主、雇员或自雇者。调查对象的抽取，主要依据多阶段随机抽样方法进行。首先，课题组找到全国城市所有区的抽样框，从中随机抽取出60个城区单位，构成本次抽样的一级抽样单位（PSU）。然后在每个抽中的PSU下随机抽取9个社区（居委会）（SSU），共计540个社区。接着在每个抽中的社区（居委会）中随机抽取15个家庭户，构成三级抽样单元（TSU）。最后在每个家庭户中按照卷面首页的随机数表，随机抽取1人作为访问对象。这样，本次调查的样本规模为8100个，实际收回有效样本6895个，其中2个样本的性别编码为无效值，有效回收率为85%。

本研究样本构成的基本情况如下。样本的全部年龄集中在16～76岁，年龄的均值为35.08，标准差为9.22，年龄中位数为33岁。样本的性别构成为男性34.83%（2401人）、女性65.17%（4492人），可见女性子样本多于男性子样本，考虑到入户调查时女性在场的可能性大大高于男性，所以较高比例的女性也是可以理解的。从受教育程度构成上看，样本的众数是高中或中专，为

29.85%，其次占比较多的为大专学历和大学本科学历，分别占27.04%和22.29%。样本的婚姻状况自然以初婚为主，占67.8%，未婚工作者占了25.14%。初步评估抽取到的这个样本的质量，我们认为质量基本可以，同时应该承认，女性数量过多是本次调查抽样控制的一个失误。

（二）概念测量

1. 组织信任

这里，我们把组织信任分为人际信任与制度信任两大类，人际信任包括水平信任和垂直信任，前者指组织内同事、工作伙伴之间的信任，后者则是主管或管理者、上级领导等的信任。工作环境中制度表现出的可靠、可信赖性特征就是制度信任。作为工作环境中的信任事实，我们当然可以通过工作者的主观感受、借助自我报告的方式对其加以“触摸”、把握。本研究各个信任量表与调查结果见表7－1。

表7－1　组织信任及样本测量情况

组织信任	变量名	编码	样本结果
人际信任	水平信任（Htrust）	5个题项量表，答案从“完全符合”到“很不符合”，依次编码为5、4、3、2、1	次序变量Logit测量模型因子百分值，均值＝60.94，标准差＝17.70
	垂直信任（Vtrust）	5个题项量表，答案从“完全符合”到“很不符合”，依次编码为5、4、3、2、1	次序变量Logit测量模型因子百分值，均值＝55.36，标准差＝19.16
制度信任	Itrust	5个题项量表，答案从“完全符合”到“很不符合”依次编码为5、4、3、2、1	次序变量Logit测量模型因子百分值，均值＝57.21，标准差＝18.51

2. 人际互动状态

人际互动状况是工作环境的重要组成部分，是指个体成员基于业缘关系而呈现的整体性交往形态或状况。这里我们从以下8个方面来考察工作环境中的人际互动状态：团队文化建设、内部角色互动、非正式互动、网络沟通参与、内部强关系、嵌入性权力、同事闲聊与角色间冲突。各个概念的测量量表与调查结果见表7－2。

表7－2 人际互动状态及样本情况

人际互动状态	变量名	编码	样本结果
团队文化建设	teamwork	10个文化活动项目量表，各项目“有”编码为1，“没有”为0	0－1变量Logit测量模型因子百分数值均值＝29.22，标准差＝21.94
内部角色互动	roleins	6个内部角色互动题项量表，“从不”＝1，“偶尔”＝2，“经常”＝3	次序变量Logit测量模型因子百分数值，均值＝52.66，标准差＝24.75
非正式互动	groups	7个闲暇活动项目量表，“有”编码为1，“没有”为0	0－1变量Logit测量模型因子百分数值，均值＝34.69，标准差＝23.22
网络沟通参与	havchannel	9个沟通渠道题项量表，“参与”编码为1，“没有”为0	0－1变量Logit测量模型因子百分数值，均值＝87.18，标准差＝22.82
内部强关系	strties	3种强关系题项量表，“有”＝1，“没有”＝0	0－1变量Logit测量模型因子百分数值，均值＝36.32，标准差＝30.62
嵌入性权力	embedpower	参与组织内5类机构量表，“领导”＝5，“骨干成员”＝4，“一般成员”＝3，“非成员积极分子”＝2，“非成员”＝1	次序变量Logit测量模型因子百分数值，均值＝28.00，标准差＝18.76
同事闲聊	jobchat	7个工作闲聊题项量表，“从不”＝1，“偶尔”＝2，“经常”＝3	次序变量Logit测量模型百分数值，均值＝32.50，标准差＝21.96
角色间冲突	conflict	8个冲突项目量表，“从不”＝1，“偶尔”＝2，“经常”＝3	次序变量Logit测量模型因子百分数值，均值＝13.31，标准差＝19.84

3. 工作生活领域

工作生活领域是工作环境中与每个从业者的具体工作密切相

关的各种环境条件的综合状况。本次调查最初并未考虑到对职工工作生活领域进行全面而系统化的观测，所以这里使用一些代理指标对各个概念进行研究。6个工作生活领域变量的测量指标及样本测量情况如表7－3所示。

表7－3　工作生活领域变量的测量指标及样本测量情况

工作生活领域变量的测量指标	变量名	编码	样本结果
工作负荷	workload	12个工作要求项目量表，“需要”编码为1，“不需要”为0	0－1变量Logit测量模型因子百分数值，均值＝64.43，标准差＝17.57
工作价值	value	3个题项量表，答案“没有”“较少”“较多”“很多”依次编码1、2、3、4	次序变量Logit测量模型因子百分数值，均值＝46.41，标准差＝25.72
工作公平	fairness	“e14. 就您的能力和工作付出而言，您觉得现在的收入是否合理”，答案从“很不合理”到“非常合理”5点刻度赋分	连续变量：均值＝3.37，标准差＝0.92
工作报酬	reward	“e3. 您对目前这份工作的收入是否满意”，答案从“很不满意”到“非常满意”5点刻度赋分	连续变量：均值＝3.37，标准差＝0.89
工作自主	control	6个题项量表，答案“完全不自主”“部分自主”“完全自主”依次编码1、2、3	次序变量Logit测量模型因子百分数值，均值＝48.96，标准差＝31.00
工作归属	community	“f5. 您和同事之间的关系如何”，从“很生分”到“很融洽”，1～5赋分	连续变量：均值＝4.24，标准差＝0.71

4. 组织承诺与工作情绪

组织承诺和工作情绪是这里的最终结果变量。前者是指工作者有意愿为组织多做贡献，并希望继续成为所在组织的一分子的相对稳定的心理倾向，这里我们把组织关切和留职倾向作为组织承诺的两个重要方面加以关注。工作情绪是客观的工作生活领域在工作者身上所形成的心理知觉或倾向性，本研究着重关注工作情绪中的投入感与倦怠感两个方面。相关概念的测量量表及样本测量情况如表 7－4 所示。

表 7－4　组织承诺、工作情绪及样本测量情况

结果变量	变量名	编码	样本结果
组织承诺	组织关切（orgcare）	3 个题项量表，“很关心”或“很愿意”、“较关心”或“较愿意”和“不关心”或“不愿意”，依次编码 3、2、1	次序变量 Logit 测量模型因子百分数值，均值＝54.36，标准差＝28.25
	留职倾向（jobkeep）	4 个题项量表，2 个题项 3 分尺度，2 个题项 5 分尺度	次序变量 Logit 测量模型因子百分数值，均值＝57.61，标准差＝20.10
工作情绪	工作投入（jobcomt）	5 个题项量表，答案从“完全符合”到“很不符合”依次编码为 5、4、3、2、1	次序变量 Logit 测量模型因子百分数值，均值＝62.59，标准差＝17.97
	工作倦怠（burnout）	6 个题项量表，答案分别是“经常”“偶尔”“从不”，依次编码为 3、2、1	次序变量 Logit 测量模型因子百分数值，均值＝30.66，标准差＝22.19

四　研究结果

（一）人际信任与制度信任的矛盾关系获得经验数据支持

对于概念的聚合能力，我们首先对调查数据进行了竞争性的因子模型分析，结果见表 7－5。可见，在拟合的三个模型中，三因子模型的拟合优度最佳，尽管卡方检验拒绝了模型的可接受性，但 *SRMR* 达到了 0.08 的可接受标准，*RMSEA* 也达到了小于 0.10 的可接受标准，这表明残差量较小，模型拟合度较好，所以综合三因子模型的拟合结果以及与一因子、二因子模型拟合结果的比较，组织信任的垂直信任、水平信任和制度信任的三因子结构模型可以被接受。

表 7－5　竞争性各模型的拟合优度指标比较

模型	χ^2	*df*	χ^2/df	*CFI*	*TLI*	*SRMR*	*CD*	*RMSEA*
零模型	25690.38	91						
一因子模型	9522.22	77	123.66	0.63	0.56	0.13	0.87	0.16
二因子模型	4155.89	76	54.68	0.84	0.81	0.08	0.97	0.10
三因子模型	3410.19	74	46.08	0.87	0.84	0.08	0.99	0.09

为更加精确地研究三个因子之间的关系，我们采用广义响应测量模型（GSEM）方法来对数据再次进行拟合。我们认为如果基于线性组合的因子分析模型可以被接受，那么也就有充分的理由相信采用广义次序累计概率函数分析方法去拟合数据所得的效果会更佳。三因子的广义响应测量模型拟合结果如图 7－1 所示。结果显示，依附在三个信任因子上的所有指标负荷除了垂直信任的一个题项（f9h）的负荷略低，但也达到了 0.99 外，其余均达到了 1.0。所有负荷系数都达到了统计意义上的显著性水平，说明模型拟合效果非常好。最重要的是，垂直信任和水平信任的协方差值为 2.84，显示出较强的正相关，标准误为 0.12，远远超过了 0.05 的显著性水平。而垂直信任与制度信任、水平信任与制度信任两两之间的协方差值分别为－0.477、－0.179，显示出负相关性，标准误均为 0.04，在 0.05 显著性水平上，两个协方差值都具有统计意义上的显著性。

利用公式$\rho_{xy}=\sigma_{xy}/(\sigma_x\sigma_y)$，从广义响应测量模型拟合的协方差值和方差值我们可以得到任何两种信任之间的相关系数。结果显示（见表 7－6），垂直信任和水平信任两因子的协方差值为 2.84，其各自的方差分别是 3.45 和 3.33。垂直信任与水平信任间的相关系数高达 0.84，这说明二者是高度相关的。这就意味着这两种信任可能是组织人际信任因素的两个方面，人际信任是其背后的共同因素的预设得到验证。同样，经过统计得到了垂直信任与制度信任、水平信任与制度信任两两因素之间的相关系数，不出所料，

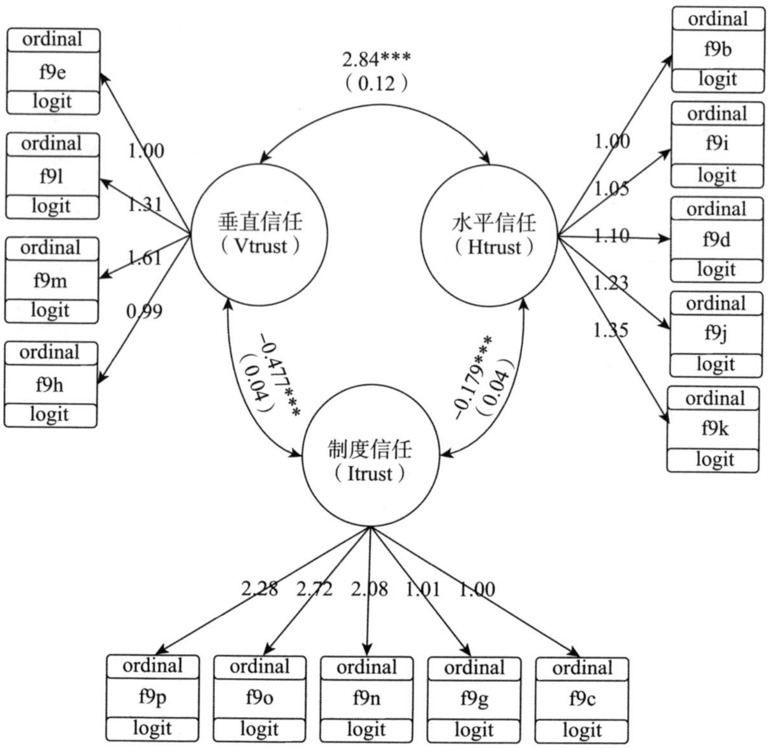

图 7-1　三种信任因子的相关性分析结果

它们都表现出负向相关关系特征，相关系数分别为 -0.24 和 -0.09，这就说明垂直信任、水平信任与非人格的制度信任之间确实存在一种矛盾的共变关系，人的信任与制度信任两者间表现为一种此消彼长、你进我退的辩证发展规律得到了经验资料的支持。

表 7-6　验证性因子分析结果

因子	*Cov* (,)	*Var* (V)	*Var* (H)	*Var* (I)	*SE*	*Z*	*P*	*ρ*
Vtrust - Htrust	2.84	3.45	3.33	—	0.12	23.82	0.00	0.84
Vtrust - Itrust	-0.48	3.45	—	1.16	0.04	-11.8	0.00	-0.24
Htrust - Itrust	-0.18	—	3.33	1.16	0.04	-5.18	0.00	-0.09

(二) 人际信任在互动-熟悉与未来行动倾向中的中介作用获得经验支持

1. 人际信任在人际互动和组织关切之间的中介作用分析结果

采用路径结构模型对数据进行拟合，用 Bootstrap 方法，以 5000 个样本为标准，选择 2.5 百分位数和 97.5 百分位数来估计 95% 中介效应置信区间，进行中介效应检验。由于用 Bootstrap 方法得到的参数分布能够完全获得取样的变异性，即使数据非正态，得到的参数区间估计也往往优于其他方法得到的区间估计（温忠麟、刘红云、侯杰泰，2012）。人际互动与组织关切关系的人际信任中介模型拟合结果见表 7-7。

表 7-7　人际信任的间接效应分析结果

路径系数 (Mediation)	*b*	*SE*	*p*	*CI* (Lower)	*CI* (Upper)
总间接效应					
团队文化建设→组织关切	0.008	0.006	0.149	-0.003	0.020
内部角色互动→组织关切	0.056	0.005	<0.001	0.046	0.067
非正式互动→组织关切	0.017	0.005	<0.001	0.008	0.027
网络沟通参与→组织关切	0.034	0.006	<0.001	0.023	0.045
内部强关系→组织关切	0.059	0.005	<0.001	0.050	0.068
嵌入性权力→组织关切	0.047	0.010	<0.001	0.029	0.068
同事闲聊→组织关切	-0.003	0.006	0.676	-0.015	0.009
角色间冲突→组织关切	-0.045	0.006	<0.001	-0.057	-0.034
1. 团队文化建设到组织关切特定中介效应					
团队文化建设→水平信任→组织关切	0.004			0.001	0.008
团队文化建设→垂直信任→组织关切	-0.002			-0.009	0.005
团队文化建设→水平信任→垂直信任	0.016			0.003	0.029
水平信任→垂直信任→组织关切	0.221			0.206	0.237
团队文化建设→水平信任→垂直信任→组织关切	0.006				

续表

路径系数（Mediation）	b	SE	p	CI (Lower)	CI (Upper)
2. 内部角色互动到组织关切特定中介效应					
内部角色互动→水平信任→组织关切	0.011			0.007	0.016
内部角色互动→垂直信任→组织关切	0.030			0.025	0.035
内部角色互动→水平信任→垂直信任	0.041			0.032	0.051
水平信任→垂直信任→组织关切	0.221			0.206	0.237
内部角色互动→水平信任→垂直信任→组织关切	0.015				
3. 非正式互动到组织关切特定中介效应					
非正式互动→水平信任→组织关切	0.005			0.002	0.007
非正式互动→垂直信任→组织关切	0.006			0.001	0.012
非正式互动→水平信任→垂直信任	0.017			0.009	0.026
水平信任→垂直信任→组织关切	0.221			0.206	0.237
非正式互动→水平信任→垂直信任→组织关切	0.006				
4. 网络沟通参与到组织关切特定中介效应					
网络沟通参与→水平信任→组织关切	0.0008			-0.002	0.004
网络沟通参与→垂直信任→组织关切	0.032			0.025	0.039
网络沟通参与→水平信任→垂直信任	0.003			-0.009	0.015
水平信任→垂直信任→组织关切	0.221			0.206	0.237
网络沟通参与→水平信任→垂直信任→组织关切	0.0011				
5. 内部强关系到组织关切特定中介效应					
内部强关系→水平信任→组织关切	0.021			0.014	0.027
内部强关系→垂直信任→组织关切	0.010			0.006	0.014
内部强关系→水平信任→垂直信任	0.077			0.067	0.086
水平信任→垂直信任→组织关切	0.221			0.206	0.237
内部强关系→水平信任→垂直信任→组织关切	0.028				
6. 嵌入性权力到组织关切特定中介效应					
嵌入性权力→水平信任→组织关切	0.006			0.0002	0.013
嵌入性权力→垂直信任→组织关切	0.033			0.021	0.046
嵌入性权力→水平信任→垂直信任	0.022			-0.0001	0.045
水平信任→垂直信任→组织关切	0.221			0.206	0.237
嵌入性权力→水平信任→垂直信任→组织关切	0.008				

续表

路径系数（Mediation）	*b*	*SE*	*p*	*CI* (Lower)	*CI* (Upper)
7. 同事闲聊到组织关切特定中介效应					
同事闲聊→水平信任→组织关切	0.003			0.0002	0.007
同事闲聊→垂直信任→组织关切	-0.011			-0.017	-0.004
同事闲聊→水平信任→垂直信任	0.013			0.001	0.024
水平信任→垂直信任→组织关切	0.221			0.206	0.237
同事闲聊→水平信任→垂直信任→组织关切	0.005				
8. 角色间冲突到组织关切特定中介效应					
角色间冲突→水平信任→组织关切	-0.013			-0.018	-0.008
角色间冲突→垂直信任→组织关切	-0.014			-0.020	-0.007
角色间冲突→水平信任→垂直信任	-0.049			-0.061	-0.037
水平信任→垂直信任→组织关切	0.221			0.206	0.237
角色间冲突→水平信任→垂直信任→组织关切	-0.018				

研究表明，在8个人际互动状态变量经由水平信任、垂直信任而影响组织关切的间接效应中，内部角色互动、非正式互动、网络沟通参与、内部强关系、嵌入性权力和角色间冲突6个因素的总间接效应都达到了统计学意义上的显著性，说明人际信任的中介作用在总体中确实是存在的。采用David和Fritz（2007）提供的PRODCLIN2间接效果信赖区间的计算程序，进一步计算特定中介间接效果及其信赖区间，以检验各个特定中介效应是否真实存在。结果显示：人际信任在内部角色互动与组织关切之间的三个特定中介效应都具显著性，中介效应是真实存在的；非正式互动与组织关切之间的三个特定中介效应都是显著的，中介效应在总体中的确存在；人际信任在网络沟通参与与组织关切之间的特定中介效应具有统计显著性，中介效应是真实存在的；人际信任在内部强关系与组织关切之间的三个特定中介效应都具有统计显著性，说明中介效应确实存在；人际信任在嵌入性权力与组织关切之间的中介效应是真实存在的，但远程中介效应不存在；人际信任在

角色间冲突与组织关切间的三个特定中介效应都具有统计显著性，表明中介效应在总体上是真实存在的。研究也表明，团队文化建设与同事闲聊的总间接效应估值未达到统计显著性，置信区间包含 0，说明团队文化建设通过水平信任和垂直信任两个中介的总间接效应是不存在的；同事闲聊通过水平信任和垂直信任两个中介的总间接效应也是不存在的。

为了得到更为简约化的人际信任中介模型，我们去除掉了结构模型中不显著的路径，进一步对数据进行拟合，最终得到的人际信任中介简约模型如图 7－2 所示。路径结构模型整体拟合优度情况如下：χ^2（2）$=0.470$，$p=0.791$；$\chi^2/df=0.594$；$CFI=1.00$；$RMSEA=0.00$。简约化模型的拟合结果完全可以被接受。

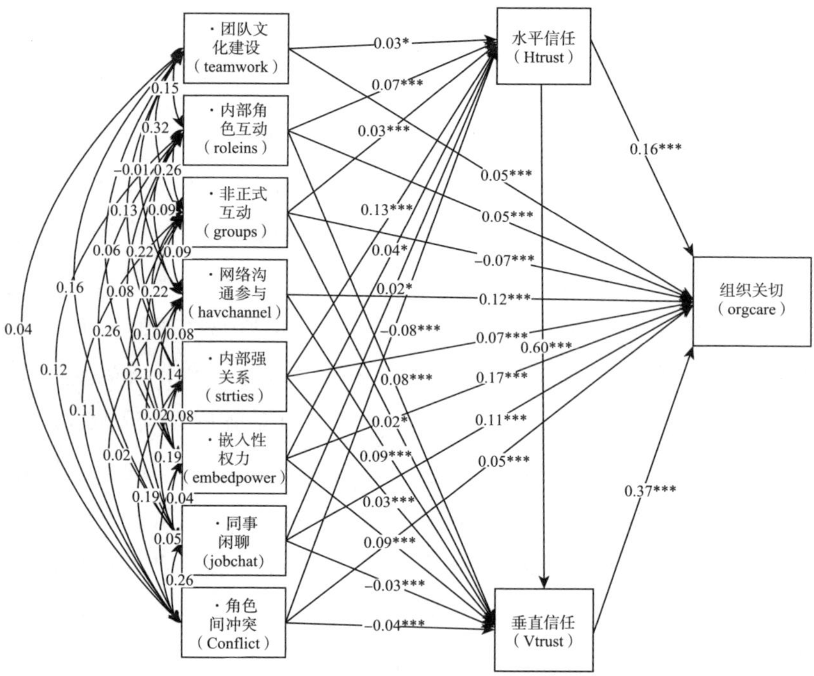

图 7－2　人际信任中介简约模型

2. 人际信任在人际互动与留职倾向之间的中介作用分析结果

采用同样的统计分析方法，人际互动环境影响留职倾向的人际信任中介结构模型的拟合结果见表7－8。

表7－8 人际信任间接效应分析结果

路径系数（Mediation）	*b*	*SE*	*p*	*CI*（Upper）	*CI*（Lower）
总间接效应					
团队文化建设→留职倾向	0.004	0.003	0.157	－0.002	0.009
内部角色互动→留职倾向	0.025	0.003	＜0.001	0.020	0.067
非正式互动→留职倾向	0.008	0.002	＜0.001	0.003	0.031
网络沟通参与→留职倾向	0.015	0.003	＜0.001	0.010	0.021
内部强关系→留职倾向	0.026	0.003	＜0.001	0.021	0.032
嵌入性权力→留职倾向	0.022	0.005	＜0.001	0.013	0.031
同事闲聊→留职倾向	－0.001	0.003	0.656	－0.007	0.004
角色间冲突→留职倾向	－0.020	0.003	＜0.001	－0.026	－0.015
1. 团队文化建设到留职倾向特定中介效应					
团队文化建设→水平信任→留职倾向	0.002			0.0003	0.004
团队文化建设→垂直信任→留职倾向	－0.001			－0.004	0.003
团队文化建设→水平信任→垂直信任	0.016			0.003	0.029
水平信任→垂直信任→留职倾向	0.101			0.082	0.121
团队文化建设→水平信任→垂直信任→留职倾向	0.003				
2. 内部角色互动到留职倾向特定中介效应					
内部角色互动→水平信任→留职倾向	0.011			0.002	0.008
内部角色互动→垂直信任→留职倾向	0.030			0.010	0.017
内部角色互动→水平信任→垂直信任	0.041			0.032	0.051
水平信任→垂直信任→留职倾向	0.101			0.082	0.121
内部角色互动→水平信任→垂直信任→留职倾向	0.015				
3. 非正式互动到留职倾向特定中介效应					
非正式互动→水平信任→留职倾向	0.005			0.001	0.004

续表

路径系数（Mediation）	b	SE	p	CI (Lower)	CI (Upper)
非正式互动→垂直信任→留职倾向	0.006			0.0002	0.006
非正式互动→水平信任→垂直信任	0.017			0.009	0.026
水平信任→垂直信任→留职倾向	0.101			0.082	0.121
非正式互动→水平信任→垂直信任→留职倾向	0.006				
4. 网络沟通参与到留职倾向特定中介效应					
网络沟通参与→水平信任→留职倾向	0.0008			-0.001	0.002
网络沟通参与→垂直信任→留职倾向	0.032			0.011	0.019
网络沟通参与→水平信任→垂直信任	0.003			-0.009	0.015
水平信任→垂直信任→留职倾向	0.101			0.082	0.121
网络沟通参与→水平信任→垂直信任→留职倾向	0.0011				
5. 内部强关系到留职倾向特定中介效应					
内部强关系→水平信任→留职倾向	0.021			0.004	0.014
内部强关系→垂直信任→留职倾向	0.010			0.002	0.007
内部强关系→水平信任→垂直信任	0.077			0.067	0.086
水平信任→垂直信任→留职倾向	0.101			0.082	0.121
内部强关系→水平信任→垂直信任→留职倾向	0.028				
6. 嵌入性权力到留职倾向特定中介效应					
嵌入性权力→水平信任→留职倾向	0.006			0.0001	0.006
嵌入性权力→垂直信任→留职倾向	0.033			0.009	0.022
嵌入性权力→水平信任→垂直信任	0.022			-0.0001	0.045
水平信任→垂直信任→留职倾向	0.101			0.082	0.121
嵌入性权力→水平信任→垂直信任→留职倾向	0.008				
7. 同事闲聊到留职倾向特定中介效应					
同事闲聊→水平信任→留职倾向	0.003			0.0001	0.003
同事闲聊→垂直信任→留职倾向	-0.011			-0.008	-0.002
同事闲聊→水平信任→垂直信任	0.013			0.001	0.024
水平信任→垂直信任→留职倾向	0.101			0.082	0.121
同事闲聊→水平信任→垂直信任→留职倾向	0.005				

续表

路径系数（Mediation）	*b*	*SE*	*p*	*CI*（Lower）	*CI*（Upper）
8. 角色间冲突到留职倾向特定中介效应					
角色间冲突→水平信任→留职倾向	-0.013			-0.009	-0.003
角色间冲突→垂直信任→留职倾向	-0.014			-0.010	-0.003
角色间冲突→水平信任→垂直信任	-0.049			-0.061	-0.037
水平信任→垂直信任→留职倾向	0.101			0.082	0.121
角色间冲突→水平信任→垂直信任→留职倾向	-0.018				

研究表明，在8个人际互动状态变量经由水平信任、垂直信任而影响职工留职倾向的间接效应中，内部角色互动、非正式互动、网络沟通参与、内部强关系、嵌入性权力和角色间冲突6个因素的总间接效应都达到了统计学意义上的显著性，这与组织关切间接效应研究结果保持一致，说明人际信任的中介作用在总体中确实是存在的。同样采用David和Fritz（2007）的方法，进一步计算特定中介间接效果及其信赖区间，以检验各个特定中介效应是否真实存在。结果显示：人际信任在内部角色互动与留职倾向之间的三个特定中介效应系数分别为0.011、0.030和0.015，都具统计显著性，说明中介效应在总体中是真实存在的；人际信任在非正式互动与留职倾向之间的三个特定中介效应系数分别是0.005、0.006和0.006，都是显著的，表明中介效应在总体中的确存在；只有垂直信任在网络沟通参与与留职倾向之间的特定中介效应具有显著性，系数为0.032，说明这一中介效应是真实存在的；人际信任在内部强关系与留职倾向之间的三个特定中介效应系数分别为0.021、0.010和0.028，都具有统计显著性，说明中介效应确实存在；水平信任、垂直信任在嵌入性权力与留职倾向之间的特定中介效应系数分别是0.006和0.033，具有统计显著性，但远程中介效应系数为0.008，不具显著性，说明远程中介效应不存在；人际信任在角色间冲突与留职倾向间的三个特定中介效应系数分

别为 -0.013、-0.014 和 -0.018，都具有统计显著性，表明总体上它们也是真实存在的。

根据以上研究结果，把留职倾向的人际信任中介模型中不具有统计显著性的路径去除掉，从而得到最为简约化的人际信任中介模型，最终得到的模型如图 7-3 所示。简约模型整体拟合优度情况如下：χ^2（3）=0.835，p=0.841；χ^2/df=0.993；CFI=1.00，$RMSEA$=0.00。这个简约模型完全可以被接受。

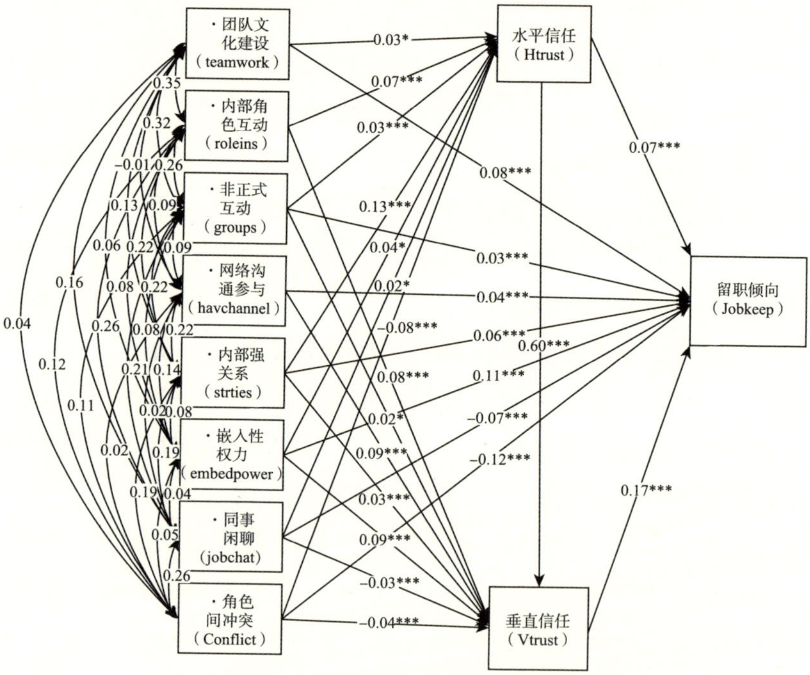

图 7-3　人际信任中介简约模型

（三）制度信任对工作生活领域与工作情绪之间关系的干扰作用获得经验支持

1. 以工作投入为因变量，以 6 个工作生活领域变量为自变量，以制度信任为调节变量，建构调节模型对样本数据进行拟合，统计分析结果见表7-9。结果显示：在分别控制了自变量和调节变量主效应的条件下，工作负荷与制度信任的交互项回归系数（$b=-0.004$）、工作报酬与制度信任的交互项回归系数（$b=0.036$）、工作自主与制度信任的交互项回归系数（$b=-0.001$）通过了显著性检验，说明制度信任对这三个工作生活领域变量与工作投入的关系确实存在影响。

表7-9　制度信任对工作生活领域变量与工作投入关系的调节作用分析结果

变量	工作投入				制度信任	条件效应			
	b	*SE*	*t*	*p*		*b*	*SE*	*t*	*p*
工作负荷	-0.112	0.013	-8.688	0.000	-1SD	-0.039	0.018	-2.195	0.028
制度信任	0.013	0.012	1.090	0.276	MEAN	-0.112	0.013	-8.688	0.000
工作负荷×制度信任	-0.004	0.001	-5.849	0.000	+1SD	-0.185	0.018	-10.30	0.000
工作报酬	2.471	0.260	9.506	0.000	-1SD	1.813	0.328	5.525	0.000
制度信任	0.004	0.012	0.355	0.000	MEAN	2.471	0.260	9.506	0.000
工作报酬×制度信任	0.036	0.013	2.827	0.005	+1SD	3.129	0.369	8.488	0.000
工作自主	0.069	0.008	8.851	0.000	-1SD	0.091	0.010	8.937	0.000
制度信任	0.025	0.012	2.044	0.041	MEAN	0.069	0.008	8.851	0.000
工作自主×制度信任	-0.001	0.000	-3.040	0.002	+1SD	0.047	0.011	4.336	0.000

通过制度信任的调节效应图（见图7-4）可以清楚地看到，与低制度信任环境相比，工作负荷对工作投入感的弱化效应在高制度信任环境下更强；与低制度信任相比，工作报酬对工作投入感的强化效果在高制度信任条件下变得更大；与高制度信任相比，工作自主对工作投入感的提升效果在低制度信任下则变得更大。统计分析结果还表明，制度信任对其他3个工作生活领域变量与工作投入关系的影响未达到统计学意义上的显著性。

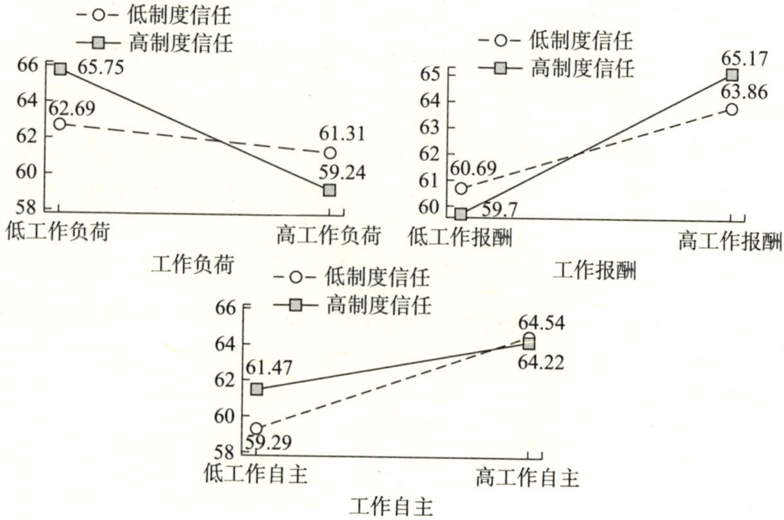

图 7-4　制度信任对工作生活领域变量和工作投入关系的调节作用

2. 以工作倦怠为因变量，以 6 个工作生活领域变量为自变量，以制度信任为调节变量，建构调节模型对样本数据进行拟合，统计分析结果见表 7-10。结果显示：在分别控制了自变量和调节变量主效应的条件下，工作价值与制度信任的交互项回归系数（$b=0.001$）、工作公平与制度信任的交互项回归系数（$b=0.048$）、工作报酬与制度信任的交互项回归系数（$b=0.058$）、岗位自主与制度信任的交互项回归系数（$b=0.002$）和互动和谐与制度信任的交互项回归系数（$b=0.048$）都通过了显著性检验，说明制度信任对这 5 个工作生活领域变量与工作倦怠的关系确实存在影响。

表 7-10　制度信任对工作生活领域变量与工作倦怠关系的调节作用分析结果

变量	工作倦怠				制度信任	条件效应			
	b	*SE*	*t*	*p*		*b*	*SE*	*t*	*p*
工作价值	-0.134	0.011	-12.249	0.000	-1SD	-0.159	0.015	-10.950	0.000
制度信任	-0.242	0.015	-15.991	0.000	MEAN	-0.134	0.011	-12.249	0.000
工作价值×制度信任	0.001	0.001	2.470	0.014	+1SD	-0.109	0.015	-7.072	0.000

续表

变量	工作倦怠				制度信任	条件效应			
	b	*SE*	*t*	*p*		*b*	*SE*	*t*	*p*
工作公平	-3.864	0.300	-12.880	0.000	-1SD	-4.746	0.394	-12.049	0.000
制度信任	-0.225	0.015	-14.966	0.000	MEAN	-3.864	0.300	-12.880	0.000
工作公平×制度信任	0.048	0.015	3.168	0.002	+1SD	-2.983	0.424	-7.035	0.000
工作报酬	-4.724	0.318	-14.876	0.000	-1SD	-5.798	0.401	-14.459	0.000
制度信任	-0.226	0.015	-15.048	0.000	MEAN	-4.724	0.318	-14.876	0.000
工作报酬×制度信任	0.058	0.015	3.772	0.000	+1SD	-3.649	0.451	-8.098	0.000
工作自主	-0.030	0.010	-3.113	0.002	-1SD	-0.059	0.013	-4.645	0.000
制度信任	-0.243	0.015	-15.790	0.000	MEAN	-0.030	0.010	-3.113	0.002
工作自主×制度信任	0.002	0.015	3.223	0.001	+1SD	-0.002	0.014	-0.127	0.899
工作归属	-3.624	0.404	-8.976	0.000	-1SD	-4.505	0.543	-8.294	0.000
制度信任	-0.226	0.016	-14.471	0.000	MEAN	-3.624	0.404	-8.976	0.000
工作归属×制度信任	0.048	0.022	2.188	0.029	+1SD	-2.742	0.596	-4.600	0.000

图7-5显示，与高制度信任相比，工作价值对工作倦怠的消减效应在低制度信任环境下变得更大，工作公平对工作倦怠的消减作用在低制度信任环境下变得更大，工作报酬对工作倦怠的消减作用在低制度信任环境下会更大，工作自主对工作倦怠的消减效果在低制度信任环境下变得更大，最后工作归属对工作倦怠的消减作用在低制度信任条件下同样会变得更大。统计分析结果还表明，制度信任对工作负荷与工作投入之间关系的干扰作用未达到统计学意义上的显著性。

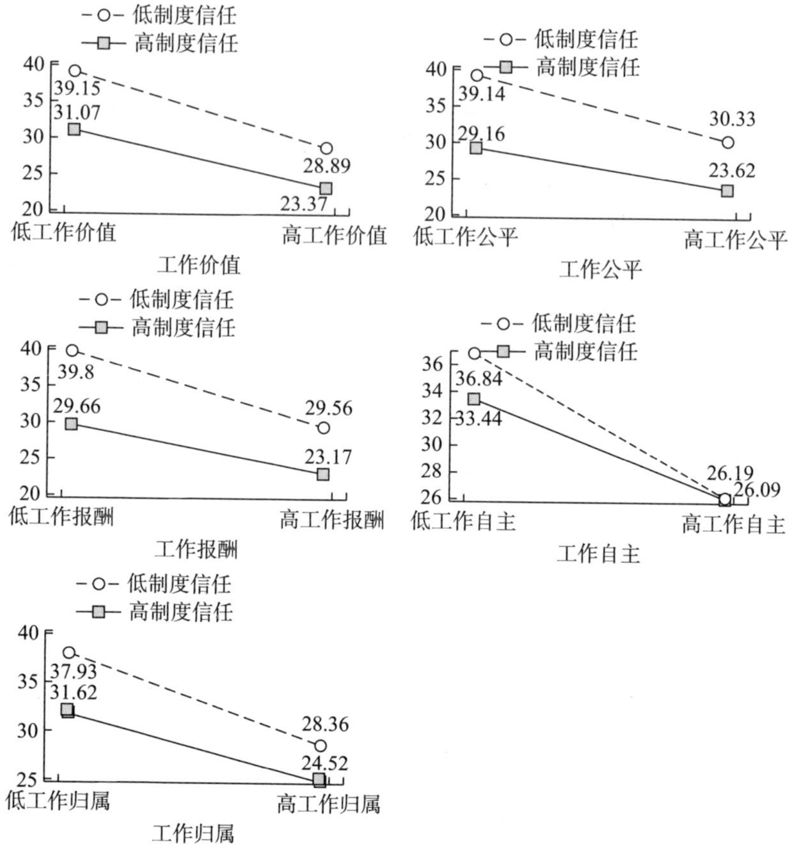

图 7-5　制度信任对工作生活领域变量和工作倦怠关系的调节作用

五　结论与讨论

组织信任是当下组织工作环境中的一种独特而不容忽视的社会事实，这个概念有助于我们理解组织工作环境的景气状况，也有助于我们理解组织运行效率甚至组织生死存亡的根源。本研究认为，组织信任就是工作者对同事/领导、组织制度言行一致的可信赖性所持有的信心，作为社会组织复杂性简化机制，它在社会互动中承担着特殊媒介的功能。本研究从信任的视角切入，运用问卷调查数据检验了信任的两个维度、三个方面是否以及如何在工作环境与个体行为之间发挥着中介或调节作用。

首先，概念测量结果表明，人际信任的垂直信任量表与水平信任量表二者之间存在着显著的正相关关系，而制度信任量表与人际信任（包括垂直信任与水平信任）之间存在着负向相关关系。虽有研究指出，转型期中国人的信任模式要由以关系信任为主向以制度信任为主转变（刘国芳、林崇德，2013），但这两类信任的关系及其变化趋势问题却鲜少为人所关注。其实，任何组织的存在都要同时依靠人和制度两大要素，人情、人治与原则、法治，是对立统一而存在于工作环境中的，人际信任和制度信任原本就可能不是一种相互促进、相互推动的正向关系，相互对立、相互矛盾才是它们存在的事实真相。制度信任和人际信任的这种对立统一性告诉我们，工作制度虽然是模式化的，是用来保证组织持续、长久存在的，但我们也不要太轻视了具体人性的需要，要给具有自身利益追求或期望的工作者留出创造的机会和灵活变通的余地，以使得组织发展有活力、有动力。同时还要看到，人的归属感、成就感等使得人们结合在一起，但如果没有约束和协调所有人行为的规章制度存在并切实发挥自身功能，价值多元的、行动多变的现代人就根本不可能结合而形成组织。而组织管理实践中到底如何驾驭人际信任和制度信任，以实现二者结合的最佳均衡发展状态，却是一个微妙的、值得进一步深刻思考的问题。

其次，研究业已证明，垂直结构、水平结构中的人际信任在人际互动环境与个体组织承诺之间的确发挥着中介功能。这就告诉组织管理者一个道理：人际信任是工作互动环境和组织承诺之间的桥梁通道、媒介物，应提高广大职工的组织忠诚度、情感承诺程度，同事与同事、个人与领导之间的角色互动必须做到诚实守信、相互尊重；要构建彼此相互信赖的社会关系，没有这种人际信任为媒介，任何的权术或技巧都将失效。所以，要想提升职工组织忠诚度、吸引和留住优秀人才，仅靠薪酬、待遇、升职等管理设计的作用是有局限性的，而通过鼓励和促进组织内部各种形式的正面人际互动，既可满足成员工作交往的需要，更重要的是，也提升了工作环境中的同事信任和领导信任水平，从而强化工作者与组织间的社会关系，实现组织的高度整合。

最后，制度信任对工作生活环境与工作情绪之间关系的影响在一定程度上得到了经验的支持，比如，相比于低制度信任环境，高制度信任可以放大工作报酬对工作投入的激励作用，但它也会放大工作负荷对工作投入的消极影响。再比如，重视与工作相关的价值、公平、报酬、自主和和谐等管理策略的确可以减少职工的工作倦怠感，但这种削减效应在灵活变通的制度管理条件下（低制度信任）会表现得更佳，如果一味地讲原则、走极端，那么这样的削减效应只能表现一般。制度只有通过管理者运用权力和制裁手段才能实际发挥作用，而任何正式组织的规章制度在规定职业活动方面都是非常有局限性的。布劳（2012：306 ~ 307）就精辟地指出，如果只是在正式权威的范围里，那么有效的管理是不可能的。管理人员被赋予的每项特权和他有权实施的每条规章，都增加了他可以用来使下级们感激他的资本。通过不使用他的某些权力，他把它投入在社会义务中。下级们从他的监管模式中所得到的好处，迫使他们通过服从他的指示和要求而加以回报。这就告诉我们，制度信任对简化工作生活领域的复杂性来说是一个极为微妙的问题，艺术性地加以运用才是组织管理要紧的地方。组织管理应避免走只机械遵循原则性或只讲求灵活性的极端，要结合工作生活实际现状，充分发挥规章制度原则性与灵活性的正功能，以进一步提升工作者的工作投入感，减少其工作倦怠感。

参考文献

韩保江，2008，《中国奇迹与中国发展模式》，四川人民出版社。

布劳，彼得·M.，2012，《社会生活中的交换与权力》，李国武译，商务印书馆。

福山，弗朗西斯，2016，《信任：社会美德与创造经济繁荣》，郭华译，广西师范大学出版社。

柯武刚、史漫飞，2000，《制度经济学：社会制度与公共政策》，韩朝华译，商务印书馆。

科尔曼，詹姆斯·S.，1999，《社会理论的基础》（上、下），邓方译，社会科学文献出版社。

李路路、李汉林，2000，《中国的单位组织：资源、权力与交换》，浙江人民出版社。

刘国芳、林崇德，2013，《构建信任指数，建设和谐社会》，《北京师范大学学报》（社会科学版）第1期。

卢曼，尼古拉斯，2005，《信任——一个社会复杂性的简化机制》，上海人民出版社。

齐美尔，2002，《货币哲学》，陈戎女译，华夏出版社。

什托姆普卡，彼得，2005，《信任——一种社会学理论》，中华书局。

苏国勋，1988，《理性化及其限制：韦伯思想引论》，上海人民出版社。

王处辉，2002，《中国社会思想史》，中国人民大学出版社。

韦伯，马克斯，2005，《新教伦理与资本主义精神》，于晓、陈维纲等译，陕西师范大学出版社。

温忠麟、刘红云、侯杰泰，2012，《调节效应和中介效应分析》，教育科学出版社。

朱虹，2010，《社会信任与和谐社会建设》，《湖南师范大学社会科学学报》第5期。

Brian, H. Bornstein, & Alan J. Tomkins. 2015. *Motivating Cooperation and Compliance with Authority, the Role of Institutional Trust.* Springer.

Burt, R. S., & M. Knez. 1995. "Kinds of Third-party Effects on Trust." *Rationality and Society* (7): 255 - 292.

David, P. MacKinnon & Matthew S. Fritz. 2007. "Distribution of the Product Confidence Limits for the Indirect Effect: Program PODCLIN." *Behavior Research Methods* 39 (3): 384 - 389.

Demerouti, E., A. B. Bakker, F. Nachreiner &W. B. Schaufeli. 2001. "The Job Demands-Resources Model of Burnout." *Journal of Applied Pshchology* 86 (3): 499 - 512.

Leiter, M. P., & C. Maslach. 2004. "Areas of Worklife: A Structured Approach to Organizational Predictors of Job Burnout." In P. Perrewé & D. C. Ganster (Eds.). *Research in Occupational Stress and Well-being* (Vol. 3, pp. 91 - 134). Oxford, UK: Elsevier.

Luhmann, N. 1979. *Trust and Power: Two Works by Niklas Luhmann.* New York: John Wiley & Sons Ltd.

Mayer, Roger C., & James H. Davis. 1995. "An Integrative Model of Organizational Trust." *Academy of Management Review*, Vol. 20, No. 3, pp. 709 - 734.

第八章　组织信任与组织环境

一　信任概念的元分析

要想准确解析信任概念的内涵，首先要厘清其与相关概念之间的区别和联系。文献研究发现，与信任相关的概念主要有信任者、受信者、信任倾向、可信性、信任行为等，它们都与信任有联系，但又不等同于信任。此外，还有几个与信任词义相近的概念，如信赖、信心等，明确信任与它们之间的区别和联系对正确理解信任的概念有所助益。

在信任概念的发展过程中，首先需要明确的就是信任关系涉及的当事人，即信任到底指的是谁对谁的信任。信任主体即信任者或施信方，它处于信任关系的主动地位；信任客体即受信者或受信方，或称信任对象，位于信任关系的客体位置，是信任的参照对象。信任是由施信方和受信方同时、共同定义的，没有施信方与受信方，信任必然成为无源之水、无本之木。讨论任何一种信任的前提就是存在着这样的两个当事方，他们相互依存、缺一不可。在信任的具体研究过程中，由于研究者确定的分析单位的社会层次不同，施信方和受信方在大多情况下是个人，但也可以是更高层次的组织、阶层、民族甚至国家。

信任与可信性关系紧密却又有所区别。可信性指的是受信方所具有的某些特定属性，Mayer 和 James（1995）认为受信方的可信性主要有三个方面：其一是能力，即能够使受信方在某特定领域产生影响或发挥作用的技能、素质、特质等；其二是善意，是受信方对施信方的一种积极正面取向，如关心、照顾等；其三是正直，是指受信方遵守的一套行为原则，如公正、诚实等。通过社会化经历，施信方对受信方的可信性有了相信的感受、观念，这些感受、观念让施信方做出了信任的决定。可见，受信方的可信属性并不是信任本身，而是信任塑造的必要参照基础。信任的塑造要以施信方在与受信方互动的经历中对受信方所具有的可信性观念为直接前提。

信任倾向与信任也是既有区别又有联系的。信任倾向是施信方人格特质的一个面相或侧面，是一个人对信任一般他人的性情倾向，又被称为“概化信任”。个人的信任倾向在很大程度上受其早年社会化经历的影响，植根于个人生活的文化背景，在人的整个成年阶段保持相对的稳定。

与信任具有更加密切的关系的是信任行为，在工作情景中，吉莱斯皮（Gillespie，2003）认为信任行为的两个主要范畴是依赖和暴露。依赖是指个人依靠另一方的技能、知识、判断和行动，包括授权和给予自治。而暴露则是指与另一方分享跟工作相关的敏感性信息或分享个人性信息。可以说，信任行为是信任的可能性结果，但不等同于信任。个体对他人有了信任，可能会产生与之相一致的现实信任行为，也有可能未出现此类行为，其原因是信任行为的产生，除了受到信任心理状态的影响，还会受到超出施信方-受信方直接关系的其他环境因素的制约，如控制系统、权力关系、社会网络的含义，以及情境中风险感受状况等。

二　信任产生的心理机制

（一）心理分析模型

何为信任？不同学科、不同研究者的观点虽有区别，但围绕以下定义存在趋同之势——“主体由于对他人的意图或行为抱有正面积极的期望，因而宁愿接受易受伤害风险的心理状态”（Rousseau et al.，1998）。可见，作为一种心理状态，信任有两个基本要素：一是风险情境下接受伤害的意愿，二是自信积极的期望。换言之，面对受信方，施信方的期望越高，接受损害的意愿越强，则他具有的信任水平越高，反之亦然。综合信任产生机制的各种解释模型，信任就是一方基于一组关于另一方动机和品格的证据而派生出来的、对其未来可能行为的预估、信念及评判。也就是说，信任是施信方对受信方的可信性所产生的一种原初性判断或评定，且这种判断或评定源于主体拥有的证据。

信任如何产生？施信方通过初步掌握的关于受信方能力、善意和正直等可信特性的证据，形成一些相应的信任观念、信任感受；然后再以此对受信方产生明确的信任判定，形成一定的信任心理状态，即对受信方的积极期望并愿意承担与之互动的风险。基于这样的信任心理状态，施信方会对他人做出隐含风险因素的现实信任行为，从而给予并使得他人有了一定的可信度；有了可信度的受信者对信任主体的信任行为做出反馈行动，其方式和结果给他的可信特性增加了新证据。此时施信方将会以获得的新证据来重新校准他们原初的信任判断，假如受信方的行为表现证实了施信方的原初信任是正确的，双方关系则通过回报信任的强化循环得以发展和深化；反之，如果回报信任的行为未产生，或者出现了信任违背行为，则原初的信任观念会遭受“侵蚀”，发生改变，甚至会造成不信任的结果。施信方对受信方的信任形成过程可参见图 8－1。

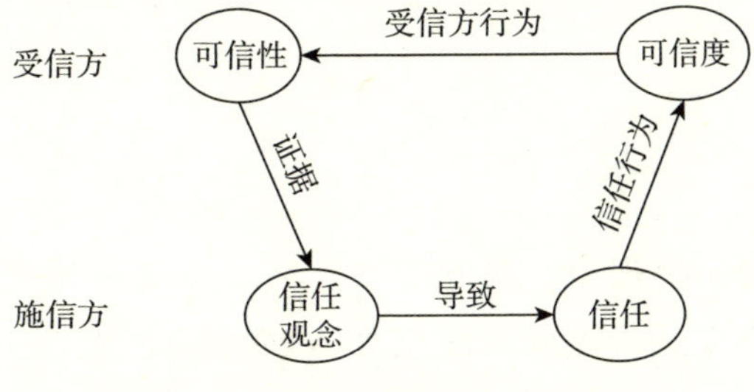

图 8－1　施信方对受信方的信任形成过程

随着双方在不同情境下的互动经历的增多及信任关系的逐渐成熟，他们对彼此的优点和劣势积累有了更加深刻、更加广泛的认识，从而使得信任由于信任行为的结果和交换互惠的循环往复过程而成为一个持续的、动态的发展过程。信任过程的中心问题是施信方所收集的证据的性质及对该证据的解释，它们构成了信任判断的基础。直接证据来自与另一方的互动的结果和直接经验，也即直接通过受信方回报行为获得的有关其可信属性的证据。而推测的证据源自信任对象的组织或社会类属的成员身份信息、来自第三方的信息、对受信方的角色期待以及制度与规定，这些被统称为制度性的证据支持。个体正是通过对这些多元证据总体的权衡和定义，形成了信任观念和认识，进而对信任与否做出主观判断。

一般来说，当人们刚刚聚在一起时，信任产生的基础往往在于各种推测的证据，初始互动过程及结果成为促进信任结构雏形发展的机制，此时的信任可被称为源于制度的信任。而随着成功交换和期望实现的循环反复，影响信任发展的除了制度性的证据，也包括关系性纽带的现实表现。随着时间推移，与推测的、外在的证据资源相比，循环反复的互动过程使得施信方对信任对象的能力、品格、动机和正直等可信属性获得了越来越多的经验证据，这时的信任主要是源于特征的信任。同时，来自互动关系内部的信息会典型地成为信任认定更加突出、更为有效的证据基础，此时双方充分认同彼此的旨趣和愿望，出现了高水平的相互理解，能够为彼此而作为，这种基于付出－回报分析的信任也就是源于过程的信任。

（二）理性分析模式

按照社会交换理论，双方的交换互动结果（证据）及施信方对其的主观定义是影响和决定信任判断的核心要素。根据布劳的观点，个体与受信方的互动其实就是社会交换的过程，个人通过信任观念产生了初始的信任行为，受信方按照制度和规定履行了义务，证实了他们的可信性，互动关系的逐步扩展伴随着信任的平行发展。“社会交换过程——它可能以纯粹的自我利益的形式出现——通过它们的反复发生和逐步扩展的特征在社会关系中产生信任。”（布劳，2012：160）这就意味着，施信方和另一方的持续互动状况与信任状态密切相关，而信任状态微观上取决于施信方对受信方在提供报酬等可信特性上表现证据的主观定义和理解。无论受信方的可信性客观状况如何，施信方对其角色扮演的评价、对其报酬提供的认识和对其制度遵守的理解，构成了他的信任观念的不同方面，从而对他的信任状态产生了直接影响。

经济学家们更是倾向于在个体理性行为的框架内对员工组织信任展开研究。一方面，他们站在员工的角度，认为员工对组织信任与否关键是看组织或管理者能否给员工个人带来其预期的物质利益，只要企业与员工达成协议，双方能够很好地实现各自的利益最大化，那么就产生了组织信任，即信任来源于组织中的人们的利益实现。信任博弈是说，个人对他人的经济信任是在对与他人相关的信息进行理性加工之上而形成的，信任就是对未来合作概率的一种计算（Williamson，1993），尤其体现为某种动态的重复信任博弈过程。在这个过程中，交流（communication）、声誉、经验等能够显著地提高经济信任及可信赖水平（Ben-Ner，Putterman & Ren，2011；Bracht & Feltovich，2009；史燕伟等，2015）。

信任的理性分析框架把关注点放在了利己主义的个人努力在与特定他人互动中追求最优结果这一点上，并得到了很多重要结论。如相关学者认为员工较高的组织信任可以减少组织内的交易成本，提高组织运营效率。组织内信任对个体的工作效绩有显著影响效应（李宁等，2006）；组织信任与知识分享、领导－部属交换显著正相关（赵红丹等，2010）；组织信任影响工作态度（曾贱吉等，2010）；等等。可以说，已有这些研究都是从人力资源管理或管理心理学的视角展开的，他们把对员工信任问题研究的落脚点放在了组织一方，对我们认识信任对组织运行的意义做出了应有的贡献。

三　社会学视角下的组织信任

组织信任产生机制的心理学解释，显然是把信任的产生及其状态局限在了员工的心理活动上，局限在组织或领导的特征要素在员工心理上形成的某种特定感受上，尤其是组织成员的能力、善意和正直等成为其视野中员工信任的参考基础。而组织信任的理性分析理路，视信任为当别人做出报答性反应就产生且存在、当别人不再做出报答性反应就停止以致消失的东西，而现实社会中的信任行为并不都是有偿的交换，也并不都是依据过去经验或未来预期而理性计算报酬而产生的。把心理分析和理性分析结合在一起，组织信任就成了员工基于互动对象的个人特征、基于利益获得的经验或未来预期，而对组织未来可能形成的积极性信念及评判。

而在社会学视野中，组织信任则构成了超越于个体信任而存在的一种组织层次的社会性事实。本质上说，组织信任主要是组织成员对他们目前所处的组织环境的一种主观预估和评判。一般来说，这种对企业或组织的积极评判，主要是指员工对组织规章制度一贯执行的感觉良好与否，对组织其他成员是否言行一致、是否值得信赖的评估。当组织的规章制度执行实际始终符合社会规范期望，或者互动他人言行一致、可靠而充满善意的时候，一个高信任水平的组织得以塑造。反之，如果组织制度安排与结果和社会规范不相一致或完全背离，组织成员就会关系脆弱、尔虞我诈，这个组织的信任水平必定变得极为低下。所以组织信任总是随着不同的组织而有所差异，作为组织的一种相对稳定的特性，组织信任不可能是个体员工的属性，而是由集体评判而形成的社会事实。

研究这样一种独特的社会事实，经典社会学家迪尔凯姆（1999）提出的研究原则恰好可以借鉴。任何一个组织都可被分为动态部分和形态部分两个部分。“动态状态”即指人们的思想、行为和感觉，构成了组织现象的基本部分；而“存在状态”则是指组织活动的基本条件，如一个组织的结构形式、规章制度及各种工作环境等，这些因素共同导致了“组织形态”现象。按照这一原则，客观的“存在状态”是因，而“动态状态”是果，前者支配或限制着后者，这个因果关系逻辑不能颠倒。组织信任作为组织中的一种基本事实，是由组织情境状况决定的，它是员工的内在心理活动与外在组织情境相互作用的产物。

对于组织员工而言，他们对组织的信任不可能完全建立在利己主义的、工具理性计算的基础之上，而是一定与组织具体的环境设置有关，一定程度上是对既存的组织工作环境所做出的反应，并且表达着这种实在。社会组织与宏观经济社会条件、文化背景因素之间存在着错综复杂的因果性联系，其内部的信任状况是各种直接或间接因素相互作用的结果。只有把组织信任置于它得以产生的社会条件之中，尤其是组织环境之中，我们才能找到它得以形成的因果链条。这里，组织形态主要是指它的成员之间、部门之间按照特定的社会地位或社会角色而互动的一种社会情景与状态，它可以被分解为各个组成要素，这些要素共同构成了一种客观的组织环境。组织信任应该取决于该群体的组织方式和形态，取决于它的互动密度、文化象征资源和权威要素等。组织信任范畴展现的是一种集体心理状态，它一方面是组织形态要素影响下的结果，是组织现象的一部分；另一方面，它也在通过自身的力量不断改变、生产着社会组织，并在某种程度上决定了组织的生死存亡。

所以，说到组织信任问题，我们认为不是组织成员的个性特征让员工有了组织信任，而是整合性的、健康运行的组织形态生产和再生产着组织信任。在同等条件下，良好的组织氛围会使组织信任水平更高，这不是因为组织拥有了成员的信任，而是因为组织有较强的社会整合特征，只有有了组织的支持、吸引，员工们才能成为高度信任组织的“铁心”员工。组织信任与社会环境相联结，社会环境不同，组织信任亦表现相异；当社会环境有了变化时，组织信任也会发生改变。组织有无信任，组织信任水平的高低，都要从组织环境方面探究原因。就目前中国社会组织的结构变迁而言，体制、制度、管理、行为以及它们所呈现的意义解释和价值取向等，都处于巨大的变动之中，这种变动是对中国社会转型总体环境的适应，势必会造成传统组织行为和组织信任的失范和失调状态，也必然会导致人们组织信任水平的明显不同。正是在这一研究思路和研究背景之下，本研究试图通过经验调查来对这一研究假设进行检验。

四　研究设计

本研究结合中国社会组织体制的具体安排，采用卢曼关于信任的定义，将组织信任视为组织及其成员所具有的某种言行一致的行为状态。作为一种社会事实，组织信任是建立在个体心理基础之上而又不同于单个个体心理的一种独特集体性事实，它是个体在与组织、同事互动过程中所形成的一种相对稳定的经验，是组织及其员工的言行一致的特征在个体心理上的反映。这里我们将组织信任的外延分为“制度信任”和“人际信任”两个维度，制度信任表示的是组织各类规章制度与贯彻执行之间的一致状况，而人际信任则表示主管领导与员工言行一致的行为状态。

本研究使用的数据源于2016年中国城镇居民社会态度问卷调查。自我报告是社会结构和过程评判研究中最常用的方法，既然组织及其成员能够把信任赋予组织内部的任何一个人，此人也一定能够在心理上感受到这种信任，从而以自我报告的形式把它表现出来。这次调查对组织信任的测量，就是让处于“局内人”

(insider)位置的被访者通过自我报告的形式来间接自我实现，报告内容包括被访者对组织结构和制度执行的感受、对领导和同事行为和关系的评估等。由于我们假设组织信任受组织环境因素的影响，所以这次问卷调查设计了有关组织环境方面的问题，这些问题反映出了组织环境因素的多个层面，能够较好地测量各个组织环境特性的现实情况。本次调查剔除了个体工商户及其他各类人员，共得到工作于各类组织中的被访者3088人，样本的基本情况见表8－1。

表8－1　有效样本的基本情况

单位：人，%

类别	选项	样本数	比例	类别	选项	样本数	比例
性别				政治面貌			
	男	1378	44.62		共产党员	389	12.60
	女	1710	55.38		共青团员	271	8.78
年龄					民主党派	9	0.29
	15～20岁	56	1.81		群众	2419	78.34
	21～30岁	811	26.26	单位类型			
	31～40岁	720	23.32		党政机关	87	2.82
	41～50岁	845	27.36		事业单位	488	15.80
	51～60岁	448	14.51		国有企业	569	18.43
	60岁以上	208	6.74		集体企业	150	4.86
受教育水平					村居委会组织	47	1.52
	小学及以下	74	2.40		民营、私营企业	1559	50.49
	初中	498	16.13		外资、合资企业	146	4.73
	高中或中技	1214	39.31		民办非企业或社团	42	1.36
	大学专科	693	22.44				
	大学本科及以上	609	19.72				

五　变量测量

（一）结果变量：制度信任

在本次调查中，测量制度信任的题器有四个：c1306“单位给我一种‘家’的感觉”、c1307“我工作得好，单位就给我奖励”、c1308“我的工作环境对我的健康没有影响”和c1309“单位常常给我进修培训的机会”。对于人际信任，我们使用的题器有三个：c1301“我们单位里的同事关系很融洽”、c1302“我们单位非常鼓励和支持同事间的合作”、c1305“我和主管之间也可以讨论除工作以外的其他事”。调查时我们询问上述说法是否符合被访者的实际情况，0分代表很不符合，10分代表完全符合，测量属于顺序尺度。

表8-2　组织信任指标变量的描述统计及相关系数矩阵

	均值	标准差	c1301	c1302	c1305	c1306	c1307	c1308	c1309
C1301	7.45	1.47	1.00						
C1302	7.59	1.58	0.69	1.00					
C1305	6.83	1.87	0.41	0.37	1.00				
C1306	6.48	1.95	0.46	0.43	0.58	1.00			
C1307	6.46	2.10	0.34	0.34	0.43	0.55	1.00		
C1308	7.00	2.06	0.38	0.40	0.35	0.45	0.40	1.00	
C1309	5.59	2.41	0.22	0.22	0.37	0.50	0.52	0.38	1.00

证实性因子分析结果表明，人际信任量表三个指标变量的因子负荷在0.55~0.82，从指标信度系数（SMC）来看，c1305题器的信度系数最低，为0.30。尽管如此，考虑到它是人际信任量表中唯一一个反映员工对主管信任关系的题器，这里还是勉为其难地将其保留下来。该量表的组合信度系数为0.77，表明该量表还是

可以比较稳定地进行测量。制度信任量表的四个指标变量因子负荷在 0.60～0.80，c1308 题器的信度系数最低，但也达到了 0.36。量表组合信度系数为 0.78，说明该量表具备稳定性。验证性因子分析结果显示，卡方值达到了显著水平，表明双因子模型无法拟合实际数据。在大样本情况下卡方值极易显著，参考其他指数可知，RMSEA 为 0.15，SRMR 为 0.08，尤其是 CFI、TLI 都在 0.80 以上，说明该测量模型也勉强可以被接受，只是未来仍有较大的完善空间。

表 8－3　组织信任量表的验证性因子分析结果

<table>
<tr><th>因素</th><th colspan="3">题目</th><th>负荷</th><th>残差</th><th>SMC</th><th>CR</th></tr>
<tr><td rowspan="3">人际信任</td><td colspan="3">c1301 我们单位里的同事关系很融洽</td><td>0.82</td><td>0.32</td><td>0.67</td><td rowspan="3">0.77</td></tr>
<tr><td colspan="3">c1302 我们单位非常鼓励和支持同事间的合作</td><td>0.80</td><td>0.36</td><td>0.63</td></tr>
<tr><td colspan="3">c1305 我和主管之间也可以讨论除工作以外的其他事</td><td>0.55</td><td>0.69</td><td>0.30</td></tr>
<tr><td rowspan="4">制度信任</td><td colspan="3">c1306 单位给我一种“家”的感觉</td><td>0.80</td><td>0.36</td><td>0.63</td><td rowspan="4">0.78</td></tr>
<tr><td colspan="3">c1307 我工作得好，单位就给我奖励</td><td>0.70</td><td>0.50</td><td>0.49</td></tr>
<tr><td colspan="3">c1308 我的工作环境对我的健康没有影响</td><td>0.60</td><td>0.63</td><td>0.36</td></tr>
<tr><td colspan="3">c1309 单位常常给我进修培训的机会</td><td>0.63</td><td>0.60</td><td>0.39</td></tr>
<tr><td rowspan="2">模型拟合</td><td>χ^2</td><td>df</td><td>p</td><td>RMSEA</td><td>CFI</td><td>TLI</td><td>SRMR</td></tr>
<tr><td>921.25</td><td>13</td><td>0.00</td><td>0.15</td><td>0.88</td><td>0.81</td><td>0.08</td></tr>
</table>

在这里的分析中，我们采用贝叶斯均值的方法来估计每个组织的制度信任和人际信任两个因子分值，以此表示组织信任水平的高低。分值越大，表明组织的制度信任和人际信任越强。在本样本中，制度信任的最大值为 2.83，最小值为 －4.98，极差为 6.81，均值为 0，标准差为 1.29，分布略呈负偏态（见图 8－2）。人际信任的最大值是 2.20，最小值是 －6.43，极差是 8.63，均值为 0，标准差为 1.17，因子分值也呈负偏态分布（见图 8－3）。

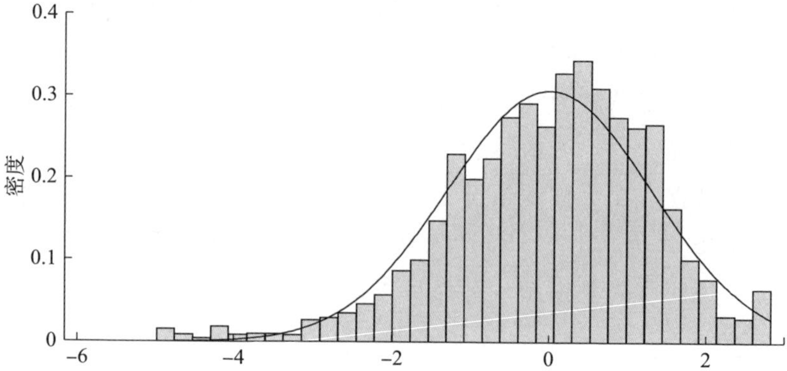

图 8-2 制度信任分子分值

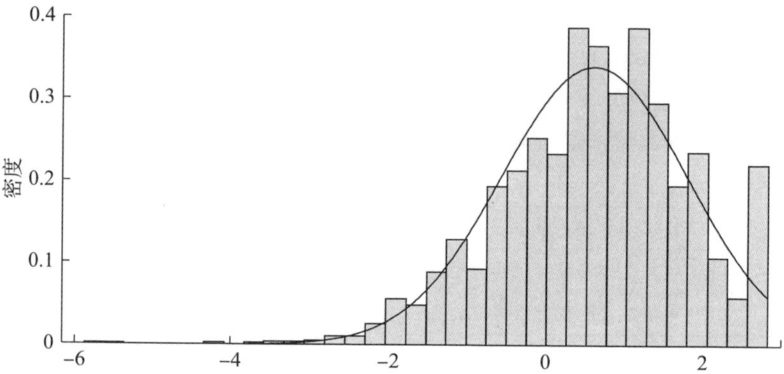

图 8-3 人际信任因子分值

（二）组织环境变量

（1）组织福利制度。组织福利一般包括法定福利和非法定福利，前者是指组织根据国家的要求而给员工提供的一系列保障，如养老保险、医疗保险、工伤保险、带薪休假和住房公积金等。非法定福利则是组织为了提升团队的凝聚力而向员工提供的法定保障以外的物质性或非物质性福利。本次调查询问了被访者在工作单位享受各种福利待遇的情况，15 个项目（b801 ~ b815）指标构成了组织福利制度量表。每个项目的答案只有两个，“享有”编码为 1，否则编码为0，形成了15个0-1编码的二分变量。

表8-4 组织福利制度各项目设置情况（N=3088）

单位：%，人

项目	1. 养老保险	2. 住房公积金或补贴	3. 医疗保险	4. 公费医疗	5. 带薪培训	6. 工伤保险	7. 大病统筹保险	8. 包吃包住
占比	74.68	42.78	74.58	23.74	21.70	43.59	19.11	10.10
人数	2306	1321	2303	733	670	1346	590	312
项目	9. 带薪年假	10. 定期体检	11. 商业保险	12. 度假疗养	13. 带薪产假	14. 年底双薪	15. 调休	—
占比	30.57	27.98	5.89	3.95	18.39	17.39	33.71	—
人数	944	864	182	122	568	537	1041	—

我们假设任何一个组织都具有某种相对稳定的潜在福利环境特质，这种特质是隐含在其向员工提供的各种法定或非法定福利之中的，它虽不能被直接测量或观察，但可以通过组织所提供的各种客观福利项目表现出来。根据项目反应理论（IRT），组织的福利环境特质与被访者对上述各种项目的反应之间存在着某种函数关系。由于各项目均为0-1取值的二分变量，故这里采用广义结构方程模型的贝叶斯均值方法来获得各个个体所处组织的福利环境特质因子分值。结果显示，组织福利环境因子的均值=0.012，标准差=2.78，极差=13.69，不同组织间的福利环境特质差异较大。

（2）组织物理有害环境。组织环境中的物理因素直接影响员工的身体健康，包括粉尘、放射性物质，气温、气湿、气压，电磁辐射如X射线、γ射线、紫外线、红外线、激光、射频和微波辐射，噪声和振动等。本研究通过员工自我报告的方式调查了组织物理有害环境的状况，共有包括粉尘类，放射性物质类，化学类有毒或有腐蚀性的金属、气体、液体等，物理类职业危害，生物类职业危害及其他6个方面的指标变量（b901～b905），答案

"是"编码为1，"否"则编码为0，从而构成了组织物理有害环境量表。

表8-5 组织物理有害环境项目存在情况（N=3088）

单位：%，人

项目	1. 粉尘类（如煤尘、石墨尘、石棉尘、水泥尘、陶瓷尘、电焊烟尘等）	2. 放射性物质类（如X射线、放射性同位素、放射性矿物、中子发射器等）	3. 化学类有毒或有腐蚀性的金属、气体、液体等	4. 物理类职业危害（如高温、高气压、低气压、局部振动、紫外线、噪声、激光、电磁辐射等）	5. 生物类职业危害（如炭疽杆菌、森林脑炎、布氏杆菌病等）
占总人数（3088）的百分比	15.22	3.92	6.87	11.20	1.68
各项目给出肯定答的人数	470	121	212	346	52

我们假设任何一个组织都具有某种相对稳定的物理有害环境特质，这种特质是隐含在员工工作所接触的各种有害物理环境项目之中的，它虽不能被直接测量或观察，但可以通过组织的各种有害环境项目表现出来。根据项目反应理论（IRT），组织的物理有害环境特质与被访者对5个项目的反应之间存在着某种函数关系。由于各项目均为0-1取值的二分变量，故这里采用广义结构方程模型的贝叶斯均值方法来获得各个个体所处组织的物理有害环境特质因子分值。结果显示，组织物理有害环境因子的均值=-0.02，标准差=1.13，极差=5.20。

（3）组织服务设施环境。组织服务设施环境量表共由9个项目（c1101～c1109）组成，包括幼儿园、医务室、集体宿舍、公共浴室、食堂、活动中心、茶水间、午休室和哺乳室，有该服务设施编码为1，没有则编码为0，从而形成了9个0-1二分变量。

我们假设任何一个组织都具有某种相对稳定的服务设施环境特质，这种特质隐含在组织给员工建设的各类社会支持设施中，它虽不能被直接测量或观察，但可以通过组织是否具有各种服务支持项目表现出来。根据项目反应理论（IRT），组织的服务设施环境特质与被访者对9个设施项目的反应之间存在着某种函数关系。由于各项目均为0－1取值的二分变量，故这里采用广义结构方程模型的贝叶斯均值方法来获得各个个体所处组织的服务设施环境特质因子分值。结果显示，组织服务设施环境因子的均值＝0.00，标准差＝1.78，极差＝7.67。

表8－6　服务设施项目设置情况（N＝3088）

单位：%，人

项目	1. 幼儿园	2. 医务室	3. 集体宿舍	4. 公共浴室	5. 食堂	6. 活动中心	7. 茶水间	8. 午休室	9. 哺乳室
占比	8.29	27.98	39.22	19.98	58.87	28.14	45.27	39.70	3.14
人数	256	864	1211	617	1818	869	1398	1226	97

（4）仪式文化氛围。组织文化符号环境共由8个指标（c1401～c1408）构成，如“单位文化标语、口号、海报”“统一的单位制服或单位徽标”“唱单位歌曲或升单位旗帜等”等。有该项文化符号或仪式性活动编码为1，没有则为0，从而8个0－1二分变量构成了总量表。将组织文化符号环境看作任何组织所具有的一个潜在特质，它虽不可被直接观察，却可以通过各种现实而具体的文化项目来体现。同样采用广义结构模型的贝叶斯均值方法来估计该因子的分值，统计发现，组织文化符号环境的最高得分为2.02分，表示该组织的仪式文化氛围最好；最低分为－0.998分，表示该组织根本没有任何的文化活动或仪式性活动。该潜在因子的均值为0，标准差为0.74。

表 8-7 组织文化符号项目设置情况（N=3088）

单位：%，人

项目	1. 单位文化标语、口号、海报	2. 统一的单位制服或单位徽标	3. 统一的单位标志、标准色或标准字	4. 唱单位歌曲或升单位旗帜等	5. 介绍组织发展动态、先进事迹宣传栏	6. 员工入职、离退休、奖惩等仪式	7. 介绍组织历史、各项制度的员工手册	8. 给员工过生日
占比	38.34	57.06	36.30	10.17	35.33	22.41	28.98	24.64
人数	1184	1762	1121	314	1091	692	895	761

（5）沟通网络氛围。组织内部成员上下、水平之间各种制度化的信息沟通渠道构成了组织沟通环境。我们设计了由 10 个指标（c1501～c1510）构成的组织沟通环境量表，包括“民主生活会”“意见箱”“领导恳谈会”“员工联谊会”“网上论坛”“厂报、信息报”等。回答“有”编码为 1，“没有”则为 0，于是形成了 10 个 0-1 二分变量指标。我们假设任何一个组织都具有某种相对稳定的潜在沟通环境特质，这种特质隐含在组织具有的各种沟通渠道、交流网络项目安排之中，它虽不能被直接测量或观察，但可以通过组织所设置的各种客观沟通与交流渠道表现出来。根据项目反应理论（IRT），组织的沟通环境特质与被访者对上述各种项目的反应之间存在着某种函数关系。由于各项目均为 0-1 取值的二分变量，故这里采用广义结构方程模型的贝叶斯均值方法来获得各个个体所处组织的沟通环境特质因子分值。结果显示，组织沟通环境因子的均值为 0，标准差 =0.75，极差 =3.59，不同组织间的沟通环境特质差异相对不大。

表 8-8 组织沟通环境项目设置情况（N=3088）

单位：%，人

项目	1. 民主生活会	2. 意见箱	3. 领导恳谈会	4. 电子信箱	5. 班组（车间）会	6. 专题讨论会	7. 员工联谊会	8. 信息员制度	9. 网上论坛	10. 厂报、信息报
占比	17.45	57.25	21.02	17.49	32.22	19.49	21.50	14.12	9.46	15.74

续表

项目	1. 民主生活会	2. 意见箱	3. 领导恳谈会	4. 电子信箱	5. 班组（车间）会	6. 专题讨论会	7. 员工联谊会	8. 信息员制度	9. 网上论坛	10. 厂报、信息报
人数	539	1768	649	540	995	602	664	436	292	486

（6）组织管理控制氛围。所谓的组织管理控制，这里是指组织有效控制并利用其各个要素（人、财、物、信息和时空），借助员工管理的手段，达成组织目标的过程。为了检测组织管理控制的环境，我们采用了员工自评的方式，通过员工对他们所遇到的组织控制的感知，以了解组织管理控制的客观状况。量表包括涉及员工工作职责和过程的 4 个指标（c1601 ~ c1604）：工作量、工作时间、工作内容和工作计划。由员工自我评估自己是否能够自主安排，0 分代表完全自主，10 分代表完全不自主。我们假设任何组织内部都有自身相对稳定的、不可被直接观察到的潜在控制特质，正是组织的这种特质决定了员工在以上 4 个指标方面感受到的自主程度。通过连续变量的验证性因子分析（由于数据呈非正态分布而采用了 Satorra – Bentler 的稳健检验方法），4 个变量自然聚集在了一起，标准因子负荷分别达到了 0.80、0.82、0.90、0.86。因子分值的均值为 0，标准差 =1.87，最小值 = –5.18，最大值 =3.16，呈负偏态分布。

六　组织信任与组织环境的相关分析

（一）组织信任与组织福利制度

组织福利制度 15 个测量指标均为 0 – 1 取值的二分变量，构成了这里的自变量。组织信任有制度信任与人际信任两个维度，制度信任的测量指标有 4 个，人际信任的测量指标有 3 个，各指标取值为 0 ~ 10，均被视为连续变量（下同）。制度信任和人际信任为两个不同的因变量，在这里它们拥有同一个外源潜变量即组织福利制度环境。鉴于以上情况，本研究采用似不相关回归模型（SUR）对数据进行拟合，允许两个因变量的误差相关。广义结构方程模型的总体拟合程度显示，Log likelihood = - 61368.02，df = 54，AIC = 122844，BIC = 123169.9。由图 8 - 4 可知，组织福利制度影响员工制度信任的路径系数为 0.09，相应的 Z 值为 7.06，在 p = 0.001 显著性水平上具有统计学意义上的显著性，表明组织福利制度的完善能显著地提升员工对组织的制度信任水平。组织福利制度影响员工人际信任的路径系数是 0.04，相应的 Z 值为 4.77，在 p = 0.001 显著性水平上具有统计学意义上的显著性，表明组织福利制度的完善也能够显著地提升员工的人际信任水平。结果还显示，两个因变量的协方差为 1.3，相应的 Z 值是 23.89，说明它们的相关是显著的。组织福利制度环境影响或塑造员工的组织信任的假设得到了经验数据的支持。

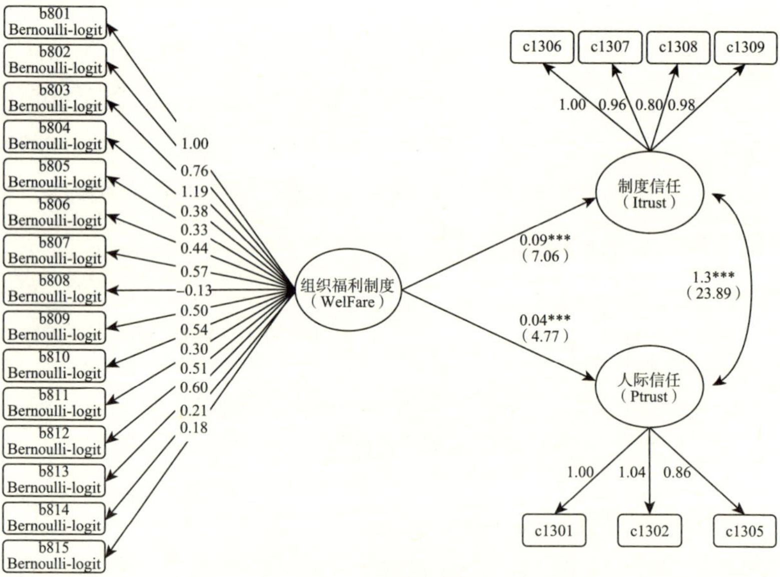

图 8 - 4　组织信任与组织福利制度的回归分析

（二）组织信任与组织物理有害环境

这里，我们认为组织物理有害环境为整体组织氛围的重要组成部分，这种有害环境影响了员工对各种职业有害因素的回答，由于5个观察变量均为0－1取值的二分变量，故测量模型使用二分结果的Logistic 模型。制度信任和人际信任的测量模型依然采用连续变量的回归模型。结构模型由两个拥有相同外生潜变量——组织物理有害环境的回归构成，我们设定两个结果变量的残差相关。该广义结构方程模型的总体拟合程度显示，Log likelihood = －44475.76，*df* = 34，*AIC* = 89019.52，*BIC* = 89224.72。测量模型所有的路径系数均达到显著性，表明测量模型有效。在结构模型中，组织物理有害环境到制度信任的路径系数为－0.24，相应的 *Z* 值为－8.15，具有显著的负相关关系，表示组织物理有害环境会显著地降低员工对组织的制度信任，组织物理有害环境影响员工制度信任的假设得到资料证实。组织物理有害环境和人际信任具有同样的负相关关系，路径系数为－0.017，但该系数不具有统计学意义上的显著性，说明

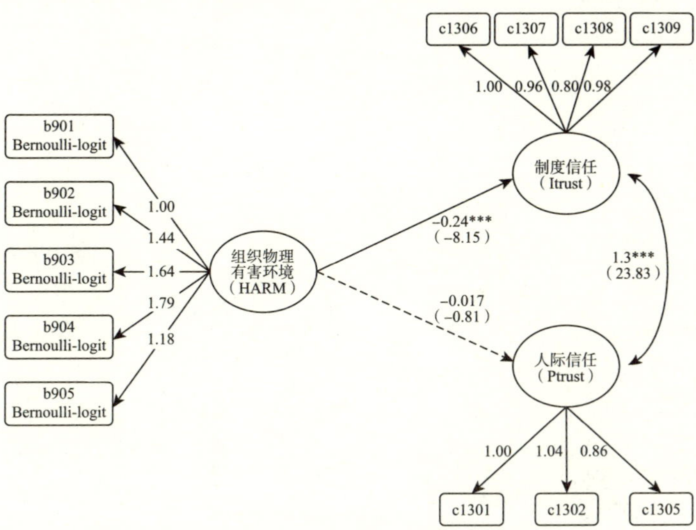

图 8－5　组织信任与组织物理有害环境的回归分析

组织物理有害环境影响组织人际信任的假设不成立。

（三）组织信任与组织服务设施环境

我们认为组织员工服务氛围是整体组织氛围的一个重要组成部分，这种服务氛围会直接影响员工对各种服务设施因素的回答状况，由于9个观察变量均为0－1取值的二分变量，故测量模型使用二分结果的Logistic模型。制度信任和人际信任的测量模型依然采用连续变量的回归模型。这里的结构模型同样由两个拥有相同外生潜变量——组织服务设施环境的回归构成，我们设定两个结果变量的残差相关。该广义结构方程模型的总体拟合程度显示，Log likelihood = －54810.4，$df = 42$，$AIC = 109704.8$，$BIC = 109958.3$。测量模型拟合结果显示，所有的路径系数均达到了显著性，表明测量模型有效。在结构模型中，组织服务设施环境到制度信任的路径系数为0.10，相应的Z值为5.18，具有显著的正相关关系，表示组织服务设施环境会显著地提高员工对组织的制度信任，组织服

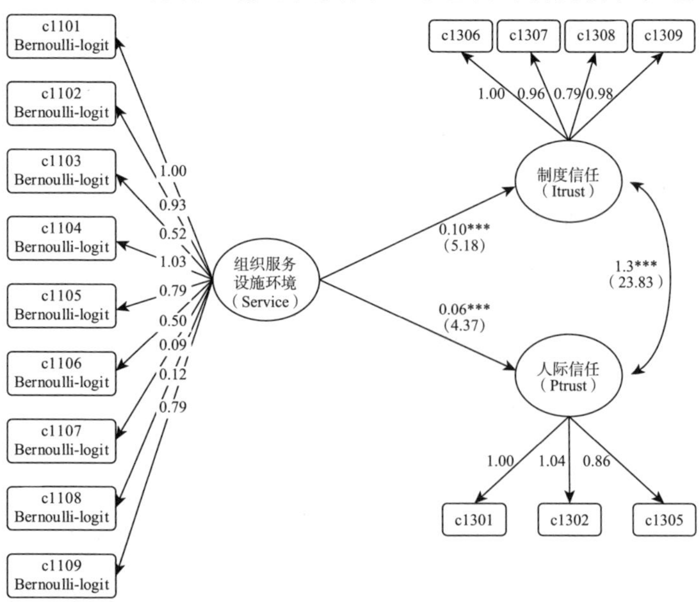

图8－6　组织信任与组织服务设施环境的回归分析

务设施环境影响员工制度信任的假设得到了资料证实。组织服务设施环境对人际信任具有同样的正相关关系，路径系数为 0.06，Z =4.37，同样具有统计学意义上的显著性，说明组织服务设施环境影响组织人际信任的假设同样得到了经验资料的支持。

（四）组织信任与组织仪式文化氛围

我们认为组织仪式文化氛围是整体组织氛围的一个重要组成部分，这种文化氛围会直接影响员工对各种仪式文化建设状况的回答结果，由于 8 个仪式文化观察变量均为 0－1 取值的二分变量，故测量模型使用二分结果的 Logistic 模型。制度信任和人际信任的测量模型依然采用连续变量的回归模型。这里，结构模型同样由两个拥有相同外生潜变量——组织仪式文化氛围的回归构成，我们设定两个结果变量的残差相关。广义结构方程模型的总体拟合程度显示，Log likelihood = －54749.38，df = 40，AIC = 109578.8，BIC = 109820.2。统计分析报告显示，组织仪式文化氛围测量模型中所有的路径系数均达到了显著性，表明测量模型有效。在结构

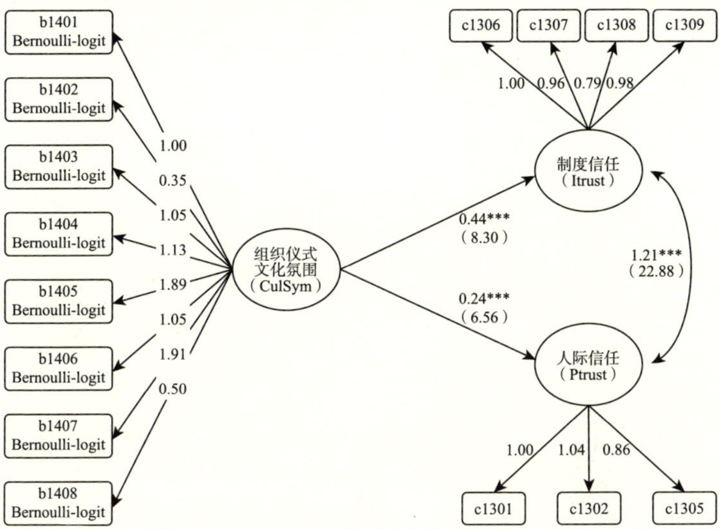

图 8－7　组织信任与组织仪式文化氛围的回归分析

模型中，组织仪式文化氛围到制度信任的路径系数为 0.44，相应的 Z 值为 8.30，$p=0.000$，回归关系具有统计学意义上的显著性，表示组织仪式文化氛围会显著地提高员工对组织的制度信任，组织仪式文化氛围影响员工制度信任的假设得到了资料证实。组织仪式文化氛围与人际信任具有同样的正相关关系，路径系数为 0.24，$Z=6.56$，回归系数同样具有统计学意义上的显著性，说明组织仪式文化氛围影响组织人际信任的假设同样得到了经验资料的支持。

（五）组织信任与组织沟通网络氛围

组织沟通网络氛围是整体组织氛围的一个重要组成部分，组织沟通网络氛围会直接影响员工对各种沟通渠道设置的回答状况，由于 10 个沟通渠道观察变量均为 0－1 取值的二分变量，故测量模型使用二分结果的 Logistic 模型。制度信任和人际信任的测量模型依然采用连续变量的回归模型。结构模型依然由两个拥有相同外生潜变

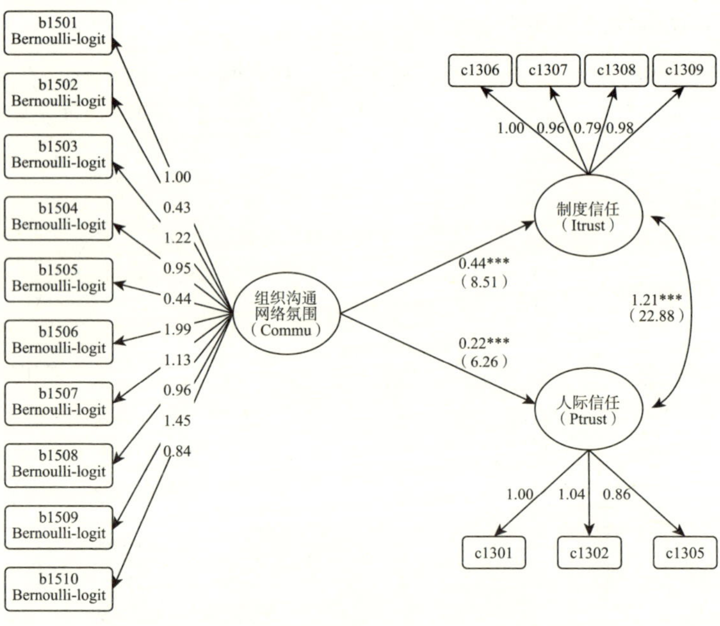

图 8－8　组织信任与组织沟通网络氛围的回归分析

量——组织沟通网络氛围的回归构成，我们设定这两个组织信任因变量的残差相关。该广义结构方程模型的总体拟合程度显示，Log likelihood = −55451.93，df = 44，AIC = 110991.9，BIC = 111257.4。测量模型拟合结果显示，所有的路径系数均达到了显著性，表明组织沟通网络氛围测量模型是有效的。结构模型报告显示，组织沟通网络氛围到制度信任的路径系数为0.44，相应的Z值为8.51，呈现显著的正相关关系，表明组织沟通网络氛围会显著地提高员工对组织的制度信任，组织沟通网络氛围影响员工制度信任的假设得到了资料证实。组织沟通网络氛围与人际信任具有同样的正相关关系，路径系数为0.22，Z = 6.26，该回归系数同样具有统计学意义上的显著性，说明组织沟通网络氛围影响组织人际信任的假设也得到了经验资料的支持。

（六）组织信任与组织管理控制氛围

组织管理与控制是实现组织目标的保障，当然也是整体组织氛围不可或缺的组成部分。我们认为组织管理控制氛围是会直接影响员工工作自主性感受状况的，由于4个工作自主性感受变量均为0~10分取值的连续变量，故该测量模型与制度信任、人际信任一样均使用线性回归模型进行拟合。在结构模型中，组织管理控制氛围构成了两个因变量共同的外生潜变量，我们同样设定两个组织信任的因变量的残差相关。统计报告显示，结构方程模型的总体拟合程度较好：卡方 = 1139.35，df = 41，p = 0.0000；$RMSEA$ = 0.09；AIC = 131626.18，BIC = 131843.45；CFI = 0.93，TLI = 0.91；$SRMR$ = 0.06，CD = 0.92。组织管理控制氛围4个观测变量所有的路径系数均达到了显著性，表明组织管理控制氛围测量模型效度较高。结构模型报告显示，组织管理控制氛围与制度信任呈现显著的正相关关系，路径系数为0.16，相应的Z值为9.30，表明组织管理控制氛围能够显著地提高员工对组织的制度信任，组织管理控制氛围影响员工制度信任的假设得到了资料证实。同样，组织管理控制氛围与人际信任具有正相关关系，路径系数为0.10，$Z=7.99$，具有统计学意义上的显著性，说明组织管理控制氛围影响组织人际信任的假设也得到了经验资料的支持。

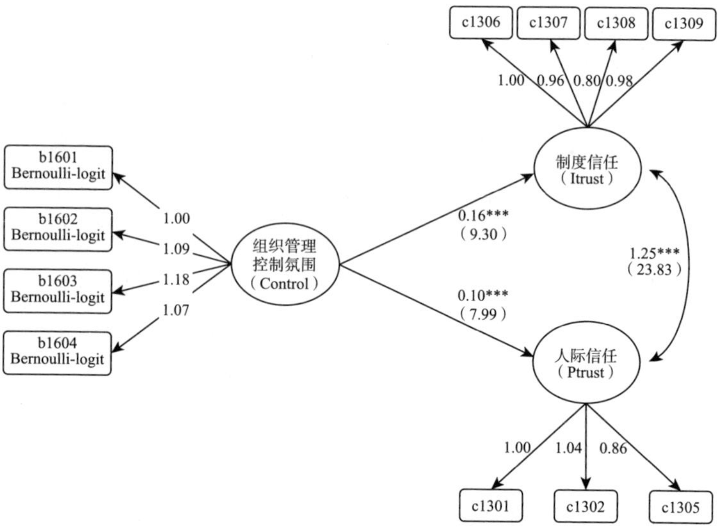

图 8－9　组织信任与组织管理控制氛围的回归分析

（七）组织信任与组织环境的综合模型

为了综合探讨组织环境对组织信任的影响状况，本研究以制度信任和人际信任为因变量，以组织环境的6个方面即组织福利制度、组织物理有害环境、组织服务设施环境、组织仪式文化氛围、组织沟通网络氛围和组织管理控制氛围为解释变量，进行多元回归分析，所有6个变量的膨胀系数VIF均在1.03～1.89，说明回归方程不存在多重共线性问题，回归结果如表8－9所示。

表 8－9　组织信任的回归分析结果

变量	Ⅰ. 制度信任模型		Ⅱ. 人际信任模型	
	β	*S. E.*	β	*S. E.*
组织福利制度	0.019**	0.010	0.003	0.008

续表

变量	Ⅰ. 制度信任模型		Ⅱ. 人际信任模型	
	β	S. E.	β	S. E.
组织物理有害环境	-0.239***	0.020	-0.030	0.019
组织服务设施环境	0.016	0.015	0.006	0.014
组织仪式文化氛围	0.177***	0.041	0.127***	0.038
组织沟通网络氛围	0.212***	0.039	0.100***	0.037
组织管理控制氛围	0.123***	0.012	0.095***	0.011
常数项（cons）	-0.005		-0.001	
F（6，3081）	68.10***		22.09***	
R^2	0.117		0.041	

表8-9中的模型Ⅰ表明，对于组织制度信任而言，除了组织服务设施环境的影响效应未达到显著性水平外，其他五个因素的影响系数在 $p=0.05$ 的显著性水平上均通过了显著性检验。其中，组织物理有害环境与制度信任为负向相关关系，说明组织物理有害环境越恶劣，组织的制度信任水平越低。组织福利制度、组织仪式文化氛围、组织沟通网络氛围和组织管理控制氛围四个因素与制度信任都为正向相关关系，说明福利制度越完善，文化活动越丰富，沟通网络越畅通，管理控制越严格，组织的制度信任水平就越高，组织环境塑造组织制度信任的假设得到了经验资料支持（组织服务设施环境除外）。表8-9中的模型Ⅱ是人际信任与组织环境各因素的回归分析结果，可以看出，组织仪式文化氛围、组织沟通网络氛围和组织管理控制氛围三个因素对组织人际信任都产生了正向的、显著的影响，回归系数分别为0.127、0.100和0.095，在 $p=0.01$ 的显著性水平上通过了检验，说明组织文化活动越人性化，沟通网络越畅通，管理控制越严格，组织人际信任水平越能得到提升。而组织福利制度、组织物理有害环境和组织服务设施环境的回归系数却未通过显著性检验，表明它们不对人际信任造成影响，组织环境塑造组织人际信任的部分假设获得了支持。

七　结论与讨论

在组织环境中，组织信任是指员工对组织规章制度一贯执行的感觉良好与否，对组织其他成员是否言行一致、是否值得信赖的评估。当组织的规章制度执行实际始终符合社会规范期望，或者互动他人都言行一致、可靠而充满善意的时候，则说明该组织具有较高水平的信任。一定程度上可以说，是组织信任建构并支撑着组织的存在和结构，当然组织的客观环境因素也反过来在影响、塑造着组织信任这一集体心理事实，尤其是组织环境中促进人全面发展的各种健康而人性化的制度设置，其是提升组织信任水平的重要因素。从构成社会基本单位的组织现象而言，构成其环境形态的主要有硬环境和软环境两种，考察组织信任的产生应从这两个方面入手。基于此，本研究基于社会学视角对组织信任与组织环境之间的关系进行了探讨。实证分析发现，除了硬环境中的组织服务设施环境外，组织的福利制度环境、有害物理环境、仪式文化氛围、沟通网络氛围及管理控制氛围对组织信任水平均具有统计学意义上的显著性影响，组织信任与组织环境之间的因果关系假设基本得到了经验资料的支持。

环境影响信任，制度规范行为，探讨组织环境与组织信任二者之间的关系是本研究的核心，也即组织环境因素是否以及在多大程度上影响着组织信任水平。研究结果表明，作为组织信任的两个基本层面，组织制度信任和人际信任在环境塑造机制上呈现一定的差异。就制度信任而言，除了组织仪式文化氛围、组织沟通网络氛围、组织管理控制氛围这样的软环境因素具有影响外，像组织福利制度、组织物理有害环境这样的硬环境因素对制度信任同样发挥着作用。相比之下，组织人际信任的影响机制略有不同，研究表明，组织的软环境因素正如我们所预料的那样是影响人际信任的重要力量，而硬环境因素则与之无关。换句话说，人际信任的源泉主要在于组织人际互动环境的建设。这些结果启示我们，增强组织信任的着眼点不在于个体员工，而主要应该在完善的、健康的、人性化的组织环境建设上下功夫，那种把员工违约、跳槽、背叛等失信行为简单归因为个人人格道德缺失的倾向是值得反思的。

本研究从社会学角度研究组织信任与组织环境之间的关系，能较为准确地把握组织信任产生的结构性机制，在组织信任研究领域有一定的创新价值，对陷于信任困扰中的现实组织也有实际的参考意义。同时，本研究也存在一定的局限。一是组织信任测量方面的问题，这次问卷调查并非专门针对组织信任这个主题的，也没有设计专门的组织信任量表，所以本研究选择的测量问题基本能够触摸到要研究的概念建构，只是问题数量不够多，量表的信度和效度还不够理想，需要在今后的研究中进一步完善量表。二是组织信任作为一种特殊的社会关系，虽无疑是组织生存和发展的基础，却不便被视为组织追求的最终价值和目标，那么信任的有无到底给组织发展带来了怎样的后果，尤其是员工的组织信任抑或不信任到底给员工乃至社会造成了怎样的影响或后果，这些问题是今后研究需要给出解答、需要努力的方向。

参考文献

布劳，彼得·M.，2012，《社会生活中的交换与权力》，李国武译，商务印书馆。

陈景刚，2006，《国企员工组织信任知觉、公平感与组织公民行为关系研究》，西南交通大学硕士学位论文。

迪尔凯姆，E. 1999，《社会学方法的准则》，狄玉明译，商务印书馆。

李宁、严进、金明轩，2006，《组织内信任对任务效绩的影响效应》，《心理学报》第5期。

祁顺生、贺宏卿，2006，《组织内信任的影响因素》，《心理科学进展》第6期，第918～923页。

沈雪伟，2008，《组织内信任对组织沉默的影响》，河南大学硕士学位论文。

史燕伟、徐富明、罗教讲、李燕、刘程浩，2015，《行为经济学中的信任：形成机制及影响因素》，《心理科学进展》第7期，第1236~1244页。

曾贱吉、胡培、蒋玉石，2010，《企业员工组织信任对工作态度影响的实证研究》，《技术经济与管理研究》第3期。

赵红丹、彭正龙、梁东，2010，《组织信任、雇佣关系与员工知识分享行为》，《管理科学》第6期。

Becky J. Starnes, Stephen A. Truhon, & Vikkie McCarthy. "A Primer on Organizational Trust." *The Human Development & Leadership Division*.

Ben-Ner, A., L. Putterman, & T. Ren. 2011. "Lavish Returns on Cheap Talk: Two-way Communication in Trust Games." *The Journal of Socio-Economics* 40 (1): 1-13.

Bracht, J., & N. Feltovich. 2009. "Whatever You Say, Your Reputation Precedes You: Observation and Cheap Talk in the Trust Game." *The Journal of Public Economics* 93 (9-10): 1036-1044.

Gillespie, N. 2003. "Measuring Trust in Work Relationships: The Behavioral Trust Inventory." Paper presented at the Annual Meeting of the Academy of Management, Seattle, WA.

Mayer, Roger C., & James H. Davis. 1995. "An Integrative Model of Organizational Trust." *Academy of Management Review* 23 (3): 709-734.

McAllister, D. J. 1995. "Affect and Cognition-based Trust as Foundations for Interpersonal Cooperation in Organizations." *Academy of Management Journal*, Vol. 38, No. 1, 24-59.

Rousseau, Denise M., Sim B. Sitkin, Ronald S. Burt, & Colin Camerer. 1998. "Not So Different After All: A Cross-Discipline View Of Trust." *Academy of Management Review* 23 (3): 393-404.

Williamson, O. E. 1993. "Calculativeness, Trust, and Economic Organization." *Journal of Law and Economics* 34: 453-502.

Yaping, Gong. 2012. "Unfolding the Proactive Process for Creativity: Integration of the Employee Proactivity, Information Exchange, and Psychological Safety Perspectives." *Journal of Management*, Vol. 38, No. 5, 1611-1633.

第九章　中国组织中的客观和主观工作质量分析

在现代社会，工作是绝大多数人赖以谋生的最重要手段。工作不仅可以从数量角度（如就业人口数、就业率等）来考察，还可以从质量角度来加以研究。随着经济社会的发展，人们对工作所提供的报酬、发展机会、技能培训机会以及保障性和自主性等工作质量内容越来越关注。党的十九大明确提出提高就业质量和人民收入水平，坚持就业优先战略和积极就业政策，实现更高质量和更充分就业，为我国制定人力资本投资和劳动力市场政策指明了方向。本研究追溯了工作质量研究的起源和近年来的发展，利用历年统计年鉴数据和部分全国性抽样调查数据，分析了我国城镇雇员的客观工作质量和主观工作质量状况及其影响因素，并从历时和跨国两个角度，考察了我国城镇雇员工作质量的历时变化，比较了我国的工作质量状况与英美等发达国家之间的差异。

一　工作质量研究

（一）工作质量研究简史

一般认为，从质量的角度对工作进行研究，是从 1950 年代晚期，逐步在工业化国家中开始的。马泰尔和杜普伊斯把工作质量研究的发轫追溯到埃尔顿·梅奥（Elton Mayo）等人在 1927 ~ 1933 年开展的霍桑实验。梅奥等的研究关注工人的态度和行为与企业生产率之间的关系，证实了工作环境因素对工人绩效的影响。马泰尔和杜普伊斯指出，正是在梅奥开创的人际关系学派（human relations approach）研究之后，泰勒制管理规则受到挑战，致力于改善雇员工作条件的人道主义运动开始兴起（Martel & Dupuis, 2006）。霍夫斯泰德甚至认为，工作质量改善和工作的人性化，是20世纪四五十年代开始的第三次工业革命在工作领域的核心主题（Hofstede，1979）。从1960年代开始，欧美国家的政策界和企业界逐渐重视工作质量这一议题。其最早的政策实践，是瑞典政府当时实行的社会民主主义政策，该政策面向工作条件，致力于工人福利的改善。这一政策得到了瑞典工会、雇主和主要政治党派的支持（Martel & Dupuis，2006）。与此同时，在荷兰、丹麦、法国、爱尔兰、英格兰和挪威，政策界也都对工作质量议题投入了某种程度的关注。在美国，来自欧洲的上述风气逐渐浸染开来。在1960年代晚期，埃尔文·布鲁斯顿（Irving Bluestone）第一次使用了“工作生活质量”（quality of work life）这一说法。这一时期的工作质量项目主要强调“工人参与管理”①（worker participation in management），在欧洲国家其还被视为“产业民主”运动（industrial democracy）的一部分。

实践中对工作质量的关注，很快就在学术界引起了回应。在整个1970年代，工作质量研究得到了开创性的发展，工作质量成为组织行为研究中的核心概念（Whyte，1978），学者们越来越关心就业对雇员健康、福利以及工作满意度的影响（Nadler & Lawler，1983）。到1980年代，西方国家面临着越来越大的通货膨胀和国际竞争压力，尤其是日本经济的崛起使得这些国家的政府和企业开始认识到，日本等国家可能在企业管理方面有特别值得学习

① 工人参与管理又被称作“劳工参与管理”（labour participation）或“雇员参与管理”（employee participation），在德国被称作“共决制”（co-determination），在南斯拉夫则被称作“自主管理”（self-management）。

之处（Nadler & Lawler，1983）。也正是在此时，工作质量研究发展为组织行为学的最热门领域之一。1980 年 1 月，由曼彻斯特大学的加里·库珀（Cary L. Cooper）和加州大学洛杉矶分校的詹姆斯·泰勒（James C. Taylor）共同担任主编的《职业行为杂志》（*Journal of Occupational Behaviour*）创刊。该期刊“专门关注与工作质量和工作人性化相关的议题、问题、方法和发展”（Cooper，2009）。在发刊词中，库珀和泰勒罗列了与工作质量有关的主题，包括雇员的管理参与、工作压力、个人在工作场所的成长和发展、家庭－工作连接问题、工作活动改善、致力于工作场所改善的立法和政策，以及工作中的自我管理。

进入 1990 年代之后，学者们继续沿着前人所开创的道路推进工作质量研究，但是各学科之间的隔阂没有被消除，人们对于工作质量的定义和测量一直没有达成共识。另一方面，工作质量研究逐渐从宏观主题向微观主题转移，传统的人道主义关怀逐渐消散。在《职业行为杂志》更名为《组织行为杂志》（*Journal of Organizational Behavior*）之后，工作质量研究几乎沦落，而得到大量讨论的主题则换成了以下内容：组织和工作的重新设计、工作－家庭角色、组织承诺的决定因素、雇主－雇员关系、质量研讨小组、组织变迁、工作压力、工作绩效、工作归因、性别角色模式化、工作特征的测量、工作满意度、领导行为、工作任期和参与（Cooper，2009）。在整个 1990 年代，关于工作质量的研究实际上可以说是停滞不前的。马泰尔和杜普伊斯曾经以 1973 年到 2002 年为时间范围，对相关文献进行关键词检索，结果发现工作质量研究并未随时间推移而增加。

但在进入 21 世纪之后，在西方国家，尤其是在欧洲，工作质量（quality of working life，或者 job quality）这一概念在社会科学家和政策制定者中间再次流行开来。政策制定者认识到，工作质量，而不仅仅是工作数量，在提升个人福利和国家竞争优势方面非常重要。另一方面，技术和经济社会变迁使得组织中的雇佣关系形态发生了重大变化，内部劳动力市场和终身雇佣又开始向着灵活雇佣关系悄然回归（Kalleberg，2011：12 – 18）。在美国，学者们开始重点关注所谓的“非典型雇佣关系”（nonstandard employment relations），即各种兼职工作、临时工作和合同工等（Kalleberg，2000）。随之而来的，就是工作质量这一概念重新回到主流学者们的观照范围之内。在欧洲，得益于“欧洲工作条件调查”（European Working Conditions Survey）等大型调查数据集的增多，一些关于工作质量的跨国比较研究开始盛行（Gallie，2003，2007；Holman，2013）。与此同时，各种与“工作质量”相近的概念亦开始出现，如体面劳动（decent labor）、好工作（good job）等，并成为诸如国际劳工组织（ILO）、经济合作与发展组织（OECD）等国际组织的政策关注点。

（二）客观工作质量和主观工作质量

一般来说，工作质量包括两个方面，即客观工作质量和主观工作质量。一些研究者认为，工作质量研究应解决的问题是，在不求助于客观标准的情况下，从操作化层面有效地评估工作质量这一主观概念，也就是说测量工作者个人对其工作的主观感受和评价（Martel & Dupuis，2006）。不过，识别并测量客观工作质量，在理论上同样是必要的。客观工作质量指的是特定的客观工作条件或工作特征，如报酬支付形式、工作时间模式、未来晋升机会等。客观工作质量的“客观性”体现在它们是各种工作特征的结合模式，这种模式是独立于工作占据者的个人特征而客观存在的。这种主观工作质量和客观工作质量的区分类似于丽佐和沙耶提出的一种区分方法，即一方面是心理学角度的个人主观所体验的工作质量，另一方面则是工作所在的客观环境条件（Elizur & Shye，1990）。

客观工作质量主要受到组织层面因素和国家层面因素的影响，前者包括组织规模、所处行业、工作结构以及组织中的雇佣关系等，后者则包括经济结构、劳动力市场结构、劳资关系等。近年来，欧美等国家的学者相继提出了生产体制理论、就业体制理论和竞争体制理论等，试图从技能形成制度、就业和劳工政策以及企业竞争策略等角度来解释各个国家之间在客观工作质量上的差异。例如，霍尔曼利用就业体制理论解释了国家之间在工作质量类型模式上的差异。他发现，社会民主制度体制（丹麦、芬兰、瑞典）具有最高比例的高质量工作，南欧国家（例如意大利、希腊、西班牙）具有较高比例的消极－独立工作和非稳定工作（passive-independent and insecure job），而过渡性制度体制（东欧国家）则具有较高比例的高压力工作（high-strain job）。他认为，工作质量上的这些差异主要根植于各国在有关就业政策和劳工的相对组织能力的制度体制中的变异（Holman，2013）。

主观工作质量是学者们着力最多的方面之一。人们对工作质量的主观认知是个体性的、动态的和情境性的，这种认知在个人之间、组织之间、劳动力市场部门之间、社会之间以及各个历史阶段之间都是不同的（Findlay et al.，2013）。特别是在个体性方面，从事工作的人和他对所身处的工作条件的感知之间不存在确定的关系模式，不同的人面对相同的工作条件，可能产生不同的主观认知和评价。因此，一般认为，影响主观工作质量的因素，主要应归结于个人特征，尤其是个人的心理学特征（Kalleberg，1977）。但是我们必须意识到，个人的心理特征，尤其是工作价值观和工作期望，是与其性别、年龄、受教育程度和工作经验等因素密切相关的（Kalleberg，2011：8，12）。这就意味着，个人差异不单是一个个体心理范畴，还是一个社会范畴。从这一点来看，关于主观工作质量的影响因素，应该不仅限于个人心理特征，而且要包括中观甚至宏观层次的因素。事实上，人口学特征、职业特征和组织特征都可能影响工作者对工作质量的主观评估（Findlay et al.，2013）。

二 客观工作质量

（一）客观工作质量的构成维度

客观工作质量指的是特定的客观工作条件或工作特征的结合模式，这些工作条件或工作特征可以被看作是工作质量的维度参数，它们整体地反映了工作者的工作经历（Taylor，1978）。工作质量研究在确定客观工作质量维度时的一个典型做法是借助统计学的探索性分析，即首先选定一组对象（工作者或管理者），为他们提供一系列与工作相关的题项，并让他们选择其中他们认为与工作质量相关的题项。然后，利用各种统计技术（主要是因子分析或主成分分析），在众多题项中发现潜在的维度，并把这些维度作为工作质量的构成范畴。泰勒最早尝试借助统计学方法来确定工作质量的维度（Taylor，1978），他首先借助前人的研究成果得到了一组由 42 个指标（题项）构成的量表，然后借助因子分析从中提取出了 5 个维度，包括：（1）当前议题；（2）社会工作环境；（3）成长和发展；（4）雇主视角中的工作质量；（5）社会视角中的工作质量。

随着时代的发展，对客观工作质量维度的研究也在不断更新和发展。实际上，各个学科在具体界定客观工作质量维度时都会有所侧重。例如，研究工作满意度的学者往往会侧重于工作特征的以下几个方面，即：（1）是否为工会成员；（2）具体从事的职业；（3）工作的自主性；（4）工作复杂度；（5）所有权；（6）监督等级；（7）工作的稳定性；（8）工作的小时数；（9）雇佣地位；等等。研究组织行为学的学者则侧重于工作特征的以下三个方面，即：（1）工作要求，包括工作是否有时间压力、是否要投入精力，以及工作的复杂性等；（2）工作自主性，即工作者是否有权自由地决定一系列工作任务，比如工作方法、工作量以及工作目标等；（3）工作场所的社会支持，即工作者能否从同事或上级那里获得支持（Karasek，1979）。在社会分层研究中，学者们一般使用“雇佣条件”（employment conditions）这一术语来指称工作或职业特征。多萝西·魏登伯恩（Dorothy Wedderburn）和克里斯汀·克雷格（Christine Craig）在《工作中的相对剥夺》一文中，详细地研究了英国工业中的雇佣条件。在这项研究中，雇佣条件包括11项具体的内容，即：（1）有无病假工资计划；（2）有无养老金计划；（3）计算应支付的养老金的方法；（4）有无带薪假期；（5）是否记录工作时间，这关系到迟到是否会扣减工资；（6）在由于家庭原因而请假的这段时间内，是否仍会拿到薪水；（7）有无晋升和职业生涯机会；（8）有无长期经济保障；（9）有保证的、依据一个增长等级的年薪增长；（10）工作环境的干净度、噪声、危险和舒适程度；（11）能否自由走动或是否受到监督。她们认为，从这些方面，可以清晰地划分出两个截然不同的雇员群体（Wedderburn & Craig，1969）。

实际上，客观工作质量正是围绕上面的这些维度而形成的一个连续统，一端是“好工作”，另一端是“坏工作”，而介于两者之间的则是各种类型的“中间工作”。但是要想从工作特征的诸多维度中挑选出一个子集，来构成工作质量的测量指标，绝非一件容易的事情。在实际的研究中，也并不存在一个通用的工作质量的维度“清单”。不过通过对相关文献进行梳理可以发现，学者们提出的维度有很大一部分是重合的。例如，J. P. 罗宾逊总结发现，几乎所有工作质量建构都涉及以下几个维度：工资、工作时间、工作条件、参与决策制定的权力、个人发展、保障性以及社会整合（转引自 Taylor，1978）。芬德利等人认为，报酬、技能发展、工作时间、参与决策制定以及控制权等，是大家普遍接受的工作质量维度（Findlay et al.，2013）。保罗·奥斯特曼则认为，工作质量的构成要素主要包括三个方面，即报酬、工作内容（工作多样性、控制权、压力和强度）以及雇佣合同的性质（Osterman，

2013)。下面列举了近十年来，学者们在工作质量研究中用到的一些常见的维度。

表 9-1 工作质量的典型构成维度

Clark, 2005	Green, 2006	Sengupta et al., 2009	Kalleberg, 2011	Holman, 2013
1 报酬	4 报酬	1 报酬	1 报酬和附加福利（灵活工作时间选项、是否提供工资增长机会）	3 工资
2 工作时间	2 努力	2 保障性	4 工作时间	1 工作组织
3 未来前景（晋升和工作保障）	5 风险和保障	3 培训和晋升机会		2 技能和发展
4 工作困难程度	1 技能	4 工作压力程度		4 保障和灵活性
5 工作内容（兴趣、声望、独立性）	3 自主权限	5 自主性	2 控制工作任务	5 参与和代表权
6 人际关系	6 工作满意度		3 内在报酬	

注：在该表中，我们以 2005 年安德鲁·克拉克（Andrew Clark）提出的工作质量维度为基准（Clark，2005），将此后一些学者提出的各维度与这一基准相对应。表中的数字表示的是各个研究者在提出这些维度时，给每个维度的排序，这些排序很大程度上反映了各个研究者对工作质量各维度的相对重要性所持的看法。

（二）中国城镇雇员的客观工作质量

工作质量研究的一个流行观点认为，国家的产业结构对工作质量模式具有决定性影响，简单来说，即第一产业（农业）和第二产业（工业）造就了大量低质量的工作，而随着第三产业（服务业）的发展，新的工作和职业被创造出来，这些是高质量工作的主要来源。回顾工作质量研究的缘起可以发现，服务业的不断发展及由此带来的管理问题，正是工作质量研究得以兴起的一个重要原因。事实上，社会学关于中间阶级的大量研究也是在这个背景下进行的，虽然几乎完全没有关注有关工作质量的话题，但是它们对中间阶级的意识形态和生活方式的关注几乎总是需要把因果链的源头拉回到工作场所中去，即回到这些阶级所面临的工作条件和雇佣关系上去。另一种比产业结构视角更细化的观点，则是把工作质量的分布模式与行业和职业分类联系起来。这种观点认为，工作质量是由一系列微观的工作条件和工作特征所决定的，而行业（industries）和职业（occupations）作为各种工作所聚集的小环境，其内部的工作质量分布理应具有相当程度的同质性。在工作质量研究领域，大多数学者都是循着职业分类来划分工作质量类型的，因此整个社会中总体工作质量的好坏就与各种职业的成长和衰退密切相关（Kalleberg，2011）。比如，在凯勒伯格的研究中，销售和服务行业是低质量工作的来源；行政支持、手工艺和维修、精密仪器生产、机器操作等职业构成了中间工作质量类型；而管理职业、专业职业以及技术职业则属于高质量工作（Kalleberg，2011：64）。

根据上述两种观点，我们可以尝试推测中国的工作质量分布情况。从产业结构来看，第一产业和其他两大产业的就业人口数之间长期有着巨大差距，直到 2006 年左右这种差距才开始缩小。在 1992 年之前，第一产业的就业人口数是持续增长的，而在这之后，经历了逐渐的下降；第二产业和第三产业的就业人口数则经历了持续的上升，不过第二产业的就业人口数一直低于第一产业，直到 2012 年，两者才接近一致；第三产业的就业人口数自 1994 年之后就超过了第二产业，此后直到 2011 年才首次超过第一产业就业人口数。2006 年，三次产业的比例分别为 42.6%、25.2% 和 32.2%，第一产业的就业人口数明显多于其他两大产业。至 2013 年，三次产业的比例分别为 31.4%、30.1% 和 38.5%，基本形成了三分天下的局面，不过第三产业已经逐渐占据优势。到了 2017 年，三次产业的比例分别为 27.0%、28.1% 和 44.9%（国家统计局，2018）。如果上述观点正确的话，那么我们似乎可以说，中国当前的工作质量情况应该以中高质量工作为主，且随着第三产业的发展，好工作的数量将越来越多。

陆学艺在2004年左右提出的职业结构“趋高级化”命题可以被视作从行业/职业结构角度窥探工作质量趋势的一种尝试（陆学艺，2004）。该命题认为，伴随着我国现代化和市场化取向的“双重转型”，产业结构出现重大调整，职业结构也发生显著变化，并且在整体上呈现低层次职业增速减缓，中高层次职业增速加快的发展形态。他们发现，在第三次全国人口普查期间，企事业管理者、专业技术人员、办事人员、商业人员和服务人员的比重上升；工人的比重在1982～1990年下降，1990～2000年有所回升，但未达到1982年的水平；而农业劳动者的比重则是持续下降的。总体来看，底层职业从业人数下降了8.1个百分点，而中上层职业从业人数增加了7.2个百分点，整个社会的职业等级结构在向上提升。随着职业等级结构的高级化，整体的工作质量也自然应该向着更好的方向发展。但我们针对近期全国统计数据的分析得出了与其不同的结论。我们所参考的数据来自《中国统计年鉴（2018）》中按行业分的城镇非私营单位就业人员数，这一数据只统计了城镇非私营单位就业人员，没有纳入私营企业和农村就业人员。为了弄清楚工作质量的分布情况，我们对这些行业进行合并，分别生成低工作质量行业、中间工作质量行业和高工作质量行业。具体合并原则是：第一类，由农业、采矿业、制造业、电热燃气业、建筑业和批发零售业组成；第二类，由交通运输业、住宿餐饮业、信息软件业、房地产业、租赁服务业、水利环境行业、居民服务业和文体娱乐业组成；第三类，由金融业、科学技术行业、教育业、卫生和社会工作行业以及公共管理行业组成。[①] 合并后的结果显示，在2006年，三类行业所占比例分别为52.3%、14.4%和33.3%；在2017年，这一比例为52.2%、16.8%和30.9%。从这

① 这一合并原则基本上相当于国家统计局在1985～2003年期间所采用的四等级划分法（参见黄宗智，2010：186，脚注）。

里可以看出，工作质量的分布呈现了“两头大、中间小”的形态，即低工作质量和高工作质量的职业多，而中间工作质量的职业少。实际上，这一结论与凯勒伯格关于美国工作质量模式的研究结果非常一致，即出现了他所谓的“两极分化的职业结构”（Kalleberg，2011：63－71）。

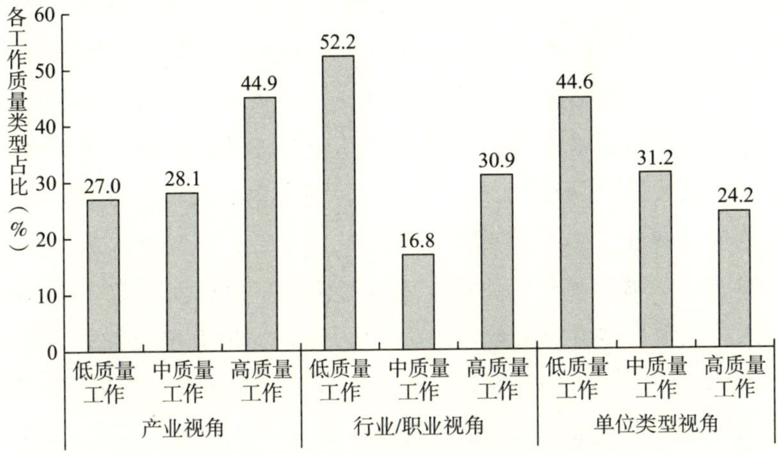

图 9－1　三种不同视角观察的我国客观工作质量状况

注：图中产业视角和单位类型视角均是针对全部就业人口的分析；由于统计数据的限制，职业视角仅针对城镇非私营单位就业人口。具体见正文中的相应描述。

在上述两种观察经济结构和工作质量状况的方式之外，还存在第三种方式，即黄宗智提出的“三元分析框架”——正规经济就业、非正规经济就业和乡村就业（黄宗智，2010：172）。黄宗智认为，在中国“由农村流入城市的人口其实大部分没有进入现代部门，而是进入了传统与现代部门之间”（黄宗智，2010：178），这种介于传统和现代部门之间的就业形态被称为“非正规经济”（informal economy），其中的就业人员都是缺乏就业保障、福利和法律保护的劳工（黄宗智，2010：165）。黄宗智的“三元分析框架”实际上是从就业单位类型（经过一定的修正）的角度来探究劳动力的分布状况以及工作质量模式的。国家统计局发布的《中国统计年鉴》中关于就业人员数的统计，一个重要的组成部分就是“按（单位的）登记注册类型”来划分的就业人员数分布数据。这种划分方式首先把城镇和乡村区分开来，然后在内部分别按照单位类型来做进一步的划分（国家统计局，2016）。根据《中国统计年鉴（2016）》，我们可以发现，自改革开放以来，我国城镇就业人口分布的一个总体趋势是，国有单位就业人数先上升（1980～1997年），然后急速下降（1998年至今）；集体单位就业人数持续下降，目前已经比鼎盛时期减少了90%多；而城镇个体、城镇私营企业以及城镇有限责任公司这三种单位形态中的就业人数则不断增加。从数据可以看出，在2006年，国有单位就业人数还远高于其他单位就业人数，但到了2015年，国有单位就业人数下降为6208万人，城镇私营企业就业人数比国有单位就业人数多出4972万人，城镇个体就业人数达到7800万人，比国有单位就业人数多出1592万人。到2017年，我国城镇私营企业就业人数达到13327万人，比当年的城镇国有单位就业人数（6064万人）多出7263万人；城镇个体就业人数达到9347万人，比城镇国有单位就业人数多出3373万人（国家统计局，2018）。按2017年的数据，城镇正规经济和非正规经济的就业人口比例分别为43.8%和56.2%；如果算入乡村就业人口，则正规经济、非正规经济和乡村就业的比例分别为24.2%、31.2%和44.6%。从非正规经济的角度来看，我国城镇的客观工作质量状况又是不同于产业结构视角和职业结构视角的另一番景象。

三　主观工作质量

（一）主观工作质量和工作满意度

斯坦利·西肖尔（Stanley Seashore）指出，“关于工作质量的流行观点是建立在这样一个假设之上的，即个人自己对于满意或不满意的经验定义了他的工作质量”（Seashore，1974）。以这一观点为基础，大多数研究者都把工作质量等同于工人对其工作和工作环境的满意度，并且都用工作满意度作为测量工作质量的指标。但是这种在工作质量和工作满意度之间画等号的做法遭到了一些实证研究者的反对。例如，罗伯特·布劳纳（Robert Blauner）的研究指出，一些处在明显很糟糕的工作中的人，却报告了很高的工作满意度（Blauner，1964）。詹姆斯·林肯（James Lincoln）和凯勒伯格对日本和美国的比较研究指出，虽然两国的雇员从事的是在客观特征上很相似的工作，但他们却报告了非常不同的工作满意度水平（Lincoln & Kalleberg，1990）。安德鲁·克拉克（Andrew Clark）和安德鲁·奥斯瓦尔德（Andrew Oswald）的研究发现，教育与客观上更好质量的工作正相关，但同时却与工作满意度负相关（Clark & Oswald，1995）。迈克尔·罗斯（Michael Rose）的研究表明，工作满意度得分在各种工作之间存在变化，但这种变化无法充分地由这些工作的客观特征来加以解释（Rose，2003）。此外，还有很多研究发现，女性比男性有更高程度的工作满意度，但是女性从事的工作在客观质量上普遍要比男性的工作差（Brown，Charlwood & Spencer，2012）。所有这些实证研究都表明，工作满意度不是对工作质量的一个充分测量（Osterman，2013）。

安德鲁·布朗（Andrew Brown）、安迪·查尔伍德（Andy Charlwood）和大卫·斯宾塞（David Spencer）曾提出这样一个问题，即“工作满意度是测量工作质量的糟糕指标，为什么还值得我们研究”。他们指出，工作满意度和客观工作质量之间的分离并不意味着工作满意度数据是无价值的，相反，它意味着对达成或者没有达成工作满意度的途径加以解释是极其重要的，比如说，高的工作满意度可能预示着较高的工作质量，但另一种可能则是，高的工作满意度是因为工作者发展出了某种策略，用于对付客观上质量很差的工作（Brown，Charlwood & Spencer，2012）。正如戈德索普等人的卢顿研究（Luton Project）所表明的，体力工人在对待工作上持有一种明显的工具主义倾向（instrumental orientation），这种倾向主导着他们对工作状况的态度。这些人所从事的大多数工作都只提供了很少的内在报酬，或者很少的在工作中结成满意的社会关系的机会。但这似乎并不令他们忧心，他们之所以去工作，主要目的是保证较高的和稳定的收入，以此为基础，他们可以在别处有令人满意的生活，尤其是在家庭中拥有满意的生活。简言之，所谓的“工具主义倾向”指的是，在这些体力工人中间，“工作本质上只是实现工作场所之外的目的的手段”。戈德索普等人认为，工人带入他们工作之中的倾向，在工作状况的客观特征和工人对这一状况的实际感受以及反应之间起着中介的作用。技术和正式组织并非工人态度和行为的直接决定因素，相反，它们仅仅是构成了一组限制性因素，其心理学的和社会学的可能结果（implications）将会随着工人赋予它们的重要性程度而改变。工人并不会以自动的方式对他们的客观工作状况做出回应或反应，工作“事实”实际上是通过工人自己的主观解释而被创造出来的（Goldthorpe，1966）。

（二）中国城镇雇员的主观工作质量

要解决工作质量和工作满意度之间的关系难题，有必要在分析上区分“客观工作质量 - 主观工作质量 - 工作满意度”，并建立它们之间的某种因果链条。这意味着：第一，客观工作质量影响主观工作质量，但后者对前者存在一定程度的偏离；第二，主观工作质量影响总体工作满意度，但后者并不等于前者的简单加总。主观工作质量和总体工作满意度之间的关系，实际上就是局部工作满意度（对客观工作质量的某一特定维度的满意度）和总体工作满意度之间的关系。这一小节用中国劳动力动态调查 2012 年（CLDS2012）数据和中国城镇居民工作环境调查（CWES2017）数据[①]来对工作质

① 中国劳动力动态调查 2012 年数据来自中山大学社会科学调查中心；中国城镇居民工作环境调查数据由信阳师范学院中国工作环境研究团队提供。

量和工作满意度的关系进行实证分析。这两个调查数据都包含了对客观工作特征的测量、对主观工作质量的测量，以及对整体工作满意度的测量。不同之处在于，中国劳动力动态调查 2012 年数据测量了工作者的工作价值观，而中国城镇居民工作环境调查数据则没有关于工作价值观的变量。

首先来看主观工作质量与客观工作质量的偏离。在中国劳动力动态调查 2012 年数据中，我们不仅可以获得雇员的年工资收入数据，而且可以获得雇员对收入的满意度数据。用这组数据可以分析客观收入水平与雇员对收入的满意度之间的关系。为此，我们根据雇员对收入的满意度，计算了每一满意度水平下的平均年工资收入，并把结果呈现在图 9－2 中。从图 9－2 可以看出，收入和对收入的满意度整体上呈现一种“倒 U 型”关系，也就是说，工作满意度一开始随着收入的增加而提高，但在到达峰值之后，就会随着收入的增加而降低（对这里的数据进行 J. T. Lind 和 H. Mehlum 的“U 型”关系检验，结果表明这一“倒 U 型”关系在统计上是显著的）。但是，分性别来看，男性和女性之间存在一定的差异。男性的“倒 U 型”曲线与整体趋势是一致的，而女性对收入的满意度则一直随着其收入的增加而提高，也就是说，女

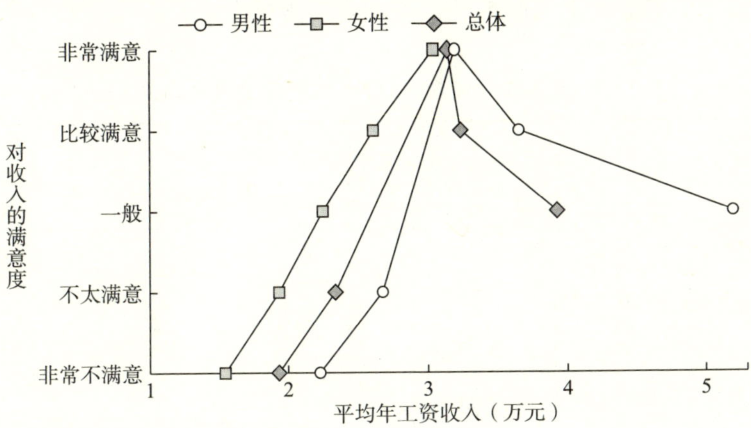

图 9－2　工资收入和对收入的满意度之间的“倒 U 型”关系

性的收入满意度函数在可观测的收入区间中是单调的。抛开女性工作者所表现出的特殊性，整体上的“倒U型”关系表明了客观工作质量（工资收入的多少）和主观工作质量（对收入的满意度）之间存在偏差。一个值得注意的问题是，收入和对收入的满意度之间的这种整体“倒U型”关系与国外的一些实证研究结果正好是相反的。例如，布朗、查尔伍德和斯宾塞对英国数据的分析表明，收入和工作满意度之间呈现一种“U型”关系（Brown，Charlwood & Spencer，2009）。这种基本模式的国别差异是一个值得加以注意和研究的现象。

其次来看主观工作质量和整体工作满意度之间的关系。中国劳动力动态调查2012年数据既有对局部工作满意度的测量，也有对整体工作满意度的测量，使用该数据，我们计算了局部工作满意度和整体工作满意度的相关系数，结果如表9－2所示。从结果可以看出，局部工作满意度和整体工作满意度的相关系数在0.45～0.60。这一结果与奎因和谢泼德的计算结果（Quinn & Shepard，1974：50），以及维达·斯卡贝罗（Vida Scarpello）和约翰·坎贝尔（John Campbell）的相关发现（Scarpello & Campbell，1983）是基本一致的。这一结果说明，主观工作质量（局部工作满意度）和整体工作满意度不能画等号，两者是不能互换的。

表9－2 局部工作满意度和整体工作满意度的相关系数

	收入	安全性	工作环境	工作时间	晋升机会	工作有趣	合作者	技能使用	尊重	表达意见	整体满意度
收入	1.00										
安全性	0.32	1.00									
工作环境	0.33	0.63	1.00								
工作时间	0.33	0.43	0.49	1.00							
晋升机会	0.41	0.31	0.34	0.37	1.00						

续表

	收入	安全性	工作环境	工作时间	晋升机会	工作有趣	合作者	技能使用	尊重	表达意见	整体满意度
工作有趣	0.39	0.32	0.38	0.37	0.46	1.00					
合作者	0.26	0.31	0.34	0.32	0.28	0.42	1.00				
技能使用	0.26	0.24	0.31	0.26	0.33	0.40	0.43	1.00			
尊重	0.28	0.35	0.38	0.33	0.33	0.40	0.47	0.49	1.00		
表达意见	0.32	0.33	0.38	0.34	0.41	0.42	0.42	0.44	0.56	1.00	
整体满意度	0.48	0.45	0.52	0.47	0.46	0.53	0.49	0.47	0.59	0.60	1.00

下面我们通过统计模型来考察客观工作质量、主观工作质量和整体工作满意度之间的关系。一些心理学家和社会学家指出，工作满意度是工作相关报酬和工作价值观的函数（Kalleberg，1977）。在这里，工作报酬（job rewards）指的是工作者从其工作中所获得的内在和外在好处。工作价值观指的是工作者想要的、渴望的或者寻求从工作中获得的东西，它们是个人为这些感知到的工作特征所赋予的意义，是个人用来估计或评价工作状况的标准（Kalleberg，1977）。在下面的模型中，我们用客观工作质量（工作者面临的各种客观工作特征）和主观工作质量（工作者对各种工作条件和报酬的主观感知）来对工作报酬进行操作化。工作价值观则被操作化为一份理想工作应满足的各种需求。

我们使用中国劳动力动态调查2012年数据和中国城镇居民工作环境调查数据分别拟合了两个序次Logistic回归模型。在使用CLDS2012数据的模型中（模型1），因变量为整体工作满意度，它由五个类别构成（非常不满意、不太满意、一般、比较满意和非常满意）；在使用CWES2017数据的模型中（模型2），因变量也是整体工作满意度，同样由五个类别构成（很不满意、较不满意、一般、较满意、很满意）。模型1和模型2的自变量均包括三部分，第一部分是客观工作质量指标，第二部分是主观工作质量指标，第三部分是工作自主性指标。模型的结果如表 9－3 所示，为了方便对比，我们尽量把两个模型中相同的变量对应起来，放在一行中。

使用 CLDS2012 数据，当我们仅纳入客观工作质量时，重体力劳动、加班、需要培训以及工作强度自主对整体工作满意度具有显著影响（为了节省空间，我们没有报告这部分结果）。但当模型中同时纳入客观工作质量和主观工作质量时，模型结果表明，客观工作质量变量全部不再显著，而主观工作质量（局部工作满意度）变量则全部显著。在使用 CWES2017 数据的模型 2 中，收入、工作安全、工作设施以及工作时间方面的满意度对整体工作满意度的影响均在 $p = 0.001$ 的水平上显著。但与模型 1 的结果不同，在模型 2 中，即便纳入了主观工作质量指标之后，客观工作质量指标和工作自主性指标的影响仍然是显著的。比如，在客观工作质量指标中，干重体力活、岗前培训以及要求证书等变量均在 $p = 0.01$ 或者 $p = 0.001$ 的水平上显著。此外需要指出的是，在 CLDS2012 数据中，无论是单独纳入客观工作质量指标，还是同时纳入客观和主观工作质量指标，工作价值观变量的效应都是不显著的（为了节省空间，我们也没有报告这部分结果）。总的来看，工作满意度和工作质量之间的偏离，以及工作价值观在其间的中介作用，仍然是一个有待进一步验证的问题。

表 9－3　工作满意度对客观工作质量和主观工作质量的序次 Logistic 回归

模型 1：CLDS2012		模型 2：CWES2017	
工资对数	－0.0841	工资对数	－0.0853
受教育年限	0.0185	受教育年限	0.0554***
年龄	0.00000824	年龄	0.0112**
性别（女性）	－0.130	性别（女性）	0.109

续表

模型 1：CLDS2012		模型 2：CWES2017	
客观工作质量		**客观工作质量**	
重体力劳动	0.0261	干重体力活	-0.396***
脑力劳动	0.0947	重复单调劳动	0.101
频繁身体移动	-0.0652	不停来回运动	-0.122
加班	-0.0442	加班	-0.0409
需要培训	0.00417	岗前培训	0.211**
职业资格证书	-0.0959	要求证书	0.289***
主观工作质量		**主观工作质量**	
收入	0.764***	收入	0.848***
工作安全	0.228**	工作安全	0.182***
工作环境	0.565***	工作设施	0.196***
工作时间	0.367***	工作时间	0.315***
晋升机会	0.308***	单位奖励	0.0781
工作有趣	0.523***	岗位培训	0.0471
技能使用	0.243**	工作强度	0.0915
获得尊重	0.848***	工作自主性	0.156**
表达意见	1.028***		
合作者	0.611***		
工作自主性		**工作自主性**	
工作任务自主	0.0265	工作内容自主性	0.0650
工作进度自主	0.150	工作进度自主性	0.437***
工作强度自主	-0.168	工作强度自主性	0.245***
cut1		cut1	
_cons	10.08***	_cons	2.516***
cut2		cut2	
_cons	13.19***	_cons	4.320***
cut3		cut3	
_cons	18.58***	_cons	8.332***
cut4		cut4	
_cons	24.09***	_cons	11.27***
样本数	2307	样本数	5196

* $p < 0.05$, ** $p < 0.01$, *** $p < 0.001$

四　工作质量的历时比较

（一）工作质量的变化趋势

在整个20世纪的后50年里，有两个学术阵营一直在争论工作质量的未来趋势（Knox, Warhurst & Pocock, 2011）。一个阵营是乐观主义者，他们描绘了一条好工作的上升轨迹。这一阵营认为，随着受教育水平提高、技术进步、技能提升以及对工作中内在报酬的要求，未来只会变得更好。支持这一阵营的论据存在于二战后西方国家经济和产业结构的巨大变化之中。在第二次世界大战之后的西方国家，以服务业为代表的第三产业急速发展，随之这些国家的社会分层结构发生了根本性的变化，一些新的职业和社会阶级得以涌现。1959年，彼得·德鲁克（Peter Drucker）在《明天的里程碑》一书中第一次使用了“知识工人”（knowledge worker）这一术语，德鲁克指出，在21世纪，无论是商业机构还是非商业机构，最有价值的资产是它们的知识工人及其生产力。在1991年出版的《各国的工作：为21世纪资本主义做准备》一书中，罗伯特·莱希（Robert Reich）指出，一个国家的竞争力取决于其人民的教育和技能水平，以及把教育和技能连接起来的基础设施。私人资本正在变得越来越全球化和自由流动，而国家的人民——人力资本——构成了国家未来生活标准所仰赖的唯一资源。乐观主义者们认为，以“知识工人”为代表的新阶级和新工作，正是现在各国所大力提倡和发展的知识驱动型经济或者创新型经济所具有的特征（Knox, Warhurst & Pocock, 2011）。与此相对立的则是由悲观主义者构成的阵营，他们认为，由于资本主义的需要，工人的境况只能变得越来越糟。哈里·布雷弗曼（Harry Braverman）在1974年出版的《劳动与垄断资本：20世纪的工作恶化》一书中提出了“去技能化”（deskilling）命题。布雷弗曼认为，泰勒制或科学管理法就是对“资本主义生产方式的不折不扣的供词”（布雷弗曼，1979：60），它预示了想法和执行之间的分离，预示了工作任务的碎片化和标准化，预示了重复和单调乏味的工作生活。在布雷弗曼之后，一些从事产业和劳动关系学（industrial and labor relations）研究的学者，如安德鲁·弗莱德曼（Andrew L. Friedman）、理查德·爱德华兹（Richard Edwards）、迈克尔·布洛维（Michael Burawoy）等人，继续针对资本主义体系下的“劳动过程”进行了大量案例研究。他们发现在垄断资本主义下，劳动控制形式发生了变化，一些新的控制形式得到发展，如由直接控制转向责任自治、由简单控制转向结构控制，以及由市场专制体制转向霸权体制等。一般来说，悲观主义者大都持有如下的主张，即工人的自主性以及其控制和组织工作的能力正在逐渐被侵蚀，并且存在一个去技能化的一般趋势（Knox，Warhurst & Pocock，2011）。

近年来，有赖于各种全国性的或国际性的大型调查数据集，学者们越来越多地运用定量方法来分析工作质量的总体状况（Gallie，2007；Kalleberg，2011；Holman，2013）。部分学者认为，西方资本主义国家的政府和企业面对经济形势变化和经济危机所采取的应对措施，对工作质量造成了损害（Cappelli，1999；Kalleberg，2011）。弗兰克·谢伯恩－托马斯根据对1995年到2000年“欧洲社区家庭面板数据”（European Community Household Panel，ECHP）的分析指出，在欧盟国家中，多达四分之一的雇员从事的是低质量的工作，这些工作具有较低的报酬，工作不稳定、缺乏培训，并且失业风险较大。谢伯恩－托马斯还特别指出，服务业部门中的工作质量呈现两极分化，虽然该部门创造的很多新工作具有较高工作质量，但在零售业、酒店业、旅馆业以及健康和社会服务业等行业的大量雇员所从事的都是一些具有较低报酬的工作或者没有前途的工作（Siebern-Thomas，2005）。凯勒伯格对从1970年到2010年的美国工作质量整体情况进行了研究。他认为美国的工作质量呈现两种趋势，一是两极分化，即好工作和坏工作的比例增大，中间类型工作比例下降，且工作报酬上的不平等越来越严重；二是工作的不稳定性越来越强，灵活雇佣形式增加，工作保障性不断降低。两极分化和不稳定的就业系统不是商业周期的暂时特征，而是结构转型的结果，即坏工作不再是发育不全的那个部分，相反，它已经成为美国就业的一个核心组成部分（Kalleberg，2011）。凯勒伯格从宏观结构性因素和劳动力的人口学变化角度来解释这些变迁，前者指的是宏观结构性的经济、政治和社会力量，例如激烈的全球竞争、快速的技术创新和变迁、放宽市场管制、越来越多的资本流动和经济的金融化、工会和工人权力的衰落，以及服务部门的持续增长；劳动力的人口学变化，主要是指劳动力的日益多样化，这产生了大量的非白人、非男性工人，他们更容易遭受剥削。这些宏观结构性因素以及意识形态的相应变化改变了企业所处的宏观经济社会环境，造成了价格竞争的日益加剧和工会权力的不断削弱，从而鼓励并促使雇主采取更加灵活的雇佣方式（比如临时性的或者其他非标准工作协议）。凯勒伯格还指出，所有国家都面临着与美国相似的压力，即更激烈的全球化、信息和通信技术方面的技术提升、资本和劳动的更大规模流动、新的组织依赖形式以及工会权力的削弱等（Kalleberg，2011）。

进行工作质量状况的历时比较，最好的办法是构建工作质量指数，从而能够从整体上判断工作质量随时间推移而发生的变化趋势。构建工作质量指数受制于相关数据集的可用性以及（如果有相关调查数据的话）各年调查数据的可比性。在这方面，欧洲工作条件调查（European Working Conditions Survey，EWCS）就是一个很好的示范，该调查从 1991 年开始，每五年进行一次，至 2015 年已开展了六次。该调查除了时间跨度大之外，主要的优点还在于数据之间的可比性。弗朗西斯·格林（Francis Green）和塔里克·穆斯塔法（Tarek Mostafa）根据第五次欧洲工作条件调查（2010 年）的数据，构建了一系列工作质量指数（job quality indices），其中包括收入指数、工作前景指数、内在工作质量指数（又分为技能和自主性指数、工作社会环境指数、工作物理环境指数和工作强度指数）以及工作时间质量指数（Eurofound，2012）。及至第六次欧洲工作条件调查（2015 年），研究者仍然沿用了第五次欧洲工作条件调查数据的格林 - 穆斯塔法工作质量指数（以下简称格林工作质量指数）的计算方法。不同的是，他们不再使用内在工作质量指数这一概念，并且对各指数的顺序进行了调整（这在一定程度上意味着理论框架和关注重点的细微变化），现在的顺序是：物理环境指数、社会环境指数、工作强度指数、技能和自主性指数、工作时间质量指数、工作前景指数和收入指数（Eurofound，2017：36 - 37）。格林工作质量指数的计算方法相对来说比较简单。它的主要步骤包括：第一步，为各个工作质量指数选取相应的指标；第二步，将每个指标进行标准化，使其取值范围变为 0 ~ 1；第三步，对标准化后的各指标进行等权重加总，并利用 Cronbach's alpha 统计量判断这些指标加总是否能有效地抓住所要测量的概念；第四步，将加总后的值再次标准化，使其取值范围变为 0 ~ 100（Eurofound，2012：18 - 25）。下面我们将按照格林工作质量指数的计算方法，利用目前手头可用的数据集（选择其中的城镇雇员样本）分别构建工作前景指数、工作自主性指数和工作物理环境指数，并由此简单考察我国的工作质量在这几个维度上历时的变化趋势。

表 9 - 4　格林工作质量指数的七个指标

（1）物理环境	（2）社会环境
与身体姿势相关的指标	敌对的社会行为
周围环境空间（振动、噪声、温度）	社会支持
生物和化学危险物	管理质量
（3）工作强度	（4）技能和自主性
工作数量要求	认知维度

续表

工作节奏和相互依赖 情感要求	决策自由度 组织参与 培训
（5）工作时间质量 持续期 非典型工作时间 工作时间安排 灵活性	（6）工作前景 雇佣地位 职业发展前景 工作保障 裁员
（7）收入	

资料来源：Eurofound，2017：37。

（二）中国城镇雇员工作质量的历时变化

在格林工作质量指数中，工作前景指数是由4个指标构成的，即（1）在未来6个月内是否可能失去工作；（2）工作是否提供了职业发展的良好前景；（3）雇佣地位，即属于雇主、自雇佣还是雇员；（4）签订了哪种类型的劳动合同。在目前我们可获得的数据集里面，只有中国综合社会调查2006（CGSS2006）和中国城镇居民工作环境调查（CWES2017）包括了其中的部分指标。具体来说，CGSS2006数据集的qc02a题询问了工作者“与单位/雇主是否签订了劳动合同”，qc30题询问了在未来的几年内“在单位里得到提拔或升迁的机会有多大”。CWES2017数据集的c5题询问了工作者“目前是否签订了书面劳动合同”，d20题询问了工作者在未来的三年内“在单位内升迁的机会有多大”，c39题询问了工作者在将来的12个月内“会不会失去现在这份工作”。CLDS2012中也有关于是否签订劳动合同的问题，但没有像前两个调查那样询问工作者的单位内部升迁机会，不过CLDS2012有询问工作者对目前工作的晋升机会是否满意的问题。总之，目前可用的数据集都没有完全涵盖欧洲工作条件调查中相应的4个指标，这里我们只利用劳动合同和晋升机会这两个指标来构建工作前景指数。从得到的结果来看，从 2006 年到 2017 年，我国的工作前景指数得到了较大的提升，10 年间大约提高了 20.5。必须指出的是，从 Cronbach's alpha 值来看，这里的工作前景指数的信度非常低，从统计意义上说，不具有参考价值。不过我们在表 9－5 中列出了劳动合同和晋升前景这两个指标的特定取值（没有劳动合同和没有升迁机会）在样本中所占的比例，从中可以看出，我国城镇雇员中没有签订劳动合同者的比例已经大幅下降，而没有升迁机会者所占的比例也有了显著减少。

表 9－5　工作前景指数的变化

单位：%，个

	CGSS2006	CLDS2012	CWES2017
工作前景指数	32.4	40.7	52.9
1. 没有劳动合同	60.2	49.7	31.7
2. 没有升迁机会	77.9	27.7	39.4
Cronbach's alpha	0.28	0.00	0.29
样本量	2660	4442	5011

注：（1）我们在计算过程中对 CGSS2006 和 CLDS2012 数据中的相应指标做了逆向处理（reverse），从而使较大的取值代表工作前景较好；CWES2017 数据则不存在这一问题。（2）对于 CLDS2012 数据集，我们使用工作者对晋升机会的满意度来代替他们对将来晋升可能性的判断。这样处理之后，根据 CLDS2012 数据计算得到的工作前景指数在可比性上大大降低了，而且从 Cronbach's alpha 值来看，CLDS2012 的工作前景指数在统计上没有任何意义（Cronbach's alpha 等于 0.00）。（3）作为对比，根据第六次欧洲工作条件调查数据计算的 2015 年欧洲平均工作前景指数为 63（Eurofound，2017：91）。

在格林工作质量指数中，技能和自主性指数由 15 个指标构成，其中包括是否参加旨在提高技能水平的培训、工作任务的复杂性和思维要求、对工作任务等的自主控制、工作中是否能发表意见或者影响决策、是否使用电脑和网络、工作者的受教育程度以及工作者所在职业的平均受教育水平等几个大类。由于数据的限制，在这里我们只关心工作自主性问题。CGSS2006 数据集的 qc20 题询问了工作者在工作任务的内容、工作进度的安排以及工作量/工作强度三个方面的工作自主权。CLDS2012 数据集的 I3a1.16 题与 CGSS2006 数据集的 qc20 题是一样的。CWES2017 数据集的 c26 题则询问了工作者在工作量的大小、工作时间的长短、工作节奏的快慢、工作地点的选择、工作内容的取舍、工作进度的调整六个方面的工作自主权。这里我们利用关于工作任务、工作进度和工作强度的这三个指标来构建工作自主性指数。从得到的结果来看，从 2006 年到 2017 年，我国的工作自主性指数仅有相当微小的提升，而且 2017 年的指数值相比于 2012 年还有所下降。从 Cronbach's alpha 值来看，这里的工作自主性指数具有较高的测量信度。

表 9－6　工作自主性指数的变化

单位：%，个

	CGSS2006	CLDS2012	CWES2017
工作自主性指数	32.6	39.0	34.3
1. 工作任务无自主权	52.8	48.1	51.4
2. 工作进度无自主权	47.4	39.5	38.1
3. 工作强度无自主权	51.2	43.1	40.3
Cronbach's alpha	0.87	0.81	0.80
样本量	2660	4442	5011

注：（1）我们在计算过程中对 CGSS2006 和 CLDS2012 数据中的相应指标做了逆向处理（reverse），从而使较大的取值代表自主性较高；CWES2017 数据则不存在这一问题。（2）作为对比，根据欧洲工作条件调查数据计算的 2010 年和 2015 年欧洲平均技能和自主性指数分别为 54 和 56（Eurofound，2017：80）。

格林工作质量指数中的工作物理环境指数由 14 个指标构成，包括工作者暴露于风险因素的可能性以及工作者在工作中的姿势要求两大类，前者主要是诸如工作场所中的噪声、高温、低温、粉尘、化学物质接触以及有害物质接触等问题，后者则主要是诸如工作疲劳、搬运重物、长时间站立以及重复的手工劳动等问题。

在我们可用的数据集里面只有少数题目涉及这些指标。具体来说，CGSS2006 数据集中的 qc9 题询问了工作者在工作过程中是否遇到过长时间的工作、繁重的体力劳动、快速而频繁地移动身体的位置以及需要快速反应的思考或脑力劳动四种情形。CLDS2012 数据集中的 I3a1.19 题询问了工作者在工作过程中是否需要繁重的体力劳动、频繁地移动身体的位置、快速反应的思考或脑力劳动三种情形。CWES2017 数据集中的 c22 题询问了工作者的这份工作是否需要干重体力活、不停地来回运动、重复单调的劳动以及长时间集中注意力等。此外，CWES2017 数据集中的 c14 题还询问了工作者的工作环境中是否含有粉尘、放射性物质、有毒化学品、物理危害、有害生物等有害物质，但这一问题在其他两个数据集里都没有涉及。这里我们只利用这三个数据集里的繁重体力劳动和频繁移动身体位置这两个指标来构建工作物理环境指数。从得到的结果来看，从 2006 年到 2017 年，我国的工作物理环境指数有了较大的提升，10 年间大约增加了 23。从 Cronbach's alpha 值来看，CGSS2006 和 CLDS2012 的工作物理环境指数勉强可以被接受，而 CWES2017 的工作物理环境指数的测量信度则非常低。

表 9－7 工作物理环境指数的变化

单位：%，个

	CGSS2006	CLDS2012	CWES2017
工作物理环境指数	59.6	55.6	82.5
1. 繁重体力劳动	17.6	35.5	10.5
2. 身体频繁移动	32.9	47.6	21.9
Cronbach's alpha	0.62	0.63	0.26
样本量	2660	4442	5011

注：（1）我们在计算过程中对 CWES2017 数据中的相应指标做了逆向处理（reverse），从而使较大的取值代表工作物理环境较好；CGSS2006 和 CLDS2012 数据则不存在这一问题。（2）作为对比，根据欧洲工作条件调查数据计算的 2005 年、2010 年和 2015 年欧洲平均工作物理环境指数分别为 82、83、84（Eurofound，2017：43）。

总的来看，从2006年到2017年的10多年间，我国的工作质量状况应该说是有所提升的。但是，由于数据集所包含的相应指标的大量缺失、各年数据集之间缺乏可比较性以及建构效度和测量信度较低等方面的限制和缺陷，这里的结论仅仅是探索性的。无论如何，同第二节一样，这里通过构建工作质量指数来考察工作质量状况的历时变化，对于理解当前我国城镇雇员的工作质量状况和未来发展趋势具有一定的启示意义。

五　工作质量的跨国比较

（一）国家之间工作质量模式的差异性

在全球化时代，每个国家都会面临相似的经济社会环境的变化，不过这种变化并不会以机械的方式造成各国之间就业系统的趋同，因为宏观结构性因素对工作质量的影响会受到各国制度和文化过程的调节（Kalleberg，2011）。弗朗西斯·格林的研究证实了国家之间在工作质量模式上的多样性。格林利用多种调查数据对欧美国家的工作质量做了较为细致全面的分析，他得出的结论认为很难描绘出一个一般的工作质量变化趋势，而且各个国家之间存在明显的差异（Green，2006）。第一，就工资来说，大多数欧洲国家的平均工资都提高了，但美国的平均工资从1973年直到1990年代都没有实质性的增长。另一方面，虽然大多数国家的平均工资提高了，但工资不平等的程度却上升了。1973年到1989年，美国收入底端人群的工资下降，而收入顶端人群的工资持续上升。其他国家也出现了类似的情况，由于“技能偏向性技术变迁”（skill biased technical change）的加速出现以及市场对熟练工人的需求增长等，造成了非熟练工人和低技能工作的相对工资趋于降低。第二，就技能来说，工作正变得越来越复杂，工作所需的平均技能水平在最近几十年中也逐渐提高。德国要求工作者具有高等教育学历作为入职条件的工作比例从1985年的11%上升到了2001年的16%。但与之相随的是，工人和工作之间的匹配出现了问题。一方面是那些没有掌握足够技能的工人所面对的压力越来越大，另一方面是那些取得高等教育学历的人从事着与其学历不相称的工作。第三，就工作自主性和雇员参与来说，北欧国家的工作自主性相较于其他国家是比较强的，但并没有确凿的数据能够证实存在一般的增长趋势；而从1980年代到1990年代，英国工人的自主性水平却持续下降，尽管工人参与决策的机会稍有增多，但他们对日常工作任务的控制和影响却下降了。第四，就工作需投入的精力来说，各国的情形趋于一致，随着智能手机、笔记本电脑（这两者使得工作挤占了人们的空闲时间）、呼叫中心（将工作任务瞬间传递给工人，并且能够近乎完美地对工作投入进行监控）、全面质量管理（这需要灵活工作并掌握多方面技能）等新设备和新管理手段的普及，个人的工作投入被不断强化。第五，就工作保障性来说，很难认定全球经济的结构性变迁降低了工作稳定性，因为一方面男性工人的平均工作聘期稍有减少，另一方面女性工人的工作聘期却增长了。

近年来，在新制度主义和比较政治经济学（Hall & Soskice, 2001）的影响下，很多学者采用“生产体制理论”（production regimes theory）来解释各国之间在工作质量模式上的差异。生产体制理论认为，雇主协作的模式和技能形成体制的结构在创造各种经济组织模式上起着核心作用，在协调制市场经济（coordinated market economies）和自由市场经济（liberal market economies）之间，工作质量存在重要差异。对前者来说，通过职业培训系统，雇员普遍具备专门化的技能；由于无法有效监督雇员的工作，雇主需要和雇员分享权力，这就使得雇员代表机构和行业工会的作用非常突出；技能专门化还使得雇主无法轻易地招聘和解雇，相反，他们需要与雇员发展长期关系并向雇员提供更多的工作保障。对于后者来说，由于缺乏强有力的职业培训系统，雇员普遍缺少专门化技能；企业强调快速的技术创新，实施高度的单边管理控制，造成了工会的边缘化，而市场规则也允许雇主以较低成本招聘和解雇工人。邓肯·加列则认为，生产体制理论过于强调雇主在塑造制度结构上的作用，忽视了历史背景、政府政策、产业和劳资关系等因素的影响（Gallie，2003，2007）。加列提出的“就业体制理论”（employment regime theory）认为，就制度因素对工作质量的影响来说，最重要的是政府的就业政策（充分就业政策、就业权益、福利供给）和劳工的相对组织能力。一些实证研究表明，就业体制理论能够比较好地吻合欧洲国家的工作质量分化模式。例如，在社会民主体制中，政府的就业政策倾向于促进充分就业，并把就业权益扩展至全体人民，与此同时，组织化的劳工有强大的实力去影响企业和政府内部的决策制定。与此相反，在南欧国家和转型经济体中，低质量的工作更加普遍，因为这些国家的政府很少想着去促进就业权益，并且劳工也缺乏影响就业和工作环境的能力。

（二）我国工作质量与欧美国家的比较

为了对工作质量状况进行跨国的比较，下面来考察各国的工作匹配状况。前面小节中曾提及工作者的技能匹配问题，实际上，在大多数国家中，就业主要是通过劳动力市场把工作者与工作相互匹配（matching）的过程。根据约翰·洛根的观点，工作者和工作的匹配取决于雇员个人和雇佣组织各自的效用和偏好，它们对双方的选择行为具有决定性影响（Logan，1996）。从这个意义上来说，匹配过程决定了雇员所能获得的报酬和所处的位置，也即客观工作质量。不仅如此，个人偏好和工作因素之间的“配合”（fit）或者“相互适合”（alignment）在评价主观工作质量方面同样具有重要意义，技能、空间、时间、收入以及工作-家庭平衡等方面出现的任何一种工作不匹配，都将不同程度地降低工作者的工作体验以及工作质量（Findlay et al.，2013）。

这一小节我们将根据中国城镇居民工作环境调查数据（CWES2017），聚焦技能匹配问题，并与欧美国家的状况进行比较。所谓技能匹配，指的是工作者的教育资格和技能水平与工作的技能要求之间的匹配。具体来说，技能匹配要求在给定工作者的教育资格和技能水平下，有与之相匹配的在工作中使用他们的知识和能力的机会，并且工作能够提供与他们在教育上所做的投资相匹配的收入（Kalleberg，1977：70）。当上述条件不满足时，就出现了技能的不匹配。技能不匹配可以分为两种情况，即资格过度和资格不足。资格过度（overqualification）指的是工作的技能要求低于工作者目前所掌握的教育资格或技能水平，相反，资格不足（underqualification）指的是工作的技能要求超过了工作者的技能和能力①。

我们采用各职业的平均受教育年限加减一个标准差作为判定资格过度和资格不足的标准，如果工作者的受教育年限大于所在职业的平均受教育年限加一个标准差，即认定为资格过度；反之，如果工作者的受教育年限小于所在职业的平均受教育年限减一个标准差，即认定为资格不足。根据该判定标准，在 CWES2017 数据的全部工作者中，有将近 26.2% 的人存在技能不匹配的情况，其中资格过度的占 10.8%，资格不足的占 15.4%。与国外相比，可以发现一些有意思的现象。比如，美国在 1993 年到 2002 年，有大约 20% 的工作者存在资格过度的问题，大约 7% 的工作者存在资格不足的问题，两者相加约占 27%（Kalleberg，1977：83，116）。在英国，2002 年左右有大约 37% 的工作者属于资格过度的情况，大约 17.6% 的工作者属于资格不足的情况，两者相加约占 54.6%（Green，2006：40－41；Felstead，Gallie & Green，2002：46－49）。

---

① 与此相关的术语包括教育过度（overeducation）、培训过度（overtraining）、技能利用不足（skill underutilization）等，关于这些术语之间的联系和区别，可参见 Kalleberg，1977：70－71。

需要指出的是，这些数据反映的是美国和英国10多年前的情况，而且判定技能不匹配的标准不一样，所以在进行比较时应该采取保守的态度。但我们似乎可以认为，在欧美国家，技能不匹配相对来说主要地表现为资格过度，而在我国，技能不匹配则主要表现为资格不足。也就是说，相对而言，在我国更为普遍的情况是工作者所掌握的知识和技能达不到其所从事工作的技能要求。

表9-8　工作者的技能匹配情况

单位：个，%，年

职业大类		技能匹配情况			平均受教育年限
	样本数	资格过度	资格不足	资格匹配	
单位负责人	1225	2.78	17.22	80.00	13.29
专业技术人员	887	12.29	13.87	73.84	15.54
办事人员	1219	2.3	6.56	91.14	14.27
服务人员	2299	12.7	22.92	64.38	12.47
生产制造人员	983	26.45	6.10	67.45	11.57
农业劳动人员	21	38.1	19.05	42.86	10.86
军人和其他	232	4.31	22.41	73.28	12.98
总计（列）	6866	10.79	15.39	73.81	13.22
卡方检验	Pearson chi2（12）=717.5230　Pr=0.000				

为了更清楚地了解技能匹配的分布情况，我们还分析了工作者的人口统计学特征（户口、性别、受教育程度和年龄）与技能匹配的关联，并且与美国的情况进行了比较。从表9-9中可以得出以下几个基本发现。第一，农村户口工作者相比于城镇户口工作者，更多地表现出资格不足的问题。第二，男性和女性工作者相比，男性更多地表现出资格过度的问题，女性更多地表现出资格不足的问题。而在美国，性别之间的技能匹配差异不大。第三，在受教育程度方面，工作者的受教育程度越高，存在资格过度问题的比例就越大；反之，受教育程度越低，存在资格不足问题的比例就越大。这一点与美国的情况表现出高度的一致，不同之处只在于我国的分布更不

均衡，比如硕士和博士中资格过度的比例达到 100%，而小学和文盲中资格不足的比例也达到了 100%，这一点可能更多地与我们采用的判定标准有关。第四，在我国，工作者的年龄越小，存在资格过度问题的比例就越大；年龄越大，存在资格不足问题的比例就越大。而在美国，技能不匹配的问题在各个年龄组之间的分布相差并不太大。这主要是因为，在我国，随着义务教育的普及和高等教育的大众化，年轻人有更多的机会接受教育；而在美国，由于很早就实现了高等教育普及化，加之有比较成熟的继续教育和终身学习体系，年龄与受教育程度之间的关联相对来说并不密切。

表 9－9　工作者的人口统计学特征与技能匹配情况的分布

<table>
<tr><td></td><td colspan="5">技能匹配</td><td rowspan="3">卡方检验</td></tr>
<tr><td></td><td>中国</td><td>美国</td><td>中国</td><td>美国</td><td>中国</td></tr>
<tr><td></td><td colspan="2">资格过度</td><td colspan="2">资格不足</td><td>资格匹配</td></tr>
<tr><td>户口</td><td colspan="5"></td><td rowspan="3">Pearson chi2（2）＝299. 4542 Pr＝0. 000</td></tr>
<tr><td>农业（农村）户口</td><td>8. 55</td><td>–</td><td>26. 34</td><td>–</td><td>65. 11</td></tr>
<tr><td>城镇（非农）户口</td><td>11. 82</td><td>–</td><td>10. 25</td><td>–</td><td>77. 93</td></tr>
<tr><td>性别</td><td colspan="5"></td><td rowspan="3">Pearson chi2（2）＝13. 2730 Pr＝0. 001</td></tr>
<tr><td>男</td><td>12. 45</td><td>20. 3</td><td>14. 2</td><td>7. 2</td><td>73. 34</td></tr>
<tr><td>女</td><td>9. 86</td><td>19. 8</td><td>16. 03</td><td>6. 7</td><td>74. 11</td></tr>
<tr><td>受教育程度</td><td colspan="5"></td><td rowspan="10">Pearson chi2（14）＝6. 6e＋03 Pr＝0. 000</td></tr>
<tr><td>没有上过学</td><td>0</td><td rowspan="3">1. 3</td><td>100</td><td rowspan="3">41. 2</td><td>0</td></tr>
<tr><td>小学</td><td>0</td><td>100</td><td>0</td></tr>
<tr><td>初中</td><td>0</td><td>72. 07</td><td>27. 93</td></tr>
<tr><td>高中、技校、职高、中专</td><td>0</td><td>6. 0</td><td>4. 77</td><td>7. 0</td><td>95. 23</td></tr>
<tr><td>大专</td><td>9. 99</td><td>17. 1</td><td>0</td><td>2. 5</td><td>90. 01</td></tr>
<tr><td>大学</td><td>23. 71</td><td>29. 8</td><td>0</td><td>2. 2</td><td>76. 29</td></tr>
<tr><td>硕士</td><td>100</td><td rowspan="2">51. 0</td><td>0</td><td rowspan="2">0. 6</td><td>0</td></tr>
<tr><td>博士</td><td>100</td><td>0</td><td>0</td></tr>
</table>

续表

	技能匹配					卡方检验
	中国	美国	中国	美国	中国	
	资格过度		资格不足		资格匹配	
年龄						Pearson chi2（10）=511.7090 Pr=0.000
16~24岁	10.84	-	10.84	-	78.31	
25~34岁	13.76	20.8	8.23	5.5	78.01	
35~44岁	10.04	19.0	16.49	6.4	73.47	
45~54岁	5.08	20.1	29.68	7.4	65.24	
55~65岁	2.51	18.9	47.24	11.4	50.25	
66~76岁	11.11	-	55.56	-	33.33	

注：（1）表中所列美国的技能匹配情况数据反映的是美国1993年到2002年的情况，引自Kalleberg，1977：83，116。（2）表中的卡方检验是针对中国数据的检验结果。

英美两国属于典型的自由市场经济国家，按照生产体制理论的观点，这种国家相对缺乏系统的职业培训和工会对工人的强有力保护，特别是近20年来，随着外部化的雇佣关系逻辑在企业中占据支配地位，雇员获得的培训和晋升机会日渐减少。但是从技能匹配情况来看，英美两国的工作者面对的更多的是资格过度的问题，而中国则面对的更多的是资格不足的问题。这一差异可能是由国家之间在受教育水平和经济结构上的差异所导致的。中国接受过高等教育的劳动力大约只有15%，而英国和美国接受过高等教育的劳动力比例均超过45%①。随着英美等国不断的“去工业化”而导致的产业空心化和职业结构两极化，大量受过高等教育的工作者将面临就业困难和资格过度的问题。相反，我国当前正处在经济结构转型升级和迈向高质量发展的历史时期，中高质量工作面临着的劳动力的资格不足的问题是不可避免的。目前来看，要解决资格不足的问题，首先要继续通过劳动力的部门间重新配

① 数据来自经济合作与发展组织（OECD）网站，https://data.oecd.org/eduatt/adult-education-level.htm。

置来提高全要素生产率，让低质量工作中的过剩人力资本流入高质量工作，以获得人力资本红利。其次，通过加强职业技能培训、开展继续教育等措施，提高劳动者的素质，不断增强劳动者的技能匹配，以适应经济社会的远期发展。

六　结论

本研究在追溯工作质量研究的起源和概括其历史发展的基础上，从客观工作质量、主观工作质量、工作质量历时变化和工作质量跨国比较等方面，较为全面地分析和考察了我国劳动者特别是城镇雇员的工作质量状况和变化趋势。从客观工作质量来看，随着产业结构和职业结构的变化，中高质量工作的数量和所占比例逐渐增大，但职业结构是在“趋高级化”还是走向“两极分化”，形势仍不明朗，由此我们无法准确判断客观工作质量状况的分布。从主观工作质量来看，客观工作质量不能完全决定工作者对工作的主观感受和评价，工作者在单个维度上的满意度也不能完全决定其整体的工作满意度，提高工作者的工作满意度必须考虑组织中的社会心理过程。从工作质量的历时变化来看，我国城镇工作者的工作质量在工作前景、工作自主性和工作物理环境等方面均有所提升，但由于数据方面的限制，提升的幅度及其显著性仍无法确定。从工作质量的跨国比较来看，我国城镇工作者仍然较多地面临资格（技能）不足的问题，这主要是因为受过高等教育的劳动力占劳动力总数的比例较低，无法适应规模正不断扩大的中高技能工作岗位的要求，中国的人力资本要赶上发达国家还有很长的一段路要走。

正如前面所指出的，工作质量研究现在越来越多地引起人们的关注，其重要性也越来越多地为人们所认识。从整合视角来看，工作质量对个人、组织和社会都会产生影响。对于个人来说，高质量的工作是与更高的工作满意度、组织承诺、身体以及心理健康联系在一起的。对于组织来说，高的工作质量与组织成长和组织绩效是联系在一起的。对于社会来说，工作质量与阶层结构、社会稳定以及经济增长等密切相关。当前，我国经济已由高速增长阶段转向高质量发展阶段，正处在转变发展方式、优化经济结构、转换增长动力的攻关期，健全完善劳动力市场制度、优化劳动力和工作岗位匹配、促进工作质量不断提高，是不断增强我国经济创新力和竞争力的应有之义。而在极为复杂严峻的国际环境和经济下行压力加大的局面下，我国工作质量状况能否得到持续改善值得人们认真关注。

参考文献

布雷弗曼，哈里，1979，《劳动与垄断资本：二十世纪中劳动的退化》，方生、朱基俊、吴忆萱、陈卫和、张其骈译，商务印书馆。

国家统计局编，2018，《中国统计年鉴（2018）》，中国统计出版社。

国家统计局编，2016，《中国统计年鉴（2016）》，中国统计出版社。

国家统计局编，2014，《中国统计年鉴（2014）》，中国统计出版社。

黄宗智，2010，《中国的隐性农业革命》，法律出版社。

陆学艺主编，2004，《当代中国社会流动》，社会科学文献出版社。

Blauner, R. 1964. *Alienation and Freedom: The Factory Worker and His Industry*. Chicago: University of Chicago Press.

Brown, Andrew, Andy Charlwood, Chris Forde & David Spencer. 2009. "Is Job Satisfaction U-Shaped in Wages?" Working Paper.

Brown, Andrew, Andy Charlwood & David Spencer. 2012. "Not all that It Might Seem: Why Job Satisfaction is Worth Studying Despite It Being a Poor Summary Measure of Job Quality." *Work, Employment & Society*, Vol. 26, No. 5.

Cappelli, Peter. 1999. *Employment Practices and Business Strategy*. New York: Oxford University Press.

Clark, Andrew & Andrew Oswald. 1995. "Stasification and Comparision Income". Working Paper.

Clark, Andrew E. 2005. "Your Money or Your Life: Changing Job Quality in OECD Countries." British Journal of Industrial Relations, Vol. 43, No. 3.

Cooper, Cary. 2009. "The Transition from the Quality of Working Life to Organizational Behavior: The First Two Decades." *Journal of Organizational Behavior*, Vol. 30, No. 1.

Elizur, Dov & Samuel Shye. 1990. "Quality of Work Life and its Relation to Quality of Life." *Applied Psychology: An International Review*, Vol. 39, No. 3.

Eurofound. 2012. *Trends in Job Quality in Europe*. Luxembourg: Publications Office of the European Union.

Eurofound. 2017. *Sixth European Working Conditions Survey : Overview Report* (2017 Update). Luxembourg: Publications Office of the European Union.

Felstead, Alan, Duncan Gallie & Francis Green. 2002. "Work Skills in Britain 1986 – 2001." (https://orca.cf.ac.uk/68043/2/WSB1.pdf)

Findlay, Patricia, Arne Kalleberg & Chris Warhurst. 2013. "The Challenge of Job Quality." *Human Relations*, Vol. 66, No. 4.

Gallie, Duncan. 2007. "Production Regimes and the Quality of Employment in Europe." *Annual Review of Sociology*, Vol. 33.

Gallie, Duncan. 2003. "The Quality of Working Life: Is Scandinavia Different?" *European Sociological Review*, Vol. 19, No. 1.

Goldthorpe, John. 1966. "Attitudes and Behaviour of Car Assembly Workers: A Deviant Case and a Theoretical Critique." *The British Journal of Sociology*, Vol. 17, No. 3.

Green, Francis. 2006. *Demanding Work: The Paradox of Job Quality in the Affluent Economy*. Princeton: Princeton University Press.

Hall, Peter, & David Soskice. 2001. *Varieties of Capitalism: The Institutional Foundations of Comparative Advantage*. Oxford: Oxford University Press.

Hofstede, G. 1979. "Humanization of Work: The Role of Values in a Third Industrial Revoluation." In C. L. Cooper & E. Mumford (Eds.). *The Quality of Working Life in Eastern and Western Europe*. London: Associated Business Press.

Holman, David. 2013. "Job Types and Job Quality in Europe." *Human Relations*,

Vol. 66, No. 4.

Kalleberg, Arne. 2011. *God Job, Bad Job: The Rise of Polarized And Precarious Employment Systems In The United States, 1970s To 2000s*. New York: Russell Sage Foundation.

Kalleberg, Arne. 2000. "Nonstandard Employment Relations: Part-Time, Temporary and Contract Work." *Annual Review of Sociology*, Vol. 26.

Kalleberg, Arne. 1977. "Work Values and Job Rewards: A Theory of Job Satisfaction." *American Sociological Review*, Vol. 42, No. 1.

Karasek, Robert A. 1979. "Job Demands, Job Decision Latitude, and Mental Strain: Implications for Job Redesign." *Administrative Science Quarterly*, Vol. 24, No. 2.

Knox, Angela, Chris Warhurst & Barbara Pocock. 2011. "Job Quality Matters." *Journal of Industrial Relations*, Vol. 53.

Lincoln, James R., & Arne L. Kalleberg. 1990. *Culture, Control, and Commitment: A Study of Work Organization and Work Attitudes in the United States and Japan*. Cambridge University Press.

Logan, John. 1996. "Opportunity and Choice in Socially Structured Labor Markets." *American Journal of Sociology*, Vol. 102, No. 1.

Martel, Jean-Pierre & Gilles Dupuis. 2006. "Quality of Work Life: Theoretical and Methodological Problems, and Presentation of a New Model and Measuring Instrument." *Social Indicators Research*, Vol. 77, No. 2.

Nadler, David & Edward Lawler. 1983. "Quality of Work Life: Perspectives and Directions." *Organizational Dynamics* 11.

Osterman, Paul. 2013. "Introduction to the Special Issue on Job Quality." *Industrial and Labor Relations Review*, Vol. 66, No. 4.

Quinn, Robert & Linda Shepard. 1974. *The 1972 – 1973 Quality of Employment Survey*. Institute for Social Research The University of Michigan.

Rose, Michael. 2003. "Good Deal, Bad Deal? Job Satisfaction in Occupations." *Work, Employment & Society*, Vol. 17, No. 3.

Scarpello, Vida & John Campbell. 1983. "Job Satisfaction: Are All the Parts There?" *Personnel Psychology*, Vol. 36.

Seashore, Stanley. 1974. "Job Satisfaction as an Indicator of the Quality of Employment." *Social Indicator Research*, Vol. 1, No. 2.

Sengupta, S., Edwards, P., K., & Tsai, C. 2009. "The Good, the Bad, and the Ordinary: Work Identities in 'Good' and 'Bad' Jobs in the United Kingdom." *Work and Occupations*, 36 (1), 26 – 55.

Siebern-Thomas, Frank. 2005. "Job Quality in European Labour Markets." In Stephen Bazen, Claudio Lucifora, & Wiemer Salverda (eds.). *Job Quality and Employer Behaviour*. New York: Palgrave Macmillan.

Taylor, James. 1978. *An Empirical Examination of the Dimensions of Quality of Working Life*. Institute of Industrial Relations UCLA.

Wedderburn, Dorothy, & Christine Craig. 1969. "Relative Deprivation in Work." Paper presented to the British Association for the Advancement of Science, Exeter.

Whyte, J. Kenneth. 1978. "Generalizability of Individual Difference Moderators of the Participation in Decision Making-Employee Response Relationship." *The Academy of Management Journal*, Vol. 21, No. 1.

第十章　劳动者的工作自主性

劳动者工作自主性（work autonomy）问题是工作环境和工作质量研究中的一个重要维度。工作自主性的提高，越来越成为劳动者工作质量和工作环境提升、人类文明程度不断发展的标志，本章旨在分析我国劳动者工作自主性的现实状况、发展特征以及影响机制。

一　工作自主性理论及发展

工作自主性是指劳动者对自身工作情境的控制力，哈克曼和奥尔德姆（Hackman & Oldham）1975 年提出的工作自主性概念最有影响力，他们认为工作自主性指工作在何种程度上提供实质性的自由、独立性、酌处权来安排工作和确定工作执行的程序，这个概念也表明，工作自主性涉及工作方法、工作步骤、工作程序、工作安排、工作标准、工作目标、工作场所、工作评估、工作时间、工作种类和工作量等各类工作要素（Brey，1999）。对工作自主性的初期讨论与对资本主义的批判和工业民主主义兴起有很大关系，马克思在 19 世纪就集中讨论了资本主义对劳动者的控制和对工作自主权的剥夺问题，认为资本主义的劳动分工使工人丧失了对工作的控制权。20 世纪二三十年代，以霍桑实验为发端的行为科学管理理论发展，一系列的研究引发了社会对工作场所民主化、管理中的人际关系、工人自主参与权利等问题的热议。劳资关系和劳工权利领域将工人自主权问题视为批判的一个关键点。

20世纪70年代后，企业赋予劳动者的工作自主性较以前有了普遍的提高，原因一方面在于，各国工作生活的民主化和人道主义持续推进，越来越多的人关注工作的非经济因素，推动了劳动者工作环境、工作质量的显著改善，其中也包含工作自主性的提高（陈建伟，2016）。另一方面，技术进步——从而引发的组织形式变革、管理模式变迁，互联网技术和远程办公技术发展带来的科层制的衰落和扁平化制度兴起、工厂流水线制的缩减、去中心化管理模式形成、效率工资和绩效激励出现[①]、共享经济发展等，推动了组织提升劳动者的工作自主性。工作自主性的发展与管理理念的发展关系更加密切。

但是，直到今天，重复性劳动、流水线制、去技能化、集中化管理、不能随意变换姿势、固定办公地点和工作时间、缺乏工作分享、劳动者不能参与工作决策等低工作自主性呈现的特点仍然广泛存在，有研究者从宏观的经济、文化和社会因素中找到解释，认为以制造业为经济增长点的发展路径、资本全球化带来的资本强势模式（陈微波，2012）以及某些地区重视劳动的文化传统是制约自主性提高的重要因素（张帆，2016），也有研究者从中观层面的组织特点、工会制度等角度出发分析工作自主性问题，例如集中化和科层制的组织、缺少工会制度的组织、低绩效的组织赋予劳动者的工作自主性更低（Kalleberg，2011）。批判主义者则进一步对资本主义对劳动者的控制加以阐释，认为资本主义对劳动者权利的剥夺逐渐演化出新的形式（布雷弗曼，1979；布若威，2015），工作组织实际上是资本家为获取最大控制和最大利润设计的权利系统（斯科特、戴维斯，2011），布雷弗曼的去技术化理论、布若威的劳动过程相对自主理论都试图论证这一点。

① 例如，新制度主义经济学派认为，提高工作自主性是由于在信息不对称情况下，企业不得不提高劳动者的福利至超过市场平均水平，以减少更大的经济损失，是一种逆向选择，即效率工资。

工作自主性反映着劳动者的权利、福利、健康以及组织激励和管理模式（Brey, 1999）。劳动者的工作自主性的提高至少会产生两方面的益处，首先有益于劳动者个体的权利保护、健康和福祉，有益于缓解劳动者压力、提高工作满意度；其次可能有益于组织降低离职率、增加激励、提高组织忠诚、提升组织团结和提高劳动生产率[①]。对工作自主性现状及存在的问题进行调查和讨论，有益于劳动者工作自主性的提高。

二　工作自主性的概念及测量

（一）工作自主性的概念

哈克曼和奥尔德姆（Hackman & Oldham）提出的工作特征模型（job characteristics model）将工作自主性作为区分工作的五个核心维度之一[②]，指工作给任职者在安排工作内容、确定工作程序方面实际上提供了多大的自由度、独立性及自主权，这种定义偏重工作安排的自主性（罗宾斯、贾奇，2016）。凯勒伯格认为工作自主性是区分好工作和坏工作的一个标志，好工作的要素可能包括“赋予劳动者自主权和工作活动的控制权”及“给予劳动者工作安排和雇佣细节的弹性”（Kalleberg, 2011），包含了工作自主性概念的两个方面。

劳动者的工作自主性之所以出现差异，可以从工作特点理论[③]、劳动力市场分割理论以及更为宏观的社会理论中找到解释。从工

---

① 有关劳动生产率和生产量是否能够提高，在社会中的认识最不一致。约束条件不同——社会环境、组织特点、工作模式不同，劳动者工作自主性对组织绩效的影响可能不同。例如布若威对于垄断资本主义劳动过程的分析，基础的一点就是认为资本家对劳动者工作自主性的控制会给工厂的产量增加带来好处；也有许多现代组织认为劳动者工作自主性的提高对组织绩效有很大裨益。

② 其余四个维度分别为技能多样性（skill variety）、任务完整性（task identity）、任务重要性（task significance）和反馈（feedback）。

③ 职业类型、技术等级、组织结构、管理模式、工作中的权威关系、是否设立工会、企业理念等属于工作特点，工作特点对工作自主性有直接影响。

作特点理论出发，工作自主性受到职业特点、技术等级、组织结构、工作氛围、组织文化、管理风格以及其他非正式制度的影响。从劳动力市场理论出发，则可以发现一般和次级劳动力市场、内外部劳动力市场、体力劳动和非体力劳动市场中的劳动者在工作自主性上存在差异。从更为宏观的视角，如借鉴马克思批判主义的研究传统，可以从劳动者工作中被异化、去技术化而失去工作的控制权的角度进行讨论。

根据工作自主性的理论和概念，工作自主性可以理解为劳动者对实际工作的控制权，这种控制权可以体现在两个方面，一是体现在劳动者在多大程度上能够影响与工作和组织相关的管理和决策，即雇员参与管理的自主权，二是体现在劳动者对工作内容、工作进度、工作方法、工作形式的灵活选择上，可以称之为工作安排自主性。工作自主性的第一个方面指处于最高的决策层和管理层之下的各级员工共同参与实现管理职能的过程（李汉林、吴建平，2010），侧重考察劳动者对组织管理事务的参与决定权以及参与行动。第二个方面不直接涉及组织的管理事务，而是侧重测量工作的弹性工作制度和灵活工作安排，其中弹性工作制度侧重考察请假、休息、工作时间的制度弹性，灵活工作安排侧重考察工作进度、效率、内容的灵活，这两方面共同嵌入组织的内部结构和社会结构中。

雇员参与管理的自主性简称雇员参与自主性，主要是指员工能够在多大程度上参与企业行使管理职能的过程。对雇员参与的研究与产业民主主义、社会整合主义以及人力资源管理等社会思潮的产生密切相关，对组织决策施加影响的程度体现了劳动者参与管理的权利以及组织中的权威关系。从分类上看，依据员工参与是以个人形式直接参与还是通过代表的形式间接参与，有研究者将工作参与划分为直接参与和间接参与；也有研究者根据参与的侧重点不同，将工作参与分为管理性参与、人道性参与、民主性参与、革命性参与四种（李汉林、吴建平，2010），四种类型可能有所重叠；还有研究者从参与的深度、范围、形式、层次和目的五方面区分员工参与的程度（陈建伟，2016）。利克特关于组织领导力的理论，形成了一种企业员工参与自主性的理论框架，他提出以老板为核心和以下属为核心两种领导模式，根据两种领导模式又进一步划分出四种管理模式，即剥削式专制、怀柔式专制、咨询式领导和参与式领导，其中咨询式领导指企业主通过某种形式咨询下属的意见但依然掌握最终决策的权力，而参与式领导企业的决策由大多数人的共识来决定（李汉林、吴建平，2010）。管理领导模式直接影响员工参与自主程度，一般而言，参与式领导企业更有可能发挥雇员参与自主性。

灵活工作自主性的研究一般围绕公司工作制度的弹性程度（如假期制度、加班制度、工资制度、工作时间制度、工作量制度、工作－生活平衡计划等），个人为完成工作任务而进行的具体安排的主观偏好（如个人如何安排工作次序、工作方法、工作偏好、工作效率等），以及对灵活工作的需求和满意度等方面展开。由于工作性质不同，工厂从事流水线工作的工人、服务业从业人员在灵活工作方面更有可能受到严格的制度监督，而知识劳动者、行政管理人员的工作安排则可能更加灵活。并且，由于工作当中存在信息不对称问题（老板并不了解员工在工作当中是如何完成任务）、非制度化问题（管理者的风格直接影响工作灵活）、监督问题（管理者对员工的监督成本可能很高），灵活工作的情况可能由于具体的工作环境不同而千差万别。由于不同职业在灵活工作方面的不一致性，通过对组织正式制度以及客观工作环境的考察很难了解灵活工作方面的差异。

（二）工作自主性的测量

工作环境和工作质量领域的大型调查多将工作自主性作为一个重要的测量维度，第五次欧洲工作环境调查（5th European Working Conditions Survey）采用了“您可否改变工作任务的顺序/工作方法/工作速率”“您只要愿意，可以休息片刻”“您可以在工作当中加入个人的想法”“您可以干预工作中比较重要的决定”“工作当中是否需要不同的技能”“谁来决定您工作的分工”“您的工作小组成员是否能够决定自己的任务分工/小组队长/工作时间表”等问题测量工作自主性；2014年的中国劳动力动态调查采用了“工作任务的内容/工作进度的安排/工作量/工作强度多大程度上是由自己来决定”来测量工作自主性；2016年的中国城镇居民社会态度与社会发展状况调查则采用了“工作任务的时间限制”“单位领导干预程度”“工作自主程度”“工作允许出错的程度”“工作任务具体的时间规定”“上下班打卡制度”等测量工作自主性。

本章采用2016年的社会态度与社会发展状况调查数据。该调查采用问卷的形式，范围覆盖安徽、北京、福建、广东、广西、河北、河南、黑龙江、吉林、湖北、湖南、江苏、江西、辽宁、山东、山西、上海、四川、天津、云南、浙江、重庆、海南、陕西等24个省区市。本调查推论的总体是中国城镇地区居住的16岁以上的人口，抽样方法采取四阶段（市辖区/县级市—居委会—家庭户—个人）复杂抽样设计，调查在2016年8月到9月间实施，最终回收问卷6910份，其中目前处于工作状态的人口数据为4712个，占总量的68.19%。

调查将工作自主性分为工作自主性相关制度和工作自主性主观评价两个维度，工作自主性相关制度对雇员参与制度和灵活工作制度等工作自主性的客观制度进行考察，而工作自主性主观评价则考察了劳动者对工作场所中的雇员参与情况和灵活工作情况的感受及评价。并且，每个维度中都包含雇员参与自主和灵活工作自主两个方面（见图10－1）。

调查对工作自主性测量所采用的具体题器见表10－1。采用二分变量从客观层面测量工作自主性相关制度建设，采用十维度李克特量表反映工作自主性主观态度和评价。每个维度分为两个子维度，其中，工作自主性相关制度考察了雇员参与制度和灵活工作制度；工作自主性主观态度和评价则涵盖了对雇员参与情况和灵活工作情况的评价（见表10－1）。

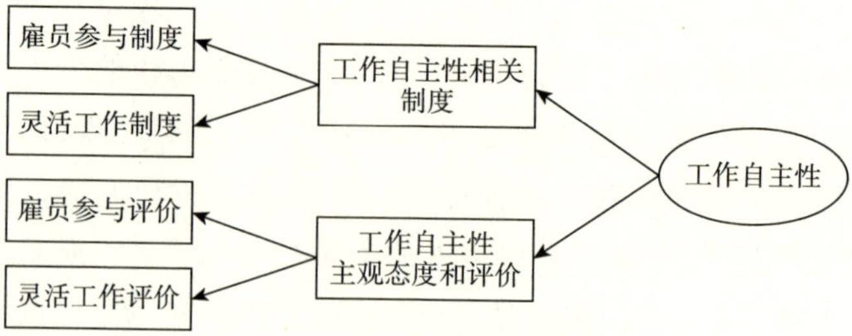

图 10－1　工作自主性的维度

表 10－1　工作自主性的测量维度及题器

项目	一级指标	二级指标	具体指标	测量
工作自主性相关制度	1. 雇员参与制度	上下级沟通渠道	是否有民主生活会、意见箱、领导恳谈会、经理电子信箱、班组（车间）会、专题讨论会、信息员制度、网上论坛等	二分变量
	2. 灵活工作制度	休假制度 工作时间和工作任务制度	是否有调休福利 是否休足带薪年假 是否上下班打卡 是否须在规定时间内完成工作任务	二分变量
工作自主性主观态度和评价	1. 雇员参与评价	表达意见满意度	工作中表达意见满意度	十维量表
	2. 灵活工作评价	灵活工作偏好 灵活工作自主性评价	工作任务时间规定偏好 上班打卡制度偏好 加班偏好 工作量自主性 工作时间自主性 工作内容自主性 工作计划自主性 领导对工作的干预程度	十维量表

三　工作自主性的制度建设

（一）雇员参与制度

雇员参与制度反映劳动者在组织中参与管理工作的权利和权

力，一般属于组织正式制度规定的范畴，调查通过上下级的正式沟通渠道反映雇员参与的制度建设情况。从表10－2可以看出，在工作单位中，有“意见箱”这种沟通渠道的比例相对较高，占55.25%，其次为“班组（车间）会”，占27.03%，第三为领导恳谈会，占20.48%。从雇员参与制度的情况来看，16.7%的单位没有任何上下级的沟通渠道，30.8%的单位只有意见箱这一种沟通渠道，雇员参与制度的建设仍较为滞后（见表10－2）。

表10－2　雇员参与制度的描述性统计（N＝4702）

单位：%

测量指标	否
民主生活会	83.41
意见箱	44.75
领导恳谈会	79.52
经理电子信箱	82.84
班组（车间）会	72.97
专题讨论会	81.73
员工联谊会	80.97
信息员制度	85.13
网上论坛（BBS）	89.64
厂报、信息报	86.71

（二）灵活工作制度

灵活工作制度以休假制度、工作时间和工作任务制度两方面反映劳动者能够灵活安排工作与休息的可能性，其中休假制度包括能否休足带薪年假、能否调休等，工作时间和工作任务制度包括上下班打卡制度、在规定时间内完成工作任务制度等。

1. 休假制度

从组织的休假制度情况来看，能够休足带薪年假的受访者占81.68%，比例较高，将调休作为福利提供的单位占31.18%。带薪年假休假比例较高，与《劳动法》对休假有明确规定有关；将调休作为一项福利，可能会根据工作特点、弹性工作实行情况、企业文化等诸多因素有所差异（见图 10－2）。

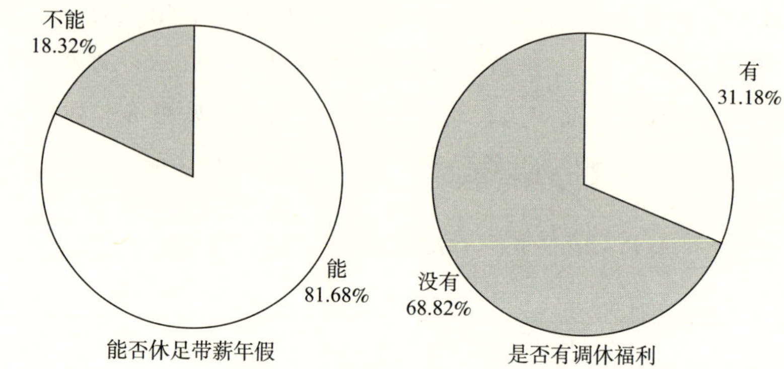

图 10－2　休假制度描述性统计

2. 工作时间和工作任务制度

从工作时间和工作任务制度来看，38.41% 的受访者表示上下班一定要打卡，28.52% 的受访者表示单位要求在规定的时间内完成工作任务。上下班打卡和需要在规定时间内完成工作任务反映了劳动者在工作时间和工作任务方面的刚性程度，约四成的被访者单位仍采用上下班打卡制度，工作时间仍是衡量工作量、进行劳动监督的重要方式（见图 10－3）。

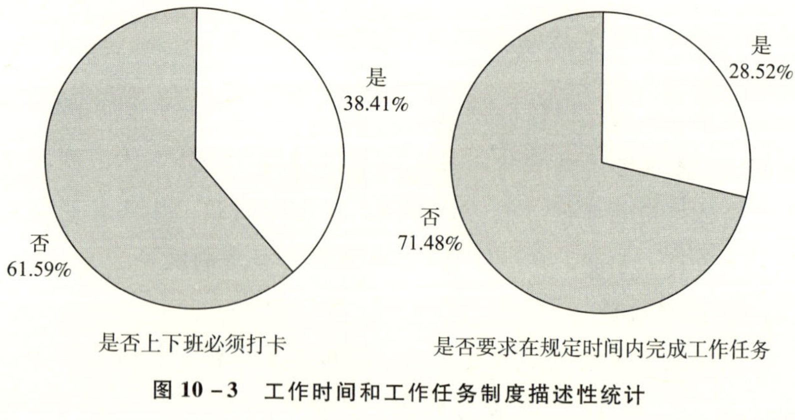

图 10－3　工作时间和工作任务制度描述性统计

四　工作自主性的主观评价

（一）雇员参与评价

雇员参与的主观评价以工作中表达意见的满意度来反映。该题以 0 至 10 分的量表进行测量。调查发现，就工作中能否表达个人意见机会的满意度，73.92% 的人持满意态度（5 分以上），11.1% 人表示不满意（5 分以下），14.97% 的人认为一般（5 分），持满意态度的受访者比例较高。

（二）灵活工作偏好和自主性评价

1. 灵活工作偏好

从灵活工作偏好来看，受访者对不喜欢加班、不喜欢工作任务按时间规定完成、不喜欢上下班打卡的评价分数均超过 5 分（0 分代表完全喜欢，10 分代表完全不喜欢）。具体来看，有 73.27% 的被访者表示不喜欢加班，71.59% 的被访者表示不喜欢工作任务有严格的时间规定，64.92% 的被访者表示不喜欢上下班打卡，可见劳动者对灵活的工作安排有较高的偏好和倾向性（见表 10－3）。

表 10－3　灵活工作偏好的描述性统计

单位：%

测量指标	加班偏好	工作任务时间规定偏好	上班打卡偏好
均值 ± 标准差	6.70 ± 2.22	6.50 ± 2.01	6.29 ± 2.33
喜欢	12.19	11.61	17.15
一般	14.53	16.80	17.93
不喜欢	73.27	71.59	64.92

2. 灵活工作的自主性评价

从灵活工作安排的自主性程度来看，工作量、工作时间、工作内容和工作计划的自主性评价的均值均低于 4 分（0 分代表完全不自主，10 分代表完全自主），受访者对个人工作中的自主性程度评价较低。从领导对工作的干预程度来看，受访者获得的平均分数约为 5 分，表明领导对工作的干预程度适中。

为了能够统一和便于理解，我们对灵活自主性评价量表进行了赋分调整，转变为百分制，即原本每个指标的赋分是 0 ~ 10 分，我们在原来的基础上各乘以 10，获得 0 ~ 100 分的分数。进一步地，设定 0 ~ 20 分为非常不自主，21 ~ 40 分为比较不自主，41 ~ 60 分为一般，61 ~ 80 分为比较自主，81 ~ 100 分为非常自主，从而获得 5 个工作自主性程度等级。

从工作自主性程度的比例分布来看，工作量、工作时间、工作内容、工作计划和领导干预中选择不自主（非常不自主或比较不自主）的比例分别 64.32%、64.63%、66.58%、67.99% 和 38.28%，选择“不自主”的比例仅领导对工作的干预程度一项与“自主”相对持平（比较自主或非常自主），其余选项均大幅度高于“自主”的比例。在灵活工作方面，被访者的自主性评价较低，其中认为工作计划自主性低的人群比例最高，超过总体的三分之二（见表 10 -4）。

表 10 -4　灵活工作自主性评价的描述性统计

单位：%

测量指标	工作量自主性	工作时间自主性	工作内容自主性	工作计划自主性	领导对工作干预程度
均值 ± 标准差	3.91 ± 2.52	3.89 ± 2.61	3.84 ± 2.57	3.77 ± 2.50	4.96 ± 2.47
非常不自主	34.20	32.97	35.16	34.38	17.49
比较不自主	30.12	31.66	31.42	33.61	20.79
一般	19.47	19.45	17.61	17.19	32.30
比较自主	8.91	7.60	8.03	8.01	23.95
非常自主	7.30	8.33	7.77	6.81	5.47

五 工作自主性指数及群体差异

对工作自主性的主观评价包含雇员参与满意度和灵活工作自主性评价两个维度，其中，灵活工作自主性评价可较为客观、全面地反映工作自主性。我们试图综合灵活工作自主性评价的五个题器，形成工作自主性指数。对五个题项的因子分析结果表明，工作量、工作时间、工作内容和工作计划自主性有较强的相关关系，相关系数均大于0.8，而领导干预程度的相关性较低，因而在拟合工作自主性指数中将其删除（见表10－5）。

表10－5 工作自主性题器的因子分析

变量	因子负载		唯一性
	因子1	因子2	
工作量自主性	0.823	－0.00690	0.323
工作时间自主性	0.824	0.000720	0.321
工作内容自主性	0.865	0.00777	0.252
工作计划自主性	0.822	0.00748	0.323
领导干预程度	－0.296	0.0263	0.912

最后对四个工作自主性评价题项进行等权平均，形成了工作自主性指数，并考察了工作自主性指数在不同的职业群体、性别、区域等方面的群体差异。

（一）工作自主性指数

工作自主性得分的中值为40分（mean＝43.80，n＝4615），概率密度分布情况见图10－4，经过正态性检验，发现工作自主性指数呈偏态分布，工作自主性指数波峰在40分左右，超过一半的受访者工作自主性得分低于50分，可以认为工作自主性指数的得分偏低（见图10－4）。

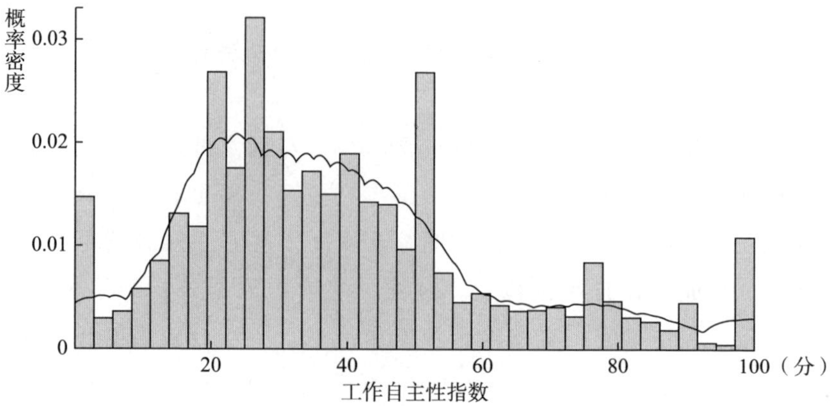

图 10－4　工作自主性指数的概率密度分布

约四分之三（73.78%）的受访者工作自主性指数在 50 分以下，具体来看，得分在 0～20 分的受访者占总体的 24.08%，21～40 分占 37.95%，41～60 分占 22.66%，61～80 分占 8.77%，81～100 分的比例为 6.54%，超过六成（62.03%）的被调查者的工作自主性评价在 40 分以下（见图 10－5）。

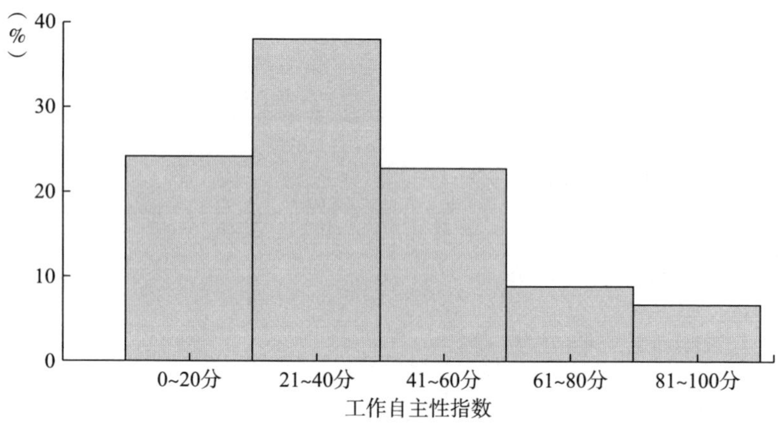

图 10－5　工作自主性指数分布类型比例

（二）工作自主性指数的群体差异

工作自主性与个人的职业特点和职业等级、社会阶层地位以及宏观的经济社会发展水平等因素有关。我们分别考察了个体的性别、年龄、婚姻状况、受教育水平、收入、政治面貌，以及工作单位的产业类型、单位类型、个人的行政级别、管理层级、户口性质等可能引起工作自主性指数差异的指标（见表 10－6）。

表 10－6 对工作自主性指数的群体差异进行 Kruskal-Wallis 检验的结果表明，由于年龄阶段（chi-squared = 20.414，$p = 0.0004$）、婚姻状况（chi-squared = 11.267，$p = 0.0036$）、收入（chi-squared = 17.182，$p = 0.0042$）、产业类型（chi-squared = 21.133，$p = 0.0001$）、单位类型（chi-squared = 11.023，$p = 0.0009$）和管理层级（chi-squared = 51.908，$p = 0.0001$）的变化，被调查者的工作自主性指数存在显著差异，而由于性别、受教育水平、政治面貌、行政级别和户口性质不同带来的工作自主性指数差异在统计学意义上则不具有显著性。具体来看，未婚单身或同居、离异或丧偶人群的工作自主性评价均高于已婚，未婚单身或同居的工作自主性评价最高；年龄段位于 16～25 岁的青年人的工作自主性评价最高，随着年龄增长自主性指数逐渐降低，46～55 岁的工作自主性指数中值为最低，在 56～65 岁这个年龄段中值又有所上升，随着年龄阶段的变化工作自主性指数中值趋势线呈“W”型。婚姻和年龄对工作中自主性评价的影响，反映个体处于生命历程的不同阶段而带来的工作自主性的需求和评价的差异（见表 10－6）。

收入与工作自主性指数中值之间的变化呈“U”型，即随着收入增长到 1 万～1.5 万元，工作自主性指数中值为最低值，到达波谷又开始显著上升，工作自主性指数随着收入的增长而增长。从职业因素来看，工作单位的产业类型不同，工作自主性评价不同，第一产业[①]劳动者的工作自主性指数分别高于第三产业[②]

① 包括农、林、牧、渔业等。

② 包括交通运输、仓储、邮电通信业、批发和零售贸易、餐饮业、金融保险业、房地产业、社会服务业、科教文卫业、国家党政机关和社会团体等。

和第二产业[①]的劳动者，即从事农业的劳动者工作自主性评价高于从事服务业、工业的劳动者。工作单位类型的影响表现在：党政机关、事业单位、军队、国有企业、集体企业、村委会自治组织等"体制内"单位的工作自主性低于"体制外"单位，如民营、私营、外资企业，个体工商户以及一些社会组织等，这可能由于体制内单位科层制度较为发达，管理也更加严格。管理层级的影响则表现在：处于领导职位的人的工作自主性指数显著高于中层管理者，中层管理者又显著高于普通职工。从收入、产业类型、单位类型和管理层级对工作自主性认知的影响可以看到，工作自主性受到工作因素的复杂影响（见图 10－6）。

表 10－6　工作自主性指数的群体差异

项目	类别	中值	均值	Kruskal-Wallis 检验
性别	男	35	38.58	chi-squared = 0.420 p = 0.5172
	女	35	38.51	
年龄	16～25 岁	40	42.39	chi-squared = 20.414 p = 0.0004
	26～35 岁	35	38.15	
	36～45 岁	35	38.60	
	46～55 岁	32.5	37.41	
	56～65 岁	33.75	35.72	
婚姻状况	未婚单身或同居	37.5	40.86	chi-squared = 11.267 p = 0.0036
	已婚	35	38.04	
	离异或丧偶	35	39.44	
受教育水平	小学及以下	40	38.96	chi-squared = 0.971 p = 0.6154
	中学/中专/技校	35	38.72	
	大专及以上	35	38.30	

① 包括采掘业、制造业、电力煤气及水的生产及供给业、勘查业、水利管理业、建筑业等。

续表

项目	类别	中值	均值	Kruskal-Wallis 检验
收入	0～5000 元	35	38.37	chi-squared = 17.182 p = 0.0042
	5001～10000 元	32.5	37.22	
	10001～15000 元	32.5	41.33	
	15001～20000 元	40	41.28	
	20000 元以上	41.25	47.32	
政治面貌	共产党员	35	38.42	chi-squared = 6.380 p = 0.0945
	共青团员	37.5	40.16	
	群众	35	38.33	
产业类型	第一产业	37.5	44.44	chi-squared = 21.133 p = 0.0001
	第二产业	32.5	36.01	
	第三产业	35	39.57	
单位类型	党政机关、人民团体、军队 事业单位 国有企业/集体企业等 村委会等自治组织	35	39.32	chi-squared = 11.023 p = 0.0009
	民营、私营企业，外资、 合资企业，个体工商户 民办非企业、社团等	37.5	46.49	
行政级别	处级（含副处）及以上	30	40.56	chi-squared = 4.433 p = 0.2176
	科级（含副科）	35	38.12	
	科员及以下	32.5	34.63	
	无行政级别	35	38.61	
管理层级	领导	40	47.68	chi-squared = 51.908 p = 0.0001
	中层管理人员	37.5	41.00	
	普通职工	32.5	36.47	
户口性质	农业户口	37.5	39.30	chi-squared = 0.726 p = 0.3941
	非农业户口	35	38.24	

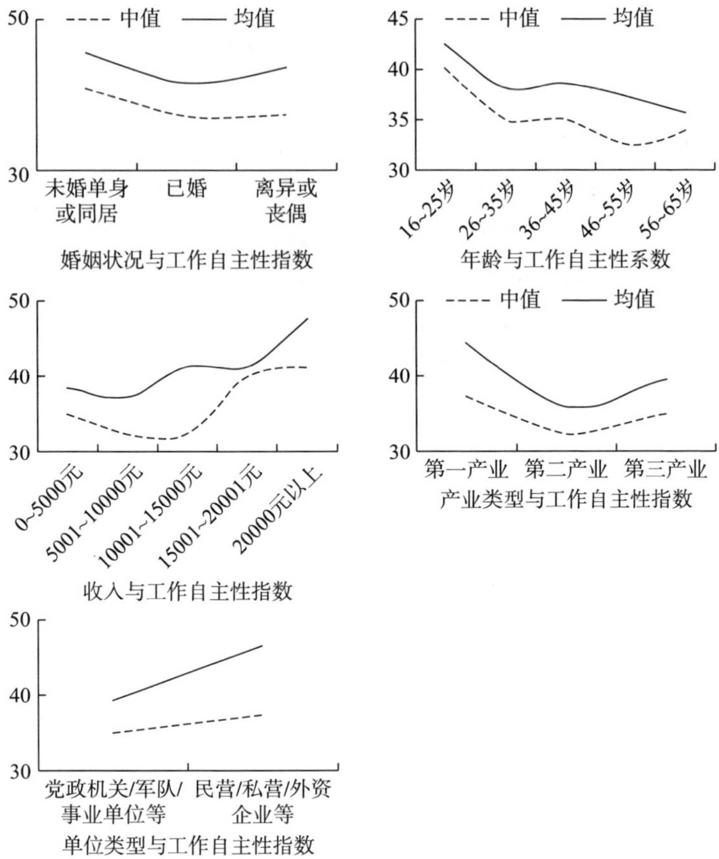

图 10－6　工作自主性指数的群体差异

六　结论、讨论与政策建议

随着人们生活水平的不断提高，劳动者对工作环境和工作质量的要求也在不断提升。工作自主性是工作质量研究中的一个重要维度，在这个背景下，本章对工作自主性的客观制度建设和主观评价进行了分析。

工作自主性的客观制度建设包括雇员参与制度和灵活工作制度，雇员参与自主性主要是指员工能够在多大程度上参与组织行使管理职能的过程，工作安排自主性包含灵活的工作制度和对灵活工作的主观评价。调查结果表明，雇员参与制度的建设仍较为滞后，甚至有16.7%的单位没有任何与上下级沟通的渠道，30.8%的单位只有意见箱这一种沟通渠道。灵活工作制度中休假制度受到法律的保护，执行状况较为良好，能够休足带薪年假的比例为81.68%，比例较高，将调休作为福利的单位比例为31.18%。刚性极强的工作时间和工作任务约束制度已经不占主流，仅38.41%的受访者表示上下班一定要打卡，28.52%的受访者表示单位要求在规定的时间内完成工作任务。总体而言，工作自主性在休假、工时、工作任务方面的制度建设较好，在雇员参与方面的制度则相对落后。

工作自主性的主观评价分为雇员参与满意度、灵活工作偏好和灵活工作评价三个方面。调查结果表明，对工作中表达个人意见机会的满意度较高，73.92%的人持满意态度。被访者表示不喜欢加班、不喜欢工作任务按时间规定完成、不喜欢上下班打卡的比例均超过六成（分别为73.27%、71.59%和64.92%）。与客观制度建设的结果不同，无论在雇员参与方面，还是在灵活工作方面，绝大多数的受访者认为个人在工作中的自主性较低，具体则表现在工作量、工作时间、工作内容、工作计划和领导干预中“不自主”的选择比例上（选择不自主的比例分别为64.32%、64.63%、66.58%、67.99%和38.28%）。

对工作自主性进行因子分析、甄选题器，最后选择工作量、工作时间、工作内容和工作计划4个题器反映劳动者对工作自主性的主观评价。进行指数拟合的结果显示，约四分之三（73.78%）的受访者工作自主性指数在50分以下，超过六成（62.03%）的被调查者的工作自主性评价在40分以下，主观评价下的工作自主性指数处于较低水平。而工作自主性指数的群体差异与劳动者的年龄阶段、婚姻状况、收入、工作的产业类型、单位类型和管理层级有关，而性别、受教育水平、政治面貌、行政级别和户口性质对工作自主性则不具有显著影响。我们可以看到工作自主性首先是受到个体生命周期的影响，处于中年和已婚的劳动者的工作自主性评价较低；第二是受到职业特点的影响，在第二产业、在体制内单位中工作的劳动者工作自主性指数较低；第三是受到个体职业地位的影响，处于领导职位、属于高收入群体的工作自主性指数较高。

工作状况体现的是由劳动分工中的位置所决定的一组社会关系，人们由于支配权力的大小不一，在工作场所的权威体系中占有不同位置，同时也包含他们在执行工作任务和扮演不同角色时的工作自主性程度（李路路、秦广强、陈建伟，2012），工作自主性反映了人们在工作场所中的权威、权力和阶层。但是，我们在对收入、产业类型、职业地位、单位类型与工作自主性关系的考察中发现，工作自主性出现差异的原因并不能大而化之。例如，随着收入的增长，工作自主性评价在一定阶段呈现下降的趋势；而“体制内”单位作为“正规经济”（黄宗智，2009），在中国的劳动力市场一直以来被认为具有优势，但是其工作自主性指数低于“非正规经济”中的劳动者。概括而言，首先，劳动者对于工作自主有较大的偏好和需求，既表现在灵活工作方面，也表现在雇员自主参与管理方面；其次，工作场所的工作自主性制度建设十分缺乏，在雇员参与的沟通和实现机制、弹性工作机制、工作任务衡量机制以及家庭照顾机制方面都亟待建设和提高，这可能是提高工作自主性主观评价的最重要的因素。最后，工作自主性受到个体生命周期（如年龄、婚姻状况）、职业特点（如产业类型）、职业阶层地位（如收入、管理层级）的影响，但影响的方向并不一致，第一产业劳动者的工作自主性高于第二和第三产业，尤其高于第二产业劳动者，管理层级越高工作自主性越高，但收入对工作自主性的影响呈先降低后升高的“U”型，这些因素产生影响的方向是不一致的。性别、受教育水平、政治面貌、行政级别对工作自主性的影响则较小，工作自主性的影响机制有待进一步挖掘。

参考文献

陈建伟，2016，《中国城市受雇人口的工作质量与雇佣关系》，中国社会科学院社会发展战略研究院。

陈微波，2012，《工业民主理论的发展、困境及其变革——以民主与管理的价值整合为线索》，《社会科学》第6期。

布雷弗曼，哈里，1979，《劳动与垄断资本：二十世纪中劳动的退化》，方生等译，商务印书馆。

黄宗智，2009，《中国被忽视的非正规经济：现实与理论》，《开放时代》第2期。

李汉林、吴建平，2010，《组织团结过程中的员工参与》，中国社会科学出版社。

李路路、秦广强、陈建伟，2012，《权威阶层体系的构建——基于工作状况和组织权威的分析》，《社会学研究》第6期。

斯科特，W. 理查德，杰拉尔德·F. 戴维斯，2011，《组织理论：理性、自然与开放系统的视角》，高俊山译，中国人民大学出版社。

布若威，迈克尔，2015，《制造同意——垄断资本主义劳动过程的变迁》，李荣荣译，商务印书馆。

罗宾斯，斯蒂芬，蒂莫西·贾奇，2016，《组织行为学》，孙健敏等译，中国人民大学出版社。

叶岚，2016，《自主支持环境下自主性控制性情感对创造性绩效的影响机制》，北京科技大学博士学位论文。

张帆，2016，《劳动者的工作-生活平衡研究》，中国社会科学院社会发展战略研究院。

Brey, P. 1999. "Worker Autonomy and the Drama of Digital Networks in Organizations." *Journal of Business Ethics* 22: 15-25.

Kalleberg, A. L. 2011. *Good Jobs, Bad Jobs: The Rise of Polarized and Precarious Employment Systems in the United States, 1970s-2000s*. New York: Russell Sage Foundation.

第十一章　工作－家庭关系、性别与工作倦怠

现代社会的生活节奏不断加快，竞争也日趋激烈，人们往往需要付出比以往更多的辛劳。但是，长期处于高强度的工作状态很容易使人产生焦虑与疲惫，换言之，工作倦怠的发生概率随之增大，由此带来了一系列负性事件。因而，如何有效地预防和降低工作倦怠迫在眉睫。

一　背景与问题

工作倦怠又称“职业枯竭”，是工作满意度的反面，1974 年美国精神分析学家 Freudenberger 首次提出这一概念，用以描述劳动者在工作过程中遇到的各种矛盾冲突导致的身体和情绪的耗竭之感。目前工作倦怠研究大体沿着个体特征和工作特征两个方面切入，尤以工作特征为主要分析路径。其中，个体特征涉及以性别、年龄为代表的人口学变量和人格变量，而工作特征虽然包括工作单位、工作量、角色关系、支持与资源、信息与控制感、公平感、人际情绪压力等众多因素，但它对于员工工作倦怠的影响业已显现一定的研究“内卷化”。

实际上，完整意义上的个体生活并不局限于单一的工作场景，甚至工作占有率很高的“工作狂”也有着工作之外的其他生活。一个显而易见的生活场景就是家庭，且在现代社会中还与工作场景紧密勾连，以至于人们时常苦恼于工作与家庭的平衡。有研究指出，虽然工作和家庭属于两个不同的场景，但二者的边界相对

比较模糊，这导致个体如果没有足够时间和精力完成某一场景中的任务，就会调用另一个场景中的资源，使两个领域发生冲突，进而降低工作满意度，诱发工作倦怠。因此，有必要梳理工作－家庭关系并加强从家庭视角来丰富工作倦怠研究。具体而言，本文试图做出以下几点努力。

首先，从工作－家庭关系角度审视工作倦怠的影响因素，拓展工作倦怠的研究视角。工作－家庭关系本为一种双向互动状态，但针对不同方向的研究并不平衡，以往研究更多关注工作层面，忽视了家庭层面，而家庭同样是员工生活的重要组成部分，为员工提供资源，特别是对于女性而言。对工作－家庭关系的认识经历了从消极到积极再到正反两方面相融合的过程，早期研究侧重考察工作、家庭冲突的消极后果，而20世纪初开始关注工作、家庭之间的积极状态。工作－家庭关系在员工创造性与离职方面运用较多，但在工作倦怠方面鲜有探讨。

加班延长了工作时间，对家庭生活造成了挤压。“鱼与熊掌不可兼得”，如何更好地平衡工作与家庭间的关系也成为一种“周旋”的艺术。工作自主性可以成为员工在不同角色之间进行转换的重要按钮，因为工作自主性赋予了员工自我决定权。有研究发现，个人对工作的控制程度（即工作自主性）能够有效提高工作满意度。因此工作自主性无疑是工作－家庭关系中的重要内容，但以往对工作自主性的分析往往被放在员工工作活力与创造性的范畴，而从工作自主性对工作－家庭关系调节作用方面切入的分析很少。

其次，在面对工作、家庭不同场景时会面临不同的性别角色分工。随着世界范围内女权运动的蓬勃发展与性别平等意识的不断深化，从家庭场景向工作场景转移似乎已成为现代女性独立人格的重要表现之一。但性别的生理预设相对稳定，生育责任更多需要女性承担，尤其表现在儿童婴幼儿时期对于女性的绝对依赖。数据显示2016～2018年，我国新生儿数量分别为1846万、1758

万和1523万。2019年4月17日，国务院办公厅印发《关于促进3岁以下婴幼儿照护服务发展的指导意见》。我国3岁以下婴幼儿数量巨大，婴幼儿的照护服务关系亿万家庭的幸福，而婴幼儿的照料也成为制约产妇回归工作岗位的重要因素。虽历经时代发展演变，性别角色分工仍按照一定规律运行，尽管已有学者从性别角度对工作－家庭关系的研究进行拓展，但以往研究更多的只是从整体上考察两性差异，对于男女两性的具体的性别作用机制认识不足。

再次，对于工作倦怠的分析往往局限于横向、静态的观察，而对于倦怠过程在不同职业发展阶段的分析较少。事实上作为时间指标的年龄既表达了一种动态的变化，也承载了一定的社会要求，个体被社会赋予与年龄相匹配的责任与义务，社会对此也寄予相应的期望。如果个体行为与对应年龄的角色要求发生冲突，就会受到社会要求的束缚。不同年龄段的员工面对着不同的工作、家庭角色要求，需要处理不同的家庭生活问题。男女两性在不同时期的角色分工同样存在巨大差异，因此对于个体工作倦怠的分析也需要从时间的角度展开。

最后，早期研究更多关注研究对象的特殊性而在一定程度上忽视了不同行业的整体性，分析对象多集中于教师、医生、护士等与个体面对面交流的服务性行业，对于其他行业的分析较少。本文使用的中国社会科学院李汉林研究员主持的中国城镇居民工作环境调查（2017）收集了“全行业”数据，使我们可以对服务业之外的其他行业进行拓展研究。

综上，与以往研究从个体特征和工作特征理解不同，本文将视角向工作－家庭关系拓展，从反面探讨工作－家庭关系对于消除工作倦怠的积极作用，进而在分析工作自主性对于工作倦怠影响效果的同时引入“职业生命周期”，以年龄为标尺将工作人群拆分细化研究工作倦怠，并尝试探索工作倦怠的性别差异与背后的社会因素。

二　研究设计

（一）工作－家庭关系与工作倦怠

溢出－交叉效应模型（spillover-crossover model）是“工作－家庭关系”研究的重要理论。工作、家庭不同场景的“溢出”和“交叉”情况常被分开研究。但是，溢出理论通常忽略了员工工作对家庭福祉影响的可能性，与之相对的单纯交叉理论又忽略了从员工身份到“家庭合伙人”的经历中与工作相关的分析。因此，需要对工作、家庭溢出与交叉的不同状态进行整合。该模型描述了工作、家庭两个场景中的资源与影响的相互渗透状态，这为从家庭角度研究工作倦怠提供了有利参考。溢出－交叉效应模型认为个体在工作中的相关体验可以溢出至家庭领域，并通过社会互动交叉影响配偶的幸福感，而配偶的幸福感又会进一步影响员工的幸福感。

工作－家庭关系可以简单区分为消极与积极两种，但无论积极或消极，工作要求和工作资源都会影响工作家庭变化。在此基础上，考虑到对于工作－家庭关系的研究已在很大程度上完成从消极向积极的转变，也即目前多数研究刻意回避“消极”研究视角，而在工作－家庭关系的“消极”研究阶段并未充分考虑到职业生命周期等因素。为了与“负向”作用的倦怠感保持一致，本研究暂不讨论工作、家庭关系间的“积极”作用，而主要从“消极”的角度分析工作－家庭关系对于工作倦怠所产生的影响，尝试从反面凸显和谐工作－家庭关系的重要性。在此本文将工作对于家庭的挤压定义为“工作消极溢出”，将家庭对于工作的挤压定义为“家庭消极溢出”。

工作与家庭在个体完整生命周期中都扮演着重要角色，但两者的关系是否协调又会影响员工的工作倦怠程度。一方面，两者对个体履行角色要求存在一定的冲突性；另一方面，在灵活而稳定的工作方式下家庭也被带入工作场所当中，工作与家庭间的边界趋于模糊，二者的冲突因此成为棘手的问题。资源保存理论（Conservation of Resource theory，COR theory）认为，如果个体失去特定的资源，或预期需求无法得到有效满足就会产生职业倦怠。在较为成熟的工作－家庭关系“消极”研究视角中，要求和资源是造成工作、家庭冲突的重要原因。在精力有限的前提下，任何资源都会成为工作、家庭两方共同争夺的对象，资源不足就会造成个体内部的矛盾冲突，进一步引发倦怠。也即当工作、家庭需求的任何一方得不到有效满足时，倦怠感就会“油然而生”。据此提出以下假设：

假设1a：工作对家庭消极溢出越大，工作倦怠程度越高。

假设1b：家庭对工作消极溢出越大，工作倦怠程度越高。

工作倦怠的产生在很大程度上是由于独立个体无法在工作、家庭的不同空间中灵活抽身，工作、家庭冲突是个体有限的时间、精力无法同时满足工作、家庭双重需求的结果，工作时间成为引发工作、家庭冲突的基本因素。由于工作、家庭冲突的普遍性，如何有效实现员工工作与家庭之间的角色转换无疑有助于倦怠问题的解决，由此引入了工作自主性的概念。工作自主性（task autonomy）是指员工自我感觉能够独立地控制自己的工作，包括决定工作方法、工作程序、工作时间和地点以及付出多少努力等。[①] 作为工作自主性的早期概念，工作控制（job control）相关领域的研究表明，较低的工作自主性或工作控制感对于员工的工作热情与主动性会产生消极作用。也即当员工感觉难以自主控制工作时，工作热情褪去后相应的倦怠感就会产生。

在员工工作压力紧绷时，除了从绝对工作量入手减少工作负

---

① 《工作自主性》，MBA 智库文档，https://doc.mbalib.com/tag/工作自主性，最后访问日期：2018 年 8 月 2 日。

担外，适当的放松与来自家庭的鼓励无疑能缓解长时间工作的紧张感，从而使员工精神饱满地投入新一轮的工作中，达到事半功倍的效果。工作自主性是员工进行角色转换的按钮，如果能够恰当兼顾好工作与家庭的不同场景，将会提高个体的工作满意度，从而降低倦怠感。据此提出以下假设：

假设 1c：工作自主性越高，工作倦怠程度越低。

工作自主性通常也被作为心理授权概念中的重要组成部分，而这与工作倦怠在个体心理情绪方面的“耗竭”表现相契合。员工对于权能感的认识在决定员工工作状态的同时也影响组织绩效，而在工作之外干预家庭事务的能力往往被忽视。如果个体的自尊、自信等主体感受一再受挫，将会出现消极“无力感”的内化。权能感低下将严重影响员工的工作动力与期望。进一步考虑员工心理不适的消极后果，相对较高的工作需求与员工自身的低工作控制感很容易使其产生抑郁等不良症状。面对员工的消极心理状态，为其提供相应的社会支持，使其走出不良心理阴影是解决问题的关键，而来自家庭的作用不容忽视。

之所以将工作自主性作为工作 - 家庭关系影响工作倦怠的调节变量，在于员工的工作是否自主也是组织与员工之间信任关系的体现，同时也代表了工作组织与家庭构成之间的和谐关系。工作环境中信任的缺失会影响工作绩效或提高管理成本，因此工作自主性被认为是一种信任关系的标志。除组织信任范畴外，组织公平也会在一定程度上影响员工对工作意义、工作能力、自主性、影响力的看法。在信任背景下的组织支持可以提高员工的自我效能感，从而减少倦怠问题的产生。

如果进一步从家庭角度分析，更高的工作自主性意味着员工有机会对家庭生活进行更全面的照顾，对家庭付出的同时也可以获得相应的情感支持作为回报，家庭关系处理得好有利于解决工作中的后顾之忧。心理授权与工作 - 家庭关系促进具有直接的相互关系，特别是工作自主性在工作、家庭间可以显著发挥正向促进作用。对工作自主性的感知越高表明员工对工作安排的灵活度越大，因此也更容易协调工作－家庭关系，有效促进工作与家庭的良性互动。据此提出以下假设：

假设1d：工作自主性反向调节工作消极溢出对于工作倦怠的作用。

假设1e：工作自主性反向调节家庭消极溢出对于工作倦怠的作用。

（二）工作－家庭关系与性别角色

男女两性在处理工作－家庭的关系中扮演不同角色。生理结构决定了在传统农业生产中男性的主导地位与女性“相夫教子”的从属地位，而这一传统的“男主外，女主内”性别分工模式也常被作为“男尊女卑”的代表进行批判。为了突破这一藩篱，女性群体尝试通过各种行动在以男性为主导的工作场景中谋求一席之地。第二次世界大战中女性群体为同盟国胜利发挥了重要的后勤保障作用；在我国农业合作化运动时期，女社员走出家门与男社员共同进行生产劳动，毛泽东主席因此提出“妇女能顶半边天”的口号。随着现代产业的发展，尤其在高新技术产业中对于智力的比拼已经远远超出简单的体能范畴，体力劣势对女性群体在工作过程中的限制不断被打破。

性别平等意识如今早已深入人心，社会环境的客观变化与女性群体的主观努力共同促进了女性可以在工作环境中取得与男性平等的工作机会，虽然距离这一目标的最终实现还有一段过程，但女性已为之所付出的巨大牺牲是有目共睹的。在工作场景中的投入意味着在一定程度上家庭关照的减少，女性在做出生育与工作的选择时冲突尤为明显。这里涉及对于“母职”的不同评价，一些女性主义学者批评母职是一种压迫女性的社会建构；也有学者从正面分析女性在母职任务中所发展的具有道德意涵的特殊思维能力。在工作－家庭关系中，母职认同是否发挥作用依赖于家庭中母亲身份的确立，而子女无疑是最直接的维系家庭关系的纽带。孩子在情感上以“无价”的方式存在，尤其在中国，孩子除了作为父母情感的寄托外，还须在成年后承担重要的家庭养老责任。也即工作-家庭关系重要一方的家庭作用的发挥在很大程度上受到子女数量的影响。

女性对于家庭有着特殊的亲近，不能为了彰显男女平等而进行人为割裂，女性通过工作过程进行自我提升也应立足于生理性别决定的个体与社会基础。家庭所具有的情感共同体属性使其承担了重要的庇护作用，这一点对于男女两性共同适用，而女性则是发挥家庭情感支持作用的主导。与职场中的激烈竞争形成鲜明对比的是家庭的温馨氛围，再次回到“男主外，女主内”的性别角色分工模式，男女两性从小接受不同的性别教育，作为“男子汉”的男性被要求承担更多的责任。男性的“刚强”似乎更适合在职场中打拼，而女性的“柔美”与勤俭持家更为契合。换言之，职场环境对于女性而言较为陌生，如果角色定位无法完全匹配也会产生倦怠之感。在此，本研究参照性别分工的“元假设”提出：

假设 2a：工作消极溢出越大，女性的工作倦怠感更高。

假设 2b：家庭消极溢出越大，男性的工作倦怠感更高。

假设 2c：工作自主性越大，男性的工作倦怠感更低。

（三）职业生命周期的探索

员工的角色扮演除了受到工作、家庭不同关系网络影响外，还会受到时间的影响，具体表现为不同年龄段的个体需要面对不同的工作、家庭环境。于洪彦和刘艳彬的中国家庭生命周期模型将个体分为 35 岁以下，35～60 岁与 60 岁以上三个阶段。在中国家庭生命周期模型中，个体的家庭生活构成十分复杂，涵盖了婚姻、子女、年龄等各类因素。如果要为家庭生命周期寻找可量化标准，家庭成员的基数与年龄无疑是家庭生命周期中最常用的两个指标。为了量化家庭与工作之间的相互影响，本研究重点将年龄作为中间桥梁，分析工作 - 家庭关系在个体发展不同时段中的表现，特别是对工作倦怠所产生的影响。

以年龄为标准剖析“职业生涯发展阶段理论”，中外学者都对其进行了细致的研究与划分。国外对于职业生涯理论研究的起步较早，其中较具代表性的有萨柏（Super）、施恩（Schein）与格林豪斯（Greenhaus）的职业生涯发展理论。该理论根据年龄将人生阶段与职业阶段相匹配，每个阶段各有其发展任务。近年来国内对于职业生涯发展理论的研究也取得很大进展。郑绍濂等学者将员工职业生命周期分为职业探索性阶段（25 岁之前）、立业与发展阶段（25 ~45 岁）、职业中期阶段（45 ~60 岁）、职业后期阶段（60 岁之后）四个阶段。在我国的职业制度要求中，特别是在企、事业单位中，35 岁、40 岁、45 岁、60 岁等关键年龄节点常被作为限制性要素，例如许多大学招聘教师都以 35 周岁以下作为年龄标准，生理年龄的“刚性”限制难以逾越。也有研究者专门分析了青年群体的职业特点，发现 18 ~30 岁是青年完成向成年期过渡的重要阶段，20 ~34 岁的青年正处于由职业不稳定期向职业稳定期过渡的阶段。

本研究尝试在以往针对工作、家庭不同领域“年龄”研究的基础上归纳“职业生命周期”。设计比重上更多考虑“职业生涯发展理论”的标准，而将“家庭生命周期”作为参考。从因变量工作倦怠的特殊性出发，本研究所关注的倦怠发生环境主要集中于工作场景中，是针对不同工作情况产生的情绪变化，而这一情绪反应可能因职业生涯的结束——退休而失去作用来源。由职业生涯发展理论中的年龄节点分布可知，25 岁、30 岁、45 岁和 60 岁的使用频率较高，并且以上节点大致可以将个体职业生涯归纳为前期积累、中期稳定与后期衰退三个阶段（见图 11 -1）[①]。

① 通过对相关文献中职业生涯发展阶段理论的常用年龄节点进行梳理，寻找出现频次较高的年龄节点作为本研究的分样本依据。

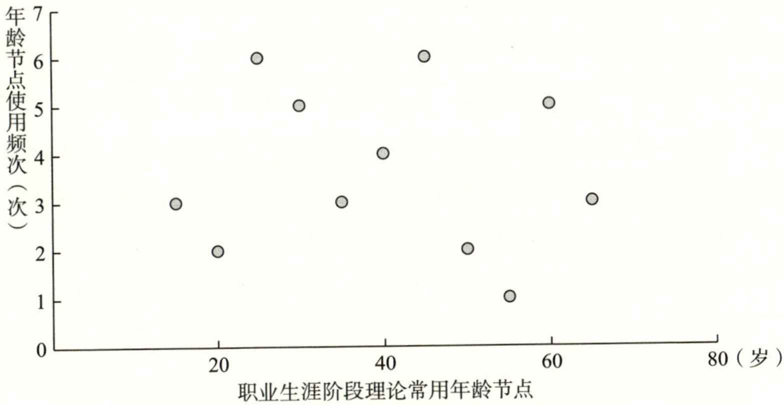

图11-1 职业生涯发展理论年龄节点分布

在我国传统文化中对于男性常有“三十而立”的说法。30岁是个体工作与家庭生命周期中的关键转折点。这一时期对于个体的工作或家庭生活都非常重要，而面对工作与家庭的需求矛盾，组建家庭并生儿育女是多数女性的首要考量。因此本研究将个体生命历程中的“矛盾”年龄节点30岁作为第一个分样本的年龄依据。职业发展方面，个体职业适配度随年龄的变化总体呈倒“U”型发展过程。通常意义上个体的职业巅峰状态一般出现在职业稳定发展的“中间”时期。该年龄段男性在家庭生活方面则会面临“上有老，下有小”的中年危机困境。职业生涯的巅峰与家庭生活的压力形成鲜明对比。综合考虑职业发展的阶段特点，本研究将个体职业发展的“巅峰”与家庭生活压力集中爆发的年龄节点45岁作为分样本的第二个年龄依据。

参考家庭、职业生命周期与性别角色相关理论，并且为了兼顾样本的均衡性，依据30岁、45岁这两个时间节点将总体分成30岁以下的职业初期阶段、30~45岁的职业中期阶段和45岁以上的职业后期阶段三个阶段分别进行分析，以探究不同阶段工作-家庭关系对工作倦怠影响的差异。通过30岁与45岁两个年龄节点完成每一年龄群体与相应社会背景要求的对应。个体的角色行为如果与社会要求发生偏差就会受到来自社会的压力，时空记录的重要性不容忽视，社会时间表、年龄规律以及年龄段身份会对个体进行制约。个体的职业生涯可能会因退休年龄而结束，但家庭的影响则从出生到死亡伴随个体完整生命过程。据此提出以下假设：

假设 3a：职业初期女性会受到更多工作消极溢出的影响。

假设 3b：职业中期男性会受到更多家庭消极溢出的影响。

（四）变量操作化

本研究基于 2017 年 8 ~9 月进行的“中国城镇居民工作环境调查”，采用分层不等概率抽样，相应的抽样单元分别是区（县）、街道（镇）、居委会、住户和居民。其随机样本覆盖全国 24 个省、自治区和直辖市的 59 个市（区）的 17 ~70 岁在城镇工作的劳动者，并且研究对象涉及包括服务业在内的各个行业，可以有效扩展工作倦怠研究的适用领域。

因变量为“工作倦怠”（F10. 在工作中，您是否经常有下列感受或体会？A 工作十分劳累，打不起精神；B 工作压力大，总有做不完的事；C 对工作越来越提不起兴趣；D 对自己失去信心，越来越没有自信；E 感到困难太大，再怎么努力也不行；F 在单位不开心，看什么都不顺眼），转换为 0 ~100 的方式计分①，分数越高，倦怠程度越高。

核心自变量除了工作自主性（C26. 您是否能够自主决定工作中的下列事项？A 工作量的大小；B 工作时间的长短；C 工作节奏的快慢；D 工作地点的选择；E 工作内容的取舍；F 工作进度的调整）外，还包括工作对家庭消极溢出（C42. 下列各种说法，多大

① 根据与核心概念的相关性选择子题项，按照回答选项的“经常”“偶尔”“从不”等不同程度分别赋值，并进行潜在类别分析。核心自变量的计分方式与此类似。

程度上符合您的实际情况？J 八小时之外还要接听工作电话、收发电子邮件、回复消息；L 八小时之外还要参加工作聚会或应酬；Q 下班之后，我仍然惦记着工作中的事情）与家庭对工作消极溢出（C42. 下列各种说法，多大程度上符合您的实际情况？A 工作时，常和家人通电话、发短信、用微信或 QQ 聊天；C 工作时还惦记家里的事情；D 因为家里的事情，工作时常早退、迟到、开溜或请假）两个部分，主要表现为工作、家庭某一领域对于另一领域中的资源、时间、个体精力等的挤占，且同样按照 0～100 的方式计分。

控制变量包括个体属性的性别（0 = 女性；1 = 男性）、年龄、受教育年限、收入，岗位属性的体制内外（0 = 体制内；1 = 体制外）与家庭属性的抚养比①。

三　数据分析

在所有样本中，男性群体占 34.83%，只有三分之一，而女性占到了样本的大多数。样本平均年龄是 35.08 岁，正处于事业蓬勃发展期。样本平均受教育年限 12.96 年，基本在大学教育层次之下。体制外的岗位比例高达 85.61%，只有少部分样本拥有“铁饭碗”。工作自主性在 0～100 的计分方式下为 48.97，即样本的总体工作自主性处于中等水平。抚养比为 0.16，样本的总体家庭负担较小。工作对家庭消极溢出在 0～100 的计分方式下表现为 48.42，家庭对工作消极溢出的均值为 42.71，也都处于中等水平。工作倦怠的均值为 30.66，样本的工作倦怠发生情况不容忽视（见表 11－1）②。

① 抚养比 = 家庭中需要照料的人口数（婴幼儿、老人、残疾人等）/全家劳动人口总数。

② 为方便观察交互效应，所有模型当中的工作自主性、工作对家庭消极溢出、家庭对工作消极溢出已做对中化处理。

表 11-1 变量统计

项目	均值/百分比	标准差
性别（男性）	34.83	—
年龄	35.08	9.22
受教育年限	12.96	2.80
个人收入（Log 收入）	8.36	0.66
体制内外（体制外）	85.61	—
抚养比	0.16	0.37
工作自主性	48.97	31.00
工作对家庭消极溢出	48.42	21.48
家庭对工作消极溢出	42.71	20.31
工作倦怠	30.66	21.19

（一）工作-家庭关系与工作倦怠：兼论自主性的调节作用

为了解工作-家庭关系对工作倦怠的影响及工作自主性在二者之间的调节效应，首先使用多元回归建立三个模型。模型一涵盖了所有变量，分析各变量对工作倦怠的影响，而之后的两个模型分别将工作消极溢出和家庭消极溢出与工作自主性做交互，以此检验关键变量的调节效应（见表 11-2）。

表 11-2 工作倦怠影响因素分析回归模型

项目	模型一	模型二	模型三
性别（女性=0）	1.079 +	0.936	1.021 +
	(0.573)	(0.571)	(0.573)
年龄	-0.179 ***	-0.174 ***	-0.179 ***
	(0.032)	(0.032)	(0.032)
受教育年限	-0.430 ***	-0.476 ***	-0.444 ***
	(0.113)	(0.112)	(0.113)

续表

项目	模型一	模型二	模型三
收入	0.317	0.380	0.348
	(0.457)	(0.457)	(0.455)
抚养比	3.786***	3.629***	3.738***
	(0.720)	(0.718)	(0.720)
体制内外（体制内=0）	-0.591	-0.456	-0.574
	(0.791)	(0.789)	(0.791)
工作自主性	-0.080***	-0.082***	-0.078***
	(0.010)	(0.010)	(0.010)
工作消极溢出	0.060***	0.066***	0.061***
	(0.013)	(0.013)	(0.013)
家庭消极溢出	0.170***	0.175***	0.174***
	(0.014)	(0.014)	(0.014)
工作消极溢出与工作自主性交互	—	-0.003***	—
	—	—	(0.000)
家庭消极溢出与工作自主性交互	—	—	-0.001**
	—	—	(0.000)
常数项	39.367***	39.650***	39.544***
	(4.059)	(4.046)	(4.058)
N	6799	6799	6799
调整 R^2	0.0436	0.0500	0.0445

注：1. 括号中为标准误；2. $^{+}p<0.10$，$^{*}p<0.05$，$^{**}p<0.01$，$^{***}p<0.001$。

在模型一，即全样本模型中，工作对家庭消极溢出与家庭对工作消极溢出都会显著增加工作倦怠感，这说明在工作、家庭的不同空间存在一种相对平衡状态，这种平衡无论从哪一方向被打破都会使个体产生疲惫与焦虑等倦怠之感，而工作自主性越高，工作倦怠感会在0.001的水平上显著越低，说明在工作、家庭不同空间中灵活的角色转换可以有效降低倦怠感的产生。此外，男性的工作倦怠感要高于女性，且在0.1的水平上显著，这也说明

“男主外”的男性群体总体上要面对更多的工作生活压力，这为之后根据性别分样本提供了依据。随着年龄增加，工作倦怠感会显著降低，这也为之后根据年龄分样本提供了依据。受教育年限在0.001的显著性水平上降低工作倦怠感，抚养比会显著增加工作倦怠感，且在0.001的水平上显著。在体制外工作虽然能够减少工作倦怠感，但是该作用并不显著。

模型二在加入工作消极溢出与工作自主性的交互项后，当工作自主性处于平均水平时，工作消极溢出每增加一个单位会增加0.066单位的倦怠感，并且在0.001的水平上显著。而当工作消极溢出处于平均水平时，工作自主性每增加一个单位能够显著减少0.082单位的倦怠感。其中工作自主性会对工作消极溢出形成0.003单位的抑制效应，且该效应在0.001的水平上显著。家庭消极溢出每增加一个单位会产生0.175单位的倦怠感。其他变量对工作倦怠的作用方向保持不变。

模型三在加入家庭消极溢出与工作自主性的交互项后，在工作自主性处于平均水平时，家庭消极溢出每增加一个单位会产生0.174单位的倦怠感。而当家庭消极溢出处于平均水平时，工作自主性每增加一个单位能够减少0.078单位的倦怠感。工作消极溢出对于工作倦怠的单位“贡献”为0.061。以上三者的作用效果都在0.001的水平上显著，工作自主性对于家庭消极溢出的抑制作用在0.01的显著性水平上表现为0.001个单位。其他变量对于工作倦怠的作用方向与模型一、二相同。虽然抑制作用较小，但是较高的显著性说明工作自主性对工作消极溢出与家庭消极溢出抑制作用的客观存在，角色转换按钮的作用不容忽视。

（二）工作－家庭关系对工作倦怠影响性别差异

依据有无子女将所有样本分成两类，即模型四、五，又根据性别将总体分为女性与男性两个样本，对应模型六、七。通过该方式考察工作倦怠感产生的性别差异（见表11-3）①。

表11-3　子女、性别的分样本工作倦怠回归模型

项目	模型四（无子女）	模型五（有子女）	模型六（女性）	模型七（男性）
性别（女性=0）	-0.744	1.597*	—	—
	(0.955)	(0.724)	—	—
年龄	-0.109	-0.062	-0.173***	-0.181***
	(0.104)	(0.043)	(0.041)	(0.050)
受教育年限	-0.965***	-0.208	-0.223	-0.862***
	(0.205)	(0.136)	(0.141)	(0.185)
收入	0.528	0.164	0.429	0.103
	(0.813)	(0.560)	(0.585)	(0.727)
抚养比	1.186	5.730***	3.127***	5.102***
	(1.296)	(0.886)	(0.886)	(1.232)
体制内外（体制内=0）	-2.118	0.181	-0.649	0.060
	(1.435)	(0.946)	(0.983)	(1.328)
工作自主性	-0.100***	-0.068***	-0.045***	-0.155***
	(0.018)	(0.011)	(0.012)	(0.017)
工作消极溢出	0.118***	0.030+	0.074***	0.031
	(0.024)	(0.016)	(0.017)	(0.023)
家庭消极溢出	0.163***	0.170***	0.151***	0.204***
	(0.025)	(0.017)	(0.018)	(0.024)
常数项	46.435***	31.576***	35.769***	47.333***
	(7.185)	(5.134)	(5.144)	(6.726)
N	2335	4464	4434	2365
调整 R^2	0.0506	0.0406	0.0329	0.0792

注：1. 括号中为标准误；2. + $p<0.10$，* $p<0.05$，** $p<0.01$，*** $p<0.001$。

① 基于似无相关模型SUR的检验（SUEST），p 值分别为0.0025、0.0000，模型四、五，模型六、七的组间系数存在显著差异。

模型四是无子女样本模型，模型五是有子女样本模型，通过比较两个模型可以发现，对于无子女的样本而言，他们的工作倦怠情况并不存在显著性别差异，但在有子女的样本中，男性比女性的倦怠感高 1.597 个单位，可见对于工作倦怠进行性别分析尤为必要。无子女样本中工作消极溢出对于倦怠感的增加作用相较于有子女样本高出 0.088 个单位，工作自主性的作用效果也在无子女的样本中更高，而家庭消极溢出对于工作倦怠的增加作用则在有子女的样本中更高。此外，受教育年限的增加能够显著减少无子女群体的工作倦怠感，而抚养比则会显著增加有子女群体的倦怠感。

模型六是女性样本模型，模型七是男性样本模型，对比发现两个群体间差异明显。在女性样本中工作消极溢出每增加一个单位会在 0.001 的水平上显著增加 0.074 单位的倦怠感，但是工作消极溢出对于男性群体的作用则并不显著，由此可知女性群体更易受到工作消极溢出的影响而产生工作倦怠感，因此需要重新梳理女性在工作过程中的各个环节，将不良工作因素降到最低，为女性创造更加和谐的工作环境。而在家庭消极溢出方面，男性样本所受到的影响则比女性高出 0.053 个单位，说明男性群体更易受到家庭消极溢出的影响，因此需要从家庭方面为男性创设一个良好环境，解决男性工作的后顾之忧。工作自主性每增加一个单位可以在 0.001 的水平上显著降低男性群体 0.155 单位的倦怠感，但是工作自主性对于倦怠感的抑制效果在女性群体中只有 0.045 个单位。不同性别群体在工作自主性作用效果方面相差 0.11 单位之多，说明男性群体可以更好地通过提高工作自主性的方式有效减少工作倦怠，女性群体与之相比则处于相对劣势。由于工作自主性本身是工作场景中的作用要素，男性对于工作自主性的有效把握似乎再一次印证了他们在工作过程中所具有的优势。

此外，通过对不同性别群体的对比还可以发现，随着年龄的增加，工作倦怠感都会在 0.001 的水平上显著降低，但是在男性群体中的作用效果更好。受教育年限的增加可以显著降低男性的工作倦怠感，但该作用效果对于女性并不显著。抚养比对于工作倦怠的增加效果在男性群体中比女性群体高出 1.975 个单位，男性需要承担更多养家糊口的责任。收入与体制内外的作用在不同性别群体中都不显著。

（三）工作倦怠的性别差异再细化：职业生命周期的加入

为进一步了解性别因素对于工作倦怠的具体作用机制，依据年龄小于 30 岁、30 ~ 45 岁、45 岁以上将总样本分为三大群体，又进一步在不同职业生命周期内根据性别再次分样本，细化对工作倦怠在性别方面的分析。职业前期性别分样本模型分别对应模型八、九，职业中期性别分样本模型分别对应模型十、十一，职业后期性别分样本模型分别对应模型十二、十三（见表 11 – 4）[①]。

表 11 – 4　不同生命周期下性别分样本工作倦怠回归模型

项目	模型八（职业前期女性）	模型九（职业前期男性）	模型十（职业中期女性）	模型十一（职业中期男性）	模型十二（职业后期女性）	模型十三（职业后期男性）
受教育年限	−0.873**	−0.868*	0.090	−0.420+	0.176	−1.270**
	(0.266)	(0.390)	(0.191)	(0.246)	(0.323)	(0.387)
收入	1.225	2.330	0.198	−1.665	−0.349	2.172
	(1.037)	(1.469)	(0.808)	(1.029)	(1.475)	(1.560)
抚养比	2.202	0.803	3.397**	7.374***	4.814+	5.569+
	(1.658)	(2.491)	(1.118)	(1.589)	(2.857)	(3.065)
体制内外（体制内 =0）	−2.845	2.727	0.530	−1.317	−0.031	1.485
	(1.764)	(2.715)	(1.400)	(1.937)	(2.194)	(2.452)

① 基于似无相关模型 SUR 的检验（SUEST），p 值为 0.0000，模型八至模型十三的组间系数存在显著差异。

续表

项目	模型八（职业前期女性）	模型九（职业前期男性）	模型十（职业中期女性）	模型十一（职业中期男性）	模型十二（职业后期女性）	模型十三（职业后期男性）
工作自主性	-0.073***	-0.214***	-0.072***	-0.109***	0.064*	-0.180***
	(0.021)	(0.033)	(0.017)	(0.023)	(0.027)	(0.035)
工作消极溢出	0.139***	0.089*	0.065**	0.014	-0.035	-0.018
	(0.029)	(0.042)	(0.024)	(0.032)	(0.042)	(0.049)
家庭消极溢出	0.113***	0.279***	0.203***	0.145***	0.089*	0.232***
	(0.030)	(0.048)	(0.026)	(0.033)	(0.043)	(0.052)
常数项	36.244***	21.716+	25.858***	50.814***	29.003**	25.387*
	(8.955)	(12.681)	(6.553)	(9.064)	(11.098)	(12.513)
N	1514	744	2131	1106	790	517
调整 R^2	0.0404	0.0964	0.0418	0.0600	0.0136	0.0993

注：1. 括号中为标准误；2. $^{+}p<0.10$，$^{*}p<0.05$，$^{**}p<0.01$，$^{***}p<0.001$。

模型八、九分别为职业前期的女性、男性分样本模型。对比两个模型发现工作消极溢出的倦怠增加作用在女性样本中为0.139个单位，在男性样本中为0.089个单位，印证了女性群体更易受到工作消极溢出的影响。家庭消极溢出的作用则是男性比女性高出0.166个单位，同样印证了男性群体更易受到家庭消极溢出影响的假设。而如果对比不同方向消极溢出对于工作倦怠的作用效果，职业初期女性群体受到的工作消极溢出作用比家庭消极溢出作用高出0.026个单位，因此职业初期女性更易受到工作消极溢出的影响。工作自主性对于男性群体的调节作用远高于女性，也与之前的结果相契合。此外，对于职业初期群体而言，受教育是降低工作倦怠的有效方式，而除以上变量外的其他变量并不发挥显著作用。

模型十、十一分别为职业中期的女性、男性分样本模型。可以发现工作消极溢出在职业中期女性群体中会产生0.065单位的倦怠感，但是该作用对于职业中期男性群体并不显著，该结果也与加入职业生命周期之前的性别分样本模型结果相吻合。家庭消极溢出的作用在本阶段对于女性的作用大于男性。工作自主性在该阶段男性群体中的调节作用依然优于女性。上一阶段显著降低工作倦怠的教育因素在职业中期女性群体中不再显著，但抚养比则会显著增加工作倦怠感，并且作用效果在男性样本中远高于女性。

模型十二、模型十三分别为职业后期的女性、男性分样本模型。该阶段较之前有较大变化，工作消极溢出的作用不再显著。家庭消极溢出依旧发挥作用，且对于男性的效果远高于女性。而一直都稳定减少工作倦怠的工作自主性因素在职业后期女性群体中的作用方向发生逆转，工作自主性每提高一个单位反而会增加她们0.064单位的倦怠感，由此可见，对于职业后期女性而言，提高工作自主性并不是减少工作倦怠的有效方式。

四　结论与讨论

综上，假设1a到3b基本得到验证。通过上述分析，我们可以得出以下结论。第一，工作与家庭之间的关系犹如一台天平，任何一方对另一方的过分挤压都会显著增加工作倦怠感。工作自主性越大，工作倦怠感越低，并且其还会对来自工作与家庭的消极溢出产生抑制效应，减少倦怠的发生。但是由于抑制效应不明显，因此必须要显著增加工作自主性才能有效发挥其抑制效果。第二，"男主外，女主内"的分工模式再一次得到印证，男性更易受到家庭消极溢出的影响，而女性则更易受到工作消极溢出的影响，该结论并非让我们在传统的性别分工模式下固守成规，性别角色作用下的矛盾冲突更加凸显了解决相应问题的必要性与紧迫性。男、女两性在各自并不擅长的家庭、工作场景中，只有在尊重两性差异的前提下更好地熟悉"游戏规则"才能有效抵制工作、家庭不同方向消极溢出的影响。第三，在个体一生的工作中，来自工作与家庭的因素对于工作倦怠的影响此消彼长，并在不同职业发展阶段发挥各自的作用。工作消极溢出对职业初期影响最大，职业中期更易受到家庭消极溢出的影响，而职业后期则只受到家庭消极溢出的影响，并且总体上呈现工作因素逐渐减弱至完全消解、家庭因素逐渐占据主导的趋势。

家庭是为个体提供资源的重要场所，因此要加强从家庭角度对工作倦怠进行分析与干预。未来应多关注家庭对工作增益的问题，解决好工作倦怠的问题将极大提高工作－家庭关系的融洽度，为增益提供更加广泛的机会与场景。资源保存理论说明了资源作用的传递性，特别是个体资源会在工作－家庭关系中扮演重要角色。个体对工作、家庭两个空间的不同资源投入会显著影响其在相应空间中的生存状态。本研究发现，与继续将资源运用于工作场景相比，将更多资源投入家庭关系的构建与维护中似乎能产生更多意想不到的效果。

工作－家庭关系的和谐稳固需要从两个方向共同发力，对应男女两性在工作、家庭场域中的不同分工，双方在各司其职的基础上应体谅对方的辛苦与不易。虽然本研究在全样本模型中得出男性所承受的倦怠总量高于女性的结论，但男性对于工作自主性的灵活运用可以帮助其有效减少工作倦怠感。同时由于家庭消极溢出的作用会伴随个体整个职业生涯，而女性对于家庭有着天然的依赖与责任，因此必须思考其在完整职业生涯中远多于男性的工作倦怠感。也即在同样完整的职业生涯链条中，女性的工作倦怠发生总量要高于男性。①

生命历程理论展示了个体在社会生活中并非完全孤立的存在，而会受到相当程度的社会调节与制约。从个体水平看年龄的显著作用，“个体在一生中会不断扮演社会规定的角色和经历事件，这

① 由表 11－3 模型结果可知，工作消极溢出对男性群体没有显著影响，但却能显著增加女性的工作倦怠。

些角色或事件的顺序是按年龄层级排列的"，个体在不断成熟与发展过程中会受到多方面牵制，其中就包含来自工作与家庭的双重要求。只分析工作本身对倦怠的影响无疑会降低分析结果的说明性与适用性。随着年龄的增加，个体的工作自主性可能会像实现"财务自由"一般完全自主，也可能会因"位高权重"而难以分身。虽然工作自主性对倦怠感的抑制作用并不明显，但不能否认工作自主性对员工效能感增加的意义，只有更加科学民主的人力资源管理方式才是减少工作倦怠发生的必由之路。个体在不同职业生命周期面临不同的工作、家庭要求，准确把握不同职业阶段群体最迫切的需求才能针对问题对症下药。

依据工作－家庭关系在个体不同工作阶段当中的比重，提出以下建议。

一是，对初入职场的工作者，自身实力（受教育年限）与岗位竞争力仍是减少工作倦怠的第一要素，较少的家庭负担可以使其更好地面对工作中的问题。但是工作中问题的根本解决仍须依靠自身的工作实力，在职业发展初期可能面临前所未有的职位选择与竞争压力，取得职业的向上提升并非易事。除了将提升工作能力作为解决工作困境的基础外，良好的职业发展心态同样重要。职业准入门槛对于绝大多数职场新人是公平的，对之前从未经历过的工作中的问题要学会调整与适应。

二是，在职场中如鱼得水的男性"中层"工作者在着力推进职业继续发展的同时更须警惕来自家庭方面的不良影响。职业中期工作者对于已渐入佳境的工作可以适当放手，将精力更多投入家庭关系的处理中，而家庭成员也必须体谅家庭劳动力工作成就取得的不易，给予工作者更多的理解与关怀，以减少其工作的后顾之忧。

三是，2017 年我国新增老年人口首次超过 1000 万。预计到 2050 年前后，中国老年人口数将达到 4.87 亿的峰值，占总人口的 34.9%，这意味着每三个人中就将有一个超过 60 岁的老年人。[①] 老龄化正加速到来，国家启动了延迟退休等一系列措施减缓老龄化的冲击，对于工作年限的增加虽然在职业后期对于工作倦怠的影响并不显著，但在更长的工作年限中来自家庭的影响则一直存在。家庭因素逐渐成为职业生涯中后期工作者的关注焦点，而如何处理好家庭对工作的影响对于已经拥有一定工作积累的他们而言至关重要。在工作者自身学会处理职业预期与工作投入的关系、角色转换、把握工作－家庭平衡的同时，家庭也应给予他们更多信心。

四是，科学合理的人力资源管理方式对工作自主性影响深远，工作－家庭关系处理不好将对工作者产生严重负面影响。作为管理方的有关部门和用人单位应重视员工的家庭需求，适当提高其工作自主性，从而实现家庭对工作的增益。特别是对于女性而言，减少对于女性员工家庭关系的人为干预可以在其完整职业生命周期的尺度上减少绝对工作倦怠的发生。

五是，生理性别影响下的男女不同分工状态在目前依旧稳固，家庭对于女性的期望与要求未曾消减。但是在当今现代化的高速生产方式下，女性愈加频繁地走出家门投入紧张的工作环节中，而这一过程需要经历漫长的适应阶段。目前工作消极溢出能够显著增加女性的工作倦怠感，因此必须在工作场景中给予女性更多的关怀与呵护。男性在生理上的优势使得他们自古以来一直是工作环境中的主导者，工作消极溢出并不能显著增加他们的倦怠感，但是在他们并不“擅长”的家庭环境中，更多的支持与理解则尤为必要。

① 《到2050年老年人将占我国总人口约三分之一》，新华网，http://www.xinhuanet.com/health/2018－07/20/c_1123151851.htm，最后访问日期：2018年7月20日。

参考文献

包蕾萍，2005，《生命历程理论的时间观探析》，《社会学研究》第 4 期。

范皑皑、丁小浩，2007，《教育、工作自主性与工作满意度》，《清华大学教育研究》第 6 期。

胡君辰、郑绍濂主编，1999，《人力资源开发与管理》，复旦大学出版社。

黄杰等，2015，《员工工作倦怠的发展模型：来自纵向研究的证据》，《心理科学》第 4 期。

金家飞等，2014，《工作时间与工作家庭冲突：基于性别差异的研究》，《科研管理》第 8 期。

马红宇等，2016，《工作性通信工具使用与双职工夫妻的幸福感：基于溢出 - 交叉效应的分析》，《心理学报》第 1 期。

宋健、白之羽，2012，《城市青年的职业稳定性及其影响因素——基于职业生涯发展阶段理论的实证研究》，《人口研究》第 6 期。

唐汉瑛、马红宇、王斌，2007，《工作 - 家庭界面研究的新视角：工作家庭促进研究》，《心理科学进展》第 5 期。

陶艳兰，2013，《世上只有妈妈好——当代城市女性的母职认同与实践》，《妇女研究论丛》第 6 期。

王开庆、王毅杰，2012，《组织公平、社会支持与农民工心理授权研究——基于 10 省的问卷调查》，《西北人口》第 6 期。

王毅杰、栗治强，2012，《农民工权能感的影响因素分析》，《江苏社会科学》第 5 期。

王毅杰、卢楠，2014，《工作环境、相对剥夺与农民工工作倦怠》，《南通大学学报》（社会科学版）第 3 期。

徐长江、时勘，2003，《工作倦怠：一个不断扩展的研究领域》，《心理科学进展》第 6 期。

许传新、王俊丹，2014，《新生代农民工工作 - 家庭关系及其对离职倾向的影响》，《人口与经济》第 2 期。

许琪、戚晶晶，2016，《工作 - 家庭冲突、性别角色与工作满意度》，《社会》第 3 期。

阎光才，2014，《年龄变化与学术职业生涯展开的轨迹》，《高等教育研究》

第 2 期。

于洪彦、刘艳彬，2007，《中国家庭生命周期模型的构建及实证研究》，《管理科学》第 6 期。

赵简、孙健敏、张西超，2013，《工作要求－资源、心理资本对工作家庭关系的影响》，《心理科学》第 1 期。

Barnett, R. C., & J. S. Hyde. 2000. "Women, Men, Work, and Family: An Expansionist Theory." *American Psychologist* (10).

Casper, W. J., L. T. Eby, C. Bordeaux, A. Lockwood, & D. Lambert. 2007. "A Review of Research Methods in IO/OB Work-Family Research." *Journal of Applied Psychology*.

Freudenberger, H. J. 2010. "Staff Burn-Out." *Journal of Social Issues* (1).

Jachson, P. R., T. D. Wall, R. Martin, K. Davids. 1993. "New Measures of Job Control, Cognitive Demand, and Production Responsibility." *Journal of Applied Psychology* (78).

Greenhaus, Jeffrey, & Gary N. Powell. 2006. "When Work and Family are Allies: A Theory of Work-family Enrichment." *Academy of Management Review* (31).

Nguyen, A., J. Taylor, & S. Bradley. 2003. "Relative Pay and Job Satisfaction: Some New Evidence." *Mpra Paper*.

Schein, E. H. 1971. "The Individual, the Organization, and the Career: A Conceptual Scheme." *The Journal of Applied Behavioral Science*, 7 (4).

Super, D. E. 1953. "A Theory of Vocational Development." *Theory & Practice of Vocational Guidance*, 8 (5), 13－24.

第十二章　自由的代价

——工作自主性对怠工的影响

数千年以来，人类从来没有放弃过对自由的追求和探索。在自我决定理论之中，自主需要是三种基本需要之一，对于个体发展有着重要影响。当自主需要得到满足时，个体会朝向积极健康的方向发展；当这些心理需求受到阻滞时，个体将遭遇发展障碍（刘靖东、钟伯光、姒刚彦，2013）。自主需要的重要作用体现在个体发展的方方面面，包括人际交往、学习和工作等。早在20世纪70年代，就有组织行为学学者注意到了工作自主性的重要性。在Hackman和Oldham（1976）提出的工作特征模型之中，自主性就是一种重要的工作特征，会对工作成果的责任感以及诸多工作结果（内部工作动机、工作绩效、工作满意度、缺勤率和离职率）产生影响。随后，工作自主性这一概念受到越来越多研究者的重视，并逐渐发展成为一个独立的研究领域。实证研究表明，工作自主性确实会给企业和个人带来一系列积极影响，包括敬业度、绩效、创造力、建言行为和满意度等（Hackman & Oldham，1976；程延园、郭钟泽，2015；胡进梅、沈勇，2014；刘鑫、杨东涛，2017；石冠峰、梁鹏，2016；王端旭、赵轶，2011；朱进杰、姚计海、吴曼，2018）。

虽然工作自主性对企业和员工有诸多积极影响，但是工作自主性是否会带来一些消极作用呢？本研究认为，工作自主性在给员工带来自由的同时，也给了他们更多"偷懒"的机会，因此可能会增加他们的怠工行为。

一　文献综述与研究假设

（一）工作自主性及其影响

工作自主性作为工作特征的关键指标，是指员工在工作方法、工作安排和工作标准上能自行控制与自行决定的程度；包括方法自主、安排自主和标准自主三方面（王益富、秦启文、张建人，2012）。从20世纪下半叶开始，工作设计中开始重视工作自主性的问题（Hackman & Oldham，1976）。Hackman和Oldham（1976）最早在著名的工作特征模型中将工作自主视为独立的工作特征维度，并且通过实证研究发现工作自主性和内部动机、整体满意度、成长满意度、工作效能感存在正向联系，和旷工存在负向联系。在后续的研究中，学者们比较一致地发现了工作自主性的积极影响。首先，工作自主性能够提升员工工作表现。例如，程延园和郭钟泽（2015）的研究发现，教师员工的工作自主性会增加他们角色内和角色外的绩效，而且工作投入在两者之间起中介作用。除此之外，工作自主性也能提升员工的创造力和创新绩效（胡进梅、沈勇，2014；王端旭、赵轶，2011）。其次，工作自主性还会增加员工的积极行为和减少消极行为。例如，石冠峰和梁鹏（2016）的研究发现，知识型员工工作自主性会增加建言行为，员工归属感在两者之间起中介作用。最后，工作自主性还会提升员工的工作体验。朱进杰等（2018）的研究发现，教师的教学自主性会提升他们的工作满意度。

回顾以往研究会发现，工作自主性领域的学者们主要关注的结果变量是一些积极的工作指标（如绩效、建言行为和满意度），较少关注消极的工作指标（如旷工）。更为重要的是，对于一些隐性的消极工作指标，例如不易被外界察觉的怠工行为，很少有研究者关注。因此，本研究将主要考察被以往研究所忽视的工作自主性对怠工行为的影响。

（二）工作自主性对怠工行为的影响

工作场所的怠工行为是指上班时间从事与工作无关的事情（如打私人电话、聊天、干私活），故意降低工作质量（如对领导安排的工作敷衍塞责）和工作效率（如借故不上班、有意放慢工作节奏）等行为（姚艳虹、李源，2011）。怠工行为是工作场所员工偏离行为的一种，和其他员工偏离行为相比有更强的隐蔽性，而且更容易被合理化，但其危害却不容忽视（姚艳虹、李源，2011；张和云、赵欢欢、许燕，2016）。工作场所的怠工行为受到多方面个体特征和组织特征的影响（张和云、赵欢欢、许燕，2016）。

以往虽然很少有人直接探讨工作自主性和怠工的关系，但是一些研究也为我们提供了线索。例如，有研究发现，组织政策越规范、组织制裁越严格、组织监控越完善，怠工行为会越少（张和云、赵欢欢、许燕，2016）。当员工的工作自主性越强的时候，往往意味着组织政策不够规范，组织的监控也不够完善，此时员工有更多的机会偷懒，也可能会催生更多的怠工行为。此外，工作自主性较高时，员工的怠工行为（如上班时间聊天、放慢工作节奏和不上班等）更容易被自己合理化，也更容易被领导和同事进行积极的归因，也就更不容易被惩罚，这也可能会降低员工的工作敬畏感，诱发更多的怠工行为。

据此，我们得出假设 H1：工作自主性会增加员工的怠工行为。

（三）工作自主性对怠工行为的影响：调节作用分析

虽然工作自主性可能会增加怠工行为，但是由于工作自主性的诸多益处，组织可能仍然要给予员工自主性。因此，探讨那些削弱工作自主性对怠工正向影响的因素（调节变量）就变得尤为重要。我们将从三个方面来研究这一问题。

1. 调节效应1：公正世界

根据公正世界理论，人们相信自己处于这样一个世界——人们会得到他们应该得到的；通俗来讲，就是善有善报、恶有恶报（杜建政、祝振兵，2007）。虽然现实生活中发生的很多事情并不公正，但是人们仍然需要这样一种信念，因为这种信念可以让人们获得对世界的控制感，有一定的适应功能。这种公正世界信念可能从两个方面影响工作自主性对怠工的影响。在工作情景中，员工通过工作为组织创造价值，组织通过物质、精神的内容来回馈员工，构成一个社会交换的过程。基于公正的原则，如果组织投入给员工很多，即使有偷懒的机会，他们也不会偷懒；反之，如果员工投入给组织很多，他们就觉得自己有理由偷懒。具体推导过程如下。

（1）公正世界，投桃报李。虽然工作自主性给员工提供了偷懒的机会，让他们有更多可能性怠工，但是对于获得高组织投入的员工，他们可能更少实施怠工行为。因为他们获得的组织投入较高，他们觉得自己应该投入更多到工作之中，不然就是忘恩负义，对不起组织。但是，对于获得低组织投入的员工，他们会觉得反正组织也不在意我的死活，我自然没有义务为组织卖命，所以一旦有机会偷懒，他们就可能偷懒，所以自主性对他们的怠工行为影响更大。

（2）公正世界，许可证效应。许可证效应是指，个体因为先前做了一些好事，觉得有权利做不好的事情（Lin，Ma & Johnson，2016；Mullen & Monin，2016；石伟，2011）。有时候，甚至是关系亲近的人做的好事，也会导致个体认为自己有权利可以做一些坏事（Kouchaki，2011）。例如，在热播电视剧《人民的名义》中，汉东油气集团总经理刘新建侵吞挪用国有资产7亿元，但丝毫不觉得愧疚。因为他觉得自己的爷爷当年抛头颅，洒热血，缔造了新中国，所以自己理应享受国家的巨额财富。在组织里面也会出现道德许可效应，前一天表现出道德领导的个体，第二天会有更多的员工辱虐行为，道德信誉（moral credits）在两者之间起中介作用（Kouchaki，2011）。基于道德许可效应，我们推测当员工觉得自己对组织投入较多时，他们就会觉得自己有理由享受“特权”，可以在自由的情况下“放松”一下，从而增强工作自主性对怠工的正向影响。

综上所述，我们得出假设H2a：工作自主性对怠工行为的影响受到组织投入和个人投入的调节。当组织投入较多时，工作自主性对怠工的影响会削弱；当个人投入较多时，工作自主性对怠工的影响会增强。

2. 调节效应2：价值世界

动机理论认为，员工的动机取向主要有外在动机和内在动机两个方面。外在动机强调以外部条件和刺激（例如薪酬、福利等）作为诱因，引发员工的积极工作行为；内在动机则是强调员工个体为了活动和工作本身所带来的快乐和满足感，而自发、主动地从事这种活动和工作（Gagné & Deci，2005）。随着当今物质生活水平不断提高，更多个体开始主动思考工作对于个人的价值与意义。人们已经从工业社会时期单纯追求物质收益（即外部激励）的阶段慢慢转向同时看重工作所带来的“内在价值 ”（即内部奖励）的阶段（Berg，Dutton & Wrzesniewski，2013；Shea-Van & Vredenburgh，2014）。研究表明，我国青年一代相较于上一代人，更看重工作的内在价值——工作对于实现个人理想与自我价值的精神意义（陈坚、连榕，2011；风笑天，2011）。内部激励带来的内部动机不仅对工作投入、员工绩效、组织公民行为、组织承诺、工作满意度以及主观幸福感具有正向预测作用（李伟、梅继霞，2013；于丽娟，2009），还在工作特征与工作态度和行为之间具有调节作用（Baard，Deci & Ryan，2004）。因此，本研究认为工作环境中的内部激励因素可以调节工作自主性这一工作特征与员工怠工行为之间的关系，当内部激励较高（即员工感受到的内在价值较高）时，工作自主性与员工怠工行为之间的关系会被削弱。

首先，我们认为工作给个人带来的意义感是典型的内部激励。工作意义（meaning of work，MOW）是人们在社会主流价值体系和自身价值观的相互作用下对工作的一种认知，它反映着人与工作的关系，体现了工作之于人的价值（田喜洲、左晓燕、彭小平，2017）。以往研究发现，个体认为工作对自己有价值时可以起到内部激励作用（Lips-Wiersma & Wright，2012）。工作意义一方面可以增加员工的工作投入（May，Gilson & Harter，2004），另一方面可以减少工作场所中的退缩行为（withdrawal behavior），工作意义感越强，迟到、早退甚至缺勤的行为就越少，离职意向和工作倦怠也会下降（Wrzesniewski et al.，1997；张建卫、刘玉新，2011）。工作意义还在工作 - 家庭冲突与退缩行为之间起到调节作用（张建卫、刘玉新，2011）。也就是说，工作意义对员工的积极态度和行为有正向促进作用，而对员工的一些消极态度和行为具有反向抑制作用。同时，工作意义还能在相关变量间起到积极的调节作用。因此，本研究提出假设 H3a：工作意义可以调节工作自主性与怠工行为之间的关系，工作意义感越高，工作自主性对怠工的消极影响越小。

其次，我们认为组织中的权力感也是一种内在激励。权力感是个体对自己影响他人能力的知觉（Anderson，John & Keltner，2012）。组织等级理论认为，权力与组织等级存在密切联系（Magee & Smith，2013）。组织等级指的是个体在一个或多个有价值的社会维度上明确或含蓄的排序（Magee & Galinsky，2008），包含权力等级、身份等级和薪酬等级三个维度（Anderson & Brown，2010）。在组织中，组织等级较高的个体所拥有的职位权力更大，而高权力者能够对组织成员及组织进行更多影响和控制（Lammers，Stoker & Stapel，2009）。此外，高权力者在工作中能更多地体验到积极的情感（Anderson & Berdahl，2002），能更清晰地认识组织目标，对组织发展更具责任感（Fast，2009），并付出更多的努力（Smith et al.，2008）。总之，组织等级排序较高的人拥有更多的资源和权力，有更多的参与行为和影响力，往往对组织有更大的潜在贡献（卫旭华、刘咏梅、陈思璇，2015），因而可能带来更强烈的内部激励。尤其中国是典型的高权力距离社会，权力等级不单单能够为个人带来较多的资源和权力，同时也能够为个人带来精神和心理上的满足感（李绍龙、龙立荣、贺伟，2012）。此外，跨文化研究表明，集体主义文化下的个体将权力视为责任，并更加倾向于考虑他们的行为是如何影响其他人的，因此，当东方人拥有权力的时候，他们会表现出更多自我约束行为（Menon et al.，2010）。综上所述，我们认为，较高的组织等级可以带来较大的权力感和心理满足感，产生强烈的内部激励作用，因此，提出假设 H3b：组织等级可以调节工作自主性与怠工行为之间的关系，组织等级越高，工作自主性对怠工的消极影响越小。

3. 调节效应 3：透明世界

社会影响理论被广泛地用于解释在他人或者群体影响下，个体思想、情感和行为的发生与变化（Cialdini & Goldstein，2004；李振鹏、唐锡晋，2013）。其中，社会促进（social facilitation）指人们在有他人旁观的情况下工作表现比自己单独进行时更好（Sanna & Lawrence，1992；Triplett，1898）。这是因为他人的出现会使人们的唤起增强，生理唤起进一步强化人们的优势反应，起到了简单在场（mere-presence）效应；同时，在有他人存在的环境中，人们由于担心他人对自己的评价而引发了唤起，进而影响了工作绩效，即评价恐惧（the evaluation-apprehension）会促进个体的表现。具体到工作环境中，当组织内部成员间（同事之间、上下级之间、各部门之间）互动越多，组织内各成员间的相互监督作用就越强，员工的工作情况暴露概率越高，组织成为一个“透明世界”，即使员工在岗位上拥有较大的自主权，也会因为他人在场和外部监督的“眼睛效应”减少怠工行为。同理，组织内上下沟通渠道越多，员工工作信息被公开和传递的机会也越大，尤其是被上级知晓的概率也越大，这在一定程度上也对工作状况起到了他人在场的外部监督作用，因此，高沟通的组织环境可以削弱自主性对怠工的影响。此外，就组织外“透明”而言，当员工与组织外的角色如顾客/服务对象、客户/供应商、各种来客等互动较多时，也会形成一个他人在场的效应。也就是说，有他人在场时，员工会因为他人的简单在场以及自身的评价恐惧而改变自己的行为。此时，即使工作自主性很高，员工也不会偷懒和怠工。因此，我们有理由假设，组织环境“透明”的情况下，他人在场会调节工作自主性与怠工之间的关系。即，组织内部角色互动、组织外部角色互动、沟通渠道会削弱工作自主性对怠工行为的影响。

综上所述，本研究将考察工作自主性对怠工行为的影响，并从公正世界的视角检验组织投入和个人投入的调节作用；从价值世界的视角检验工作意义、工作主观价值和组织等级的调节作用；从透明世界的视角检验组织内部角色互动、组织外部角色互动和沟通渠道的调节作用。

二　研究方法

（一）被试

本研究的被试为信阳师范学院中国工作环境研究团队在“中国城镇居民工作环境状况调查”中访问的居民，回收有效问卷6895份。

（二）工具

所有工具均来源于信阳师范学院中国工作环境研究团队编制的“中国城镇居民工作环境状况调查”。

自变量：工作自主性问卷有7个题目，得分越高表示在工作中的自主性越高。

因变量：怠工行为有7个题目，得分越高表示怠工行为越多。

调节变量。（1）组织投入。组织投入通过工作收入、单位福利、团队建设和决策权来测量。工作收入直接询问被试月收入。单位福利主要测量单位是否有福利设施和使用情况，包括幼儿园、医务室和活动中心等9种福利设施。团队建设主要测量团队开展活动的情况，包括文体活动、入职仪式和退休仪式等10种活动。决策权主要测量个体决策权力，包括分配工作任务、调整工资和辞退员工等8种决策活动的决策权。（2）个人投入。个人投入用组织关切来测量。因此，这几个题目可以从侧面反应个体知觉的个人工作方面的投入。组织关切也包括3个题目，主要测量个体对组织的关心程度、建言水平和组织活动参与程度。（3）工作意义。工作意义的测量包含工作的个人意义和社会意义两个维度，共6个题目。（4）组织等级。组织等级使用2道题来测量，先让被试回答"在您的单位中，从最基层到最高领导层一共有多少层?"然后再报告自己在这个组织等级中所处的层级数字。（5）组织内部角色互动。使用6道题测量员工在工作中是否经常与上级领导、下级同事、平级同事及上级部门/单位、下级部门/单位、其他单位人员打交道。（6）组织外部角色互动。使用3道题测量员工在工作中是否经常与顾客/服务对象、客户/供应商、各种来客打交道。（7）沟通渠道。使用9道题测量员工是否通过民主生活会、恳谈会、专题讨论会；意见箱；领导热线、接待日、电子邮箱等；微信群或QQ群等渠道参与沟通。该项可反映员工向上申请或沟通的权利是否得到保障。

三　研究结果

（一）相关分析

使用各变量的平均分进行相关分析，结果发现工作自主性和工作满意度及其怠工行为均存在显著正相关（$r=0.22$，$p<0.01$）。为

了更清楚地展示工作自主性和各种怠工行为的关系，我们计算了工作自主性和每种怠工行为的相关，如表 12－1 所示。

表 12－1　工作自主性与怠工行为的相关系数

怠工行为	1	2	3	4	5	6	7
相关系数	0.08**	0.21**	0.17**	0.22**	0.14**	0.04**	0.06**

注：$*p<0.05$，$^{**}p<0.01$，下同。1＝拒不接受上级分配的工作，2＝上班时间打私人电话，3＝上班时间聊天，4＝上班时间干私活，5＝借故不上班，6＝应付上级分配的任务，7＝有意放慢工作节奏。

通过分析工作自主性与每种怠工行为的关系，我们发现了一个有趣的现象，即怠工行为的隐蔽性越高，工作自主性和怠工行为的关系越弱。工作自主性和上班时间打私人电话、上班时间聊天、上班时间干私活的相关较高，分别是 0.21、0.17、0.22。这三种怠工行为的隐蔽性很高，人们无法通过员工外显行为进行判断，员工自身也很容易合理化这些行为。工作自主性和拒不接受上级分配的工作、应付上级分配的任务、有意放慢工作节奏相关较低，分别是 0.08、0.04 和 0.06，均在 0.1 以下。这三种怠工行为相对比较明显，很难进行隐蔽，员工自身也很难进行合理化。

（二）调节效应分析

先将变量进行标准化处理，然后采用 SPSS 宏程序 PROCESS 进行中介效应分析。

1. 组织投入的调节作用

调节效应分析表明了以下几点。（1）工作自主性和收入的交互项对怠工的预测作用显著（$\beta=-0.06$，$p<0.01$），95% 的置信区间为［－0.0974，－0.0299］，不包含 0。这一结果说明，工作收入在工作自主性和怠工之间的调节效应显著。简单效应分析表明，当收入水平较低时，工作自主性对怠工影响较大（bsimple＝0.2267，$p<0.01$）；当收入水平较高时，工作自主性对怠工影响较

小（bsimple =0.1926，$p<0.01$）。（2）工作自主性和福利措施的交互项对怠工的预测作用显著（$\beta=-0.05$，$p<0.01$），95%的置信区间为[-0.0747，-0.0188]，不包含0。这一结果说明，福利措施在工作自主性和怠工之间的调节效应显著。简单效应分析表明，当福利措施水平较低时，工作自主性对怠工影响较大（bsimple =0.2353，$p<0.01$）；当福利措施水平较高时，工作自主性对怠工影响较小（bsimple =0.1365，$p<0.01$）。（3）工作自主性和团队建设的交互项对怠工的预测作用显著（$\beta=-0.05$，$p<0.01$），95%的置信区间为[-0.0839，-0.0247]，不包含0。这一结果说明，团队建设在工作自主性和怠工之间的调节效应显著。简单效应分析表明，当团队建设水平较低时，工作自主性对怠工影响较大（bsimple =0.2319，$p<0.01$）；当团队建设水平较高时，工作自主性对怠工影响较小（bsimple =0.1231，$p<0.01$）。（4）工作自主性和决策权的交互项对怠工的预测作用显著（$\beta=-0.03$，$p<0.01$），95%的置信区间为[-0.0581，-0.0052]，不包含0。这一结果说明，决策权在工作自主性和怠工之间的调节效应显著。简单效应分析表明，当决策权水平较低时，工作自主性对怠工影响较大（bsimple =0.1428，$p<0.01$）；当决策权水平较高时，工作自主性对怠工影响较小（bsimple =0.0792，$p<0.01$）。

2. 个人投入的调节作用

调节效应分析表明：工作自主性和组织关切的交互项对怠工的预测作用显著（$\beta=0.03$，$p<0.01$），95%的置信区间为[0.0035，0.0507]，不包含0。这一结果说明，工作收入在工作自主性和怠工之间的调节效应显著。简单效应分析表明，当收入水平较低时，工作自主性对怠工影响较大（bsimple =0.1727，$p<0.01$）；当收入水平较高时，工作自主性对怠工影响较小（bsimple =0.2298，$p<0.01$）。

3. 工作意义的调节作用

调节效应分析表明了以下两点。（1）工作自主性和工作个人意义的交互项对怠工的预测作用显著（$\beta = -0.03$，$p < 0.05$），95%的置信区间为［−0.0541，−0.0066］，不包含0。这一结果说明，工作个人意义在工作自主性和怠工之间的调节效应显著。简单效应分析表明，当工作个人意义感较低时，工作自主性对怠工影响较大（bsimple = 0.2982，$p < 0.001$）；当工作个人意义感较高时，工作自主性对怠工影响较小（bsimple = 0.2356，$p < 0.001$）。（2）工作自主性和工作社会意义的交互项对怠工的预测作用不显著（$\beta = -0.02$，$p = 0.103$），95%的置信区间为［−0.0434，−0.0040］，包含0。这一结果说明，工作社会意义在工作自主性和怠工之间的调节效应不显著，工作社会意义的高低不会影响工作自主性对怠工行为的影响。

4. 组织等级的调节作用

调节效应分析表明：工作自主性和组织层级的交互项对怠工的预测作用显著（$\beta = -0.04$，$p < 0.01$），95%的置信区间为［−0.0721，−0.0104］，不包含0。这一结果说明，组织内部角色互动在工作自主性和怠工之间的调节效应显著。简单效应分析表明，当员工所处的组织层级较低时，工作自主性对怠工影响较大（bsimple = 0.2579，$p < 0.001$）；当员工所处的组织层级较高时，工作自主性对怠工影响较小（bsimple = 0.1736，$p < 0.001$）。

5. 组织内部角色互动的调节作用

调节效应分析表明了以下两点。（1）工作自主性和组织内部角色互动的交互项对怠工的预测作用显著（$\beta = -0.04$，$p < 0.01$），95%的置信区间为［−0.0599，−0.0149］，不包含0。这一结果说明，组织内部角色互动在工作自主性和怠工之间的调节效应显著。简单效应分析表明，当组织内部角色互动水平较低时，工作自主性对怠工影响较大（bsimple = 0.2461，$p < 0.01$）；当组织内部角色互动水平较高时，工作自主性对怠工影响较小（bsimple = 0.1692，$p < 0.01$）。（2）工作自主性和沟通渠道的交互项对怠工的预测作用显著（$\beta = -0.06$，$p < 0.01$），95%的置信区间为

[-0.0843, -0.0317]，不包含0。这一结果说明，沟通渠道在工作自主性和怠工之间的调节效应显著。简单效应分析表明，当沟通渠道较少时，工作自主性对怠工影响较大（bsimple = 0.2549, $p < 0.01$）；当沟通渠道较多时，工作自主性对怠工影响较小（bsimple = 0.1112, $p < 0.01$）。

6. 组织外部角色互动的调节作用

调节效应分析表明：工作自主性和组织外部角色互动的交互项对怠工的预测作用不显著（$\beta = 0.02$, $p < 0.01$），95%的置信区间为[-0.0091, 0.0424]，包含0。这一结果说明，组织外部角色互动在工作自主性和怠工之间的调节效应不显著。

四 讨论

（一）工作自主性对怠工行为的影响

自工作自主性的概念提出以来，就受到组织行为领域研究者的关注，亦受到人力资源工作者的重视。工作自主性对工作表现、工作体验和组织行为的积极影响也被诸多实证研究证实（程延园、郭钟泽，2015；范皑皑、丁小浩，2007；胡进梅、沈勇，2014；刘鑫、杨东涛，2017；石冠峰、梁鹏，2016；王端旭、赵轶，2011；朱进杰等，2018）。但是，长期以来，工作自主性可能存在的潜在威胁却没有得到研究者的关注。本研究发现，工作自主性会增加工作场所的怠工行为，提示我们既要重视工作自主性带来的收益，也要注意工作自主性可能带来的负面效应。以往的研究都强调工作自主性对于工作表现的积极影响，如减少旷工行为（Hackman & Oldham，1976），增加敬业度（刘鑫、杨东涛，2017）。本研究发现，工作自主性反而会增加怠工行为，对工作表现有消极影响，和以往的研究不一致。之所以造成这种结果差异可能有这几方面原因。

第一，本研究关注了不同隐蔽程度的怠工行为，而工作自主性和不同隐蔽程度怠工行为的关系不同。数据分析也发现，怠工行为的隐蔽性越高，工作自主性和怠工的关系越紧密。工作自主性和上班时间打私人电话、上班时间聊天、上班时间干私活的相关较高，但是和拒不接受上级分配的工作、应付上级分配的任务、有意放慢工作节奏相关较低。怠工行为的隐蔽性会影响领导和同事对于这种行为的看法，从而最终影响员工在拥有自由情况下的决策。显性的怠工行为（如拒不接受上级分配的工作、应付上级分配的任务、有意放慢工作节奏）很容易被察觉，很难被合理化，容易被看作和组织对抗的行为，引发和组织的正面冲突，而这些行为的结果可能最终导致员工失去自主性这一工作资源和其他工作资源。所以即便员工拥有足够自由，也会较少实施显性怠工行为。但是隐性工作偏离行为（如上班时间打私人电话、上班时间聊天、上班时间干私活）很难被察觉，也很容易被合理化（例如上班时间打电话可以说成是联系工作业务，上班时间聊天可以说成是讨论工作，上班时间干私活可以说成是处理工作事项），这些行为不一定会导致和组织的正面冲突，也不会导致自主性这一工作资源和其他工作资源的丧失，亦不会受到其他惩罚。所以当员工拥有足够的自由时，就容易实施隐性怠工行为。

第二，中国特殊的工作环境可能会加强工作自主性对怠工行为的正向联系（张彦，2016）。首先，中国的经济状况可能会加强工作自主性对怠工行为的正向联系。近些年来，房价飞涨，生活压力变大，越来越多的人可能会为了金钱，而不是个人兴趣工作。本次调查发现，当被问到“如果你的钱多得这辈子花不完，你是否还会从事这份工作?”时，只有不到四分之一的人回答“是”。当工作本身缺乏内部动机的时候，即使给予员工自主性，也不能增加他们的工作积极性。这个时候，工作自主性所带来的偷懒的机会可能反而会增加怠工行为。其次，中国的产业结构状况可能会加强工作自主性对怠工行为的正向联系。从我国产业结构现状来看，一、二、三产业结构比较粗放和落后，第一产业现代化程度很低，第二产业比重过高，但内在水平不高，低水平重复多，第三产业发展快，但水平仍不高，不能适应现代经济发展的需要。对于那些长期从事高重复性、低意义性工作的人来说，工作只是一种痛苦，很难在工作中获得自我实现的满足，所以只要有自由，他们可能就会偷懒。

（二）工作自主性对怠工行为的影响：调节作用分析

由于工作自主性对组织和员工有着诸多益处，不能因为它会增加怠工而盲目地降低工作自主性，所以探讨削弱工作自主性对怠工行为影响的因素就显得尤为重要。本研究从公正世界、价值世界和透明世界的角度研究了工作自主性和怠工行为之间的调节变量，有着重要的现实意义。本研究发现，虽然整体上工作自主性会增加怠工行为，但这种影响的强弱会随着组织投入、个人投入、内部激励、组织监督等因素的变化而变化。

（1）公正世界。本研究发现，随着组织投入的增加，工作自主性对怠工的影响会削弱。具体而言，对于工作收入高、单位福利好、所在团队建设强、决策权多的员工，工作自主性对怠工的影响较弱。这一结果提示我们，可以通过增加员工收入，提升单位福利，加强团队建设和赋予员工决策权来削弱工作自主性的负面影响。我们可以根据组织情况和员工情况来选择合适的策略。例如，对于高科技公司（如华为、腾讯和阿里等），其财力雄厚、经费充足，可以采用增加工作收入的策略。对于政府机构和事业单位，可以依托国家资源，采用提升单位福利的策略。对于经济资源和设施资源不够充足，但是员工时间较为宽裕的企业（如海底捞等），可以采用加强团队建设的策略。对于扁平化的组织，可以采用赋予决策权的策略。本研究还发现，随着个人投入的增加（组织关切），工作自主性对怠工的影响会增强。一般情况下，组织关切会对组织发展有诸多益处，但是我们不能忽视在特定情境中的消极作用。在某些特定的情况下，员工的组织关切（关注单位、发表看法和组织活动）并不能给组织带来收益，有时甚至会增添麻烦。在这种情况下，我们应该想办法降低员工的组织关切，让他们集中精力到自己的本职工作中，来削弱工作自主性对怠工行为的影响。

（2）价值世界。本研究发现，当个体可以在组织中获得较高的“内在价值”时，可以有效削弱工作自主性对怠工行为的不利影响。具体而言，工作个人意义感可以调节工作自主性对怠工行为的影响。随着工作个人意义感的增强，工作自主性对怠工行为的正向削弱作用会减弱。这与以往研究结果是一致的（Wrzesniewski et al.，1997；张建卫、刘玉新，2011），说明工作个人意义感起到了内部激励作用，调节了工作环境特征与消极行为之间的关系。组织等级也可以调节工作自主性对怠工行为的影响。随着个体组织等级的升高，工作自主性对怠工行为的正向削弱作用会减弱。组织等级排序较高的人往往拥有更多的资源和权力，他们不仅能体验到更高的权力感，还由于对组织有更大的贡献而更有可能体会到强烈的内部激励（卫旭华、刘咏梅、陈思璇，2015），从而促进工作场所消极行为（如怠工）的减少。

值得注意的是，工作的社会意义感并不能削弱工作自主性对怠工行为的影响。工作的社会意义感强调工作的社会影响，是指工作为他人和社会创造的积极价值，是典型的“利他”取向的工作意义；而工作的个人意义感强调工作对个体个性化需求和自我联系的满足，是典型的“利己”取向的工作意义（田喜洲、左晓燕、彭小平，2017）。这两种取向的工作意义究竟孰重孰轻？在中国文化情境下，对员工行为的影响究竟有何不同、为何不同？值得未来进一步去探索。

（3）透明世界。本研究发现，组织内“透明”可以有效降低工作自主性对怠工行为的不利影响。具体而言，组织内部角色互动高、沟通渠道多时，工作自主性对怠工的影响较弱。这一结果提示我们，可以通过促进组织内角色互动、创设组织内沟通渠道来削弱工作自主性的负面影响。例如激励互动，建立长效激励的制度、组织固定周期的活动，让员工在活动中坚持长期地分享和交流，获得共享知识，了解其他员工信息，建立相对“透明”的组织环境，让其他员工形成在场效应和眼睛效应，刺激员工在工作自主的条件下积极工作而非消极怠工。此外，值得说明的是，组织外部角色互动不会影响工作自主性与怠工的关系，这与研究假设不一致。即员工与组织外的角色打交道并不会改善工作自主性对怠工的不利影响。我们尝试从中国人关系的角度来解释这一现象。根据翟学伟（2017、2019）的关系向度理论，员工与组织内部角色间的关系是相对长期的、低选择性的约定关系，员工在这样的关系面前有更高的印象管理的需要；而与组织外部角色间的关系是相对短期的、高选择性的松散关系，所以没有监督作用。

综上所述，本研究结果表明，在中国文化背景下，工作自主性也会产生消极的影响，比如引发员工产生较隐蔽的消极怠工行为（应付上级分配的任务、上班时间聊天、上班时间干私活等）。这提示我们要更全面地看待工作自主性可能对员工行为产生的影响，在肯定工作自主性的积极作用（例如增加工作投入和工作满意度）的同时，也要警惕可能出现的消极代价。尤其是随着互联网技术的发展和对日常生产与生活的渗透，工作场所的网络怠工行为（也称网络闲逛或网络闲散行为）也变得日益普遍（戴春林、季慧丽、毛丽红，2014；徐何晴，2017）。未来研究有必要将这种更加隐蔽的、与工作自主性密切相关的怠工行为纳入。但是，工作自主性对员工怠工行为的影响受到其他因素的调节，有工作特征（收入、福利、发展前景等）、组织特征（角色互动、沟通渠道等），也有个体特征（工作个人意义感等），这说明，工作环境各要素与个体特征之间存在交互作用。

参考文献

陈坚、连榕，2011，《代际工作价值观发展的研究述评》，《心理科学进展》第 11 期，第 1692～1701 页。

程延园、郭钟泽，2015，《工作投入在工作自主性与工作绩效之间的中介作用：来自经验取样法的证据》，《中国人力资源开发》第 19 期，第 56～63 页。

戴春林、季慧丽、毛丽红，2014，《网络怠工研究：回顾与展望》，《心理与行为研究》第 3 期，第 418～422 页。

杜建政、祝振兵，2007，《公正世界信念：概念、测量及研究热点》，《心理科学进展》第 2 期，第 373～378 页。

范皑皑、丁小浩，2007，《教育、工作自主性与工作满意度》，《清华大学教育研究》第 6 期，第 40～47 页。

风笑天，2011，《工作的意义：两代人的认同与变迁》，《社会科学研究》第 3 期，第 88～95 页。

胡进梅、沈勇，2014，《工作自主性和研发人员的创新绩效：基于任务互依性的调节效应模型》，《中国人力资源开发》第 17 期，第 30～35 页。

李绍龙、龙立荣、贺伟，2012，《高管团队薪酬差异与企业绩效关系研究：行业特征的跨层调节作用》，《南开管理评论》第 4 期，第 55～65 页。

李伟、梅继霞，2013，《内在动机与员工绩效：基于工作投入的中介效应》，《管理评论》第 8 期，第 160～167 页。

李振鹏、唐锡晋，2013，《外生变量和非正社会影响推动群体观点极化》，《管理科学学报》第 3 期，第 3～11 页。

刘靖东、钟伯光、姒刚彦，2013，《自我决定理论在中国人人群的应用》，《心理科学进展》第 10 期，第 1803～1813 页。

刘鑫、杨东涛，2017，《工作自主性与员工敬业度：自我监控和分配公平的调节作用》，《商业经济与管理》第 4 期，第 41～48 页。

石冠峰、梁鹏，2016，《知识型员工工作自主性对建言行为的影响——领导正直度被中介的调节模型构建与检验》，《科技进步与对策》第 6 期，第 135～141 页。

石伟，2011，《道德心理许可研究述评》，《心理科学进展》第 8 期，第

1233 ~ 1241 页。

田喜洲、左晓燕、彭小平，2017，《工作意味着什么——工作意义概念、影响与研究框架》，《心理研究》第 2 期，第 57 ~ 67 页。

王端旭、赵轶，2011，《工作自主性、技能多样性与员工创造力：基于个性特征的调节效应模型》，《商业经济与管理》第 10 期，第 43 ~ 50 页。

王益富、秦启文、张建人，2012，《生产型企业的工作自主性：概念、测量与相关研究》，《心理科学进展》第 7 期，第 1062 ~ 1067 页。

卫旭华、刘咏梅、陈思璇，2015，《组织等级：基本概念及作用机理》，《心理科学进展》第 8 期，第 1467 ~ 1479 页。

徐何晴，2017，《网络闲散行为研究：回顾与展望》，《现代营销》（学苑版）第 3 期，第 196 ~ 197 页。

姚艳虹、李源，2011，《工作压力下员工偏离行为问卷的初步编制》，《中国临床心理学杂志》第 6 期，第 725 ~ 729 页。

于丽娟，2009，《基于内在动机激励的企业知识员工忠诚度研究》，《商场现代化》第 4 期，第 29 页。

翟学伟，2017，《人如何被预设：从关系取向对话西方——重新理解中国人的问题》，《探索与争鸣》第 5 期，第 37 ~ 40 页。

翟学伟，2019，《亲亲相隐”的再认识——关系向度理论的解释》，《江苏行政学院学报》第 1 期，第 50 ~ 59 页。

张和云、赵欢欢、许燕，2016，《员工网络闲逛的研究综述及管理启示》，《中国人力资源开发》第 1 期，第 41 ~ 48 页。

张建卫、刘玉新，2011，《工作家庭冲突与退缩行为：家庭友好实践与工作意义的调节作用》，《预测》第 1 期，第 3 ~ 11 页。

张彦，2016，《从个体情绪到总体性情绪的跃迁：中国城镇居民工作环境满意度实证研究》，《社会发展研究》第 1 期，第 48 ~ 79 页。

朱进杰、姚计海、吴曼，2018，《教师的教学自主权与工作满意度的关系：教学自主性的中介作用》，《心理发展与教育》第 3 期，第 338 ~ 345 页。

Anderson, C., & C. E. Brown. 2010. "The Functions and Dysfunctions of Hierarchy." *Research in Organizational Behavior* 30, 55 – 89.

Anderson, C., & J. L. Berdahl. 2002. "The Experience of Power: Examining the Effects of Power on Approach and Inhibition Tendencies." *Journal of Personali-*

ty and Social Psychology 83 (6), 1362 – 1377.

Anderson, C., O. P. John, & D. Keltner. 2012. "The Personal Sense of Power." *Journal of Personality* 80 (2), 313 – 344.

Baard, P. P., E. L. Deci, & R. M. Ryan. 2004. "Intrinsic Need Satisfaction: a Motivational Basis of Performance and Well-Being in Two Work Settings." *Journal of Applied Social Psychology* 34 (10), 2045 – 2068.

Berg, J. M., J. E. Dutton, A. Wrzesniewski. 2013. "Job Crafting and Meaningful Work." *Purpose and Meaning in the Workplace* 13 (2), 81 – 104.

Bénabou, R., & J. Tirole. 2003. "Intrinsic and Extrinsic Motivation." *Review of Economic* 70 (3), 489 – 520.

Cialdini, R. B., & N. J. Goldstein. 2004. "Social Influence: Compliance and Conformity." *Annual Review of Psychology* 55, 591 – 621.

Fast, N. J. 2009. *Power, Incompetence, and Hubris* (Unpublished Doctorial Dissertation). Stanford University.

Gagné, M., & E. L. Deci. 2005. "Self-Determination Theory and Work Motivation." *Journal of Organizational Behavior* 26, 331 – 362.

Hackman, J. R., & G. R. Oldham. 1976. "Motivation through the Design of Work: Test of a Theory." *Organizational Behavior & Human Performance* 16 (2), 250 – 279.

Kouchaki, M. 2011. "Vicarious Moral Licensing: The Influence of Others' Past Moral Actions on Moral Behavior." *Journal of Personality & Social Psychology* 101 (4), 702 – 715.

Lammers, J., J. I. Stoker, & D. A. Stapel. 2009. "Differentiating Social and Personal Power: Opposite Effects on Stereotyping, but Parallel Effects on Behavioral Approach Tendencies." *Psychological Science* 20 (12), 1543 – 1548.

Lin, S. H., J. Ma, & R. E. Johnson. 2016. "When Ethical Leader Behavior Breaks Bad: How Ethical Leader Behavior Can Turn Abusive Via Ego Depletion and Moral Licensing." *Journal of Applied Psychology* 101 (6), 815 – 830.

Lips-Wiersma, M., & S. Wright. 2012. "Measuring the Meaning of Meaningful Work: Development and Validation of the Comprehensive Meaningful Work Scale (CMWS)." *Group & Organization Management* 37 (5), 655 – 685.

Magee, J. C., & A. D. Galinsky. 2008. "Social Hierarchy: The Self-Reinforcing Nature of Power and Status." *The Academy of Management Annals* 2 (1), 351 - 398.

Magee, J. C., & P. K. Smith. 2013. "The Social Distance Theory of Power." *Personality and Social Psychology Review* 17 (2), 158 - 186.

May, D. R., R. L. Gilson, & L. M. Harter. 2004. "The Psychological Conditions of Meaningfulness Safety and Availability and the Engagement of the Human Spirit at Work." *Journal of Occupational and Organizational Psychology* 11 (77), 11 - 37.

Menon, T., J. Sim, J. H. Fu, C. Chiu, & Y. Hong. 2010. "Blazing the Trail Versus Trailing the Group: Culture and Perceptions of the Leader's Position." *Organizational Behavior and Human Decision Processes* 113 (1), 51 - 61.

Mullen, E., & B. T. Monin. 2016. "Consistency Versus Licensing Effects of Past Moral Behavior." *Annual Review of Psychology* 67 (1), 363 - 385.

Sanna, & J. Lawrence. 1992. "Self-Efficacy Theory: Implications for Social Facilitation and Social Loafing." *Journal of Personality and Social Psychology* 62 (5), 774 - 786.

Shea-Van Fossen, R. J., & D. J. Vredenburgh. 2014. "Exploring Differences in Work's Meaning: An Investigation of Individual Attributes Associated with Work Orientations." *Institute of Behavioral and Applied Management* (3), 101 - 121.

Smith, P. K., N. B. Jostmann, A. D. Galinsky, & W. W. Van Dijk. 2008. "Lacking Power Impairs Executive Functions." In Weibel, A., Rost, K., & Osterloh, M. 2010. "Pay for Performance in the Public Sector-Benefits and (Hidden) Costs." *Journal of Public Administration Research and Theory* 20 (2), 387 - 412.

Triplett, N. 1898. "The Dynamogenic Factors in Pacemaking and Competition." *The American Journal of Psychology* 9 (4), 507 - 533.

Weibel, A., K. Rost, & M. Osterloh. 2010. "Pay for Performance in the Public Sector-Benefits and (Hidden) Costs." *Journal of Public Administration Research and Theory* 20 (2), 387 - 412.

Wrzesniewski, A., McCauley, C., Rozin, P., Schwartz, B. 1997. "Jobs, Careers, and Callings: People's Relations to Their Work." *Journal of Research in Personality* 31, 21 - 33.

第十三章　弹性工时制何以失效？*

——互联网企业工作压力机制的理论与实践研究

一　问题的提出：弹性工时制中的效率与压力

马克思在《资本论》第一卷中对工作日的阐述，将劳动研究引入关注劳动过程中的时间界限问题上来（马克思，2004：268）。在《资本论》的讨论中，我们可以看到自由资本主义时期，工场手工业的资本家与工人之间就工作日的界限问题展开过激烈的斗争。虽然工作日的长度本身受一个自然日（24小时）和劳动力自身再生产（劳动者恢复体力所必需的活动时间）两方面的限制，以上两点决定了工作日必须是一个有极限的值，但是这个极限如何决定，是存在相当大的弹性的，正是这个弹性引发了资本和工人之间持久的争论和斗争，资本希望将工作日调整为极限最大值，以满足其对剩余价值的渴求，而劳动者则希望将工作日控制在正常值附近，以利于其体力恢复与生活。双方经过了长期的抗争过程才最终使劳动时间趋于一个正常值。但是时间长度的确定却只涉及工时制度执行层面的一个维度，这个正常值在哪个时间段实施、分几次实施一直是劳资双方互动过程中的焦点问题。也就是说，在正常值以外，工作时间的安排仍然有其他尚未明确的、有

---

* 本文曾发表于《社会学评论》2019年第3期，收入本书时略有删改，文中田野资料已按学术规范做匿名化处理。

转圜空间的维度。

其中，互联网产业所倡导和实行的弹性工作时间就是一个典型的表现类型。互联网企业是当下就业市场中热门的目标领域，这一方面是由于其相较于其他传统行业更为优越的薪酬，另一方面则是由于其宽松而灵活的工作制度，特别是其中的弹性工时制，在保证一个企业内的核心出勤时段的前提下，允许员工自由选择工作的开始和结束时间。而此种灵活的工作时间安排，一方面是知识劳动者优越性和自主性的体现，另一方面也被认为有利于缓解工作压力，有助于解决肩负工作 - 家庭双重责任的劳动者的角色冲突问题（杨菊华，2018）。

互联网企业的弹性工时制，似乎预示着劳动者在劳动过程中得到了某种程度的自主权。但是回到马克思有关工作日的研究，当资本失去了对时间界限的控制权，又该如何掌控生产？此种情况下资本如何才能解决剩余价值和劳动效率的问题？而从劳动者的角度，知识劳动者是否仍然感到了来自工作的巨大压力？劳动者又将如何缓解这种工作压力？本文将通过对一家主流大型互联网公司工作压力机制的分析对以上内容进行初步梳理。

二　文献回顾

（一）弹性工时制的概念与研究进展

弹性工时制（working flexible hours）最初由德国学者提出以应对城市通勤交通问题（魏翔，2008）。后来随着互联网技术的兴起，以及全球化发展趋势，越来越多的欧美企业自 20 世纪 80 年代以来开始实行弹性工时制，其中在互联网等高科技产业中最为盛行。弹性工时制的本质是工作时间的灵活性和多样性（中国劳动和社会保障科学研究院课题组，2018），同时也正是源于灵活性和多样性，学界对弹性工时制的概念仍存在诸多争论，最广义的概念是将所有涉及工作时间灵活调整的制度都囊括进来，既包括用工方式的灵活，例如临时工作、兼职工作等，也包括用工时间的灵活，例如特殊工时、错峰上下班等；狭义的概念则仅指特殊工时制度（赵秀丽、李敏，2017）。

具体到我国互联网企业所实行的弹性工时制，则与以上两种都存在差异，主要分两种形式，一种主要是指企业对法定标准工时的灵活实施，即劳动者须保证法定标准工时的出勤时间，也即出勤时间长度不可调，而可在适当范围内将出勤的时间早晚进行调整，或规定一定的核心工作时段；另一种则是绩效考核制，即只要劳动者完成企业规定的绩效成果，就可以自由选择办公的时间地点，企业原则上不考核劳动者的出勤指标。在管理学的研究中，前者被称为标准工时下的灵活出勤，后者则被称为成果中心制下的不定时工作制（中国劳动和社会保障科学研究院课题组，2018）。

虽然弹性工时制的初衷是解决劳动者工作中的问题，提高劳动效率，减缓工作压力，但针对弹性工时制的实证研究则对此存在一定争议。提倡者认为，弹性工时制是劳动的力本主义向人本主义的积极转向（刘强，2018），强调劳动者的主体地位和多元需求，有利于劳动者工作压力的缓解和工作质量的提升，以及工作－家庭冲突的解决（王庆宇，2003；王玉莲，2001；刘永强、赵曙明，2016）；反对者则提出，由于弹性工时制多为企业单方面提出，劳动者难以表达自身的诉求和维护相关权益，因此极易成为劳动权益纠纷的导火索，特别是成为企业实现加班时间隐性化、规避加班费用等目的的操作手段（孙兆阳，2011），也有研究者提出由于弹性工时制模糊了工作和生活的时间边界，提高了边界渗透性，反而成了延长工作时间，导致工作－家庭冲突恶化的基础（梁萌，2018）。

因此从以上有关弹性工时制的相关研究中我们能够得到两个主要的信息：首先，弹性工时制实施的主要目的是有利于劳动者工作压力的缓解和工作质量的提升；其次，目前的实证研究对于弹性工时制在企业中实施时是否能达成以上目标莫衷一是。当然，这其中既存在着时代环境的变迁，也存在着产业间天然的特征差异。但是具体到本文所聚焦的我国当代互联网产业来看，则相关的实施后果是显而易见的——弹性工时制并未从根本上实现缓解高科技企业从业人员工作压力的目的，反而使其愈演愈烈（梁萌、陈建伟，2017）。从我国互联网企业的现实情况来看，主流的共识是：一方面弹性的工作时间并不等于缩短工作日，加班的情况反而有增无减；另一方面我们从劳动者单位时间内的工作效率来看，其单位时间内的劳动速度从整体上呈现不断加速的趋势。

综上，要回答弹性工时制为何最终难以支持到企业员工工作压力的缓解问题，需要我们进一步对工作压力机制的相关概念与模型进行讨论。

（二）工作压力概念与模型

压力（stress）一词起源于物理学，指代的是当物体受到外力时其内部所产生的力。20 世纪中期，随着工业生产的发展，劳动者的工作压力问题开始凸显，1962 年 French 和 Kahn（1962）将压力概念引入企业管理研究中（时雨等，2009；石林，2003），从而开启了工作压力研究的新时代。但是工作压力概念虽经过几十年的研究发展，却仍未有一个统一的共识。有学者提出是个体的身体对其所认知到的刺激的反应，这种反应也可以分为不同阶段，相关研究主要聚焦于劳动者在不同阶段行为特点的解读（Selye，1976）；也有学者将重点放在个体对压力的认知方面，认为由于认知不同，劳动者应对压力的行为也会截然不同（Lazarus & Folkman，1984）；还有一种观点认为工作压力是劳动者和压力环境之间相互作用的结果，须整体地考察二者的互动过程（McGrath，1976）。

在以上不同概念的争论中，可以发现一方面相关概念倾向于强调劳动者个体在其中的能动性，另一方面也同时强调个体的差异性和多元性。因此，这其中既提出了压力来源于个体与环境的互动，又体现了个体和环境双方面的多元性，由此而引出了压力机制的复杂性问题。这其中暗示与压力的原初领域物理学的研究相区别之处在于，工作压力机制中个体不是环境的被动承受者，而是具有认知能力和主动行为的主导者，从而引发了相关研究中对劳动者群体的关注和探索。

在这个前提下，仅从工作压力内在结构（压力源－压力反应－压力结果）（Wahrendorf et al.，2013）来分析是远远不够的。除了内在结构之外，个体还可以从环境中获取缓解压力的相关资源，这也造成了不同压力源与资源和个体特征之间更复杂的互动关系，即工作压力的作用机制。相关研究也正是从此认知出发，提出了工作压力的多种作用模型。其中与我国当下互联网企业管理实践联结最为紧密的当属工作要求－控制（资源）模型（Job Demand-Control Model）、努力－奖酬失衡模型（Effort-Reward Imbalance Model）。实际上，这两个模型恰好涵盖了企业管理控制中的两个核心制度：薪酬制度和劳动过程管控制度。

从相关文献来看，努力－奖酬失衡模型（Siegrist，1996）认为工作压力源自劳动者在工作中的投入与其感知到或预见到会获得的工作奖励、酬劳等因素之间的不平衡。模型中所指的奖酬主要包括物质收入、职业发展，以及职业地位、稳定性以及自尊等方面。在当代企业管理实践中，实际上涉及的是劳动者的职业理想、职业发展和绩效评估、薪酬激励等方面的制度。

工作要求－控制（资源）模型（Karasek，1979）提出在工作环境中包括两个方面：工作要求和工作控制（资源）。工作要求主要是指派给劳动者个体承担的任务，而工作控制则是劳动者个体在工作中的自主性，即对工作生产过程及各要素的掌控程度，例如对工作时间的控制以及相关的决策权和支持资源等。因此，此模型在企业管理中主要体现在企业内部的工作任务下达与分配，以及工作方法与制度等相关劳动过程所涉及的管理策略。

相关模型提出，当以上两个模型中对应的要素之间达到平衡时，最有利于工作的推进，劳动者会产生适度的“好压力”（good stress）；而要素之间难以匹配时，要么工作难以推进，要么劳动者将面临巨大的工作压力。从模型本身来看，弹性工时制应该是有利于缓解工作压力的资源之一，也是劳动者获得职业认同、自尊感和主体性的重要途径，但是却与企业管理实践的现实结果南辕北辙。

那么在我国互联网企业的日常管理实践中，弹性工时制的正向作用在企业经典压力模型的管理实践下是如何被消解的呢？劳动者面临的压力又是如何产生的？本文将以质性研究的方法，通过详细剖析一家大型互联网企业的管理控制案例，来呈现工作压力在企业实践层面的具体作用机制。

E 公司创办于 20 世纪 90 年代，创始人都是海归留学人员，以技术和对国情的了解获得了华尔街的风投。该公司一直以来发展势头良好，并已于美国纳斯达克上市，是国内互联网三巨头之一，在业内有举足轻重的影响力，其公司管理制度和商业模式被后续无数创业公司膜拜和模仿。因此，E 公司的管理制度在互联网产业中具有较好的典型意义。

案例中所获得的资料主要来源于笔者在 2012 年到 2017 年间对 E 互联网公司的田野调查。一方面笔者以兼职工作的方式在 E 公司工作了近四个月的时间，以一线员工的身份全面参与了公司日常运营过程，此种参与式观察方法所获得的资料主要以田野日记为主，并辅以部分公司业已公开的正式文件；另一方面，笔者也同时对 E 公司的员工和中层管理人员进行了半结构式的深度访谈，并将访谈记录整理成文，获得了数十万字的访谈资料。文中所涉及的公司名和人名均已按照学术惯例进行匿名化处理。

三　E 公司的工作压力机制：经典压力模型基础上的量化与加速

虽然互联网公司崇尚创新，倡导平等，盛行自由、自我的工程师文化，但是当公司运营日益正规化，公司规模日渐庞大的时候，企业的管理框架仍然采用了延续经典的框架和方法（Kunda，2006）。也就是说 E 公司在日常管理中仍然是围绕着文献回顾部分所提到的两种经典工作压力模型进行的。总体来说，主要从三个层面入手：企业文化、管理制度和劳动过程。本部分将以工作压力的两种经典模型为线索，将企业在这三个方面所践行的制度和路径详细呈现和分析。

（一）企业文化

互联网公司的企业文化是其管理制度和劳动过程等相关制度得以实施的意识形态基础。综合来看，企业文化主要由两个方面组成。

一方面是来自技术诞生领域的工程师文化，主要表现为对成就、自由、平等的追求（卡斯特，2007）。在 E 公司具体表现为倡导和实践两个层面。在倡导层面，E 公司在入职培训和反映企业文化的核心资料上都明确提出了对工程师文化的尊崇，特别是对技术改变世界的“梦想、自由、平等”的提倡，在招聘广告和入职教育里 E 公司都以不同短片和短剧的形式将这些文化意识反复传输给目标员工们；在实践层面则表现为对工程师即技术劳动者的尊重和崇拜，程序员们在公司穿拖鞋、着汗衫的着装和不修边幅的形象被普遍认为是顶级技术人才的表现，不仅不被诟病反而会让其他职能部门青眼有加，同时技术团队也被赋予更多特权，例如给予丰厚的团队建设基金和允许工作时间打游戏等，在称谓上，除了日常去等级化的“同学”之外，还将技术人员冠以“程序员大哥”的特定称谓，以示重视（梁萌，2015）。由此，工程师文化，特别是其中对成就、自由、平等的追求取向，成了E互联网公司企业文化的重要内涵之一。

另一方面则来自企业结合管理策略对工程师文化的重构。互联网企业的特殊之处在于，企业既要利用劳动者所具有的文化资本（工程师文化）（布迪厄、华康德，2004）进行创造性的生产劳动，又要对劳动者进行管理控制，以实现企业的生产目标和赢利目的，因此必须对劳动者的原初文化资本进行一定的改造，即文化资本的重塑（梁萌，2015）。E公司通过将抽象的文化解读为具体的故事和行为，实现了这一重塑过程。具体来说，梦想被解释为劳动者应该追求个人的快速成长，自由则主要体现在弹性工作时间方面，平等则被与团队之间的合作和自下而上的创新相联系。

可见，企业文化中蕴含着鼓励员工对个体成就的追求以及实现此目标的方法，也即企业奖赏个体努力并提供实现目标的资源（自由的工作时间、工作合作等），以利于组织内生产劳动的顺利开展，从而使得努力－奖酬失衡、工作要求－控制（资源）等模型中的管理思路成为组织中深入人心的发展目标。经过以上两个方面的培育，E公司已经在企业文化方面为工作压力经典模型下的管理控制策略打下了良好的基础。

同时，在此之外，E公司由于在2012年底遭遇了融资方面的挑战和行业发展的瓶颈，在公司内部发起了管理策略方面的整风运动——X文化运动，基于原有的管理框架和方法，在日常管理和薪酬考核方面更加地严格、量化和差异化。这也是一次企业文化方面的重要推进。

（二）管理制度

现代企业的管理制度是庞杂繁复的，很难在一篇文章中讨论完整。但由于本文主要以两种工作压力模型为线索，因此本部分所讨论的管理制度并非指向普遍意义的管理（工作纪律、工作方法、工作考核和评估等），而主要指与模型相关的工作考核与评估制度，主要涉及绩效制度和激励（晋升）制度。此二者意味着企业文化中个体成就在制度层面的正式评价和考核，也是因应于努力－奖酬失衡模型在管理实践方面的应用策略。

E公司考核制度实行的是互联网产业内盛行的KPI（key performance indicator，关键绩效指标）方法。根据公司整体的发展目标，拆解得到每年度的发展目标，负责各部门的副总裁根据公司年度发展目标设计自己的KPI，并将其拆分给下属中层经理，下属中层经理再根据本团队情况拆分给一线员工，最终形成一线劳动者的KPI，也因此E公司的每位劳动者，不论其职级如何均会有一个确定的KPI。

单就个体劳动者来看，总体绩效考核主要包含三个方面：关键绩效指标、文化价值观和领导力评价（中层管理者）。其中KPI所占的权重在90%，因此是考核的重点所在。在考核的安排上，E公司每年会安排两次考核，在年中和年底分别执行。其中年中考核主要是为了回顾工作的进展，而年底的考核则主要与薪酬和晋升相关。

在具体的考核原则上，E公司提出了明确的要求：绩优倾斜、绩效差异和绩效提升。其中绩效提升是目的，而绩优倾斜、绩效差异是方法。也就是说在薪酬激励的发放上，要向那些绩效考评优秀的员工倾斜，使其获得更多的奖励，同时要拉开不同绩效等级之间的距离，使薪酬激励在不同等级之间的差异更明显，也即绩效差异。最终，通过这样的激励措施，促使员工为了争取更好的薪酬收入而努力提升自己的绩效考核结果。

E公司对这三点原则的执行是较为彻底的，主要体现在考核方法以及各层级考核结果的名额分布上。一般情况下绩效共分为5级：1级为极其优秀，2级为超出期望，3级为满足期望，4级为部分满足期望，5级为不满意。

X 文化运动之后的一个明显的调整是强调了各绩效等级之间的分布比例，特别是最高等级不得高于 10%，最低等级不得低于 2%，且较往年来看最高等级和最低等级的比例都有所提升，也即突出了绩效的差异性。

绩效考核的主要目的是将其应用到激励制度当中去，E 公司的主要激励制度有三个方面：奖励、发展与淘汰。其中奖励包括奖金、薪酬提升、表彰，奖金主要是指年终奖，薪酬提升是指月薪的涨幅，表彰则是指公司每年会评选出 E 之星、优秀员工等；发展则包括晋升、个人培训与学习和绩效改善计划，晋升是指职级的晋升，个人培训与学习是作为资源向员工提供的，以作为日后升职的预备资源，绩效改善计划则是直属经理与员工就后续发展目标而制定的相关提升计划，有利于员工清晰发展目标，掌握提升方法；淘汰则主要是指将绩效考核最差的员工列为当年明确淘汰的名单，或者给予警告，如第二年仍没有进展该类员工则会直接进入离职程序。下面本文将就这方面最主要的两块内容——薪酬奖励和个人发展进行更为具体的阐述。

1. 薪酬奖励

E 公司的薪酬奖励主要体现为薪酬提升、奖金和股权三种。其中股权的激励只有前几百位入职的老员工和后入职的中上层管理者才会得到，与普通员工的关系不大，但是为了平衡股权所造成的心理落差，一般没有股权的后进员工月薪会更高一些。虽然每年随绩效考核回顾会有一定的薪酬提升，但在一定职级范围内差异并不大，因此此处重点分析薪酬奖励的关键：年终奖。

年终奖的计算主要有一个关键系数，这个系数乘以个人目标年终奖即为个体劳动者的年终奖数额。这个关键系数由两部分组成：个人年终奖系数和公司年终奖系数，其中个人系数的权重是 70%，公司系数是 30%。个人年终奖系数是与个人绩效等级挂钩的，人力资源部门对绩效考核中 1～5 的等级赋予不同的系数从而形成个人年终奖系数，公司年终奖系数则主要根据公司当年整体业绩确定。整体来看，年终奖制度中的关键点在于个人年终奖系数，而公司也正是通过对个人年终奖系数进行干预，从而不断调整激励政策的。

X 文化运动之后，在个人年终奖系数调整方面的主要变化是最高等级绩效的系数由原来的 1.3～1.5 提升到了 1.5～1.8，而最低等级系数由原本的 0 调整为 0 且无个人年终奖，次低等级也即 4 级业绩的系数也略有降低。另一个变化是强调各绩效等级的分布，不仅各团队整体要符合比例，而且在团队内的每个职级内也必须符合比例，从而将强制淘汰的政策进一步落实到了小团队（相对于职能部门的大团队）层面，使淘汰的影响更加直接和强烈。这是继绩效考核差异化后体现在薪酬结果方面的差异化，同时也是绩优倾斜政策的表现之一。

2. 个人发展

作为一家以知识生产为主的企业，E 公司十分重视劳动者的个人发展，这也是其组织发展的基础和保障，因此公司推出了个人发展计划（individual development plan，IDP）以推动劳动者对自身职业发展目标的实现。一方面公司强调，个人发展是劳动者自己的事，需要劳动者积极主动地与主管沟通并努力采取行动实践，另一方面，个人发展计划的制定与评估也都是与绩效考核相关的，也就是说按照绩效考核的逐级拆分方法，个人发展计划既是关系到个人的工作目标完成情况，也是与公司整体发展目标的实现相关联的。

而具体到员工层面则主要表现在组织内部的职位晋升方面。E 公司的级别架构分成四条线：技术序列 T（T3～T11），适用于技术岗，也就是工程师或程序员，一般来说 T5/T6 职级就属于部门骨干了；产品序列 P（P3～P11），适用于产品和运营岗，产品类职位是负责项目的整体协调，运营则是负责项目上线后的持续推进与调整；后勤序列 S（S3～S11）主要适用于公共关系部门、行政部门、渠道销售等；管理序列 M（M1～M5）。需要说明的是，前三个序列中的员工都有机会从当前序列转管理序列，一旦从前三个序列转过来，则统一标识为管理序列，因此从通常意义上看，管理序列实际上是公司管理层级的主要架构。管理序列每一级又分为 2 个子级，如 M1A、M1B，最低的是 M1A，但 M1A 至少是部门管理副手了。

不同序列对晋升的要求不同，以 P 序列为例，级别之间的要求差异明确，是晋升时的主要参考标准。不同级别所负责的工作内容，期望达到的工作成效，以及需要的两种技能都是有明确文本标准的。专业技能主要关注跟产品专业相关的知识与思考，通用技能则指的是劳动者个人素质的发展。从级别之间的差异来看，1～3 级的差异较小，而 4～8 级的要求则有明显的逐级递增，级别之间的差异比较明显。E 公司的实际晋升情况也与之相应，新进员工大多会被定为 3 级，3～5 级的晋升比较容易，大多数产品经理都在此级别，而 6 级及以上的产品经理已经非常少见。

在晋升的过程中还为每个序列的劳动者设计了两条晋升通道：一个是专业通道，标准可参考产品经理的 1～8 级；一个是管理通道，员工选择此通道则意味着由专业技术岗位转到管理岗位，E 公司将以管理岗位标准对其进行考核。

对于技术职位的考核如下。

我们去年线上问题有多少，今年我们要提高这个质量，然后把线上问题降低到多少。比如说去年有 10 个，今年降低到 5 个，或者说你去年漏测多少，今年减到多少，我们通过这样一些指标来评估和考核最终的结果。

我们也会每年有专利的这种要求，比如说今年我们组里要提至少 5 个专利吧，也有这种 KPI，专利也要量化，这个比较难。所以你要想一些技术的点子嘛，而且要能够做出效果来。项目这块我们就是会以几个关键的指标考核。比如说有没有出线上事故，如果你的职责主要是保证质量，如果出一个事故扣多少 KPI 之类。

还有事故要分级别，然后那个还要通报，通报批评是严重事故。另外一方面就是我们的测试最终覆盖度这也是一个指标，就是如果说是你没有测到的，就把它定义成是漏测。漏测的比例不能超过多少多少，比如不能超过1%，也算是我们的一个业务指标。

（E公司技术部门经理章佟访谈，2015年4月）

因此，对技术岗位的考核主要在项目成果和技术成果两个方面。相应成果则被细分和量化，包括专利的数量和提升率、事故的数量和降低幅度、漏测的比例指标等。这样就将个体成就的目标和企业绩效考核的目标操作化为可测量、可计算的指标。这些指标在数量上是逐年递增的，且设计了针对失误的惩罚措施（扣KPI），更使考核结果在个体自身纵向比较和个体间横向比较方面都显得更为客观、清晰。

对于技术通道和管理通道的选择，该团队的做法如下。

每次考核的时候都会跟他们聊这些，他们自己的一些发展的想法。（从团队的角度）一方面主要是看你团队缺不缺管理的人，如果缺的话你就要有意识地去培养嘛。我们组有两个项目经理，（打算再）提升两个项目经理。另一方面看他有没有这种能力，然后他想往哪个方向发展，综合考虑的。

（管理能力主要）靠领导的观察了，或者说平常你交给他的项目，他整体完成的情况。要想走管理，还是综合能力要求多一点，比如说你的协调推动呀，跟周边的合作、沟通呀，要求得更多一些。（通道选择）跟年龄段有关系的，比如说你跟刚工作两年之内的这些人谈，他肯定还是说先做技术方向，然后说三年，或者三年以上的，就是工作时间比较久的，你跟他沟通的时候就需要了解他朝哪个方向发展。反正每年沟通的时候都会聊这些。

（E公司技术部门经理章佟访谈，2015年4月）

可见，晋升管理层一方面有客观因素的影响，包括团队需求、个人能力、年龄资历等；另一方面也有主观因素的影响，包括劳动者的选择意愿，以及团队领导的观察和判断。与绩效考核相同的是，客观因素较为容易操作化为具体指标，但主观因素特别是来自团队领导的观察和判断则难以做到操作化，有一个不确定性和争议性较大的空间。

同时，从整体来看E公司的晋升和职位要求都是比较明确和严格的，层级间的差异和对目标的量化都呈现透明化和清晰化的趋势，具有典型的科层制组织目标的特征。可以说，这一套制度的设计是主要依照现在公司管理制度的标准建立起来的，具有明确的可执行、透明化、具体化的特点，是公司晋升工作方面公开的参照标准，但并非意味着是唯一的标准。

3. 压力机制的本土特色：科层体系中的圈子文化

以上所呈现的薪酬、晋升主要关系到E公司的正式管理制度，然而在科层组织理性的管理制度之外，却也存在着潜在的私人关系运作空间，管理者们通过建构和区分“我的人”和“外人”从而建立了另外一套激励、晋升的行为模式。

> ……C总监那时候走的时候可能给了部分员工高额年终奖。这个A组长刚刚转管理通道，就是他下面的人心是很散的。A组长本人拿了15个月的年终奖，他的组员却拿了个4级（绩效评级）。其实B经理（A的直属上级，C是B的直属上级）对这个事情很不爽，B一直不把A看作自己的人。A组长为什么得这个，有可能是C总监直接给他的一个恩情，B经理都没A领的这么多。A就不属于B经理的那个喜欢的那一类人。
>
> （E公司产品部门员工刘伟晖访谈，2015年4月）

在这个案例中刘伟晖讲述的是他所在的团队年终奖分配方案

的故事，C总监将A组长视为“我的人”，因此在调走前把最高额的薪酬待遇给了他，同样是C总监部下的B经理，虽然职位比A组长高却因为与C总监关系不属于“我的人”的范畴而没有得到这个待遇。甚至伟晖自己也因为同样的原因，被A分配了一个势必会搁浅的项目，造成KPI极低，从而影响了TPU序列内的职级晋升。

另一个案例也仍然是与此相关的，最后该名员工不得不转岗。

> 还有一些是因为领导跟你关系不好。比如说我之前就因为领导被给了一次4。是因为我对方案提出了很多意见，惹到了一些人。给我4分那个人（下称M）最开始不是我的领导，跟我是平级的，但他升职了，后来我们中间又加了一个管理层级。我现在的直接领导给了我3，但他特意把我改成了4。我的直接领导说其实给了3，但是那个M觉得我不行，所以改成了4。然后我去找M，问他为什么要给我改4。他说你做的这些事情没有达到那个级别应该有的水平，你做的那些事情太琐碎了。但是项目就我一个人，我要是只提方案不做，具体操作谁来做呢？所以后来我就转走了。
>
> （E公司产品部门员工信易访谈，2015年3月）

但与此同时，管理中对私人关系的考量也会成为劳动者缓解工作压力的资源。

> 我不是直接跟他（经理）谈的不加班。因为是原来团队的同事嘛，都了解这个情况，刚休完产假回来，你身体也承受不了太大的压力，包括你思想上肯定也跟不上他的那个节奏，而且节奏是特别快。基本上我现在是早上10点之前到公司，中午回家吃饭，下班时间是7点到8点之间，我的底线就是到8点，我可以天天到8点，也可以接受偶尔加班，我也是

会把分内的项目都做完的。但是我走的时候其他同事应该是刚吃完晚饭回来开始准备下一轮的工作。

（E 公司用户产品部门江茹茹访谈，2016 年 1 月）

在江茹茹的故事里，她与经理曾经的平级同事关系成了她在生育后回归职场的重要资源，使她有空间逐步适应新的工作，甚至基于往日情谊和对家庭需求的共识，还可以拥有大幅度减少加班时间的特权。

从 E 公司的科层制结构和绩效分配与考核的利益关系等方面来看，其组织内部的实体团队可以看作是一个利益共同体，为了实现共同的目标而合作；但是当我们进入每个具体的实体团队中去，仔细考察团队内部的利益分配问题后，便会发现还有另一套潜在的行为模式，而这种模式也是我们所熟悉的以人际关系的远近亲疏的私人交际圈作为行事标准的本土圈子文化。科层制的理性行为模式和圈子文化行为模式一起，在团队的各项活动中交互作用，最终形成了 E 公司既具有现代企业特色的显性制度也具有本土文化特征的隐性规则的考核与晋升模式。

从薪酬和个人发展的整体来看，E 公司目前的管理制度具有如下特征。

首先，企业的绩效考核和激励制度的本质目的是将企业文化中所提倡的个体发展目标落实到劳动者的日常工作中，成为其工作的直接目标和动力，并在此过程中通过绩效指标的层级分解将个人发展与公司发展紧密结合，使企业目标成功嵌入个体成就中。同时，对于劳动者的努力进行物质和职位双方面的奖励，对于失误也有相应的惩罚措施，以期激发劳动者的劳动热情和促进工作产出。从这一点来看，此制度正是努力 - 奖酬失衡模型在实践中应用的典范。

其次，量化考核标准与差异扩大化。在 KPI 的设计与考核中将每条关键绩效都尽量细化为可测量的数量指标，这样一方面可以将个体劳动者的绩效提升进行不同时间段的对比，也方便劳动者之间的比较与评估。通过“X文化”运动，E公司着意扩大了绩效考核结果的数量差异：一个是调整了不同绩效等级的分布，限制了最高等级的人数上限和最低等级的人数下限，并且提高了处于两极的人数比例，而统计比例的单位则从之前的大部门降到了小的一线执行团队；另一个是调整了个人年终奖系数，以使不同绩效等级之间的年终奖数额差异更大，特别是超额完成任务将会得到更多的奖励，而未完成任务则较之前获得更少。此两方面结合起来使竞争更加落地，迅速从大团队降到了小执行团队内部，当每个小的一线执行团队中都必须要有人面临强制淘汰时，劳动者的安全感较之前大大下降了，而团队内部绩效等级的强烈对比又会使其感到沉重的竞争氛围，进一步破坏安全感和加重危机感，从而导致工作压力加剧。

最后，虽然整套制度从理论到方法，从框架到指标都极力实现对客观、透明和公正的追求，但仍然存在一定的例外空间。例如绩效考核过程中的人为干预以及晋升过程中的领导主观评价，也即客观的指标仍然难免受到主观的人际关系圈子文化影响。一方面这当然会有损制度执行的公平和透明，但这些空间的存在也对正式管理制度构成一定的挑战，某种程度上为压力缓解提供了意外的资源。

（三）劳动过程——敏捷开发方法的使用

作为一种新型的以知识劳动为核心的产业，且倡导自由、平等的文化，E公司的生产劳动是以“横虚纵实”为特点展开的。也就是说，一方面E公司内部与传统企业组织一样存在着以职能部门为单位的科层等级体系，也是管理权利的铺陈脉络，是实体的管理体系；另一方面，一个项目的完成需要跨部门多个工种的联合合作，因此采取了虚拟团队的合作方式，来自不同部门、不同级别的员工平等地合作沟通。这样实体团队负责工作管理和考核，虚拟团队负责推动项目进展，从而构成了横虚纵实的生产劳动组织特点。背后则是工作要求－控制（资源）模型所推动的：为了达成企业和员工发展的高水平要求，在劳动过程中向员工提供一系列支持的资源，包括实行弹性工作时间、促进跨团队合作、提供改进效率的工作方法等。

原本，在追求成就和自由的企业文化和管理制度的双重影响下，E公司的生产过程相对平衡，然而在行业发展和工作方法加速的背景下，这种平衡正在被打破。

如果说虚拟团队是E公司的工作方法，那么敏捷开发则是虚拟团队工作方法从技术层面的加速版。虚拟团队主要考虑的是对实体团队边界的克服，而敏捷开发则是建立在虚拟团队合作方式的基础之上，在虚拟团队合作过程中采用敏捷开发的方法使一个产品快速完成、快速上线以及快速迭代。因此敏捷开发方法的核心就在于：快！

此种方法在国内互联网产业的流行是伴随着移动互联网趋势兴起的。在传统的PC端时代，主要的开发方法是先构建出一个网站或功能的整体结构，然后逐一细化各个细节，修改调整完备后再上线供用户使用，而敏捷开发的方法则是直接将一个功能的初级结构上线，之后在用户的使用过程中根据实际反馈以快速迭代的方式逐步调整、丰富各个细节。

在敏捷开发方法实行的过程中，需要合作的各方一方面要以每周一次的频率召开“计划会”，总结上一周的完成情况和规划下一周的工作点，另一方面也要以每天一次的方式召开“站会”，在早上固定的时间（E公司一般在10点~11点左右）组织项目组所有成员召开无座椅的站立式会议——站会，站会主要回顾前一天的工作进展和当日的工作目标，其中就未能实现的目标进行集中讨论，现场解决问题。在讨论当中，最主要的事件分类是三段式的：done、doing和to do，这是整个敏捷开发过程中的思考逻辑，也是工作计划的主要框架。

1. 透明的开发过程：监管与自律

在敏捷开发的过程中，虚拟团队成员将整体项目拆分成单个的 story（主要是指一个用户要应用的功能场景或功能链条），之后以每天、每周要求完成规定 story 数量的形式控制各方的工作进度。

> 敏捷所带来的好处是每天的进度是可见的。十个 story，RD 自己仅挑其中的一个 story 说这个我明天开发，其他剩下的九个 story 能不能开发完毕我不保证，这一周我计划要做这些事情，我要根据我的速度来。我只有其中一个 story 完成了，经过验收了，就是 PM 和 QA 都验收了，RD 才去开始做下一个 story。这是敏捷的一个大概的过程。
>
> 然后每天站会干什么。站会是每天一次。我们都是站着开会的，15 分钟。效率高。就围着一个圆桌，站着开，每天固定的时间，说昨天做了什么，今天计划做什么，以及遇到的问题是什么。这样对于项目是沟通，但是对于个人来说，就是说他不觉得整个过程是黑盒子，这个过程是可见的，我们敏捷是有一个小黑板的，这个是挂在我们开发区域内的。就是我们的 RD 在哪儿小黑板就在哪儿，然后我们大家都对整个过程指着板子说，看这个 story 处于什么状态，OK，这个开发完毕的处于验收状态，另一个 story 处于验收状态完毕了，进入测试状态。就整个都是可见的。而敏捷之后你会发现这种进度的监控就是很容易的一件事情了。
>
> （E 公司产品部门冯禾访谈，2012 年 8 月）

然而在传统开发模式下，软件产品开发工作的状态截然不同。

> 我先说对于 RD 的个人吧，人都是有惰性的，在以前的情况下是当一个软件的设计文档交给他（技术人员）的时候，告诉他一个月内开发完毕，他就去把要开发的内容通过两三

天分析出来，然后按照自己的计划一步一步地走，到月底开发完毕。前提条件是这个人的自制力非常强，但是不是所有人都这样的。

他肯定会在最后几天把这个工作加班加点完成，而在前一阵他始终处于焦虑的状态。而且他给出的东西其实并不保证都是可用的，反过来测试还会找他，让他不断地修改，不断地调整，在整个项目期间。

（E公司产品部门冯禾访谈，2012年8月）

可见与传统开发模式相比，敏捷开发过程中各方对工作进程进展更加明确，对各方特别是技术开发过程的监控也更加容易。传统开发模式下对产品经理来说存在的技术开发“黑箱”，在敏捷开发模式下被打开了。虚拟团队中的技术、产品等人员，在科层层级管理之外，需要在横向层面更紧密地配合、沟通和相互督促，从而相较于敏捷开发之前的劳动过程的自主性空间逐渐减小。

2. 敏捷的工作节奏

在敏捷的过程中，除了过程透明外，其工作节奏也是变化的重要方面。

我感觉，好比说以前我出了一个需求文档，交给RD，我可以不管了，我轻轻松松待一个月，等RD交给我东西，压力特别小。但是现在不一样了，就是我一方面我要跟RD和QA一起来看这个迭代中，也就是这周中要开发内容的一些细节，然后大家每天要就问题进行讨论。

另一方面PM还要准备下一周RD做什么，因为迭代是往前滚的，如果耽误了一天可能下一个迭代就会耽误事情，你要设计不清楚下一个迭代就耽误了。所以说你请一天病假可能这件事情就转不好，因为只有你负责。每个人都是在快跑，小步快跑，所以压力会更大一些。敏捷又要开站会，就是每一天的事情都安排好了，还是挺累的。那一段时间从 PM 角度看的话，好累呀！真的好累呀！

（E 公司产品部门冯禾访谈，2012 年 8 月）

整个敏捷开发的思路就是冯禾所提到的“小步快跑”，也就是产品快速上线后，再根据用户反馈快速迭代。传统开发模式下迭代的频率是以月或季度来计算的，而在敏捷模式下，迭代则是以天和周来计算，这使得敏捷开发过程中虚拟团队中的每个成员都需要按照一定的速度紧密合作，相对缺乏缓冲和调整时间，因此必然加大了工作压力。

3. 封闭式开发——小黑屋行动

雪上加霜的是，在这样的转型时期，也出现了另外一种形式的敏捷：封闭式开发——小黑屋行动。

近一两年这种方式越来越多了，我们都叫小黑屋行动。重点项目才会这样做。这种项目大部分都是按照时间倒排。就封闭在一个地方，搞联合开发，最主要想解决跨团队的沟通问题。因为现在大家都被关在一个屋子里了，就是沟通上的成本应该会好很多。反正因为被封闭嘛，大家也有一些独立经费，然后每天会买这些吃的呀什么，或者会搞一些小活动在里面。就团队合作来说这种形式肯定是比较高效一些吧。我们用敏捷开发的那种流程和方式，每天早上开站会，对一下前一天和当天的进展。

每天不去办公位，而是都到一个地方去上班，大家都在一起的。今年有一个项目，前后加起来两个多月的时间吧，一直都处在很紧张的状态下。反正有通宵的时候，通宵有几次我就受不了了，特别累。我每天都需要写日报，比如说去年五一的时候，基本上是每天（凌晨）一两点钟来发这个报告。因为各方的信息需要有一个总的负责人，把各块的这个进展汇总起来，要不没法同步，大领导也要知道你这个项目进展怎么样了。

反正时间长的话肯定是很疲惫的，然后有的时候会看到不是很精神。颈椎的问题可能比较严重一点，睡眠问题可能小年轻还好点，像我这种就不行了。我现在睡眠也是个大问题。

（E 公司技术经理章佟访谈，2015 年 4 月）

封闭式开发是敏捷开发最极端的形式，一般只有公司的重点项目才会采用。同时这种开发模式的项目时间周期安排并非以常规的项目进程时间作为参照，项目完成时间点是自上而下敲定的，具有绝对性、非协商性，因此项目时间的安排是以完成时间点为基准而倒推各个子时间节点，项目工作的紧迫性和压迫性都是不言而喻的了。同时，在合作形式上，将所有项目相关人员在一段时间内集中在一个相对封闭的办公区域内，打破了常规的办公格局，解决了沟通的问题，更重要的是建构出产品上线的紧急时间点并以此为目标安排之前的所有工作。在这种安排下，劳动者的工作节奏和工作时间都处于高强度的状态，其工作压力也会骤然上升。

在敏捷开发中，体现出三个主要的变化：第一是进一步量化绩效指标，从原有的以项目为单位到现在的以 STORY 为单位；第二是劳动过程透明化，出于协调合作的考虑要求劳动者之间共享工作计划且尽力调整配合，必要时甚至需要挤占私人时间；第三是工作节奏更加紧凑，从以季度和月到以周和天为迭代频率，工作时间进一步被细分，劳动者个体所能调整的空间则越来越小。这些表象背后则是工作压力模型的调整，一方面通过极致量化的绩效指标对应了努力 - 奖酬失衡模型中对个体努力评价标准的变化；另一方面更紧密的协作和加速的工作节奏则使得工作要求 - 控制（资源）模型中的要素产生了本质的变化，紧密协作在沟通方面提高了对劳动者的要求，使其在技术劳动之外需要承担额外的沟通工作，工作节奏的加速和互相配合一起造成了弹性工作时间的失效，从而使其从压力减缓的资源变成压力产生的来源。

由此，我们可以看到，当敏捷开发成为通用产品开发方法时，即便是没有 X 文化运动，E 公司的日常工作要求亦在日益提升，劳动者的体力、情感都面临着更大压力的挑战。X 文化运动一边将企业问题的根源归结于员工的松散懈怠，使员工秉持的工程师文化受到冲击，同时被要求完成强度更高的工作任务，一边着意收紧之前赋予员工的在工作过程中的控制资源。员工受到双方面的挑战，其反感情绪和反抗行为的出现自然是意料之中的了。

综上，我们可以看到 E 公司正是通过企业文化、管理制度和劳动过程三个层面，将努力 - 奖酬失衡和工作要求 - 控制（资源）模型的关键要素嵌入了日常实践当中。在此过程中，弹性工时制作为企业文化层面自由要素的典范而得以实行，但是却又因为管理制度中的绩效考核、个人发展的量化、差异化和竞争化、劳动过程中的敏捷方法和小黑屋行动的采用而成了名不符实的工作制度。特别是在绩效考核影响下自我发展的内在驱动力和敏捷方法求“快”的外部驱动力双重驱动下，劳动者不得不打破原有的工作压力平衡机制，而投入更多的时间和精力来满足更高的工作发展要求。如此一来，工作压力水平的激增也就是必然的了。当然，弹性工时制作为缓解压力的要素失效的同时，仍然存在着其他缓解压力的资源，例如在考核和晋升过程中本土社会人际关系的作用。但是显而易见的是，在整体压力作用的机制中，占主要地位的仍然是压力的促发要素而非缓解要素。这也正是今天互联网产业加班普遍化、日常化的一个重要原因。

四　结论与讨论

（一）E 公司的工作压力机制总述

正如前一部分所分析的，E 公司的工作压力机制是以两类经典压力模型为基础，在企业文化、管理制度和劳动过程方面逐层落实而最终在实践中得以推行的。

在企业文化层面，通过对成就和发展的倡导，使劳动者具备了在工作中不断努力奋斗的内驱力，同时提到的平等、自由的企业文化则是劳动者工作中推动协作和掌控劳动过程的重要基础。这些特征又在某种程度上呼应了技术劳动者工程师文化的特征。由此，两类经典压力模型便巧妙地嵌入 E 公司的企业文化当中，成为企业和劳动者生产过程中共同的精神指引。

在管理制度层面，一方面将努力－奖酬失衡模型中的努力目标操作化为可测量和计算的量化指标，并通过自上而下逐层分解的方式将其与企业发展总体目标相融合，也即劳动者个体目标之汇总最终可以支撑到企业发展总体目标的实现，而对努力的奖惩也是对绩效量化指标完成结果的直接体现，包括个人的薪酬奖励和职位晋升两个方面，努力－奖酬失衡模型由此而落实到每个劳动者身上；另一方面，作为对逐年递增的工作目标的回应，企业也提供了一定的资源支持，包括弹性工时制、职业发展和职业培训等，使工作要求－控制（资源）模型也同时得以实施。对于两个模型来说，二者并非割裂而是相互融合和呼应的，以此形成较为完备的一整套相关制度。

在劳动过程层面，通过敏捷开发方法的推行，进一步细化了量化指标，加快了工作节奏，通过过程的透明化对虚拟团队的协同配合提出更高要求，劳动者在额外的沟通工作之外更进一步失去了对工作时间的掌控，甚至私人时间也会受到波及。由此，虽然在努力－奖酬失衡模型方面的目标更清晰，评估更透明，但是却由于评估维度的改变（大团队－小团队）和竞争激烈程度的提升而使得劳动者的安全感有所下降，成为工作压力水平提升的源头之一；在工作要求－控制（资源）模型方面，显而易见的是通过前一个模型，工作要求被大幅提升了，包括指标测量的精细程度和水平，以及沟通合作的要求，而原本作为资源存在的弹性工时制和对工作进程的掌控，则由于敏捷开发方法的采用而形同虚设，甚至弹性工时制反而为加班和挤占私人时间提供了便利和掩护，由此模型中的资源逐渐被消解，工作压力水平的提升也就不难理解了。

综上，本研究认为E公司内部工作压力的日常形成机制主要包含三个关键变量：企业文化、管理制度和技术发展。其中企业文化是工作压力形成的意识形态基础，管理制度是组织运营方面的管理控制手段，负责将企业文化从口号落实到企业的日常运营当中，而技术发展则是将工作压力最终嵌入劳动过程之中的推进器，随着技术开发模式的发展，劳动过程中的工作速度和工作要求都不断攀升。此三个机制互相呼应、互相支撑，形成了E公司工作压力的完整机制。

（二）工作压力模型的失衡及可能的应对方式

虽然从理论层面，两类经典工作压力模型看似周全合理，但是在执行过程中最终被打破了压力的平衡模式，弹性工时制作为压力缓解的要素也失去了其应有的作用，劳动者面临着高水平工作压力的挑战。这其中的本质原因则需要在理论模型和实践发展之间进行更加细致的讨论。

1. 努力－奖酬失衡模型

E公司的绩效管理、薪酬制度都集中体现了其对努力－奖酬失衡模型的推崇，特别是其背后有关工作压力和员工激励的潜在理念：当劳动者努力与组织的回报相匹配时，会激发其工作积极性和减缓其工作压力。在一般情况下，相关研究证明这一点是有一定效果的，但是其效果的产生需要各方面的支撑，在E的案例中，当组织希望将此种政策实施得更加差异化和更加落地时，此模型的作用反而被部分削弱了。

在常规薪酬制度的基础上，E公司从“X文化”运动开始提倡绩优倾斜、绩效差异和绩效提升。具体做法是扩大绩效两极分布的比例，并使其奖惩对比更具差异化，同时将此种比例的计算范畴从原来的大实体部门进一步操作化到小项目执行团队。前者使原本处于高薪行业的劳动者因为薪酬落差加大，从而导致其参照群体改变而产生对薪酬水平的不满，后者也就是计算范畴的变化，特别是对于强制淘汰政策来说，更加容易引起小团队内部的恐慌，降低劳动者的工作稳定性。

也就是说，从努力－奖酬失衡模型的本质上看，对于个体劳动者来说努力与奖酬之间是否匹配主要是一种主观感受，而个体判断的标准既包括外部宏观的背景因素也包括组织内部因素，当组织内部因素发生重大变化时，势必会影响个体劳动者的主观感受，从而进一步影响其工作压力水平。因此，我们可以说该模型及其潜在理念只在一般情况下起作用，当我们在具体企业组织中将其操作化、差异化和细化的时候，支撑这个模型的诸多条件将发生改变，因而其所产生的影响也将大为不同，参照 E 公司的案例有时甚至是相反的效果。

2. 工作要求－控制（资源）模型

E 公司对工作要求－控制（资源）模型的实践主要体现在企业文化和劳动过程中，一方面通过企业文化对劳动者的工作成果、个人发展提出了较高的期望，另一方面在具体的劳动过程中也将这种意识形态的期待操作化为量化的、具有较高绩效提升目标的评估指标。当然，在此两方面的基础上，作为新型工作环境的践行者，E 公司的企业文化也同时提倡“平等”“自由”等文化，以及实行消解科层制组织内部部门边界与等级关系的“虚拟团队”工作方法。从这一角度来看，E 公司力图通过以上策略建构出工作要求－控制（资源）模型中的理想型工作——高要求－高控制类型的工作。

但是在实践中，这个理想型的建构也同样被打破了，一方面通过绩效要求和敏捷等方法，高要求的标准进一步提高，另一方面却对员工的工作时间等工作过程中的自由度有所辖制，使得 E 公司内原本高要求－高控制的理想型工作开始向高要求－低控制的高压力型工作转变。

在这里，弹性工时制在此过程中非但没有起到缓冲作用，反而成了经由主动或被动的加班而延长工作时间的借口。这在一定程度上吻合了工作压力机制中的边界理论观点。边界理论认为工作压力机制中个体通过维持各个领域的相对界限从而获得平衡，但当某些资源的存在提高了各领域间的渗透性时，界限便会因此模糊，进而导致冲突，从而强化个体的压力感受（Clark，2002；Schieman et al.，2006）。弹性工时制的存在，正是工作时间界限模糊的重要制度基础，为后来的加班提供了潜在的制度安排。

除此之外，在对压力机制进行分析的同时，我们也能发现在个体渗透性之外，还存在着个体间渗透性所导致的压力水平升高。劳动过程部分的讨论中对敏捷开发和封闭开发的分析显示，由于此两种技术开发方法所呈现的劳动过程透明性、可参与性和可监管性，虚拟团队中各方对过程的控制有所提升，但其同时也提高了个体之间边界的渗透性，这一方面体现在需要参与各方紧密的合作与沟通，深度介入原本属于“黑箱”的专业工作中去，另一方面对合作各方的工作节奏、工作时间的一致性提出了更高的要求。简而言之，大大提高了个体劳动者之间的互动与融合程度要求，一个个体或一个环节的疏漏将影响全员全局的发展，从而成为个体劳动者工作压力的又一影响要素。因此，从边界理论所提出的渗透性角度，个体渗透性和个体间渗透性都应成为重要的研究线索。

最后，E 公司的案例还说明，虽然弹性工时制对工作压力的缓解作用已经消解，却仍然存在其他可利用的资源。我们发现隐性企业文化——以人际关系的亲疏远近为管理奖惩的辅助标准对于缓解高工作要求和高工作压力是有一定作用的。这提醒我们仅从企业正式的组织制度来讨论工作压力机制问题具有一定局限性，这些也将是后续研究需要关注和聚焦之处。

参考文献

布迪厄、华康德，2004，《实践与反思——反思社会学导引》，李猛、李康译，中央编译出版社。

卡斯特，曼纽尔，2007，《网络星河——对互联网、商业和社会的反思》，郑波、武炜译，社会科学文献出版社。

梁萌、陈建伟，2017，《补偿还是自主：互联网技术嵌入与工作压力作用机制变迁研究》，《中国人力资源开发》第 8 期。

梁萌，2018，《生命历程视角下的互联网企业工作压力机制及性别差异研究》，《妇女研究论丛》第 6 期。

梁萌，2015，《知识劳动中的文化资本重塑——以 E 互联网公司为例》，《社会发展研究》第 1 期。

刘强，2018，《劳动的力本主义与人本主义——以工时制为分析对象》，《西部法学评论》第 2 期。

刘永强、赵曙明，2016，《工作－家庭无边界情境下企业管理制度效率的概念框架》，《当代财经》第 11 期。

马克思，卡尔，2004，《资本论》，中共中央马克思恩格斯列宁斯大林著作编译局译，人民出版社。

石林，2003，《工作压力的研究现状与方向》，《心理科学》第 3 期。

时雨等，2009，《工作压力的研究概况》，《经济与管理研究》第 4 期。

孙兆阳，2011，《弹性工作制的应用和思考》，《商业时代》第 8 期。

王庆宇，2003，《知识型员工的弹性化管理探索》，《中国人力资源开发》第 8 期。

王玉莲，2001，《弹性工作制在外科监护室护理管理中的应用》，《中华护理杂志》第 5 期。

魏翔，2008，《西方弹性工作制研究述评及其新进展探析》，《外国经济与管理》第 12 期。

杨菊华，2018，《边界与跨界：工作－家庭关系模式的变革》，《探索与争鸣》第 10 期。

赵秀丽、李敏，2017，《弹性工作制的政治经济学分析——理论探源及影响分析》，《内蒙古师范大学学报》（哲学社会科学版）第 3 期。

中国劳动和社会保障科学研究院课题组，2018，《弹性工时发展趋势初探》，《石油人力资源》第1期。

Clark, Campbell. 2002. "Work/Family Border Theory : A New Theory of Work/Family Balance." *Human Relations* 53 (2).

French, J. R. , & R L. Kahn. 1962. "A Programmatic Approach to Studying the Industrial Environment and Mental Health." *Journal of Social Issues* 18 (3).

Karasek, R. A. 1979. "Job Demands, Job Decision Latitude, and Mental Strain: Implications for Job Redesign." *Administrative Science Quarterly* 24 (2).

Kunda, Gideon. 2006. *Engineering Culture: Control and Commitment in a High-tech Corporation*. Philadelphia: Temple University Press.

Lazarus, R. S. & S. Folkman. 1984. *Stress, Appraisal, and Coping*. New York: Springer.

McGrath, J. E. 1976. "Stress and Behavior in Organizations." In Dunnette M. D. (ed.) . *Handbook of Industrial and Organizational Psychology*. Chicago: Rand-McNally.

Schieman, S. , Y. K. Whitestone & G. K. Van. 2006. "The Nature of Work and the Stress of Higher Status." *Journal of Health & Social Behavior* 47 (3).

Selye, H. 1976. *The Stress of Life*. New York: McGraw-Hill.

Siegrist, J. 1996. "Adverse Health Effects of High-effort/Low-reward Conditions." *Journal of Occupational Healthychology* 1.

Wahrendorf, Morten, Nico Dragano & Johannes Siegrist. 2013. "Social Position, Work Stress, and Retirement Intentions: A Study with Older Employees from 11 European Countries." *European Sociological Review* 29 (4).

第十四章　私营企业员工工作满意度的影响因素研究

一　引言

从20世纪90年代以来，我国政府广泛推动社会主义市场化改革，催生了中国私营企业的迅猛发展，促使私营企业登上了历史的舞台。随着全球化进程的加速和我国改革开放的不断深入发展，从21世纪起，中国经济开始被全面纳入全球化的世界经济体系中，新阶段的社会结构条件和分配体制成就了不同的组织架构和运行机制，而归属于该时期的不同类型的私营企业也经历着不同的转制命运。同时，处于改制过程中的劳动者也面临着不同的命运。

工作成了现代人的生活重心之一，此话并非“工作狂”们的宣言，而是现代人衡量其生活质量的重要因素之一。无论是社会化大生产发生时的工作，还是当今技术革命深刻影响下的工作，都在劳动者的生活中扮演着极其重要的角色。工作的变迁嵌入社会变迁、制度变迁和结构变迁的影响中，使其成为解释上述变迁的重要内容。工作本身给我们带来的不仅仅是生存的资源，更多的是带来了生活的环境及自我发展的可能性。

纵观工作场域，工作满意度似乎是大多数工作者在不同单位、不同工作的不同尝试中所渴望并追求的目标，是现代人衡量其生活质量的重要因素之一；它是企业成功的关键，往往成为被用来衡量一个单位是不是好单位的标准之一；它不仅受到政府、企业和各级社会组织的高度关注，同时也是社会学、心理学、管理学等学科领域众多研究与实务探索的话题。但是，对私营企业员工工作满意度以及对私营企业员工工作满意度的影响因素研究很少，特别是在中国这样的发展中国家经济体中。

本文将探讨中国这个新兴市场经济国家的私营企业员工工作满意度。

二　文献回顾与研究假设

（一）工作满意度相关概念评析

工作满意度（Job Satisfaction）最早是从满意度这一概念延伸而来。满意度是一个社会心理学概念，测量的是人们的主观心理感受。它反映的是人们对个体层面与社会层面相关事项的主观心理感受（李汉林、魏钦恭、张晨曲，2013）。工作满意度则是置身于组织工作环境中的人们对个体事项与组织事项的主观反应，是一个组织行为学的概念。

Hoppock（1935）最早对工作满意度概念进行定义。他在 *Job Satisfaction* 一书中提出，工作满意度是员工从心理、生理层面对工作本身以及其所处的工作组织环境（包括工作特征、人岗匹配情况、工作压力、员工参与等）的一种主观感受。这在一定程度上反映了员工与工作、组织之间的关系。此种意涵中的工作环境满意度是从组织环境的单方面加以考虑的。Robbins 和 Timothy（1997）却认为工作满意度是个人对他所从事工作的一般态度。工作满意度高，人们对工作可能持有积极的态度；反之，工作满意度低，人们对工作可能持有消极的态度。Brief 和 Roberson（1999）从工作满意度的正向影响方面分析，认为工作满意度就是劳动者对工作本身感兴趣、愿意享受工作给他带来的一种积极向上的感受。二位学者提出的概念强调工作满意度是仅从员工作为一个职业人对工作本身的满意程度来考虑。Lussier（2010）认为工作满意度是员工对工作的整体态度，对组织环境产生一定的效应。Rim-Rukeh 等（2006）将工作满意度定义为对工作或工作具体方面的感受，是与生产力、工作表现直接挂钩的。Schermerhorn（2008）进一步将工作满意度细分成总体工作满意度、内在工作满意度和外在工作满意度，他们认为内在工作满意度是人们对工作本身特征的情感反应（如多样性、使用个人技能的机会、工作自主性）；外在工作满意度是人们对工作本身以外的情感反应（如收入、组织管理）。随着学者们研究的深入，工作满意度的范畴由工作本身开始向工作、工作所处的组织环境扩展，并逐渐扩展为员工对工作、工作所处的物理环境、组织环境、制度环境以及心理环境的满意程度。当然，工作满意度不仅有好与坏之分，同时也有程度深浅之分。

鉴于诸位学者站在不同立场、不同视角下对工作满意度形成的众多定义，其共通之处，在于工作满意度是一种与工作密切相关的心理感受。我国学者主要是针对工作满意度既有概念在不同工作环境中对于劳动者的操作性定义。

本研究的工作满意度是指在既定的物理环境、制度环境下，员工对其所从事的岗位、所处的组织环境、人际互动环境的满意程度。其包括对岗位的满意度、对组织环境的满意度以及对人际互动环境的满意度。

（二）工作满意度的测量

工作满意度作为员工的主观心理感受的一种反应，不能被直接测量。其测量的过程实际为对其概念操作化的过程。目前国内外对工作满意度的测量主要着眼于工作满意度的前因变量，以及工作满意度对于个人在企业组织中的行为所产生的效果。现将有关实证研究中有关工作满意度的前因变量（见表 14 -1）、相关维度（见表 14 -2）分别列表并解释。

表 14－1　工作满意度及其前因变量关系之国外研究文献

学者	时间	前因变量
Herzberg et al.	1957 年	物理环境因素（物理条件、设施与环境）、社会因素（组织归属感）、个人心理因素（工作态度、领导特征）
Hulin & Smith	1974 年	工作本身、薪酬、升迁、上司与同事
Alderfer	1969 年	ERG 理论（E. 薪资、福利、安全性；R. 同事、上司、顾客；G. 成长）
Locke & Henne	1976 年	工作本身、工作环境、工资报酬、被认可与晋升机会、工作环境中相关的其他成员、家人以及其他
Vroom	1964 年	组织管理、晋升机会、工作性质、工资报酬、工作条件、领导、同事
Armold & Feldman	1982 年	工作本身、领导、报酬、晋升、工作环境与团队
Bruce & Blackbum	1992 年	良好的工作条件、公平报酬、挑战性工作
Robbins & Timothy	1997 年	工作特征、福利报酬、工作环境、同事关系、人－岗匹配
Hauff & Kirchner	2014 年	工作质量（员工参与、角色权力、工作风险、技能培训与发展）
Pecino et al.	2019 年	团队、工作报偿、工作设施和条件、工作强度、工作自主性
Akbari et al.	2020 年	工作本身、工作安全、管理质量、薪酬与福利、互动、监督、质量支持、工作关系、互动环境、工作总体满意度

纵观国外近 70 年关于工作满意度的前因变量的探析，其影响因素的关注点发生了较为深远的变化，对工作满意度的测量逐渐从通过组织工作环境发展到通过测量人们对工作与自身的关系、个人与组织的关系、工作与组织的关系的一些变量来体现。最初，工作世界里的员工，他们对工作满意与否，是从他们对自己工作所在的物理环境是否满意，规范自己工作行为的制度环境是否满意以及自己身处其中所受的影响是否对自己产生一定的效应等诸多因素来进行考察的。这些因素显现工作之外的环境对工作的实施者产生的影响，而不是从工作本身的属性着手，演变到现在的工作满意度，不难发现，其关注点已经逐步围绕工作属性展开。

人们开始对工作自身的性质，围绕工作所营造的人际氛围，包括激励、奖惩、支持、人岗匹配、报酬等因素重视起来，工作满意度的结构化程度日益明显，似乎形成了较为统一的测量维度，其间变量的增减可能与工作性质本身有一定的关联，但总体而言，更多围绕人们对工作这个微环境本身的感受展开，较之前期的前因变量测量更为细致和多样。

这样的测量变化纵然有其准确、直观的因素，也逐渐使工作满意度显现衡量员工对组织环境是否满意的"晴雨表"的特征，但是我们很难根据这些对工作满意度相关的指标做一个统一的分类，也很难通过这些变量辨析出工作满意度到底是怎么样的一种主观感受，这样的主观感受在何种程度上能以一个简单、敏感却直接的方式直接指涉员工对组织的态度。

或许是态度测量的方式有其固有缺陷，近二十年来，欧洲工作环境促进委员会倡导了欧盟范围内近38个国家的工作环境调查。在对工作环境测量维度的几近二十年的取舍的过程中，我们不难发现工作满意度作为指标之一自始至终都保留在测量维度中。但变化较大的是，人们对工作满意度的测量开始集中在其外部的行为效应上。人们开始通过人岗匹配、员工参与甚至工作投入抑或倦怠、组织归属和承诺等行为特征来表征其对组织所提供的工作是否感到满意。这一测量指标的细微变化，把研究者对工作的理解与刻画投放到一个更为广阔的工作世界里。在这个世界里，个人与组织的关系、个人与制度的关系、个人与他人的关系以及个人与自身的关系都能得到较为充分的观测与描绘，这使得工作和与之相关联的诸多因素得到更为丰富和主观的表达，甚至很多学者将其描述为人们喜怒哀乐等情绪、参与、投入或者承诺等行为的诱发因素都不为过（见表14-1）。

鉴于上述对工作满意度前因变量的测量的分析，我们不难从表14-2中看出，国内学者借鉴工作满意度的测量在研究对象以及工作性质上的分野。作为应用型研究，国内学者关于工作满意度的测量是分行业类别划分的，所以在维度的选择上更多地表征某些行业类别的特征，相应地，这些行业特征在他们各自刻画工作满意度中的权重各异。有一点需要指出的是，国内关于工作满意度的研究，其所选取的行业类别与国外相关研究所选取的行业类别相比，虽然二者都在教师、企业员工、医护人员甚至警务人员等对象上聚焦，但国内的研究，更带入社会变迁对上述职业的嵌入性影响，对结构因素的考虑在国内工作满意度的测量中不容忽视。尤其是国内很多关于农民工的工作满意度的测量，就更带有城市化和市民化进程中的诸多结构性因素。也正是这些结构性因素，使其研究更具备“中国经验”的独特之处（见表 14－2）。

表 14－2　工作满意度及其相关维度之国内研究文献

<table>
<tr><th>学者</th><th>研究对象</th><th>量表</th><th colspan="2">维度</th></tr>
<tr><td rowspan="2">陈云英、孙绍邦（1994）</td><td rowspan="2">教师</td><td rowspan="2">教师工作满意度量表</td><td>个体特征</td><td>性别、从教原因</td></tr>
<tr><td>组织特征</td><td>工作性质、物理环境、薪水、进修提升、人际关系、领导管理</td></tr>
<tr><td rowspan="6">王志红、蔡久志（2005）</td><td rowspan="6">大学教师</td><td rowspan="6">自编量表</td><td>领导与管理因素</td><td>领导者的工作态度与作风、组织管理状态、对教师工作的认可与指导</td></tr>
<tr><td>工作本身因素</td><td>成就感、兴趣、人岗匹配</td></tr>
<tr><td>工作回报因素</td><td>报酬、福利、工作条件、发展机会</td></tr>
<tr><td>组织文化因素</td><td>规章制度、组织氛围、工作压力</td></tr>
<tr><td>工作卷入程度</td><td>工作态度、工作投入、工作业绩</td></tr>
<tr><td>工作合作因素</td><td>同事关系、人际沟通</td></tr>
<tr><td>陈敏、时勘（2001）</td><td>企业员工</td><td>满意度量表</td><td colspan="2">领导行为、管理措施、工作回报、团队合作、工作激励</td></tr>
<tr><td rowspan="4">康进（2002）</td><td rowspan="4">企业员工</td><td rowspan="4">问卷</td><td>工作回报</td><td>薪酬、福利、精神鼓励、能力业务的公正评价</td></tr>
<tr><td>工作内容</td><td>工作强度、工作自主性</td></tr>
<tr><td>工作条件</td><td>物理环境</td></tr>
<tr><td>人际关系环境</td><td>上级、下级、同级以及政治宗教种族环境、发展前景</td></tr>
</table>

续表

学者	研究对象	量表	维度	
张勉、李树茁（2001）	IT 行业	问卷	组织特征	公司管理水平、工作环境、公司发展前景和福利待遇
			个人特征	工资、个人能力的发挥、个人发展机会、人际关系
赵伟军（2004）	知识型员工	问卷	物理环境、制度环境、文化环境、角色权力、成就感、福利待遇	
胡晓书、许传新（2014）	农民工	2012 年中国劳动力动态调查	人力资本（即个人特征，如年龄、性别、政治面貌、教育程度等） 社会资本（社团、社会组织的参与状况等） 工作状况（工作时间、收入、社会保险、工作场所等）	
汪慧等（2017）	医务人员	医务人员工作满意度	工作本身、工作压力、人际关系、工作条件、工作回报、组织管理	
曹阳、宋雨佳（2018）	基层医生	问卷	组织制度合理性、培训机会、就业环境	

在国内外学者对工作满意度的前因变量进行研究的同时，还有学者对工作满意度本身展开结构性的测量与划分。这在工作满意度的研究上又提供了另外一种更针对工作属性的视野。

本研究中的工作满意度测量主要如下：一是包括工作时间、工作设施、工作自主性、工作安全、工作强度在内的员工岗位满意度；二是包括与工作相关的岗位培训、单位奖励、单位福利待遇在内的员工组织环境满意度；三是包括与工作相关的组织氛围、同事关系、与主管关系在内的员工人际互动环境满意度。

（三）研究假设

1. 人口学变量对工作满意度的影响有显著效果

在人口统计学变量中，性别由于其性质及男女身体差异及其影响，在员工的工作满意度中起到重要作用。尽管女性在工作环境中所获得的自主性和地位大大劣于男性，但有研究表明，女性比男性更倾向于更高的工作满意度（Singhapakdi et al.，2014）。Carvajal 等（2018）对全美 2400 名药剂师进行问卷调查研究发现，男性药剂师的总体满意度低于女性药剂师的满意度，且差异具有显著意义。受工作环境中工作本身特征不同的影响，不同性别在工作满意度的显著差异性上也有所不同。Akbari 等（2020）在对伊朗护士的调查研究中发现，男护士和女护士在工作满意度上有显著差异，且男性护士的工作满意度在各方面都高于女性。

从人力资本的观点来看，教育通过个体在劳动力市场的适应性和表现作用于组织和个体本身，在人力资本的形成、积累以及发挥效能中都具有重要作用（范皑皑、丁小浩，2007）。一方面，劳动者的劳动知识和技能主要依靠教育、培训得以形成与积累，从而实现人力资源向人力资本的转换；另一方面，人力资本对组织绩效和个人工作感知的作用，又是通过教育促进劳动者认知能力的提高，使其能够面对既定的工作任务，适当采取不同的工作策略，提升工作自主性，进而提高工作满意度与组织效率。

在中国，社会福利保障对大多数城镇居民而言有着尤其重要的意义。一方面，随着人口老龄化程度的加深和中国家庭结构的巨大变化，传统意义上的"养儿防老"模式受阻；另一方面，处于社会经济结构快速变革的社会环境中，人们生活成本不断提高，无暇顾及生存成本之外的支出。因而社会保险成为大多数城镇居民未来的重要生活保障。因此不难看出，如果单位有为员工提供上述社会福利保障，则意味着员工拥有了一层规避风险的屏障，可以实现"老有所养，病有所助，失业有所偿"。这有利于帮助员工改善当前乃至以后的工作生活质量，这种保障来源于其所从事的工作和其所在的单位，因而劳动者会对其岗位和单位产生较为积极的情绪反应。

综上，得到以下假设：

假设一（H1）：人口学变量（自然特征、社会特征、工作特征）对工作满意度的影响有显著效果。

2. 人岗匹配与工作满意度的关系

人岗匹配（Person-Job Fit）主要指的是员工个人特征与岗位之间的匹配度，是组织对个人的要求与个人对组织的贡献之间的匹配度或个人能力优势与工作需求之间的统一性（徐本华，2007）。其属于人－环境匹配的范畴，是将个人特征与组织特征之间的匹配度置身于中观的个人与其所在岗位之间的关系，又被称为是个人与工作之间的契合度。

Kuhlen（1963）认为人岗匹配指的是员工所感觉的工作本身需要个体所拥有的能力和资源的程度与个体实际所具有的匹配程度，并且该匹配度越高，员工的工作满意度越高。Alderfer（1969）则认为人岗匹配是指个体需要与工作特性之间的匹配程度，且与工作满意度之间呈正相关关系。两位学者都着眼于岗位特征与个体特征之间的匹配度对员工工作满意度的影响。Edward（1991）则定义人岗匹配主要包含两个方面的含义，一是个人能力与岗位需求之间的匹配（能力－需求匹配），二是个人需要与工作特征之间的匹配（需要－供给匹配）。由此可见，人岗匹配这个词中的岗位与工作任务相关，而与个体在组织中的职位无关。Dawis 和 Lofquist（1984）最早提出工作调整理论用于解释人岗匹配。在工作调整理论的解释框架下，人岗匹配被描述为个体与其所在的工作环境之间在彼此满足对方需要过程中所创造出的一种个体特征和工作环境特征成功匹配的状态。Deniz 等（2015）关注员工个人本身，认为人岗匹配是员工的知识能力、兴趣爱好、需求欲望与工作之间的一致性，以及工作需求与员工知识、技能和能力之间的一致性。Player 等（2017）认为人岗匹配是需求与能力匹配的表现，即当员工个人具有完成某一项工作的能力时，其工作匹配度较高。也就是说，人岗匹配是一个双向概念，既是个人特征－岗位匹配的过程，又是个人－岗位特征相匹配的结果。

近些年，人与环境匹配理论越来越受学术界关注。其认为个人行为是个人与环境相互作用的结果。人与工作环境匹配可以产生积极的员工工作态度和行为，也就是工作满意度。人与环境匹配度被当作预测员工工作满意度的视角（Hardin & Donaldson, 2014）。Berrin 等（2005）认为人岗匹配将调节积极主动的性格与工作满意度，即人岗匹配程度越高，积极主动的性格与工作满意度之间的关系更强。这是以人岗匹配作为中介变量分析性格与工作满意度之间的关系，尚未考虑人岗匹配与工作满意度之间的直接相关性。Brown 等（2005）通过一项元分析发现：人－情境匹配对个体的工作满意度和组织承诺有显著的影响。他们将人岗匹配放到人与情境匹配之中。一个员工与其工作之间高度匹配意味着他会将更多的精力投入其工作中。因此，人岗匹配中在某些工作特征方面的匹配度足以提升员工的工作满意度（Warr & Inceoglu, 2012）。

孙晓露、周春燕（2020）以幼儿园教师为研究对象，认为人岗匹配对幼儿园教师职业倦怠有显著的负向预测作用，且工作满意度在二者之间具有中介作用。周明建等（2011）将工作满意度与组织承诺、离职意愿归为工作态度范畴，认为人岗匹配与工作满意度紧密相关，能力－需求匹配度较低时，工作压力会较大，最终导致低水平的工作满意度；需要－供给匹配度较高时，员工的物质和精神需要满足度高，从而促进员工产生高水平的工作满意度。其从社会认知角度出发，引入了自我效能感中介变量。

即是说，人岗匹配是个体与工作环境之间相互磨合、调整后的成功结果。因而，在此立论逻辑上，如果我们将工作满意度看作是个体评价工作环境满足自身需要的程度的话，那么，个人特征和工作特征相匹配的程度越高，个体在工作中体验到的满足感才会越大。

综上，得到以下假设：

假设二（H2）：人岗匹配与工作满意度有显著正相关关系。

3. 员工参与与工作满意度的关系

员工参与（Employee Involvement）是一个工作环境中员工参

与岗位工作与组织事务过程中的投入意愿与行为。员工参与既包括对自己本职工作的投入，也包括对组织环境相关事务的参与。区别于其他学者的“员工参与是员工在其工作环境中的基本权利”说法（Stohl & Cheney, 2001），Wall 和 Lischeron（1977）将员工参与定义为一个团体组织在决策过程中的互动程度，这种参与属于少数团体组织的特权。Price（2000）团队提出的 Price-Mueller 员工流失模型认为，员工工作参与度的高低直接影响工作满意度。本研究中的员工参与主要是指员工对其工作本身以及组织事务的参与。

对于员工参与与员工工作满意度之间的关系，国外专家学者有着进一步的研究。Bakan 等（2004）通过实证研究发现，员工参与决策与工作满意度间有显著影响。国内学者对于工作满意度与员工参与之间的关系根据不同行业的员工做出了进一步分析。朱庆华、王冬岩（2005）以物流企业员工为研究对象，通过相关实证分析得出员工的工作回报满意度和组织环境满意度对员工参与具有显著影响。该研究的员工参与考察的是员工的局部性参与，而员工参与企业的整个运营和协作过程中的工作满意度的影响效果如何仍值得商榷。谢玉华、张群艳（2013）以新生代员工为研究对象，将员工参与按照参与内容进行划分，发现员工参与（参与管理、参与决策、参与监督）对员工满意度有直接的正向显著促进作用。其还引入调节变量员工参与意向。陈小平（2012）以一线管理者为研究对象，以 Ciavarella 员工参与量表、MSQ 工作满意度量表为基础自编问卷，依据参与效果的情感模型实证分析得出员工参与是预测员工工作的重要指标。柯振兴（2014）利用 CGSS2006（2006 年中国综合社会调查）的数据对中国的三大劳动群体的工作满意度进行分析发现：员工参与与工作满意度之间无显著相关关系。罗炜等（2019）以中小企业为研究对象，将员工参与分为决策参与、平行参与和工作参与三个维度，研究认为员工参与度正向影响工作满意度。基于对该研究中工作满意度题器的设计分析发现，其在问题设置上具有过于总结性、概括性的特点。

根据情绪认知理论，工作满意度可被视为是员工在工作中的一种情绪或情感反应，它与员工对其工作的认知程度密切相关。对此，Locke（1976）特别强调个体工作满意度源自对个体的工作或者工作经历评估的一种快乐或积极的情绪状态，受形成过程中认知与情境的交互作用影响。他指出，同一个人在不同的情境下就同一事物的评价结果可能不同，而不同的人在同一个情境下的评价结果也可能不同，比如工作环境状况、工作压力等。这种差异因为个体对情境存在的不同认知而产生。因此，当员工在一个组织中的参与程度越高，其对工作、工作中的个体以及组织都会产生更全面、更系统的认识，从而影响其工作满意度。即是说，员工在多大程度上参与工作、参与组织将会显著影响其对工作积极的情感反应。

综上，得到以下假设：

假设三（H3）：员工参与和工作满意度之间有显著正相关关系。

4. 组织归属感与工作满意度的关系

组织归属感（organizational commitment）最早源自马斯洛层次需求理论，其认为归属感是一种社会的需要，又称作组织承诺、组织认同感、组织忠诚度。对于组织归属感有两种代表性的观点：一种是态度说，即认为组织归属感是员工维护企业形象与利益的意愿或者是员工离职的意愿；另一种是行为说，即员工因对组织忠诚而表现出来的一定的行为，如高工作投入（刘小平，2002）。Oreilly 和 Caldwell（1981）把组织归属感定义为员工与组织之间的一种心理契约。Mayer 等（1993）提出了员工组织归属感的三维模型：情感归属、持续归属和规范归属。本研究将组织归属感定义为私营企业员工在组织工作环境中，对岗位工作感到成就和自我效能感，对其在组织中的发展前景有信心。

国外学者 Wager（1987）和国内学者孙月琴、何龙山（2006），张兆勤（2004），李玉刚、胡君莲（2008）等认为：员工参与为员工与工作本身、所在组织、组织中的他人之间搭建起了多条沟通渠道，一方面提高了员工对工作本身的理解，另一方面在加深对组织文化的理解和认同的基础上共建和谐的组织氛围，从而提高其对工作的满意程度。对此，早在 1986 年 Miller 和 Monge（1986）就通过回归分析的方式提出三个解释员工参与对工作满意度的不同影响机制的模型，分别是认知模型、情感模型和权变模型。其中，基于早期人际关系管理学派的情感模型便能很好地解释这个调查结果。该模型提出，在工作和组织中参与程度越高的员工，越能够实现高层次需要的满足，进而导致更高的工作满意度，从而激发员工的工作动机，提高劳动生产率。

雷洪、朱岭（1995）以国有大中型企业工程技术人员为研究对象，认为岗位满意度、成就动机和组织目标的认同度是工程技术人员组织归属感的决定性因素。刘志强（2014）从工作回报满意度来考察工作满意度，通过对 2008 年中国综合社会调查数据进行统计分析，认为以工龄和社会关系网络为依托的组织归属感对工作回报满意度有着一定的积极影响。该学者着眼于工作满意度中单一方面内容，即工作回报满意度。徐文雄等（2009）从影响高校辅导员工作满意度的五个因素（工作环境、工作的意义、回报、工作本身以及人际关系）测量该群体对工作的归属感，发现工作满意度与工作归属感呈高度正相关关系。陈正（2012）以制造业一线员工为研究对象，自编员工企业归属感问卷，研究发现工作满意度能够有效预测员工的组织归属感。高进、杨建闯（2018）以政府雇员为研究对象，将工作满意度作为单位生态因素范畴，认为政府雇员在拥有良好的人际关系和工作满意度的情况下能够增强其组织归属感，从而降低员工离职率。其创新之处在于将员工的工作定位与评价和员工的同事关系看作一个单位生态系统。但是，员工工作满意度不是直接作用于归属感，而是通过公平感知作用。

但是，另外一些研究认为工作满意度是组织归属感的前因变量，持有这种观点的学者认为具有较高的工作满意度水平的员工会具有高度的组织归属感。Porter 等（1974）认为工作满意度对组织归属感有显著正相关关系，且相对于组织归属感来说工作满意度更容易发生变化，因而工作满意度是组织归属感的前因变量。

布劳的社会交换理论认为，人类在社会生活中将自己所拥有的资源与他人、集体或社会进行交换，以获得自身生存、发展以及体现个人价值所需的各种资源。此外，布劳指出诸如金钱、物质等工具性报酬是保障社会交往得以进行的物质条件，但是通过交换获得的支持、信任、自尊等其他情感的满足才是使报酬预期最大化的重要条件（沈伊默，2007）。因此，在企业中，当个体通过在自己的工作岗位上的努力工作从而获得自尊和自我效能感等社会情绪需要的充分满足以后，该需要的满足就容易产生溢出效应，将这种在工作上得到的积极情绪体验跃迁至其对整个组织单位的感受，进而对员工工作行为和态度产生影响。这种现象在组织支持感、组织认同和组织承诺的影响因素研究中也可见一斑。

综上，得到以下假设：

假设四（H4）：工作满意度与组织归属感有显著正相关关系。

三　样本数据与研究方法

（一）样本数据获取及特征描述

由于现阶段中国大陆尚未编制出完整的企业汇总表，这就使得本次企业员工工作满意度的调查缺乏一个完整的中国企业抽样框。为了解决这一问题，本文所使用的数据主要来自“中国城镇居民工作环境调查（2017）”。在“中国城镇居民工作环境调查（2017）”中，我们在国家统计局“六普”数据的基础上建立一级抽样单元（primary sampling unit，PSU）抽样框，然后，利用国家统计局所提供的已抽中的一级抽样单元的所有二级抽样单元（second sampling unit，SSU）和三级抽样单元（third sampling unit，TSU）的总人口数、16 岁及以上人口和家庭户数等数据，抽取全国直辖市、地级市、县级市中居住在社区（居委会）辖区中的 16 岁及以上的就业人口为调查对象，并通过入户问卷调查获得的个体、家庭、组织和社区数据，以对中国城镇就业人口的工作环境进行测量、评估和分析。

本调查采取复杂抽样设计。其中，县级行政区划（市辖区、县级市）为一级抽样单位（PSU），它是基于 2010 年六普数据，结合民政部的最新区划信息，形成 PSU 抽样框数据；按照 PPS（Probability Proportional to Size）抽取 60 个县市区（PSU）。对每一个 PSU，依据 PPS 原则，抽取 9 个社区（居委会）为二级抽样单位（SSU）。若出现无法进入或因拆迁而区划变更等情况时，将会重新从 SSU 样框中，依据相同原则补充新 SSU。对抽中的每一个 SSU，我们实地制作街区地图，形成住户地址表，形成三级抽样框。我们按照简单无放回随机抽样原则，抽取 15 户作为三级抽样单位（TSU）。对抽中的 TSU（家庭户），我们按照制订的随机数表，每个地址抽中一个个体作为最终抽样单元（ultimate sampling unit，USU）。若抽中的个体无法接受访问，不允许户内替代，按照抽中地址表走访下一个地址。

最后回收有效样本 6873 份，推论的总体为中国大陆城镇居民。根据本文研究的目的和需要，我们有意识地在问卷中设计了两个题器，对数据进行了进一步的技术处理。我们根据“您的工作状况属于哪一种情形?”筛除“自己做，不雇人”的样本；再根据“您所在单位的类型”，保留“私营企业”的样本，最终获得可供本项研究的样本 2256 个，作为我们进一步分析的基础。具体样本获取的流程如图 14 -1。

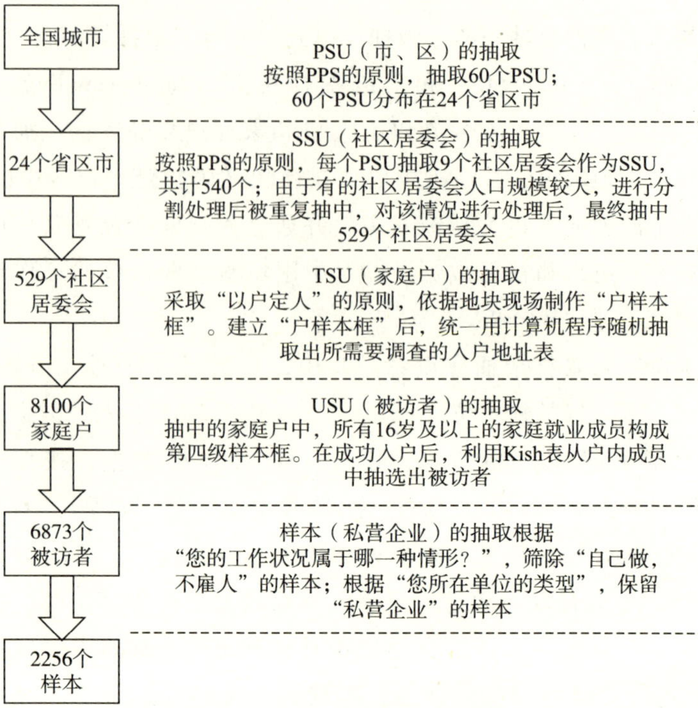

图 14－1　抽样框与抽样流程说明

表 14－3　样本社会人口变量的描述性统计（N＝2256）

单位：%

变量	类别	频率	统计
性别	男	824	36.5
	女	1432	63.5
年龄	16～20 岁	34	1.5
	21～30 岁	1002	44.5
	31～40 岁	772	34.3
	41～50 岁	371	16.5
	51～60 岁	68	3
	61 岁及以上	7	0.3

续表

变量	类别	频率	统计
受教育程度	没有上过学（不识字或识字很少）	2	0.1
	小学	48	2.1
	初中	286	12.7
	高中、技校、职高、中专	615	27.3
	大专	736	32.6
	大学	531	23.5
	硕士	24	1.1
	博士	13	0.6
婚姻状况	未婚	651	29
	离婚	49	2.2
	丧偶	7	0.3
	同居	49	2.2
	初婚	1465	65.3
	离婚再婚	24	1.1
政治面貌	共青团员	370	16.6
	共产党员	152	6.8
	民主党派	3	0.1
	普通群众	1706	76.5
宗教信仰	天主教	7	0.3
	基督教	43	2
	佛教	91	4.2
	藏传佛教	3	0.1
	道教	7	0.3
	伊斯兰教	7	0.3
户口类型	农业（农村）户口	684	30.4
	城镇（非农）户口	1568	69.6

从表14－3中我们可以看到本次调查的样本中男性占比36.5%，低于女性的占比63.5%；21～40岁年龄段群体是我国劳动力的主力军，占比78.8%，其次是41～50岁年龄段，占比16.5%，61岁及以上的占比为0.3%。持有非农户口的占比为

69.6%，远高于持农业户口的占比 30.4%；29% 是未婚人士，71% 是其他婚姻状态，其中 2.2% 处于同居状态，2.2% 处于离婚状态；政治面貌方面，共青团员、共产党员和民主党派占比达到 23.5%，普通群众占比 76.5%；大学专科及以上学历的受访者占比 57.8%，初高中（包括职高、中专、技校）受访者占比 40%，小学及没有上过学（不识字或识字很少）的受访者占比仅 2.2%。

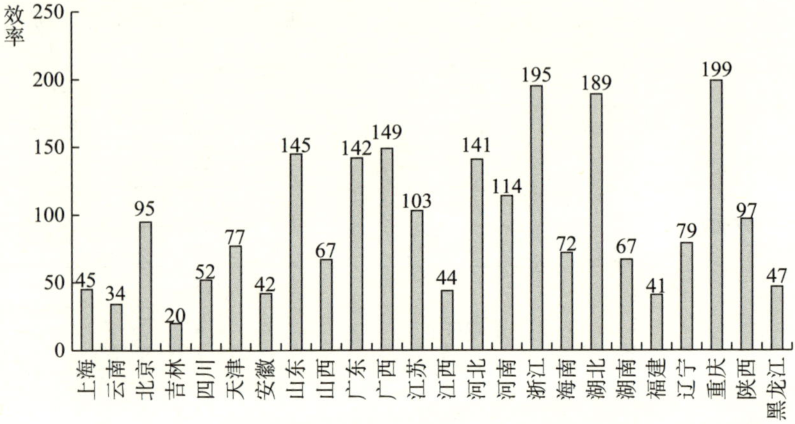

图 14－2　样本所在省区市分布情况（N＝2256）

图 14－2 表明本次调查样本主要来自上海、云南、北京等 24 个省、自治区或直辖市。其中，重庆、浙江和湖北是样本量最多的三地，共占比 25.84%，而吉林、云南、上海等七地的样本量相对较少，均低于 50 个样本。

（二）研究方法

本研究基于“中国城镇居民工作环境调查（2017）”的调查数据，要求受访者对他们的总体工作满意度以及与他们工作相关方面的满意度，以 1 分代表很不满意，5 分表示很满意，采用 5 度李克特量表来表达他们对工作各个方面的看法。

1. 工作满意度

工作满意度是由岗位满意度（工作时间、工作设施、工作安全、工作强度、工作自主性）、组织环境满意度（工作收入、单位奖励、单位福利待遇）和人际互动环境满意度（同事关系、主管满意度、总体互动）构成的。

对私营企业员工工作满意度内部一致性因素分析发现（见表 14－4），工作满意度量表 KMO 度量值为 0.905，大于 0.8，且巴特利特球形检验近似卡方值为 9366.957，自由度为 66，p 值为 0.000 < 0.01，通过了显著水平为 1% 的显著性检验；Cronbach's α 系数为 0.874，折半信度为 0.663（见表 14－5），说明量表内部有较好的内部一致性，信度良好。

表 14－4　工作满意度量表 KMO 和巴特利特球形检验

KMO 取样适切性量数		0.905
巴特利特球形检验	近似卡方	9366.957
	自由度	66
	显著性	0.000

表 14－5　工作满意度量表信度分析

变量	维度	题项	Cronbach's α 系数	Cronbach's α 系数
工作满意度	岗位满意度	5	0.859	0.874
	组织环境满意度	3	0.737	
	人际互动环境满意度	6	0.796	

2. 人岗匹配

人岗匹配是由个人－岗位特征匹配和个人特征－岗位匹配两个维度构成，即个人与岗位要求相匹配、个人特质符合岗位需要。对私营企业员工人岗匹配量表内部一致性因素分析发现（见表 14－6），人岗匹配量表 KMO 度量值为 0.720，大于 0.7，且巴特利特球形检验近似卡方值为 2860.564，自由度为 15，p 值为 0.000 < 0.01，通过了显著水平为 1% 的显著性检验。

表 14－6　人岗匹配量表的 KMO 和巴特利特球形检验

KMO 取样适切性量数		0.720
巴特利特球形检验	近似卡方	2860.564
	自由度	15
	显著性	0.000

3. 员工参与

员工参与是由工作参与度和组织参与度两个指标构成的。工作参与度主要指私营企业员工愿意为岗位工作付出的程度；组织参与度主要指私营企业员工对工作环境中的组织事务的参与意愿；对私营企业员工参与量表内部一致性因素分析发现（见表 14－7），员工参与量表 KMO 度量值为 0.715，大于 0.7，且巴特利特球形检验近似卡方值为 2944.851，自由度为 15，p 值为 0.000 <0.01，通过了显著水平为 1% 的显著性检验。

表 14－7　员工参与量表的 KMO 和巴特利特球形检验

KMO 取样适切性量数		0.715
巴特利特球形检验	近似卡方	2944.851
	自由度	15
	显著性	0.000

4. 组织归属感

组织归属感是由工作自尊、工作效能感和组织信心三个指标构成的。工作自尊主要指私营企业员工对岗位工作的个人意义的感受；工作效能感主要指私营企业员工对岗位工作的社会意义的感受；组织信心主要指私营企业员工对其在组织内发展前景的感受。对私营企业员工组织归属感量表内部一致性因素分析发现（见表 14－8），组织归属感量表 KMO 度量值为 0.856，大于 0.8，且巴特利特球形检验近似卡方值为 9507.761，自由度为 36，p 值为 0.000 <0.01，通过了显著水平为 1% 的显著性检验；Cronbach's α 系数为 0.872，折半信度为 0.743。（见表 14－9）

表 14－8 组织归属感量表的 KMO 和巴特利特球形检验

KMO 取样适切性量数		0.856
巴特利特球形检验	近似卡方	9507.761
	自由度	36
	显著性	0.000

表 14－9 组织归属感量表信度分析

变量	维度	题项	Cronbach's α 系数	Cronbach's α 系数
组织归属感	工作自尊	3	0.848	0.872
	工作效能感	3	0.829	
	组织信心	3	0.841	

四 主要研究发现

（一）私营企业员工工作满意度在人口学变量上的差异分析

1. 自然特征与工作满意度

在对样本的自然特征的方差分析中（见表 14－10），我们发现私营企业员工工作满意度在性别（$F=5.167$，$Sig=0.023$）上具有统计学意义上的显著差异，并且私营企业女性员工的工作满意度评价显著高于男性员工。从工作满意度内部指标在性别上的方差分析（见表 14－11）发现，私营企业员工岗位满意度（$F=7.641$，$Sig=0.006$）、人际互动环境满意度（$F=4.168$，$Sig=0.041$）在性别上具有显著差异。不同性别与工作满意度之间关系不同的原因在于，女性更关注工作环境中的人际互动环境的满意度，更关注工作中的社会因素，而男性更关注工作本身，关注工作中的工作自主性、工作强度。

私营企业员工工作满意度在年龄变量上存在显著差异（$F=5.169$，$Sig=0.000$）（见表14－10）。在对有关私营企业员工年龄与工作满意度的研究中发现，年龄与工作满意度的关系呈倒“U”字型曲线，即刚开始进入工作岗位时，随着年龄增长，工作满意度逐渐增高；然后到末期（61岁及以上）工作满意度是下降的。我们推测，私营企业员工工作满意度与其所处时期面临的个人生活息息相关。增加的原因是随着年龄的增长，人们对工作以及生活总体适应性得到了相应的改善。退休前后期减少的原因是身体健康状况的下降、自我实现渠道变窄。

在对私营企业员工工作满意度与婚姻状况的研究中发现，不同婚姻状况的私营企业员工在工作满意度上存在显著差异（$F=2.465$，$Sig=0.031$）（见表14－10），且私营企业有过婚史的员工的工作满意度高于无婚史者。从工作满意度内部指标在婚姻状况上的方差分析（见表14－11）发现，有婚史者和无婚史者只是在组织环境满意度和人际互动环境满意度上有显著差异，而在岗位满意度上没有差异。

在对私营企业员工工作满意度在个人身体健康状况上的差异性分析中发现，不同健康状况的私营企业员工在工作满意度上存在显著差异（$F=15.342$，$Sig=0.000$）（见表14－10），且身体健康状况好的私营企业员工的工作满意度明显高于身体健康状况欠佳的。身体健康是心理健康的基础和载体，个体身体健康状况差，会相应地影响到其对工作、生活的情感体验。私营企业中的员工身体健康状况差便会影响其对工作本身、组织环境以及人际互动的感受。

表14－10　工作满意度在自然特征变量上的方差分析

变量	类别	均值（Means）	样本数（N）	差异显著性
性别	男	51.33	820	$F=5.167$，$df=1$，$Sig=0.023$
	女	52.73	1424	

续表

变量	类别	均值（Means）	样本数（N）	差异显著性
年龄	17～20 岁	45.62	34	$F=5.169$，$df=5$，$Sig=0.000$
	21～30 岁	51.99	998	
	31～40 岁	52.93	770	
	41～50 岁	51.62	366	
	51～60 岁	55.96	67	
	61 岁及以上	35.00	7	
婚姻状况	未婚	51.49	649	$F=2.465$，$df=5$，$Sig=0.031$
	离婚	52.35	49	
	丧偶	53.86	7	
	同居	49.69	48	
	初婚	52.52	1456	
	离婚再婚	60.46	24	
宗教信仰	天主教	56.71	7	$F=1.845$，$df=6$，$Sig=0.087$
	基督教	50.35	41	
	佛教	53.65	91	
	藏传佛教	65	3	
	道教	53.71	7	
	伊斯兰教	65.43	7	
	无	52.21	1986	
健康状况	很差	50.50	2	$F=15.342$，$df=4$，$Sig=0.000$
	较差	48.71	24	
	一般	48.55	444	
	较好	51.70	871	
	很好	54.65	902	

表 14－11　工作满意度各指标在性别和婚姻状况上的方差分析

变量	指标	SS	df	MS	F	显著性
性别	组织环境满意度	90.552	1	90.552	0.278	0.598
	人际互动环境满意度	970.378	1	970.378	4.168	0.041
	岗位满意度	2047.620	1	2047.620	7.641	0.006

续表

变量	指标	*SS*	*df*	*MS*	*F*	显著性
婚姻状况	组织环境满意度	4415.646	5	883.129	2.732	0.018
	人际互动环境满意度	7555.337	5	1511.067	6.560	0.000
	岗位满意度	2063.745	5	412.749	1.534	0.176

2. 社会特征与工作满意度

在对样本的社会特征变量的分析中发现（见表 14－12），私营企业员工的工作满意度在受教育程度（$F = 11.522$，$Sig = 0.000$）上呈现显著差异。已有研究表明在控制其他变量的情况下，随着受教育程度的提高，工作满意度是显著上升的，但达到一定受教育程度时，工作满意度反而会降低。

农民工是城乡二元体制下产生的特殊社会群体，随着城镇化步伐的加快，农村劳动力离开农村进入城市工作，在对私营企业员工工作满意度与户口类型的研究中发现，不同户口性质的私营企业员工在工作满意度上存在显著差异（$F = 20.514$，$Sig = 0.000$）（见表 14－12），而且城镇户口的私营企业员工工作满意度明显高于农业户口的私营企业员工。因此，打破城乡二元结构壁垒，关注农民工在工作环境中的体验对于提升私营企业员工整体工作满意度有很好的促进作用。

政治面貌是一个人的政治党派身份，是人们在单位组织中影响主观感受的重要影响因素（李汉林、李路路，2000）。在对私营企业员工工作满意度与政治面貌的研究中发现，不同政治面貌的私营企业员工在工作满意度上存在显著差异（$F = 9.145$，$Sig = 0.000$）（见表 14－12），而且政治面貌为共产党员的私营企业员工工作满意度明显高于政治面貌为普通群众的私营企业员工。

表 14－12　私营企业员工工作满意度在社会特征变量上的方差分析

变量	类别	均值（Means）	样本数（N）	差异显著性
受教育程度	没有上过学	0	1	$F=11.522$，$df=7$，$Sig=0.000$
	小学	47.87	46	
	初中	51.52	284	
	高中/技校/职高/中专	53.12	613	
	大专	54.13	734	
	大学	59.88	528	
	硕士	62.85	24	
	博士	52.22	13	
户口性质	农业（农村）户口	50.17	675	$F=20.514$，$df=1$，$Sig=0.000$
	城镇（非农）户口	53.09	1565	
政治面貌	共青团员	53.66	366	$F=9.145$，$df=3$，$Sig=0.000$
	共产党员	54.75	151	
	民主党派	19.67	3	
	普通群众	51.69	1699	

3. 工作特征与工作满意度

技术职称的不同是员工在工作环境中掌握的资源不同的重要表现。对样本工作特征进行分析发现，私营企业员工在技术职称（$F=11.712$，$Sig=0.000$）、社会保障等因素上的工作满意度出现显著差异（见表 14－13）。私营企业对不同人才的差别化待遇是员工工作满意度差异化的原因，主要表现在人才选拔的明显偏向性、内部培训内容的单一性以及领导对员工培育力度不够（赵允丰，2009）。私营企业中高级职称的员工工作满意度明显高于其他职工。

单位里是否有基本养老保险、基本医疗保险、失业保险和住房公积金等员工所需的基本社会保障，都会在不同程度上影响其工作满意度。也就是说，作为工作报偿的一种特殊形式，企业以扣款形式或额外投入形式为员工缴纳的《中华人民共和国劳动法》

规定的基本福利（包括五险一金等）能够不同程度地提升员工对工作的满意程度（Kinneman et al.，1997；Berkowitz et al.，1987；Heneman，1985；汪纯孝等，2006；王炳成，2011）。在对私营企业员工工作满意度与社会保障的关系研究中发现，基本养老保险（$F=41.655$，$Sig=0.000$）、基本医疗保险（$F=54.998$，$Sig=0.000$）、失业保险（$F=24.460$，$Sig=0.000$）、生育保险（$F=37.506$，$Sig=0.000$）、住房公积金（$F=24.170$，$Sig=0.000$）具有显著差异（见表14－13）。

劳动关系对私营企业员工的工作满意度产生很深的影响。工作性质、是否签订书面的劳动合同以及签订劳动合同的期限是就业稳定性的重要体现。在对私营企业员工工作满意度与工作性质、劳动合同的关系研究中发现，工作性质（$F=14.984$，$df=4$，$Sig=0.000$）、劳动合同（$F=10.269$，$df=1$，$Sig=0.001$）具有显著差异（见表14－13）。也就是说，就业不稳定性是影响工作满意度的重要因素之一。进一步分析工作满意度各项指标与工作性质的差异性发现，私营企业员工岗位满意度（$F=12.170$，$Sig=0.000$）、组织环境满意度（$F=21.784$，$Sig=0.000$）在工作性质上有显著差异，但在人际互动环境满意度上（$F=4.744$，$Sig=0.001$）无显著差异（见表14－14）。也就是说，工作灵活性不同，员工就业稳定性对于工作满意度的影响程度也不同（郭付银，2017）。

表14－13　私营企业员工工作满意度在工作特征变量上的方差分析

变量	类别	均值（Means）	样本数（N）	差异显著性
技术职称	高级（如副教授及以上）	35.44	39	$F=11.712$，$df=4$，$Sig=0.000$
	中级（如讲师）	33.22	257	
	初级（如助教）	32.06	309	
	普通	31.53	874	
	非专业技术人员	31.08	351	

续表

变量	类别		均值（Means）	样本数（N）	差异显著性
社会保障	基本养老保险	没有	49.78	825	*F* =41.655，*df* =1，*Sig* =0.000
		有	53.71	1385	
	住房公积金	没有	51.22	1473	*F* =24.170，*df* =1，*Sig* =0.000
		有	54.31	736	
	基本医疗保险	没有	49.52	862	*F* =54.998，*df* =1，*Sig* =0.000
		有	53.99	1347	
	工伤保险	没有	50.01	1009	*F* =48.236，*df* =1，*Sig* =0.000
		有	54.12	1196	
	失业保险	没有	51.12	1393	*F* =24.460，*df* =1，*Sig* =0.000
		有	54.15	813	
	生育保险	没有	50.81	1346	*F* =37.506，*df* =1，*Sig* =0.000
		有	54.53	853	
工作性质	正式工		52.52	1418	*F* =14.984，*df* =4，*Sig* =0.000
	临时工		49.97	549	
	劳务派遣工		50.4	72	
	零工		46.82	33	
	其他		59.01	162	
劳动合同	签订		52.71	1518	*F* =10.269，*df* =1，*Sig* =0.001
	未签订		50.66	678	

表 14－14 工作满意度各指标在工作性质上的方差分析

变量	指标	*SS*	*df*	*MS*	*F*	显著性
工作性质	组织环境满意度	27389.055	4	90.552	21.784	0.000
	人际互动环境满意度	4392.773	4	1098.193	4.744	0.001
	岗位满意度	1284.859	4	3212.215	12.170	0.000

工龄是评估一个员工在单位中资历长短的一个重要指标。私营企业员工工作满意度在工龄变量（*F* =1.526，*Sig* =0.022）上有显著差异（见表 14－15）。私营企业工龄越长的人，工作满意度越高。通过进一步回归分析（见图 14－3）发现，私营企业员工工

龄每增加一年，其工作满意度也随之增加 0.06 个单位。私营企业员工工龄的长短标志着其在该组织中工作时间的长短。Klein 指出工龄与工作满意度呈负线性相关关系，而本研究发现私营企业员工工龄与其工作满意度呈正相关关系。二者之间的拟合方程如下：

$$工作满意度 = 51.87045 + 0.06 \times 工龄 \quad (1)$$

表 14 - 15 工龄与工作满意度的回归分析

Source	*SS*	*df*	*MS*	Number of obs = 2242	
Model	300.819699	1	300.819699	*F* (1, 2240) = 1.526	
Residual	442923.331	2240	197.73363	Prob > *F* = 0.022	
Total	443224.15	2241	197.77963	R-squared = 0.0007 Adj R-squared = 0.0002 Root MSE = 14.062	
工作满意度	Coef.	Std. Err.	*t*	*p* > | *t* |	[95% Conf. Interval]
工龄	0.0622991	0.050509	1.23	0.218	-0.0367503 0.1613485
_cons	51.87045	0.4129411	125.61	0.000	51.06067 52.68024

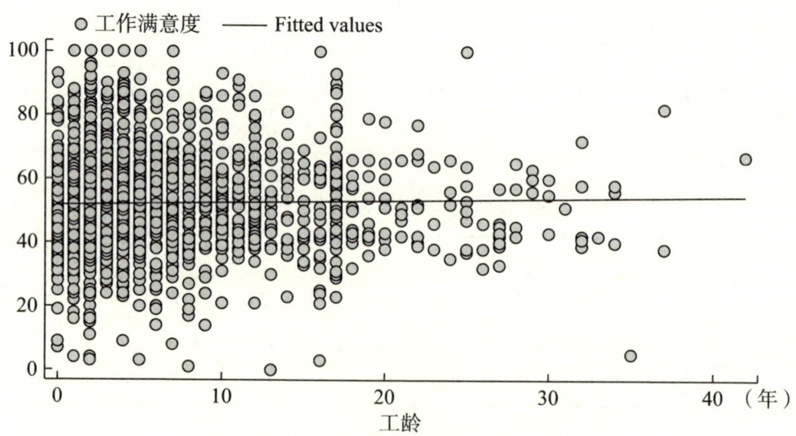

图 14 - 3 工龄与工作满意度的回归拟合曲线

除此之外，我们还对工作描述的一些重要变量也进行了方差分析。结果表明，工资收入（*F* = 3.255，*Sig* = 0.000）对私营企业员工工作满意度存在显著影响（见表 14-16）。“工资收入对工作满意度有显著的正面影响”这一结果已得到大量关于工作满意度影响因素的已有的实证研究的验证。对此，我们可以很容易从经济学和心理学中探寻缘由。经济学领域中存在的“理性经济人”假设就明确表明，在劳动市场中，个体更多被认为是追求利润最大的“理性经济人”，在择业等方面也被视为是一种基于“生存压力”和“理性选择”的结果。这一假设也得到了心理学界著名的马斯洛需求层次理论的回应。根据马斯洛需求层次理论，生存需要是个体最低层次的需要，而工资收入正好首先被归为满足个体生理需要的因素。因此，不难推导出“随着工资收入的增加，个体的工作满意度会随之上升”这一结论。通过进一步回归分析，我们发现在保证其他因素恒定的情况下，私营企业员工月工资收入每增加 1 元，其工作满意度随之增加 0.0004 个单位（见图 14-4）。

在工作时间方面，延长实际工作时间既有利于企业提高生产效率，也有利于劳动者提高劳动收入，以此来提高企业经济效益和员工生活水平。但是，过度延长工作时间势必会影响企业的长期可持续发展，减少劳动者工作之外的其他时间，增加其工作倦怠的可能性，从而降低工作满意度。我们对此进行分析发现，工作时间（$F=35.50$，$Sig=0.000$）对私营企业员工工作满意度存在显著影响，且在保证其他因素恒定的情况下，私营企业员工每天工作时间每增加 1 小时，其工作满意度会相应降低 1.327 个单位（见图 14-5）。对此，吴伟炯（2016）通过对农民、产业工人和公务员三种典型职业的调查，构建并验证了工作时间影响工作满意度的理论模型。该模型指出，影响员工工作满意度的因素主要有两类，工作付出和工作回报。工作付出可定义为劳动者在规定劳动时间内付出的时间、体力、脑力和情绪；工作回报则是指劳动者在进行工作付出后所获得的物质与精神上的回报。也就是说，工作时间异质化后呈损耗性，工作时间过短会损害工作满意度，当超过一定水平，工作时间对工作满意度的好处不再增加甚至有害，因而他提出适度的工作时间（每天 6～7 小时）可使工作满意度最大化。王笑天等（2017）则有不同的解释，他们认为影响工作满意度的工作时间，不是客观工作时间的长短，而是基于不同工作性质而形成的主观工作时间，其背后有工作压力、工作－生活平衡、角色冲突、工作弹性等复杂因素在共同对工作满意度产生影响。他们根据调节资源的消耗程度和关键个人资源（感知到的亲社会行为、积极情绪和自我肯定）的产出程度，将工作时间划分为损耗类的耗竭型、低维持型和恢复类的补充型、突破型四种类型。在揭示工作时间异质性（损耗类和恢复类）的基础上，他们认为补充型与突破型工作时间通过即时影响自我控制能力和长期影响职业认同而对幸福感产生积极作用的增益。

工资收入、工作时长与工作满意度的拟合方程分别如下：

$$\text{工作满意度} = 49.9503 + 0.0004 \times \text{工资收入} \tag{2}$$

$$\text{工作满意度} = 63.264 - 1.327 \times \text{工作时长} \tag{3}$$

表 14－16　工资收入与工作满意度的回归分析

Source	*SS*	*df*	*MS*	Number of obs = 2242		
Model	18251.5242	1	18251.5242	*F*（1，2240）=3.255		
Residual	424485.375	2239	189.587037	Prob ＞ *F* = 0.000		
Total	442736.9	2240	197.650402	R-squared = 0.0156		
				Adj R-squared = 0.0152		
				Root MSE = 13.955		
工作满意度	Coef.	Std. Err.	*t*	*p* ＞｜*t*｜	[95% Conf. Interval]	
工资收入	0.0004484	0.0000457	9.81	0.218	0.0003588	0.000538
_cons	49.95032	0.3713476	134.51	0.000	49.2221	50.67854

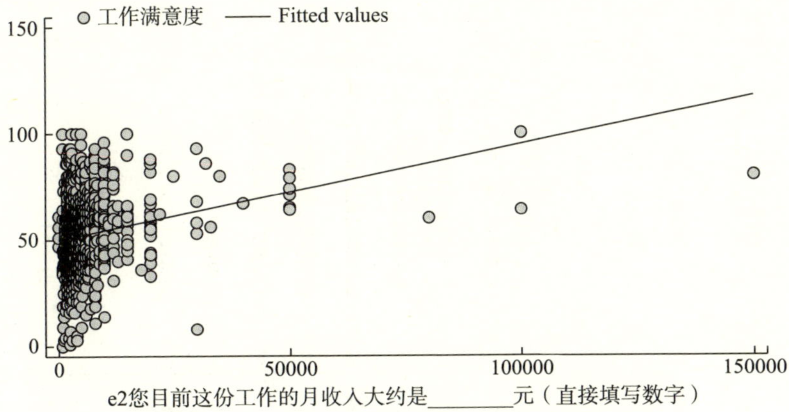

图 14-4 工资收入与工作满意度的回归拟合曲线

表 14-17 工作时间与工作满意度的回归分析

Source	*SS*	*df*	*MS*	Number of obs = 2242	
Model	6913.80324	1	6913.80324	*F*（1，2240） = 35.50	
Residual	436229.092	2240	194.745131	Prob > *F* = 0.000	
Total	443142.896	2241	197.743372	R-squared = 0.0156 Adj R-squared = 0.0152 Root MSE = 13.955	
工作满意度	Coef.	Std. Err.	*t*	*p* > | *t* |	[95% Conf. Interval]
工作时间	-1.3272431	0.2227538	-5.96	0.218	-1.764068　-0.08904172
_cons	63.26425	1.875772	33.73	0.000	59.58581　66.94268

（二）私营企业员工工作满意度在人岗匹配、员工参与和组织归属感上的相关性分析

为了进一步探讨私营企业员工人岗匹配、员工参与、组织归属感对工作满意度的影响，我们对其进行回归分析。

1. 私营企业员工人岗匹配和工作满意度的相关分析

我们通过回归分析发现，私营企业员工的人岗匹配与工作满

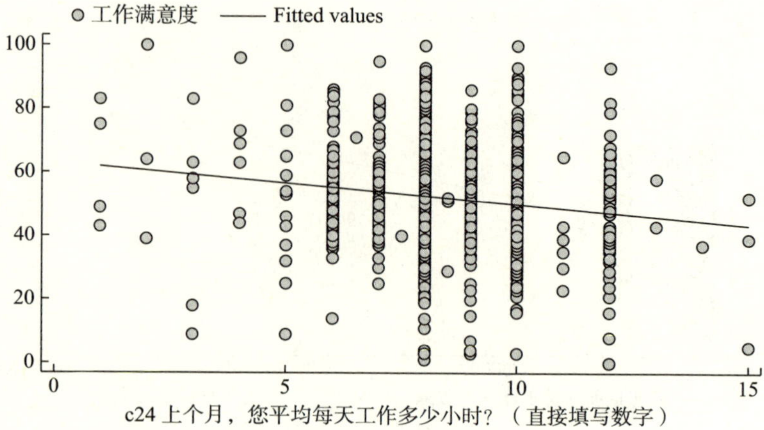

图 14－5　工作时间与工作满意度的回归拟合曲线

意度呈现显著正相关（$F=481.79$，$Sig=0.000$）（见表 14－18）。其中，R^2 为 0.1769，说明人岗匹配能解释工作满意度变化的 34%。二者之间的拟合方程如下：

$$\text{工作满意度}=32.087+0.3552\times\text{人岗匹配} \tag{4}$$

也就是说，在保持其他条件恒定的情况下，个人与岗位的匹配度每增加 1 个单位，私营企业员工对其整个单位的工作满意度也随之上升 0.3552 个单位（见图 14－6）。

表 14－18　人岗匹配与工作满意度的回归分析

Source	*SS*	*df*	*MS*	
				Number of obs = 2244
Model	78417.3144	1	78417.3144	*F*（1，2242）=481.79
Residual	364914.723	2242	162.763034	Prob ＞ *F* = 0.000
Total	443332	2243	197.651376	R－squared = 0.1769
				Adj R-squared = 0.1765
				Root MSE = 12.758

工作满意度	Coef.	Std. Err.	*t*	*p*＞*t*	［95% Conf. Interval］	
人岗匹配	0.3551949	0.0161822	21.95	0.000	0.3234611	0.3869286
_cons	32.08706	0.9560568	33.56	0.000	30.21222	33.96191

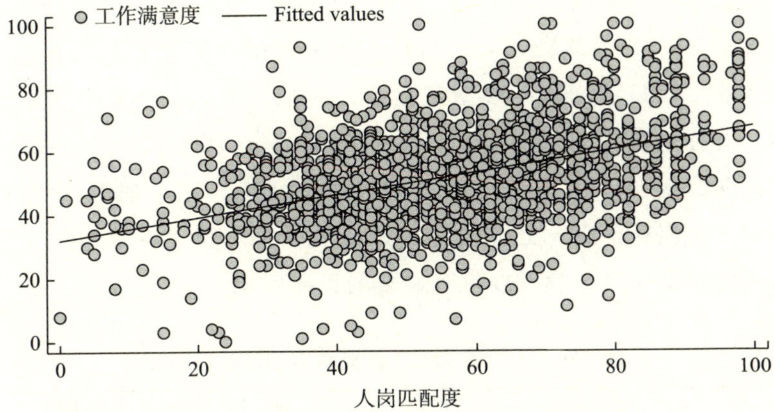

图 14-6　人岗匹配与工作满意度的回归拟合曲线

进一步对人岗匹配与工作满意度各变量进行相关分析（见表 14-19）得出，个人特征-岗位匹配、个人-岗位特征匹配与工作满意度具有显著正相关，皮尔逊相关系数为 0.532、0.321，且个人特征-岗位匹配、个人-岗位特征匹配与岗位满意度、组织环境满意度、人际互动环境满意度均显著相关。

表 14-19　人岗匹配-工作满意度的相关矩阵分析

变量	均值	1	2	3	4	5	6
1. 工作满意度	52.22	1					
2. 个人特征-岗位匹配	56.11	0.532**	1				
3. 个人-岗位特征匹配	58.02	0.321**	0.364**	1			
4. 岗位满意度	60.55	0.949**	0.462**	0.245**	1		
5. 组织环境满意度	53.35	0.720**	0.512**	0.236**	0.560**	1	
6. 人际互动环境满意度	59.80	0.552**	0.308**	0.384**	0.364**	0.311**	1

说明：** 在 0.01 级别（双尾），相关性显著。

为了验证人岗匹配对工作满意度的影响，本研究以工作满意度为因变量，采用层级回归的方法，依次引入控制变量、个人特征-岗位匹配、个人-岗位特征匹配，分别假设模型一至模型四为各变量对工作满意度的回归模型（见表 14-20）。表 14-20 中，模型二显示，加入个人特征－岗位匹配变量后，方程的解释力度增加（$\Delta F=298.545$，$p<0.000$），个人特征－岗位匹配对员工工作满意度有显著影响。模型三显示，在加入个人－岗位特征匹配后，方程的解释力增加（$\Delta F=244.746$，$p<0.000$），个人－岗位特征匹配对员工工作满意度具有显著的正向影响。模型四显示，在加入人岗匹配后，方程的解释力增加（$\Delta F=1$，$p<0.000$），人岗匹配对员工工作满意度具有显著的正向影响。

表 14－20　人岗匹配对工作满意度的层级回归分析

变量	模型一			模型二			模型三			模型四		
	B	t	p	B	t	p	B	t	p	B	t	p
性别	0.048	2.273	0.023	0.049	2.731	0.006	0.046	2.590	0.010	0.044	2.521	0.012
年龄	0.022	1.048	0.295	0.009	0.480	0.631	0.019	1.051	0.294	0.019	1.088	0.277
个人特征－岗位匹配				0.532	29.782	0.000	0.478	25.241	0.000	0.317	5.360	0.000
个人－岗位特征匹配							0.147	7.732	0.000	－0.409	－2.110	0.035
人岗匹配										0.635	2.881	0.000
ΔF	3.155			298.545			244.746			1		
R^2	0.003			0.286			0.304			0.307		
ΔR^2	0.002			0.285			0.303			0.305		

对此，Herzberg 早在 20 世纪中叶就已经用其著名的双因素理论进行了具体阐释。他认为工作满意与工作不满意属于不同的范畴，其影响因素也是不同的。个体对工作的满意取决于激励因素（又称为内在因素），包括工作任务、成就感等工作本身的因素；个体对工作的不满意则主要受到诸如工作条件、薪资待遇、组织制度等外部因素的影响。因此，上述回归结果表明，组织若要提升员工对工作的满意度，需要从两个方面着手：一方面是从工作本身着手，在对员工的选拔、任用和培养上，注重员工的岗位胜任力；另一方面是从员工出发，组织需要关注员工兴趣爱好的培养和知识能力的提升，关注员工个人特征，从而让员工在工作本身上有积极的情绪体验，从而提高工作积极性。

2. 私营企业员工员工参与和工作满意度的相关分析

我们通过回归分析发现，私营企业员工的员工参与与工作满意度呈现显著正相关（$F = 481.79$，$Sig = 0.00$）（见表 14－21），且二者之间的拟合方程如下：

$$工作满意度 = 32.08706 + 0.3552 \times 员工参与 \quad (5)$$

也就是说，在保持其他条件恒定的情况下，员工参与每增加 1 个单位，私营企业员工对其整个单位的工作满意度也随之上升 0.3552 个单位（见图 14－7）。

表 14－21　员工参与与工作满意度的回归分析

Source	*SS*	*df*	*MS*	Number of obs = 2244	
Model	78417.3144	1	78417.3144	*F*（1, 2242） = 481.79	
Residual	364914.723	2242	162.763034	Prob > *F* = 0.00	
Total	443332.037	2243	197.651376	R-squared = 0.1769	
				Adj R-squared = 0.1765	
				Root MSE = 12.758	
工作满意度	Coef.	Std. Err.	*t*	*p* > *t*	[95% Conf. Interval]
员工参与	0.3551949	0.0161822	21.95	0.000	0.3234611　0.3869286
_cons	32.08706	0.9560568	33.56	0.000	30.21222　33.96191

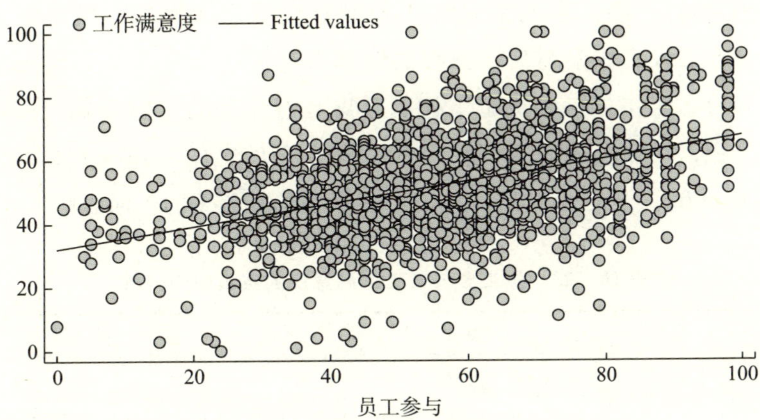

图 14－7　员工参与与工作满意度的回归拟合曲线

进一步对员工参与与工作满意度各变量进行相关分析（见表 14－22）得出，组织参与、工作参与与工作满意度具有显著正相关关系，皮尔逊相关系数为 0.386、0.288，且组织参与、组织参与与岗位满意度、组织环境满意度、人际互动环境满意度均显著相关。

表 14－22 人岗匹配－工作满意度的相关矩阵分析

变量	均值	1	2	3	4	5	6
1. 工作满意度	52.22	1					
2. 工作参与	65.86	0.288**	1				
3. 组织参与	43.27	0.386**	0.364**	1			
4. 岗位满意度	60.55	0.949**	0.226**	0.325**	1		
5. 组织环境满意度	53.35	0.720**	0.138**	0.281**	0.560**	1	
6. 人际互动环境满意度	59.80	0.552**	0.408**	0.362**	0.364**	0.311**	1

说明：** 在 0.01 级别（双尾），相关性显著。

为了验证员工参与对工作满意度的影响，本研究以工作满意度为因变量，采用层级回归的方法，依次引入控制变量、组织参与、工作参与、员工参与，分别假设模型一至模型四为各变量对工作满意度的回归模型（见表 14－23）。表 14－23 中，模型二显示，加入组织参与变量后，方程的解释力度增加（$\Delta F = 130.728$，$p < 0.000$），组织参与对员工工作满意度有显著影响。模型三显示，在加入工作参与后，方程的解释力增加（$\Delta F = 130.375$，$p < 0.000$），工作参与对员工工作满意度具有显著的正向影响。模型四显示，在加入员工参与后，方程的解释力增加（$\Delta F = 151.908$，$p < 0.000$），员工参与对员工工作满意度具有显著的正向影响。

表 14－23 员工参与对工作满意度的层级回归分析

变量	模型一			模型二			模型三			模型四		
	B	*t*	*p*	*B*	*t*	*p*	*B*	*t*	*p*	*B*	*t*	*p*
性别	0.044	2.052	0.040	0.032	1.641	0.101	0.031	1.606	0.108	0.029	1.565	0.118

续表

变量	模型一			模型二			模型三			模型四		
	B	t	p	B	t	p	B	t	p	B	t	p
年龄	0.016	0.765	0.444	-0.004	-0.217	0.828	-0.030	-1.530	0.126	0.004	0.221	0.825
组织参与				0.386	19.662	0.000	0.335	16.993	0.000	0.265	13.513	0.000
工作参与							0.209	10.489	0.000	0.101	4.888	0.000
员工参与										0.292	13.888	0.000
ΔF	2.378			130.728			130.375			151.908		
R^2	0.002			0.085			0.191			0.255		
ΔR^2	0.001			0.084			0.189			0.254		

Schweiger（1979）认为员工参与让其有机会去影响决策和决策后的结果，因而员工会感到满足。一方面，员工的工作参与让员工能够有机会发挥和运用与工作相关的知识、技能，提高工作绩效，让他们发挥个人价值，从而提高其工作满意度，也就是说高度工作参与的员工工作更加努力，并能从努力中得到更多的回报，这些增加的回报会导致更高的工作满意度。另一方面，提高员工对组织事务的参与度，让员工参与到与他们相关的决策，可以让其产生主人翁的感受，从而能够增加他们对工作的自主权和控制力，能够提高员工的工作效率和工作积极性，从而提高员工的工作满意度。所以，作为私营企业管理者，一方面，应当为员工提供成长的机会，有计划地帮助员工拓展个人技能，从而让他们在工作中充分提高自我；另一方面，应当为员工创造参与的机会，让员工参与到组织事务的决策中来，让他们感受到被信任和尊重，赋权于员工，促使他们提高工作满意度。

3. 私营企业员工组织归属感和工作满意度的相关分析

首先，私营企业员工组织归属感影响其工作满意度。我们通过回归分析发现，私营企业员工的组织归属感与工作满意度呈现显著正相关（$F = 574.06$，$Sig = 0.000$）（见表 14－24），且二者之间的拟合方程如下：

$$工作满意度 = 35.326 + 0.367 \times 组织归属感 \quad (6)$$

也就是说，在保持其他条件恒定的情况下，组织归属感每增加 1 个单位，私营企业员工对其整个单位的工作满意度也随之上升 0.367 个单位（见图 14－8）。

表 14－24　组织归属感与工作满意度的回归分析

Source	*SS*	*df*	*MS*	Number of obs = 2244	
Model	90373.694	1	90373.694	*F*（1，2242） = 574.06	
Residual	352958.343	2242	157.430126	Prob ＞ *F* = 0.000	
Total	443332	2243	197.651376	R-squared = 0.2039	
				Adj R-squared = 0.2035	
				Root MSE = 12.547	
工作满意度	Coef.	Std. Err.	*t*	*p* > *t*	[95% Conf. Interval]
组织归属感	0.3671318	0.015323	23.96	0.000	0.337083　0.3971806
_cons	35.3258	0.7533154	46.89	0.000	33.84853　36.80307

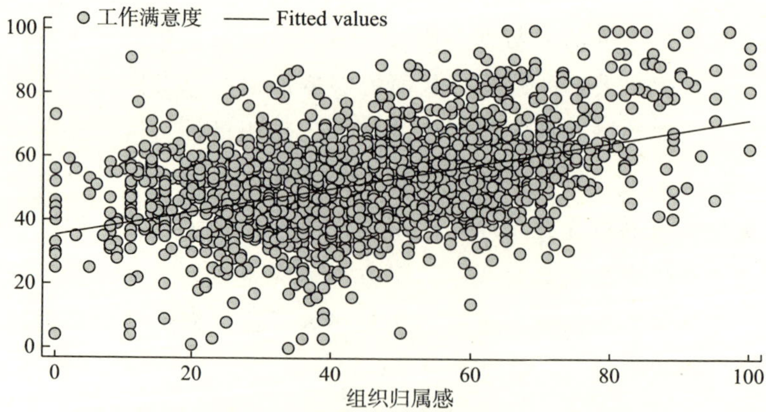

图 14－8　组织归属感与工作满意度的回归拟合曲线

具体分析私营企业员工工作满意度与不同形式的组织归属感

之间的关系发现，工作满意度在与工作自尊（$F=491.65$，$Sig=0.000$）（见表14－25）、工作效能感（$F=225.05$，$Sig=0.000$）（见表14－26）、组织信心（$F=375.88$，$Sig=0.000$）（见表14－27）的匹配度上均呈现不同程度的显著相关。进一步进行回归分析，得出如下拟合方程：

$$工作满意度=41.725+0.244\times工作自尊 \tag{7}$$

$$工作满意度=43.904+0.177\times工作效能感 \tag{8}$$

$$工作满意度=40.45329+0.261\times组织信心 \tag{9}$$

由此可见，在保持其他条件恒定的情况下，私营企业员工工作自尊、工作效能感、组织信心每增加1个单位，工作满意度均会有不同程度的提升。

表14－25　工作自尊与工作满意度的回归分析

Source	*SS*	*df*	*MS*	Number of obs =2244	
Model	79733.5425	1	79733.5425	*F*（1，2242）=491.65	
Residual	363598.495	2242	162.175957	Prob > *F* =0.000	
Total	443332.037	2243	197.651376	R-squared =0.1799	
				Adj R-squared =0.1795	
				Root MSE =12.735	
工作满意度	Coef.	Std. Err.	*t*	*p*>*t*	[95% Conf. Interval]
工作自尊	0.2436104	0.0109867	23.96	0.000	0.2220652　0.2651556
_cons	41.72487	0.5444354	46.89	0.000	40.65722　42.79252

表14－26　工作效能感与工作满意度的回归分析

Source	*SS*	*df*	*MS*	Number of obs =2244	
Model	40441.635	1	40441.635	*F*（1，2242）=225.05	
Residual	402890.402	2242	179.701339	Prob > *F* =0.000	
Total	443332.037	2243	197.651376	R-squared =0.0912	
				Adj R-squared =0.0908	
				Root MSE =13.405	
工作满意度	Coef.	Std. Err.	*t*	*p*>*t*	[95% Conf. Interval]

续表

Source	SS	df	MS	Number of obs = 2244		
工作效能感	0.1768605	0.0117894	15.00	0.000	0.1537412	0.1999798
_cons	43.90425	0.6225188	70.53	0.000	42.68348	45.12502

表 14－27　组织信心与工作满意度的回归分析

Source	SS	df	MS	Number of obs = 2181		
Model	61338.139	1	61338.139	F (1, 2242) = 375.88		
Residual	355584.379	2179	163.186957	Prob > F = 0.000		
Total	416922.518	2180	191.248862	R-squared = 0.1471		
				Adj R-squared = 0.1467		
				Root MSE = 12.774		
工作满意度	Coef.	Std. Err.	t	$p>t$	[95% Conf. Interval]	
组织信心	0.2608804	0.0134561	19.39	0.000	0.2344923	0.2872685
_cons	40.45329	0.6706595	60.32	0.000	39.13809	41.76849

其次，私营企业员工工作满意度影响其组织归属感。我们通过回归分析发现，私营企业员工的组织归属感与工作满意度呈现显著正相关（$F=574.06$，$Sig=0.000$）（见表 14－28），且二者之间的拟合方程如下：

$$组织归属感 = 17.02655 + 0.555 \times 工作满意度 \tag{10}$$

也就是说，在保持其他条件恒定的情况下，工作满意度每增加 1 个单位，私营企业员工对其整个单位的组织归属感也随之上升 0.555 个单位。

表 14－28　工作满意度与组织归属感的回归分析

Source	SS	df	MS	Number of obs = 2244
Model	136681.872	1	136681.872	F (1, 2242) = 574.06
Residual	533816.923	2242	238.098538	Prob > F = 0.000
Total	670498.795	2243	298.929467	R-squared = 0.2039
				Adj R-squared = 0.2035
				Root MSE = 15.43

续表

Source	SS	df	MS	Number of obs = 2244	
组织归属感	Coef.	Std. Err.	t	p > t	[95% Conf. Interval]
工作满意度	0.555253	0.0231747	23.96	0.000	0.5098069　0.6006991
_cons	17.02655	1.253307	13.59	0.000	14.56878　19.48431

为了验证工作满意度对组织归属感的影响，本研究以工作满意度为因变量，采用逐步多元回归分析的方法，依次引入岗位满意度、组织环境满意度、人际互动环境满意度。在加入岗位满意度变量后，方程的解释力度增加（$\Delta F = 348.913$，$p < 0.000$），岗位满意度对组织归属感有显著影响。在加入组织环境满意度后，方程的解释力增加（$\Delta F = 234.033$，$p < 0.000$），组织环境满意度对员工组织归属感有显著的正向影响。在加入人际互动环境满意度后，方程的解释力增加（$\Delta F = 76.274$，$p < 0.000$），人际互动环境满意度对组织归属感有显著的正向影响。非标准化回归方程如下：

$$\text{组织归属感} = 10.065 + 0.133 \times \text{岗位满意度} + 0.304 \times \text{组织环境满意度} + 0.197 \times \text{人际互动环境满意度} \quad (11)$$

表 14－29　工作满意度对组织归属感的逐步多元回归分析

投入变项顺序	多元相关系数	决定系数 R^2	增加量 (ΔR^2)	F 值	净 F 值 (ΔF)	B	Beta (β)
截距						10.065	
岗位满意度	0.367	0.134	0.134	348.913***	348.913***	0.133	0.126
组织环境满意度	0.465	0.216	0.215	309.574***	234.033***	0.304	0.318
人际互动环境满意度	0.492	0.242	0.241	238.727***	76.274***	0.197	0.174

说明：* 指 $p < 0.05$；*** 指 $p < 0.001$。

社会认同理论认为，个人倾向于与相似的个体产生互动，在互动过程中可以进一步强化自身的信念、情感和行为。个体通过实现或维持积极的工作认同来提高自尊。私营企业员工在工作环境中能够体会到工作的个人意义和社会意义，感受到工作带来自豪感的增加、名声的提升，感受到工作对他人帮助大以及对社会贡献大，从而使其把工作当作一份值得做的事业和一种有价值的贡献。作为私营企业管理人员，为员工创造工作意义和工作价值是非常重要的，一方面，让员工觉得自己的工作既有自我价值，又有社会价值；另一方面，让员工感到自己在组织中有发展前景、有前途，使员工更愿意投身于工作、组织事务中，发挥主人翁精神，从而提高其工作满意度。

五 总结与讨论

（一）研究结论

本文从人口学变量、人岗匹配、员工参与以及组织归属感四个方面研究了私营企业员工工作满意度。

首先，私营企业员工工作满意度在人口学变量上的差异分析。人口学变量主要围绕其自然特征、社会特征以及工作特征展开。从自然特征上看，私营企业员工的性别、年龄以及其个人健康状况均与工作满意度显著相关；从社会特征上看，私营企业员工的受教育程度、户口性质以及政治面貌与工作满意度均显著相关；从工作特征上看，私营企业员工的工龄、工资收入、工作时间、技术职称以及社会保障均与工作满意度显著相关。

其次，私营企业员工人岗匹配与工作满意度之间的关系。本研究的结果表明，人岗匹配对私营企业员工工作满意度有显著正相关关系，且个人特征 - 岗位匹配、个人 - 岗位特征匹配对员工工作满意度均具有显著影响。

再次，私营企业员工员工参与与工作满意度之间的关系。本研究的结果表明，员工参与对私营企业员工工作满意度有显著正相关关系，且私营企业员工的工作参与、组织参与对员工工作满意度均具有显著影响。

最后，私营企业员工组织归属感与工作满意度之间互为显著相关，员工的工作自尊、工作效能感和组织信心与工作满意度均显著正相关。

（二）研究启示

到了 21 世纪，随着“中国制造”概念的出现，中国成为国际制造业承接的重要地区，各种类型的企业对员工的需求量增加。改革开放以来，中国城乡二元结构逐渐松动，城乡互动的壁垒在逐渐消除。特别是农村劳动力向城市流动，成为中国城乡二元结构逐渐松动的主要标志。沿海城市产业工人主要的来源为农民工。但农民工的市民化并没有得到很好解决，农民工的工资、福利待遇并未获得相应保障，在城市居住、就业仍然受到严格控制。

随着党中央有关国有企业“减员增效”政策的出台，广大城市社区中的国有企业职工在这一期间遭遇了另一种危机，即下岗分流。在这个过程中，国有企业职工不仅因转制而逐渐丧失了原有的福利，更失去了代表他们国家职工身份的职业和工作，这使得员工经历了由原有的企业主人到社会流民的变化。这意味着国有企业职工在权利和身份地位上都有了重大转变。同时，国家相应配套的较为完善的社会保障体系尚未建立，加之下岗分流的职工多为年龄大、技术水平低、再就业机会小的老职工，有些职工因体弱多病和工伤事故等丧失了劳动能力，故下岗后立即陷入赤贫状态。这种企业转制直接使得城市社区大面积陷入贫困化状态。

总之，农民工流动和国有企业职工下岗，构成了中国改革以来企业特有的员工结构特征。前者，基本上成了大多数制造业私营企业的劳动力来源，企业管理者利用城乡之间的结构性差异降低劳动力成本，农民工在社会福利上的权益被全面剥夺；而后者则通过产权或产业政策上的结构性调整，造成了国有企业转制中对大量工人的权利侵害。在这两种矛盾中，大多数私营企业的职工处于原始性的资本雇佣状态，除了谋取生存权之外，劳动者没有任何参与性的途径与渠道。

1. 几经变化的劳资冲突

有必要把个体微观层面的工作满意度分析引入劳动关系的分析框架。

20 世纪 90 年代中国全面推行市场经济体制改革，大量原有的国有企业被纳入转制过程中，造成了大量工人下岗；同时，非公有制经济中出现的合同制工人和城乡二元化结构打破下的农民工共同构成了新一轮的工人阶级队伍。所有这些因素，都使得广大企业内部的劳动经济关系中的员工身份发生了根本改变，转换成为产权私有制下的雇佣性质的工人。在这个意义上，我们将市场经济体制下的雇主与其所雇佣的劳动者之间的关系称为劳资关系。在我国，随着非公有制经济的规模不断扩大，劳资关系在整个社会的劳动关系中的比重也越来越大，劳资关系成为劳动关系的主体，由此，劳资关系的矛盾也随之成为越来越突出的社会问题。

在具体的劳动过程中，大量材料也表明，在很多地区的企业中，从招工到工作条件，从工资发放到安全保障，劳动者均在极端恶劣的处境之中。由于大多数劳动密集型的私营企业和中小型独资或合资企业大多实行计件工资制，劳动强度和工资标准的确定并没有完善的标准或监督机制，完全靠企业主个人确定，致使很多企业变成了“血汗工厂”，工人每天劳动 12 小时以上，劳动强度极大，压低工人工资成为企业主降低生产成本的主要途径。此外，在某些东部沿海地区，劳动者的收入水平提高速度远远落后于经济发展和资本积累的速度。由此，在中国各地普遍存在劳动力剩余的情况下，许多地区出现了严重的“招工难、用工难、养工难”局面，亦成了经济发展的主要瓶颈。

此外，在资本原始积累阶段的许多小型私营、民营企业里，员工的物理工作环境非常差，安全生产危险系数高，且缺乏安全防护措施，致使工伤事故频发。在一些个别企业中，企业所有者或经营者甚至会出现严重侵犯劳动者的人身权利，通过实行“封闭式、搜身式管理”来限制劳动者的人身自由等现象。根据潘毅（1999）的研究，超大强度的劳动，致使许多工人产生严重的心理疾病；而任焰、潘毅（2006）的研究表明，宿舍劳动体制加大了企业对工人的有效控制，企业在生产和生活空间对劳动者的剥夺，成了中国劳动密集型企业的一个重要特征。

由此看来，劳资关系的重要性使其协调机制的建立成为国家、社会各界普遍关注的问题。党中央提出建设社会主义和谐社会的设想，既有符合中国现阶段实际情况的实事求是的依据，也从根本上指明了解决这一社会问题的基本方向。

2. 企业社会工作介入的方法可行性分析

有必要在遵循提取企业社会工作介入过程中的一般性原则的基础上，把企业组织内部的员工问题的凸显性和表征性特征作为社会工作介入在工作目标、工作任务以及效果评估上的方法论探析。

如前所述，中国企业改制的过程是权力和利益再分配的过程，是涉及社会公平与公正的制度安排。在这个过程中，企业员工，无论是国有企业的下岗职工还是流动在城市中的农民工，其原有的社会地位都发生了巨大的变化，随即产生相对剥夺感。身份与社会地位带来的巨大心理失衡造成了社会不稳定性，使得企业员工在组织里陷于归属感不强、员工关系疏离、参与行为消极等社会心理困境。这样的状况是企业改制的“制度之殇”，也是诱发劳动关系恶化的“阿喀琉斯之踵”，不符合和谐社会的总体发展目标。

企业社会工作作为一种社会工作的成熟方法，肇始于西方发达国家的工业化进程，其工作价值受到充分的认可。从员工个体层面而言，企业社会工作给予员工各种人文关怀，促使其工作质量与生活质量得以提高；从企业层面而言，企业社会工作是企业从管理走向治理，促使担当与履行企业社会责任的重要一环。企业社会工作是运用诸多专业方法去满足企业内部员工的需求或帮助解决其所面临的困境与矛盾，同时企业社会工作服务的开展与实施需要以企业组织为工作场所，并以企业的利益和要求为重要衡量标准。因此，企业社会工作主张将员工的需求与企业的利益置于同等地位。企业本身是以营利为目的的，其为社会创造更多的物质财富便是其存在的重要意义。企业社会工作作为企业为员工服务的一个重要领域，其工作目标必然以企业的核心理念为前提，发挥协助员工诉求利益、保障权利的服务功能。

基于此，企业社会工作的切入点是员工在企业的劳动过程中的主观感受。这些主观感受尽管是个体化的，似乎不代表群体，然而必须承认的是企业中的员工从进入企业、到岗工作开始，就经历这组织社会化的过程。其间一切个体化的主观感受、工作态度都是由遵守、认同甚至是内化组织的规章制度而来的。自到岗起，微观的岗位分析所折射出的人岗匹配的主观效应，到积极或消极参与组织的经营、决策和治理过程，再到从意愿到行为、行为到效应的组织归属感的提升，各个阶段都牵涉着对个体微观层面的态度与行为的分析。

具体而言，要想使企业社会工作介入改制过程，企业主要可从三个方面着手。第一，以解决员工的工作适应性为思路，提升企业员工人岗匹配的主观弥合程度，从优化沟通机制、创新培训方式以及设计员工动力等方面提高员工对工作胜任和工作效能感的主观良好感受。一个对岗位充满自信的员工，一定实现了个体在组织中的人岗匹配，具有主观效应的良好感受。第二，积极推动员工参与。建立员工之间、员工与企业之间的沟通渠道，提高员工的参与意识，激发员工参与意愿与增加员工参与行为，提高员工在企业组织中的主人翁意识。第三，以提升员工工作满意度作为企业社会工作介入的总目标，从而达到提升员工组织归属感的目的。

参考文献

曹阳、宋雨佳，2018，《基于结构方程的基层医生工作满意度及离职意愿影响因素研究》，《中国卫生事业管理》第 1 期，第24～26、43 页。

陈敏、时勘，2001，《工作满意度评价及其在企业诊断中的应用》，《中外管理导报》第 10 期，第 56～59 页。

陈小平，2012，《员工参与对工作满意度和员工绩效影响实证研究》，《理论导刊》第 2 期，第 93～95、102 页。

陈云英、孙绍邦，1994，《教师工作满意度的测量研究》，《心理科学》第 3 期，第 146～150 页。

陈正，2012，《制造业一线员工企业归属感量表编制及其与工作满意度相关研究》，西南大学硕士学位论文。

范皑皑、丁小浩，2007，《教育、工作自主性与工作满意度》，《清华大学教育研究》第 6 期，第 40～47 页。

高进、杨建闯，2018，《局内的“局外人”：政府雇员组织归属感影响因素研究》，《中国行政管理》第 1 期，第 92～97 页。

郭付银，2017，《就业稳定性和灵活性对工作满意度影响的实证研究》，东北财经大学硕士学位论文。

胡晓书、许传新，2014，《农民工工作满意度的影响因素研究——基于与城镇职工的比较》，《企业经济》第 11 期，第 67～71 页。

康进，2002，《企业员工工作满意度评价模型研究》，天津大学硕士学位论文。

柯振兴，2014，《三大劳动群体工作满意度影响因素比较研究》，《西南石油大学学报》（社会科学版）第 2 期，第 24～29 页。

雷洪、朱岭，1995，《国营大中型企业工程技术人员劳动组织归属感及其相关因素分析——对武汉机床厂工程技术人员的调查》，《社会学研究》第 3 期，第 8～24 页。

李汉林、李路路，2000，《单位成员的满意度和相对剥夺感——单位组织中依赖结构的主观层面》,《社会学研究》第 2 期。

李汉林、魏钦恭、张晨曲, 2013,《发展过程中的满意度》,《社会学评论》第 1 期, 第 75 ~88 页。

李玉刚、胡君莲, 2008,《员工参与企业战略决策的实证研究》,《学术论坛》第 12 期, 第 72 ~76 页。

刘小平, 2002,《企业员工的组织归属感及形成研究》,《管理现代化》第 6 期, 第 36 ~40 页。

刘志强, 2014,《谁得到了满意的工作回报——工作回报满意度影响因素的实证研究》,《山西财经大学学报》第 4 期, 第 81 ~93 页。

罗宾斯, 斯蒂芬·P., 1997,《组织行为学》(第七版), 孙健敏、李原等译, 中国人民大学出版社。

卢西尔, 罗伯特·N., 2010,《组织中的人际关系: 技能与应用》(第 6 版), 贾佳、刘宝巍译, 北京大学出版社。

罗炜、苗银家、赵美玲, 2019,《中小企业员工参与度与工作满意度关系的实证研究》, Proceedings of 1st International Symposium on Education, Culture and Social Sciences (ECSS 2019)。

潘毅, 1999,《开创一种抗争的次文本——工厂里一位女工的尖叫、梦魇和叛离》,《社会学研究》第 5 期。

任焰、潘毅, 2006,《跨国劳动过程的空间政治: 全球化时代的宿舍劳动体制》,《社会学研究》第 4 期。

沈伊默, 2007,《从社会交换的角度看组织认同的来源及效益》,《心理学报》第 5 期, 第 918 ~925 页。

孙晓露、周春燕, 2020,《人岗匹配程度对幼儿园教师职业倦怠的影响: 工作满意度的中介和组织支持感知的调节》,《学前教育研究》第 1 期, 第 42 ~53 页。

孙月琴、何龙山, 2006,《员工参与管理的作用机制及其影响因素》,《科技与管理》第 2 期, 第 139 ~142 页。

汪纯孝、伍晓奕、张秀娟, 2006,《企业薪酬管理公平性对员工工作态度和行为的影响》,《南开管理评论》第 6 期, 第 5 ~12 页。

汪慧等, 2017,《医务人员工作满意度测评量表的研制及验证研究》,《中国医院管理》第 3 期, 第 14 ~17 页。

王炳成, 2011,《薪酬公平、人格特质与工作满意度关系研究》,《科研管理》

第 3 期，第 91 ~ 100 页。

王笑天等，2017，《工作时间长真的不快乐吗？异质性视角下工作时间对幸福感的影响》，《心理科学进展》第 1 期，第 180 ~ 189 页。

王志红、蔡久志，2005，《大学教师工作满意度的测量与评价》，《黑龙江高教研究》第 2 期，第 77 ~ 79 页。

吴伟炯，2016，《工作时间对职业幸福感的影响——基于三种典型职业的实证分析》，《中国工业经济》第 3 期，第 130 ~ 145 页。

谢玉华、张群艳，2013，《新生代员工参与对员工满意度的影响研究》，《管理学报》第 8 期，第 1162 ~ 1169 页。

徐本华，2007，《传承与发展：人 - 岗匹配与人 - 组织匹配关系探讨》，《河南大学学报》（社会科学版）第 4 期，第 74 ~ 77 页。

徐文雄、蒲伟、彭正霞，2009，《高校辅导员工作满意度与归属感的关系研究》，《思想理论教育》第 5 期，第 82 ~ 85 页。

张勉、李树茁，2001，《企业员工工作满意度决定因素实证研究》，《统计研究》第 8 期，第 33 ~ 37 页。

张兆勤，2004，《浅谈参与式管理》，《兰州学刊》第 2 期，第 109 ~ 110 页。

赵伟军，2004，《知识型员工满意度研究》，《生产力研究》第 7 期。

赵允丰，2009，《台资企业文化与大陆员工工作满意度研究》，复旦大学硕士学位论文。

周明建、侍水生、蒋建军，2011，《人 - 岗匹配与工作态度：自我效能感的中介作用》，《工业工程与管理》第 5 期，第 123 ~ 129 页。

朱庆华、王冬岩，2005，《我国物流企业员工工作满意度及对员工参与的影响研究》，《现代管理科学》第 8 期，第 3 ~ 5 页。

Akbari, M., et al. 2020. "Job Satisfaction among Nurses in Iran: Does Gender Matter?" *J. Multidiscip Healthc* 13: 71 - 78.

Alderfer. 1969. "An Empoirical Test of a New Theory of Human Needs." *Organizational Behavior and Human Performance* 14: 142 - 175.

Armold, H. J. & D. C. A. Feldman. 1982. "Multivarilate Analysis of the Determinants of Job Tumover." *Journal of Applied Psychology* 67 (3): 350 - 360.

Bakan, Ismail, Yuliani Suseno, Ashly Pinnington & Arthur Money. 2004. " The Influence of Financial Participation and Participation in Decision-making on

Employee Job Attitudes. " The International Journal of Human Resource Management 15 (3) .

Berkowitz, L. , Fraser, C. , Treasure, F. P. , & Cochran, S. 1987. "Pay, Equity, Job Gratifications, and Comparisons in Pay Sstisfaction. " *Journal of Applied Psychology* 72 (4) .

Berrin Erdogan, & Talyan Bauer. 2005. "Enhancing Career Benefits of Employee Proactive Personality: The Role Fit with Jobs And Organizations. " *Personnel Psychology* 58: 859 - 891.

Brief, A. P. & Roberson, L. 1999. "Job Attitude Organization: Am Exploratory Study. " *Journal of Applied Social Psychology*, 19: 717 - 727.

Brown, Krostof, A. L. , R. D. Zimmerman, & E. C. Johnson. 2005. "Consequences of Individual's Fit at Work: a Meta-analysis of Person-job, Person-organization, Person-group, and Person-supervisor Fit. " *Personnel Psychology* 58 (2): 281 - 342.

Bruce, W. M. & J. W. Blackbum. 1992. *Balancing Job Satisfaction and Performance*. Westport, C. T. : Quorum Book.

Carvajal, M. J. , I. Popovici & P. C. Hardigan. 2018. "Gender Differences in the Measurement of Pharmacists' Job Satisfaction. " *Human Resources for Health* 16 (1).

Dawis, R. V. , & L. H. Lofquist. 1984. *A Psychological Theory of Work Adjustment*. Minneapolis: Univ. of Minnesota Press.

Deniz, N. , A. Noyan, O. G. Ertosun. 2015. "Linking Person-job Fit to Job Stress: The Medating Effect of Perceived Person-organization Fit. " *Procedia-Social and Behavioral Sciences* 207: 369 - 376.

Edward, J. R. 1991. "Person-job Fit: A Conceptual Integration, Literature Review and Methodological Critique. " *International Review of Industrial/Organizational Psychology* 6: 283 - 357.

European Parliament. 2009. "Employment and Social Affairs. " *Diectorate General for Internal Policies Policy Department A: Economic and Scientific Policy*: 124.

Hardin, E. E. , & J. R. Donaldson. 2014. "Predicting Job Satisfaction: A New Perspective on Person-Environment Fit. " *Journal of Counseling Psychology* 61

(4): 634 - 640.

Hauff, S. & S. Kirchner. 2014. *Cross-National Differences and Trends in Job Quality*. Amburgo: Germania.

Heneman, H. G., Ⅲ. 1985. "Pay Satisfaction." In M. Rowland & R. Ferris (Eds.), *Research in Personnel and Human Resources Management* (pp. 115 - 140). Greenwich, CT: JAI Press.

Herzberg, F., B. Mausner, R. O. Peterson & D. F. Capwell. 1957. *Job Attitudes: Review of Research and Option*. Pittsburgh, P. A.: Psychological Service of Pittsburgh.

Hoppock, R. 1935. *Job Satisfaction*. New York: Harper & Brother Publisher.

Hulin, C. L. & G. L. Smith. 1974. "Job Satisfaction: Is There a Trend?" In U. S. Department of Labor. *Manpower Research Monograph No. 30*. Washington, D. C.: Government Printing Office.

Kinneman, M. T, Hitchings K, S, & Bryan M, A. 1997. "A Pragmatic Approach to Measuring and Evaluating Hospital Restructuring Efforts." *Journal of Nursing Administration*, Vol. 27 (7/8): pp. 33 - 41.

Kuhlen, R. G. 1963. "Needs, Perceived Need Satisfaction Opportunities and Satisfaction with Occupation." *Journal of Applied Psychology* 47 (1): 56 - 64.

Locke, E. A. & D. Henne. 1976. "Work Motivation Theories." In C. L. Cooper & I. T. Robertson. *International Reviews of Industrial and Organizational Psychology* 1: 1 - 35.

Locke, E. A. 1976. "The Nature and Causes of Job Satisfaction." In M. D. Dunnette (ed.). *The Handbook of Industrial and Organizational Psychology*: 1297 - 1549. Chicago, 1L: Rand McNally.

Lussier, Robert N. 2010. Human Relations in Organizations Applications and Skill Building. McGraw-Hill/Irwin.

Mail Bakan. 2004. "The Influence of Financial Participation and Participation in Decision-making on Employee Job Attitudes." *The International Journal of Human Resource Management* 15 (3): 587 - 616.

Mayer, J. P., N. J. Allen, & C. A. Smith. 1993. "Commitment to Organizations and Occupations: Extension and Test of a Three-component Conceptualization." *Journal of*

Applied Psychology (8): 538 - 551.

Miller, K. I. , & P. R. Monge. 1986. "Participation, Satisfaction and Productivity: A Meta-analytic Review." *Academy of Management Journal* 29 (1): 727 - 753.

Oreilly, C. A. , & D. F. Caldwell. 1981. "The Commitment and Job Tenure of New Employees: Some Evidence of Post-ecisional Justification." *Administrative Science Quarterly* 26 (4): 597 - 61.

Pecino, V. , et al. 2019. "Organisational Climate, Role Stress, and Public Employees' Job Satisfaction." *International Journal of Environmental Research and Public Health* 16 (10): 1792.

Player D. , P. Youngs, F. Perrone et al. 2017. "How Principal Leadership and Person-job Fit Are Associated with Teacher Mobility and Attrition." *Teaching and Teacher Education* 67: 330 - 339.

Porter, L. W. , & R. M. Steers. 1974. "Organizational Commitment, Job Satisfaction, and Turnover among Psychiatric Techincians." *Journal of Applied Psychology* 59: 603 - 609.

Price, J. L. 2000. *The Development of a Causal Model of Voluntary Turnover*. University of Iowa.

Quinetla M. Poberson, Neta A. Moye, & Edwin A. Locke. 1999. "Identifying a Missing Link between Participation and Satisfaction." *Journal of Applied Psychology* 84 (4): 585 - 593.

Rim-Rukeh, Akpofure et al. 2006. "Job Satisfaction among Educators in Colleges of Education in Southern Nigeria." *Journal of Applied Sciences* 6.

Robbins, Stephen P. , & Timothy A. Judge. 1997. *Organizational Behavior*. Harlow: Pearson Education Limited.

Rukeh, Rim, Akpofure, Ikhifa, O. Grace, Imide, O. Israel & I. E. Okokoyo. 2006. "Job Satisfaction among Educators in Colleges of Education in Southern Nigeria." Journal of Applied Sciences, 6: 1094 - 1098.

Schermerhorn, J. 2008. Organizational Behavior. USA: John Wiley & Sons, Inc.

Schweiger, D. M. 1979. "Participation in Decision Miking: One More Look." In Staw, B. (ed.) *Research in Organizational Behavior*. Amsterdam: Elsevier.

Singhapakdi, A. , M. J. Sirgy, D. Lee, K. Senasu, G. B. Yu, & A. Mellon. 2014.

"Gender Disparity in Job Satisfaction of Western Versus Asian Managers." *J. Bus Res.* 67 (6): 1257 - 1266.

Stohl, C., & G. Cheney. 2001. "Participatory Processes/Paradoxical Practices: Communication and the Dilemmas of Organizational Democracy." *Management Communication Quarterly* 14 (3): 349 - 407.

Tae-Yeol Kim, Sebastian C. Schuh, Yahua Cai. 2020. "Person or Job? Change in Person-Job Fit and Its Impact on Employee Work Attitudes over Time." *Journal of Management Studies* 57: 2.

Vroom V. H. 1964. *Work and Motivation.* New York: Wiley.

Wager, K. M. 1987. "Prevention Programming in Mental Health: An Issue for Consideration by Music and Drama Therapists." *The Arts in Psychotherapy* 14.

Wall, T. D., & J. A. Lischeron. 1977. *Worker Participation: A Critique of the Literature and Some Fresh Evidence.* London: McGraw-Hill Book Company.

Warr, P., & I. Inceoglu. 2012. "Job Engagement, Job Satisfaction, and Contrasting Associations with Person-job Fit." *Journal of Occupational Health Psychology* 17 (2), 129 - 138.

第十五章　996 加班工作制：互联网公司管理控制变迁研究*

一　问题的提出：我国互联网公司的 996 工作制

996 工作制是指早上 9 点上班、晚上 9 点下班，一周工作 6 天的超时加班的互联网公司工作制度，近年来，996 工作制在我国的移动互联网公司中日渐盛行，并有持续扩大到整体产业的趋势。2019 年初，媒体披露了国内某移动互联网公司高管在公司年会上正式宣布实行 996 工作制的消息，从而引起了社会和公众对互联网产业劳动者工作状况的关注和再认识。2019 年 3 月 26 日，一位以“996ICU”为 ID 的程序员在 GitHub 上发布了一个名为“996. ICU”的代码仓库，用以控诉国内互联网公司以 996 工作制为代表的严重超时加班工作制。这一行动短时间内得到了国内几十万名程序员的关注和支持，同时也使各互联网公司的加班工作详情通过程序员们的讨论集中反映出来。

从该代码仓库的反馈来看，首先 996 式的加班工作在我国互联网产业目前是比较普遍的现象，其次制度上固定下来并严格贯彻实行 996 式工作制的重点公司主要集中于移动互联网领域。但自 20 世纪末互联网技术商业化在我国发展以来，从业者的形象是以

* 本文曾发表于《科学与社会》2019 年第 3 期，收入本书时略有删改，文中田野资料已按学术规范做匿名化处理。

高等教育精英和高薪酬福利的高科技人才为主的，相关的学术研究也表明互联网员工在劳动过程中具有相当程度的自主性，也就是说在此之前虽然互联网企业的加班从产业创办之初就存在，但该工作一直以灵活、自主的理想工作形式为人所知，这与目前“996. ICU”式制度层面的加班要求相比，显然在劳动者对工作的主导性方面存在较大反差，因而引发我们对于移动互联网领域公司内部相关劳动控制机制已然发生本质性变迁的思考。

自互联网公司在我国创立近 20 年来，其在业务重心上已经发生了从传统 PC（Personal Computer）端到以智能手机为代表的移动端的转变，在企业组织方面也产生了两种类型：创办于 PC 端时代并发展成熟的精英互联网公司（第一代企业）和创办于移动端时代仍处于创业期和发展期的移动互联网公司（第二代）。相对于第一代互联网公司，移动互联网公司在组织内部进行了哪些调整？程序员等企业员工的自主性和劳动过程是否相应发生变化？或者说互联网加班是自始至终存在的现象，为何在移动互联网时代被企业制度化以及因此遭到劳动者的控诉？本文希望通过两类公司组织管理控制的具体案例的对比，来回答以上问题。

二　文献回顾：互联网产业的劳动特征与企业管理控制模式

劳动过程理论认为劳动者在生产过程中的行为表现是与管理控制策略直接相关的，也因此劳动场域的管理控制是劳动过程理论的核心研究议题。对该议题的讨论主要兴起于工业机器化生产时期。综合研究者们的观点，主要存在两种类型的管理策略，即直接控制与责任自治。直接控制是指企业通过管理制度和劳动过程的设计将技术工作从工人那里抽离到管理层，从而使机器制造业劳动者成为被去技术化的体力劳动者，在管理层的指令和控制下从事简单的重复性、高强度的体力劳动，从而达成了管理方对劳动过程直接控制的目的，泰罗制即是其典型；责任自治则认为技术是不可能完全从劳动中剥离的，因此管理过程中会保留工人对劳动过程的一定控制权，工人仍有部分决策空间。工业生产时期的学者们认为管理控制的主要形式基本基于以上两种类型，企业则会根据具体的情景而选择应用或做某种程度上的调整。

从劳动时间的角度来看，以上两种管理策略都可能导致长时间的加班工作，但形成的原因却不同。直接控制策略下的加班工作是由管理方颁布的劳动纪律和生产指令直接导致的，带有较大强制性的倾向，劳动者的加班行为是被动和被迫的；责任自治策略下的加班工作至少在形式上没有来自管理方的压力，劳动者拥有对劳动过程一定的控制权和决策权，因此加班是劳动者自主选择的。

学者布洛维（2005）的研究则进一步指出了责任自治中劳动者加班行为的奥秘——制造“同意”。他提出管理控制亦涉及劳动过程的主观方面，即企业对劳动者“同意”的建构与生产。企业通过一系列生产规则和微观劳动过程的设计，使得劳动者全身心投入“赶工游戏”当中，从而产生对生产的认同，忽视雇佣关系的真相和管理控制的本质。也就是说责任自治中劳动者的自主选择是建立在“同意”建构的基础上的，在本质上仍是管理控制策略的结果。因此，两种控制策略下虽然都存在加班工作的现象，但是实现的路径却是完全不同的。

从中，我们也可以看到，两类管理策略的差异主要源自三个核心影响要素：技术、制造同意和管理制度。去技术化程度较高的体力劳动更利于管理方直接干预生产过程，与之相反的技术类劳动则需要保留劳动者一定的决策权从而与责任自治相匹配；而劳动过程的主观方面即制造同意正是责任自治的意识形态基础，使管理方在赋权的形式下仍能确保生产的持续性和高效率；管理制度则是管理方基于以上两个方面的考量而在组织中做出的具体规则安排。其中，技术的特征是管理策略选择的基础，同意的生产是策略实施的主观保证，而管理制度是策略的最终落实形式。

然而在互联网产业中，生产中的要素发生了一定程度的变化——劳动者以“知识工人”为主体，技术与劳动者不可分离，且技术本身带有文化特征。相较于工业生产技术，互联网技术的特殊性在于其文化特征。学者卡斯特（2007）提出由于互联网技术诞生于大型科学研究机构和自由主义文化的交汇点（以麻省理工学院为代表），学院派的学术研究传统和自由主义文化成为该技术的文化特征。布尔迪厄对教育体系的研究则表明，学校教育提供的不仅是技术和知识，更是把学生社会化，以继承特定文化场域，具备重要的文化再生产功能（斯沃茨，2006）。显然精英互联网公司的程序员是普遍接受了精英（名牌）大学的技术与文化教育的，在此过程中技术文化也成为教育成果的一部分，是程序员进入企业之前已经具备的文化资本特征。因此，以程序员为代表的互联网企业劳动者被认为是区别于传统白领员工的知识工人（Knowledge Worker），这也就意味着他们不仅是从事脑力劳动的传统白领员工，更是需要利用其自身的知识和技术进行知识生产和创新的新型知识劳动者。乐观的管理学家甚至提出知识工人可将其知识作为资本从而平等、自主地参与到企业的管理中去，从而在劳动中获得更大的自主权和自由。然而知识工人的特征对管理策略的挑战是否真的带来了管理实践的变革呢？

已有研究表明，与工业生产中的管理控制类型相类似，互联网程序员的管理控制也同样存在责任自治和直接控制两种类型。

针对责任自治管理策略的研究提出，由于互联网劳动者本身所具有的技术及其文化，互联网公司相应产生了新的管理控制方式。有研究者从美国精英互联网公司的劳动过程出发，提出由于互联网员工作为知识工人的本质特征，企业组织难以通过传统机器大生产“去技术化”“设计与执行相分离”的方式进行劳动控制，于是转而实行规范控制，也即通过对文化、意识层面的企业规范的建构，使劳动者在企业让渡一定管理权的情况下仍然能保持一定的劳动效能，具体表现在：互联网公司推崇工程师文化，建构了扁平化的组织结构和民主化的组织决策机制，从而使劳动者在一定程度上拥有了对劳动过程的控制权和主导权，同时也能全情投入企业的生产劳动过程中去。也有研究者进一步提出，互联网企业的规范控制之所以能够达到较好的效果，是因为这里所提倡的规范——工程师文化并非企业凭空捏造的，而是源自程序员在高等教育场域中所获得的原初文化资本，互联网企业将工程师文化中的特定要素保留，例如“技术改变世界”，再辅之以企业个体化、科层化方面运营所需要的文化规范，从而形成了企业文化对原初文化资本的重塑。基于此，互联网劳动者在企业的文化层面和劳动管理控制层面都保留了部分话语权和自主空间。因此，互联网企业体现劳动者自主性的管理控制方式本质上是由互联网技术及其文化特性决定的，后者是前者能够发挥作用促进企业发展的重要基础。

针对直接控制管理策略的研究则认为互联网顶尖公司、精英公司拥有较多具备精英教育背景的劳动者的情况在整个产业中比较少见，而数量庞大的产业链中下游技术劳动者，仍然身处类似于机器工业时期的直接控制模式下。例如项飚对印度 IT 软件工程师的研究发现，在跨国资本的控制下，印度程序员处于一种高风险、不稳定和高强度的工作模式当中，也有研究者称之为新泰罗主义，而国内学者对我国软件业技术人员的研究也发现他们更倾向于对自身去技术化的“码农”等身份的认同，而非技术精英。企业在管理控制方面也大多是通过考勤打卡、严密监督进度等方式对员工进行直接控制，从而使其处于一种高强度、长时间、重复性的低技能劳动状态中。

因此，虽然知识劳动对企业的管理控制的确存在一定的挑战，使得精英公司的管理控制模式以责任自制为主，但是由于产业的跨国分工和劳动者的劳动力市场分化，仍然有一定数量程序员的劳动处于直接控制模式之下。二者差异的根源则在于，精英公司的发展是以产品创新驱动的，而同时认为创新产生的必然条件是劳动者对生产过程的主导权和主体性，因此需要为其预留相当的决策空间，而其他公司则主要以生产效率为主要目标，因此对劳动者的监管是其生产目标达成的主要手段。相应的，加班工作也与工业生产时代相同，存在被动接受和自主选择两种类型。

也就是说，互联网产业在我国发展近二十年中的加班现象是普遍存在的，只是企业根据其劳动者和劳动过程的特点而选择了不同的管理策略，从而导致了加班工作的不同形成路径。但近期有关996 工作制的讨论却表明，曾经实行责任自治下的自主选择加班路径的精英互联网企业正在普遍向直接控制下的被动接受路径转变，精英劳动者也在由形式上的弹性工作制转向制度上的996 工作制。本文希望通过案例的分析从企业组织内管理策略等相关维度初步呈现转变的动因和机制。

本文采用质性研究方法，以精英互联网公司 E 公司和移动互联网公司 Z 公司的管理控制案例为分析对象，通过 E 公司管理策略转变前后和 Z 公司管理策略的比较，呈现目前国内移动互联网领域管理控制策略的核心特征和变迁路径。其中，2012 年笔者在 E 公司以兼职工作的身份完成了 4 个月的参与式观察，其后截至 2019 年春又陆续访谈了数十位员工，以此构成 E 公司的田野材料；Z 公司的田野材料则主要来自对该公司 1 名员工的半结构访谈和该公司管理人员的公开发言及正式网络资料。

其中，选取 E 公司和 Z 公司作为案例的主要背景为，E 公司作为第一代深耕 PC 端的精英互联网公司，近年来正在努力向移动互联网领域转向，而 Z 公司作为典型的移动互联网公司，具备该领域企业组织的相关特征。E 公司一直以来实行的是经过重塑后的“工程师文化”性质的企业文化，推崇扁平结构、民主决策，实行弹性工作制，劳动者在工作中的主导性较强，甚至可以在工作时间组队玩网游，虽然也存在加班现象，但是本质上是责任自治的管理策略，而 Z 公司实行的是“聪明、皮实、有要性”的市场竞争性文化，以实行 996 工作制为公众熟知，除此之外公司对工作时间和过程有严格要求，明确规定会议、培训和团建等必须安排在非工作时间（周末），因此本质上是直接控制的管理策略。近年来随着E公司战略上向移动端转移，其组织内部也随之做出了调整。将变迁中的E公司与作为典型的Z公司进行比较，更有利于呈现移动互联网企业相对于传统精英互联网公司的特征，以便进一步对其管理控制类型和劳动过程等方面进行解释和分析。

三　中国式加班的发生路径与本质特征：基于技术变迁、企业文化和管理实践的分析

本文对两家互联网公司的分析将主要基于直接控制和责任自治管理策略的核心影响要素：技术、同意的生产和管理制度三个方面。

（一）技术变迁的线索：敏捷开发

对于在互联网公司工作的程序员来说，工作方面的技术要求是多方面的，包括技术的语言、算法和架构等，但是就我国发展阶段来看，从PC端到移动端的转移，技术方面最显著的变化则体现在产品开发方式上，也即敏捷开发方法的采用。

互联网在PC端的发展阶段主要采用的是瀑布开发方法，包括需求分析、设计、实现、测试和发布等流程阶段，这也是BAT等精英互联网公司借以起家的经典开发方法。此种方法中，从需求分析到发布的工作流程顺序是固定的，上一个流程完成下一个才能开始，如瀑布水流一样，只能向一个方向而不可打乱或反向流动，最后一个流程的结束也意味着产品的完成和发布。在此种开发方法下，产品的开发过程一般在3个月到6个月左右，且以较为完善的产品架构为最终发布交付使用的目标。

然而在移动互联网领域，用户与产品之间的关系更加紧密，其需求也被期待更快得到响应。传统的瀑布开发方法难以实现以上要求，敏捷开发方法因而得到推广。敏捷开发方法打破了以较为成熟的产品框架为交付目标的传统操作，而将其拆解为数个具体目标，尽快使具备基础架构的产品上线交付使用，再针对用户

的反馈和需求变更而逐步完善产品和推进调整。因此，敏捷开发方法将在瀑布开发方法下原本具有先后顺序的工作流程拆解为并列执行关系，从而呈现智能终端产品快速上线，迅速响应用户需求，循序渐进完善产品功能的工作过程特征（见图 15－1）。

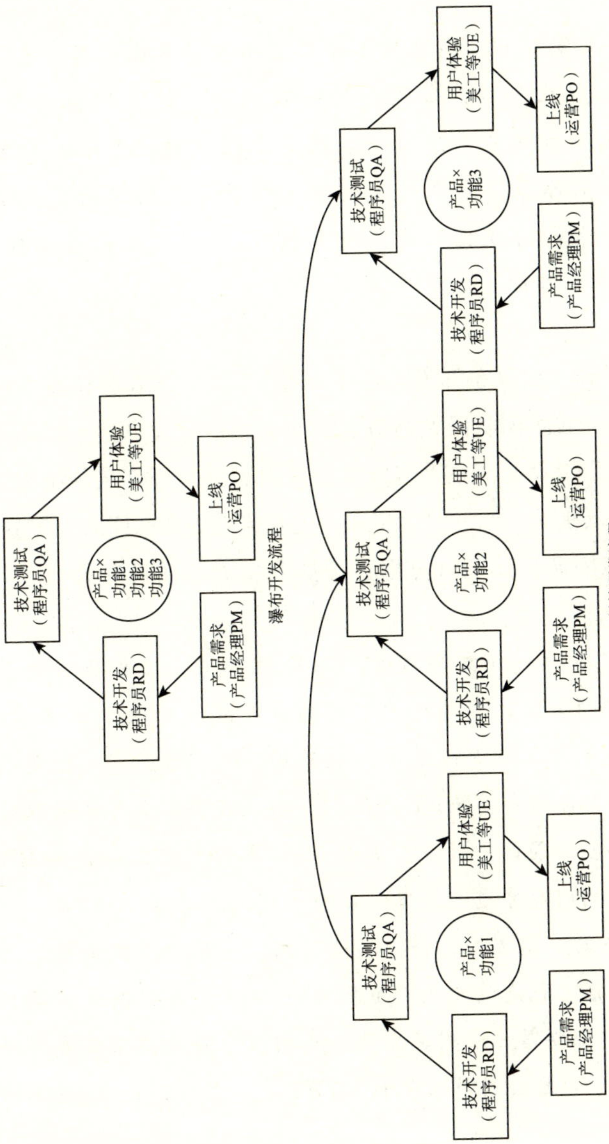

图 15－1　瀑布开发流程与敏捷开发流程

从瀑布开发到敏捷开发，不仅意味着技术开发方法的变迁，也同时带来了劳动过程的相应变化。主要表现在工作节奏和虚拟团队协作两个方面。

在工作节奏方面，E 公司在瀑布开发时期的情况如下。

> “我觉得 E 公司在技术公司里面相对是比较累一点，因为工作跟得比较紧，每周会开一次周会。这个周会分两部分，一个是技术的分享，另一个就是汇报工作，每个人都会有具体的项目跟进，自己做了哪些，然后下周的目标是什么，然后再下周的时候会跟这个进度核对。”（E 公司员工柯书青，2012 年 8 月访谈）

可以看到，在瀑布开发方法下 E 公司的工作节奏在业内已属紧张，周会成为技术团队回顾的节点，而在敏捷开发方法下，则是以每天的“站会”作为回顾的节点。普遍来看，项目周期从传统的以月和季度为单位转变为以天和月为单位，也意味着更高强度的工作节奏。

在虚拟团队协作配合方面，敏捷开发方法的情况如下。

> “（敏捷）我觉得对于产品经理来说，工作压力大。这个是最快的上线，赶进度。以前的瀑布式我一次把业务 MRD 写完，剩下就是技术做设计、做开发、测试就好了。但是敏捷的话我会不断地拆 STORY 给他们，而且我要不断地去验证他之前开发那些功能的一致性。那像 QA，瀑布的方式都是在 RD 开发一段时间以后才进入，拿到一个叫固定版的 MRD 以后，就针对 MRD 去写测试文档，安排测试时间，一次性就测好了。那敏捷方式的话，就是没几天 QA 就要进入组里边去测试，而且每个 SRORY 都要写一遍测试文档，就相当于每个环节都要参加，都要去做。”（E 公司员工章北，2012 年 9 月访谈）

因此，对于以虚拟团队形式推进产品项目的互联网公司，敏捷开发方法的采用使得合作模式由原本按固定先后顺序的接力合作变成了各个 STORY 内的平行合作，为了互相配合，劳动者的工作安排受其他成员影响和制约的程度加深，从另一个角度来看则意味着部分失去了对自身工作的主导权。

从管理者的角度，以上开发方法的变迁也要求在管理制度方面做出一定的调整，以将开发周期和劳动合作纳入考核与管理当中，从而更好地组织与管理劳动过程。这一点在 E 公司内的体现更加明显，E 公司起源于 PC 端时代，一贯采用的是瀑布开发方法，而自 2012 年前后伴随着公司战略向移动端转移，敏捷开发方法也开始在企业内部逐步推行开来。E 公司内部开发方法的转换更是行业内相关企业的一个缩影，时至今日敏捷开发方法在互联网产业内已经得到了广泛的应用，以至于最初本就基于移动端的后起之秀 Z 公司，更是初创之时就采用的是敏捷开发方法。

因此，从技术维度来看，虽然在移动互联网时代，企业组织内部的技术本质尚没有发生根本变革，但技术开发方法的转变也对相应的管理制度和劳动过程的变迁提出了明确的要求。也即，敏捷开发方法是互联网公司内部相应变迁的主要导引要素。

（二）敏捷开发方法下的管理实践转变：从 KPI 到 OKR

基于敏捷开发方法下工作流程和工作节奏的变化，互联网企业从管理控制的具体制度角度主要调整了考核方法，即从使用 KPI 考核方法变为全面推行 OKR 考核方法。下面将以 E 公司为例，分析以上两种考核方法的异同。

KPI（key performance indicator）方法又称关键绩效指标方法，此方法将组织内部工作流程的输入端、输出端的关键参数通过设置、取样、计算、分析等过程，形成衡量流程绩效的量化管理指标，其核心是把企业的发展目标分解为可操作可实现的工作目标。这一方法是我国互联网公司在 20 世纪末和 21 世纪初成立之初普遍采用的绩效管理方法。这一方法的特点是基于企业组织的科层级别逐级分解工作目标，从而形成每个个体员工的年度工作指标，年终根据指标完成情况进行晋升和薪资奖惩。在确定关键绩效指标过程中，一个重要的 SMART 原则被企业经常提及，其主要的意义在于：S 代表具体（specific），要求所指定的指标要具体明确；M 代表可度量（measurable），表示这些指标是以数量化的方式展现的，是可测量的；A 则代表可实现（attainable），指绩效指标在适当努力的前提下的可及性，不推荐设定过高或过低的目标；R 代表现实性（realistic），要求所指定的绩效指标是现实中可证明、可观察的；T 代表有时限（timebound），要给指标实现一个具体的时限。

从以上对 KPI 方法的介绍可以看到，一方面 KPI 方法是基于互联网企业总体发展目标，将个体与企业发展相结合，但是是以自上而下的方式，而较少顾及员工个体间和部门团队间横向的配合；另一方面 KPI 目标所要求的 SMART 原则使得其指标的数量化、具体化成为核心要素，有利于企业具体发展目标的达成，但却使企业文化等主观要素难以很好地融入指标体系中。这些优点和弊端在对互联网公司的相关研究中都已经有了相关的展现。

OKR（objectives and key results）方法是以工作目标和关键结果为核心的新型工作目标和管理方法，是由谷歌公司最先使用并逐渐在互联网行业内盛行，掀起绩效管理的变革浪潮。同时，互联网公司对 OKR 的使用已经超越了工具化而将其作为企业内层级之间沟通的重要途径，因此从企业文化和发展战略两个方面推动 OKR 的使用和落实。在流程上，OKR 也需要经历企业目标自上而下的分解，但强调的是目标 O（objectives）和关键结果 KR（key results）的对比测量。其中企业最高管理者会制定一个组织层面的 O，这个目标一般要求是定性描述、带有激励性质的，而 KR 则是实现 O 的关键路径和关键结果，也是最终评价 O 是否实现的主要指标。相比较于 KPI，OKR 的目标由于要求激励性，因此对可实现性的要求所有降低，劳动者不必完全完成绩效目标，而其定性的特征则为态度、文化等主观方面的目标留有一定空间。

因此 KPI 与 OKR 被视为是两种截然不同的绩效管理方法，会为企业带来较大的组织变革。移动互联网领域基于敏捷开发方法所产生的在工作节奏和工作协作方面的要求则能够通过 OKR 方法的推行得到更好的实现，也因而成了我国众多企业采用或者转向该方法的重要原因。

E 公司采用 KPI 方法多年，而在其向移动互联网产品转向的时期则全面“去 KPI 化”而采用 OKR 考核方法，主要是基于敏捷开发技术所带来的对劳动过程的灵活性、协作性和企业文化落地方面的现实挑战。综合 E 公司的 OKR 推行的公开报道和员工访谈来看，OKR 考核方法的优势主要体现在解决了 KPI 所面临的三个方面的挑战：在目标内容方面，OKR 突破了 KPI 要求的数量化和可测量而强调定性和激励性，为在绩效管理中纳入企业文化等主观指标提供了基础；在目标制定方面，在 KPI 传统的自上而下逐层分解的基础上，OKR 提出了员工和团队间的目标匹配和协同，并在目标制定过程中保持全员和全程开放、透明，充分实践和推动协同的发生；在绩效考核方面，OKR 配合了敏捷开发的工作节奏，从 KPI 时代的半年回顾、年度考核调整为月度回顾或季度回顾，并适时调整，更好地适应了移动时代需求变动的节奏和产品开发工作节奏，保持绩效目标的灵活性和实效性。可以看到，一方面，OKR 的周期与敏捷开发方法之间更加匹配，更有利于移动产品策略的发展要求，包括整体开发速度都有了一个较大的提升；另一方面，OKR 以定性目标为核心的方法论，虽然在某种程度上为员工成长留有空间，但同时也为后续的考核和评比困难埋下了伏笔。

E 公司正是通过对 KPI 过往运行实践中弊端的反思和对 OKR 的期待来推行此次管理方法变革的。同时，这一套 OKR 的具体实施策略与我国移动互联网公司的技术变迁具有高度一致性，也从另一个角度体现出 E 公司向移动端转变的愿景和决心。

总体上看，E 公司和 Z 公司在 OKR 方法的实践方面具有较高的一致性。单纯从 OKR 的设定来看，Z 公司的选择在目标设定、绩效考核方面与 E 公司是一致的，所不同在于 Z 公司的回顾以月为单位，节奏更加紧凑一些。从制度实践的整体层面来看，二者基本一致，最大的区别体现在企业文化的考核方面。

E 公司将“良币驱逐劣币”的产品文化考核嵌入了具体目标内，但未有具体和单独的文化考核指标，而 Z 公司则将企业文化的考核目标列为 OKR 指标体系中的重要维度，主要体现如下。

> “Z 公司实际上有这样的体系，不纯是 OKR。我们所有的绩效是这样的，OKR 的结果还要再乘一个 POSER 系数，是内部的管理体系，是比较新鲜的东西。”（Z 公司员工访谈，2019 年 3 月）
>
> “POSER 就是从五个纬度来判断人的价值观和工作意识。其中 P 是 professional，更加专业，看员工是否主动学习，不断地进步。O 是 ownership，主动担当。S 就是 service，诚意服务。E 是协作执行，executive。R 就是 result，创造并获取价值，R 更看重的是追求结果的意识。”（Z 公司网络资料综合整理，2019 年 4 月）

因此，Z 公司的企业文化的考核选择的方式是直接嵌入 OKR 结果中，使得最终业绩考核体现为两个方面，一方面是客观的工作成果，另一方面则是主观的企业文化的践行。二者并非是独立的考核体系，而是互相影响交织的底数与系数的关系，从这一角度来看也充分反映了企业本身对企业文化和绩效考核之间关系的看法，即二者之间是紧密联系和互相嵌入的，而非相互隔离和独立的。

综合以上两家企业的 OKR 实施案例，可以看出在移动互联网领域，技术的变迁也同时引发了考核方式的变化，使其能够达到对短周期、快节奏的移动产品开发工作要求的管理目标，同时这种 OKR 考核方法不仅实现了对客观工作成果的考核，更进一步加入了对企业文化等主观工作方面的考察，其中 E 公司在保留了原企业文化的安排基础上加入了对产品文化的考核，Z 公司则通过 OKR 系数的方式使得企业文化成为绩效结果的重要影响要素，这也是相对于精英互联网公司的移动互联网企业独有的特点。

（三）企业文化：从技术文化重塑到市场文化主导

从 OKR 考核部分的比较可以看到，企业文化考核的影响从精英互联网公司到移动互联网公司是明显提升的。这一点从 Z 公司对企业文化的考核方式上已经比较明确地体现出来了，而其公司高管也在公开发言中表示："绝大多数千人的组织，如果一年再翻一倍多人，组织文化肯定灾难。我们 2018 年翻了一倍，出了不少问题，但还不是灾难现场，算是做得不错。不过我们在招聘上，文化宣导上，还有很多欠缺。要想未来应对更多人的增长，我们必须更高强度地关注文化问题。……至于你是不是跟我们的文化匹配，你说了不算。我们是什么样的，我们更了解。……我们需要追求一些共同的价值观，就是我们的 POSER，……。个人的价值观和我们共同的价值观冲突了，这是无法接受的。"（Z 公司高管公开发言，2019 年 1 月）

相对应的，从劳动过程理论视角来看，企业文化作为形塑劳动主观方面的主要维度，是责任自治等管理策略中制造"同意"的重要基础，因此也成为比较分析互联网企业间不同管理策略的重要线索。那么从第一代互联网公司到移动互联网公司，互联网公司在企业文化方面都发生了哪些变化呢？

1. 在文化的内涵方面

E 公司是国内精英互联网公司及其文化的典型代表。总体来说，主流互联网公司提倡"技术改变世界"的工程师文化，以此为目标的个体因其成就获得相应的声望和荣誉。但由于企业经营的特质，在实际运作过程中，需要将以上文化进行一定程度的改造，也即文化重塑（梁萌，2015）。

从 E 公司的角度来看，其成立时的企业文化被称为“工程师文化”，这与国外高科技公司是极为相似的，但在此基础上 E 公司又对劳动者从教育中获得的原初文化资本工程师文化进行了一定程度的改造，因此呈现的是文化重塑后的以工程师文化为核心的企业文化。劳动者原初的工程师文化主要体现为对“自由、平等”“技术改变世界”等价值的追求，是在外部宏观层面上的价值追求，这一方面构成了其在劳动中创意和合作产生的基础，同时也对自上而下的管理控制构成了挑战，因此为了组织内生产的顺利完成，E 公司选择了既要利用技术的文化资本又要掌握一定的控制权的管理策略。

> “中国也有一家技术型的公司，他们的文化非常与众不同，这就是 E 公司。每一位下属的专业技术要强于上司，给员工最自由的空间，不唯上，放手让他们去试错，一切以用户需求为导向……你可以看到，在文化上，E 内部的平等、求实作风是如此强烈，颠覆了传统意义上的公司治理理念。”（E 公司企业文化正式出版物，编者序）
>
> “绝大部分中国企业还没有意识到的是，企业发展的最终使命，是从对股东而言有价值的公司，变为能改变人类生活和社会形态的公司。E 立志要成为一家能够改变人类生活的公司，所以他们自然而然地会走‘帮助别人，成就自己’之路。”（E 公司企业文化正式出版物，第 181 页。）

通过以上 E 公司对其企业文化的综合阐述，并结合对 E 公司的企业文化的已有研究可以发现，E 通过一系列内部机制实现了对工程师文化的重塑，将其结合公司的特点而重新解释为“梦想、自由、平等”，特别是通过案例化等手段将这些概念转化后，将个人成长、弹性工作时间和团队协作作为以上概念的主要体现纳入文化资本中去，从而形成了兼具工程师文化和企业管理需求的企业文化。与原初的工程师文化相比，重塑后的文化在外部宏观目标（改变世界）的基础上引入了组织内的微观目标（企业发展、自我成长），总体上形成了两个层面的文化理想。

因此，相比较于工业生产中“同意”主要由管理层主导来产生，互联网公司责任自治管理策略中的“同意”的产生，由于工程师文化在其中占有较为核心的位置，从而使劳动者在“同意”的生产机制中拥有了一定的主体性，也是其在生产中的自主性和决策空间的重要来源，表现在加班方面即程序员有权决定工作时段和工作时长，虽然出于责任心和成就感的加班现象仍然普遍存在，但却被劳动者认为是自愿的选择。这是第一代精英互联网公司管理控制模式中最具特色的一点。

然而在 E 公司向移动端转向的过程中，在 OKR 考核方法中虽然也在目标和考核两个方面强调了文化，但是其内涵却与转向前有了一定的差异。E 公司的 OKR 考核目标中的文化是以“良币驱逐劣币”为中心的，与重塑后的工程师文化相比，OKR 所强调的实际上是产品的价值观，而非劳动者群体的价值观，因此仅从 E 公司自身的变化来看，其对工程师文化的落实和执行仍在组织内占有一席之地，企业文化核心未发生根本改变，劳动者在“同意”机制中的主体性得以部分保留。

从 Z 公司的角度来看，其倡导的是“聪明、皮实、有要性”的企业文化。

> “Z 是一番值得骄傲的事业，在这个旅程中，工作和生活彼此影响，我们付出了自己的精力和时间。这里的每个人都足够聪明、皮实、有要性，咱们相互了解、相互理解、彼此成就，既是伙伴又是朋友、家人，既追求目标也同样欣赏沿途的风景，一起 Enjoy！
>
> 我们的使命是：帮助每一位重视产品和服务的商家成功。

为了达成这个目标，我们总是会更加关注‘创造长期价值、追求持续增长’；这样一群有着共同性情的人，乐此不疲、共同成长、享受其中，Enjoy！

‘长期价值’的实现需要持续地‘创造并获取价值’。商业上：引领更多客户成功，并得到他们的信任；同时我们自己也获取商业回报。事业上：为客户创造价值、为组织贡献价值，并 Enjoy 其中；同时获得个人成长和丰厚报酬。

这就是我们的愿景：致力于成为商家服务领域里最被信任的引领者；持续做一个 Enjoy 的组织。”（资料来源于 Z 公司网站企业文化栏目，2019 年 3 月）

从以上 Z 公司企业文化的表述中可以看出，文化在内涵上已经较工程师文化有了明显的差异，价值追求方面更加地实际和具体，例如比起改变世界的梦想，更重要的是自我实现、个体成功，要塑造和呈现的更明显是一个积极进取且在竞争中脱颖而出的劳动者形象，因此是更接近于市场竞争性的文化，主要是对个体层面上的价值实现。从这一角度来看，Z 公司的企业文化几乎完全放弃了对外部宏观目标的追求，仅聚焦于商业利益和个人成长的微观方面，已经与劳动者原初的文化资本相疏离，在 Z 公司工程师文化被市场竞争文化替代了，而通过 OKR 的自上而下的考核实际上是加速了疏离的过程，加深了其程度，也因此劳动者曾经的自主性空间相应丧失，企业从制度上规定了工作规范，在加班方面则表现为从自愿选择到制度上规定的“被动”实行。

从这一层面来看，在企业文化的内涵方面，从精英互联网公司到移动互联网公司主要的变化体现在工程师文化从被重塑到被替代，市场竞争文化成为企业文化中的核心内容。劳动者原本的工程师文化由此被彻底异化和掩盖了，而寓于其中的主体性也因而被湮没了。

2. 在文化的考核方面

E 公司在转变前后虽然在绩效考核中都设计了对企业文化的考核，但在实际执行过程中在比重和影响方面都较弱，这一方面是因为对文化的量化较为困难，另一方面更是由于工程师文化产生于劳动者的受教育过程，是其本已具备的特征因而无须强制考核促使其产生，具备一定的内生性特征。Z 公司的企业文化考核则通过在 OKR 考核方法中加入 POSER 系数的方式，使其成为劳动者在生产过程中必须要体现和达成的具体目标，也正是通过这一方法促使劳动者最终接受了外生性的市场竞争文化，实现了企业文化在生产实践场域中的落实。但与工程师文化相比，市场竞争文化与劳动者之间的关系原本是疏离的，是通过考核的方法使劳动者最终接受的，因此是被动的产生过程，劳动者在此方面的主导性也随之失去了。

因此，综合考察两家公司在企业文化方面的异同，可以看到移动互联网领域的变化在企业文化维度的转变是更加明显的，一方面体现在企业文化内涵的变迁，即技术文化的主导变更为市场竞争文化的主导，劳动者在生产中的主体性也因此减弱，对企业文化的认同也同时失去了相应的基础；另一方面在绩效考核中的文化系数定量考核方式又使得劳动者被迫要接受和学习新的市场竞争文化，从而增强了劳动者在组织中的被动性质，其本质是一种自上而下的直接管理控制策略形成的文化理念基础。

四　总结与讨论：程序员为何反对 996 工作制？

（一）企业组织内的管理控制策略变革机制

从以上两家公司的比较分析中可以看出，精英互联网企业向移动互联网领域转向的过程中内部的管理控制机制也相应发生了较大的变化，而技术、管理制度和企业文化是机制转变过程中的核心影响要素。

在技术方面，从传统的瀑布开发到敏捷开发不仅意味着工作流程的拆分重组和对用户需求回应速度预期时间的缩短，也同时提高了工作周期和团队协作方面的要求，互联网工作进一步从“快”发展为“更快”，而为了确保劳动者能够及时响应以上工作要求，企业管理方在管理控制方法上也随之做出了调整，具体表现为从 KPI 考核方法到 OKR 考核方法的转换，OKR 考核体系中目标的定性描述和激励性质更有利于促发劳动者竭尽所能的自我挑战，而目标制定的透明性和调整的敏捷性既有利于团队间的协作，也更适应变动频繁的市场环境；在劳动的主观方面——企业文化方面，企业组织也做出了相应的调整，一方面将企业文化的考核纳入 OKR 考核体系当中，另一方面移动互联网领域最大的变化则在于用完全外生性的市场竞争文化替代了与劳动者具有一定主体性的、被重塑的工程师文化，通过这两方面的调整，在一定程度上呼应了 OKR 目标的激励性的达成问题，但同时也使工程师文化由被重塑到被替代，并基于自上而下的考核使劳动者被动接受由管理者单方提出的市场竞争文化。

当然，我们也看到 E 公司作为精英互联网公司，虽然在技术和管理制度方面的转向目标都已经实现，但其传统的工程师文化仍然被部分保留，在 OKR 中考核和强调的仅是产品文化，因此相较于 Z 公司，E 公司的整体管理策略的变革仍未完全实现，这也明显地影响了两个公司的加班现象和程序员的反应。虽然 E 公司加班也是一种常态，但相对 Z 公司，在形式上仍然实行弹性工作制，劳动者在制度和文化两方面仍有一定主体性，对加班的时间和频率有一定的掌控空间；而 Z 公司则从制度方面将 996 加班工作固定下来，文化上又彻底取代了工程师文化，劳动者在制度和文化两方面都丧失了主导权，唯有被动地接受考核和管理。这也在一个层面解释了为何两家公司都存在加班，但在“996ICU”的代码仓库里对 Z 的控诉居多。

当然，在 E 向移动互联网领域转型的过程中，后续要如何处理曾是主导地位的工程师文化，是其要面对的一个重要挑战，也是精英互联网公司转型过程中难以回避的问题。

综合来看，互联网企业主营领域从 PC 端到移动端的迁移，技术方面的变化虽然仅表现在开发方法上，但却以此带动了企业组织在客观管理制度和主观企业文化方面的整体变革，最终在本质上实现了管理策略类型的根本改变。

（二）“同意”的生产：从责任自治到直接控制

在传统的管理控制类型讨论中，直接控制和责任自治之间重要的区别在于客观制度上劳动者是否拥有对生产的决策权和主观方面是否存在制造“同意”的机制。

回顾互联网企业组织的变迁，在客观制度上，由于协作要求的提升和固定下来的 996 加班工作制，使得劳动者对劳动过程的决策权大大减弱，而在主观方面，表面上企业文化的考核表明制造“同意”的机制仍在，但由于文化内涵和被动考核方式两个方面的变化，使企业所要制造的“同意”已经完全疏离于劳动者的原初文化资本，劳动者基于工程师文化所获得的主体性和自主性也同时面临被剥夺的挑战。从这个角度来看，精英互联网企业组织正在试图从责任自治的管理控制类型转向直接控制的管理控制类型。

在此过程中，互联网劳动者作为典型的知识劳动者，其与技术及其文化不可分割，一方面劳动者仍然具有工程师文化下的对“梦想、自由、平等”价值观的向往，另一方面企业在管理实践中却越来越倾向于自上而下的直接管理控制劳动过程，并同时试图以自上而下的考核方式建构劳动者对市场竞争文化的认同，从而使劳动者在实践中失去了对劳动过程主客观双面的主体性，也最终导致了企业内部“同意”再生产失去了劳动者内生性文化资本的基础，具体在加班工作方面则产生了从自愿加班到被动加班的转变，从而引发了程序员对以996工作制为代表的企业直接管理控制的控诉和挑战。

因此，虽然互联网的加班工作是其创办以来的普遍现象，但却在移动互联网发展阶段方才引发对加班工作的大规模控诉。这问题在表面上与法律和劳动报酬相关，但在本质上则是由于技术引发的管理控制类型的变化导致劳动者失去了劳动过程中的自主性和决策空间，从而造成了劳动者文化资本与企业文化和管理机制之间的矛盾，这是本文认为的程序员控诉996工作制的根本原因所在。

同时，综观中国互联网产业整体发展趋势，我们发现，一直以来以创新为目标的精英互联网公司的责任自治，和以完成生产任务为目标的非精英公司的直接控制，这两种泾渭分明的管理模式的分野正在被打破，随着敏捷开发方法对工作节奏要求的提升和制度化996工作制的普及，精英劳动者在互联网企业中的主体性也在被逐步减弱，从而成为劳动者反思和控诉企业管理机制的基础，在本质上则最终体现为移动互联网时代的市场竞争文化与精英互联网时代的工程师文化之间的矛盾和冲突。

由此，也再次印证了互联网产业中知识劳动者核心特征的意义。这一类劳动者与传统技术劳动者的区别在于，技术及其文化赋予了劳动者独特的文化资本，从而确立了其在劳动过程中的主体性位置，特别是间接决定了企业对劳动过程的管理既要利用此资本又要实现管理控制的目标，因此在“同意”的生产中“重塑”机制的选择更胜于“被动”考核，一旦企业文化中工程师文化被彻底疏离，程序员对企业和劳动的认同也将产生危机，而“996ICU”正是此危机的表现形式之一。也就是说，对于互联网劳动来说，互联网技术及其文化特征是理解其劳动的关键要素，更是互联网企业持续稳定运营和管理的重要背景。

参考文献

陈德金，2015，《OKR，追求卓越的管理工具》，《清华管理评论》第 12 期，第 78 ~ 83 页。

斯沃茨，戴维，2006，《文化与权力：布尔迪厄的社会学》，陶东风译，上海译文出版社，第 219 ~ 220 页。

布雷弗曼，哈里，1979，《劳动与垄断资本：二十世纪中劳动的退化》，方生等译，商务印书馆，第 104 ~ 152 页。

梁萌，2015，《知识劳动中的文化资本重塑：以 E 互联网公司为例》，《社会发展研究》第 1 期，第 64 ~ 85 页。

梁萌，2016，《技术变迁视角下的劳动过程研究——以互联网虚拟团队为例》，《社会学研究》第 2 期，第82 ~ 101 页。

梁萌，2019，《弹性工时制何以失效？——互联网企业工作压力机制的理论与实践》，《社会学评论》第 3 期，第 35 ~ 49 页。

迈克·布洛维，2005，《制造甘愿：垄断资本主义劳动过程的历史变迁》，林宗弘等译，台北：群学出版有限公司，第 217 ~ 214 页。

曼纽尔·卡斯特，2007，《网络星河：对互联网、商业和社会的反思》，郑波、武炜译，社会科学文献出版社，第 19 ~ 20 页。

卿建中，2002，《KPI 考评——企业绩效管理的基础》，《IT 经理世界》第 1 期，第 92 页。

商志伟，2018，《敏捷开发研究》，《电子世界》第 7 期，第 51 ~ 52 页。

孙萍，2018，《知识劳工、身份认同与传播实践：理解中国 IT 程序员》，《全球传媒学刊》第 4 期，第 97 ~ 115 页。

项飚，2012，《全球“猎身”：世界信息产业和印度的技术劳工》，王迪译，北京大学出版社，第 58 ~ 64 页。

Drucker, P. 2001. “The Next Society.” *The Economists* 361.

Edwards, R. 1979. *Contested Terrain: The Transformation of the Workplace in the Twentieth Century*. NewYork: Basic Books, Inc., 110 – 131.

Ensmenger, N. L. 2012. *The Computer Boys Take Over: Computers, Programmers, and the Politics of Technical Expertise.* Cambridge, M. A.: MIT Press, 76 – 78.

Friedman, A. L. 1977. *Industry and Labour*. London: The Macmillan Press Ltd., 77 – 78, 106 – 108.

Kunda, G. 2006. *Engineering Culture: Control and Commitment in a High-tech Corporation*. Philadelphia: Temple University Press, 11 – 15.

Upadhya, C. 2009. "Controlling Offshore Knowledge Workers: Power and Agency in India's Software Outsourcing Industry." *New Technology, Work and Employment* 24 (1): 2 – 18.

第十六章　工作时间对员工的影响路径：理论与检验*

一　引论

在过去的几十年中，“过度劳动”“时间贫困”“时间荒”等话题已经引起了人们的关注。根据世界劳工组织发布的一份《全球工作环境调查报告》显示，在过去的一百年间，尽管发达国家劳动者的工作时长总体上有所减少，但就世界范围来看，工作时间过长（每周工作超过48小时）、休息时间过短（工作日之间休息小于11个小时）的现象仍然十分普遍。同时，随着生产方式和生产结构的转变，非标准工作时间的普遍化也成为一个不容忽视的现象，例如，美国劳动者执行轮班制的比例接近40%，欧盟国家约20%的人需要在夜间工作，大约三分之一的阿根廷人需要在周末上班（Eurofound and International Labour Organization, 2019）。就中国而言，“过度劳动”（孟续铎，2013；杨河清、韩飞雪、肖红梅，2009）、“超时劳动”（朱玲，2009）等问题的存在也已经是不争的事实。根据2018年发布的《时间都去哪儿了？：中国时间利用调查研究报告》显示，2017年，中国员工超时工作率（日工作时间大于8小时）高达42.2%；与14个主要国家相比，中国劳动者的工作时长排名第一，比排名最后的意大利高出125%（杜凤莲等，2018）。2019年，中国程序员对本职业工作

* 本文曾发表于《中国劳动关系学院学报》2021年第3期，收入本书时有修改。

时间“996ICU”① 的调侃，也激发了广大受雇劳动者对自身不合理工作时间的反思和随之而来的普遍的不满情绪，“996”成为当年“十大网络用语”之一（教育部，2019）。员工们开始逐渐意识到长时间加班、随时待命的工作时间安排并非一种应然，而是不合理的工作时间状态，它极大地降低了人们从工作中所获得的幸福感。

为了解决工作时间中的理论和现实问题，国内外学者也对工作时间相关话题展开了研究。在这些研究中，学者们重点关注的一个问题是，工作时间质量的高低会对员工的心理和身体状态、工作态度和行为、生活状态和感受等方面造成何种影响。这里涉及“工作时间质量”（working time quality）的概念，该概念最早出自《第六次欧洲工作环境调查报告》，报告建立了一个“工作时间质量指数”对受访者的工作时间进行综合性评价（Eurofound，2016）。本文借用“工作时间质量”这一概念，用以指代工作时间的好坏优劣情况。总体来看，学者们衡量员工工作时间质量高低时主要考虑了三个评价维度：工作时长（working hours）、工作时点（work timing）和工作时间自主性（working time autonomy），并相应地形成了三个具体的研究问题，即工作时间长短对员工的影响、非标准工作时间与否对员工的影响、工作时间自主性高低对员工的影响。不过，很多学者并没有意识到这一整体性研究框架，而是将上述的三个问题当作独立的问题来研究。换句话说，学者们常常只注意到工作时间评价的一个维度（最常见的是工作时长），而忽视了其他。这便使得关于工作时间质量对员工影响的研究在整体上呈现“各立门户、自说自话”的局面，而缺乏综合性。

因此，我们尽管从理论和实证上知晓了工作时长、工作时点和工作时间自主性均对劳动者的工作和生活具有重要影响，但是

① “996ICU”是流行在中国程序员间的一种自嘲说法，意思是，如果按照每天早9点到岗，晚上9点下班，每周工作6天的模式工作，最终就得进ICU（重症监护室）了。

却不知道它们三者之间的关系。这正是本文要解决的问题。本文将把研究视角从结果变量回到自变量（即工作时间），试图回答工作时长、工作时点和工作时间自主性在对员工产生影响时，它们之间的关系是什么的问题。本文将建立工作时间质量对员工个体影响的基础路径模型，然后利用“2018 年中国工作环境研究”的调查数据对该理论模型的假设进行实证检验。

二　研究回顾及理论模型构建

（一）时间的内在属性与工作时间的评价维度

1. 时间的内在属性

通常而言，我们对事物质量的评价标准是从其内在属性出发的。例如，当我们评价苹果的质量时，我们考虑的标准包括色泽、大小、甜度等，这些标准都客观上反映了苹果的内在属性。类似地，当我们评价工作时间的质量时，我们也应该从工作时间的内在属性出发。那么，“工作时间”这一抽象事物的内在属性包括什么呢？要回答这一问题，我们需要回到其上位概念“时间”上。

时间的第一个属性是数量属性，这源于古典物理学。古典物理学关注的核心主题是“运动”，基本工作是描述运动和总结运动规律，而时间是描述运动的基本参量（吴国胜，2009）。作为参量的时间在古典物理学家那里被高度数学化，被抽离了所有社会的、心理的属性，仅仅具有度量上的数量属性。牛顿的绝对时间观将这种对时间的认识推到了极端。他在《自然哲学的数学原理》一书的开头就对绝对时间进行了阐释：“绝对的、真实的和数学的时间，它自身以及它自己的本性与任何外在的东西无关。”（牛顿，2006）换句话说，在牛顿那里，绝对时间只是运动公式中的参量，除了数量差异，时间与时间之间不存在任何性质上的不同。这种高度数学化的物理时间观也随着自然科学的不断发展渗透到各个学科和人们的日常生活中。

一些社会学家通过“社会时间”这一概念参与到有关时间的学术讨论之中。他们认为，时间不仅具有数量属性，还具有社会属性。这种社会属性清楚地体现在人们关于时间的表达上。正如索罗金和莫顿（Sorokin & Merton，1990）所指出的，无论是时长还是时点，都可以跳脱出物理学、天文学的时间框架，而借助社会行动或群体事件进行表达。例如，我们在日常生活中常常使用“一顿饭的工夫”（表达时长）、“端午节前后”（表达时点）等表述。他们进一步指出，这种社会化的时间表达方式是群体生活的产物，主要由当时的宗教或职业活动所决定，因为社会合作的需要而长久存在。可以看出，索罗金和莫顿关于社会时间的解释基本延续了涂尔干结构－功能主义的思想，即将社会时间视为一种发端于社会需要、外在于个体存在、对个体具有强制力的社会规则。涂尔干在《宗教生活的基本形式》中就曾以时间为例，阐释时间的社会建构性。他写道：“时间的概念或范畴不仅仅是对我们过去生活部分或全部的纪念，还是抽象的和非个人的框架……据此安排的时间并不是我的时间，而是普遍的时间，是同一个文明中的每个人从客观出发构想出来的时间。这足以暗示我们：这种时间安排应该是集体的。”（涂尔干，1999）

在这里，我们应看到，社会时间和物理时间具有统一和对立的关系。社会学与古典物理学一样强调时间的客观性，但区别在于，古典物理学的时间是时间之箭，向一个方向无限延伸的同质时点，客观性来自自然甚至超越自然，这样的物理时间只有数量属性；社会学的社会时间可以是周期，也可以是时间之箭，客观性来自社会制度而不是自然，社会时间在不同社会文化间不同质，因而它不仅具有数量属性，而且具有群体或文化属性。换句话说，在古典物理学中，时间的差异仅仅体现在数量之上；在社会学中，时间的差异不仅是数量，也是文化或社会内涵。于是，在古典物理学中，相同的时间数量（时长）永远具有相同的意义；但在社会学中，相同的时长可能具有不同的社会含义，不同的时长可能具有相同的社会意义。物理时间和社会时间不能通约。

2. 工作时间的评价维度

工作时间是“时间”与“工作”这项特定人类活动结合而形成的子概念，是指人们进行工作所耗费的时间。因此，它也具有时间的两种属性，一是数量性，即物理时间强调的时间长短；二是社会性，即社会时间所强调的社会内涵。由此，当我们对工作时间的质量进行评价时，从时间本身的属性出发，可以相应地形成两个评价维度：工作时长和工作时点。工作时长维度主要评价人们投入工作的时间数量是否超过一定限度；工作时点维度主要评价人们工作的时间点是否符合一般的社会生活节律。

工作时间的这一内在属性和评价维度的划分也为众多研究者或研究机构所认同、使用和强调。例如沃伦（Warren, 2003）在阐释和测量“时间贫困”这一概念时就指出，工作时间不仅仅存在数量（quantity）属性，也存在性质（quality）属性。李斌和汤秋芬（2018）也同样强调，在对工作时间进行研究时，应区分工作时间的自然属性和社会属性。2011 年，世界劳工组织召开了一场专门针对“工作时间”的研讨会，会前，由官方发布的讨论报告《二十一世纪的工作时间：关于工作时间的三方专家会议讨论报告》（International Labour Organization, 2011），以及其他学者提交的三份研究报告《工作时间、健康和安全：综合研究报告》（Tucker & Folkard, 2012）、《工作时间对生产力和组织绩效的影响：综合研究报告》（Golden, 2012）和《工作时间对工作 - 生活整合或平衡的影响：国际经验的回顾》（Fagan et al. , 2012）都对工作时间采取工作时长和工作时点[①]的划分。之后，世界劳工组织

① 世界劳工组织并没有采用工作时点（work timing）的表述方式，而是使用工作时间的组织（organization of working time）和工作日程（work schedule）的表述，尽管表述不同，但两者具有一致的内涵。按照世界劳工组织的解释，任何一段给定的工作时长，在理论上都可以有无数的组织方式，如何进行时间组织将对劳动者和企业产生重要的影响。（International Labour Organization, 2011）

关于工作时间的多项研究报告也都是针对这两个维度展开的，如Messenger（2018）。可以认为，以世界劳工组织为代表的工作时间的主流研究已经基本确立了工作时间的两维度研究范式。

从时间本身属性出发，工作时间只存在两个评价维度：工作时长和工作时点，它们分别反映了时间的数量属性和社会属性。这两种属性是时间所内含的，独立于个体层面的人而存在。但是，对于“工作时间”的评价不仅仅需要考虑“时间”，也要考虑“工作”。现代的雇佣工作本质上是一种劳动力的交易，员工出售时间和精力从雇主那里换取金钱（马克思，2018）。因此，当员工进入组织之后，其工作时间的安排是由组织制度所决定的，组织的工作时间制度不仅规定了员工当前的一般性的工作时间安排（包括工作时长和工作时点），还限制了员工未来的可能的工作时间安排。员工工作时间自主性越强，其可能的工作时间安排也就越多。因此，学者们认为，对员工工作时间质量进行评估时，除了考虑其通常“工作多久”和“何时工作”，还应该考虑，当工作和非工作领域在时间上出现潜在冲突时，员工能够在多大程度上调整他当前的工作时间安排，例如离岗一个小时、一个上午，甚至几天去处理个人事务，从而最小化时间冲突。在这里，工作时间自主性发挥了笔者称之为“减压阀”的积极效应，即员工对工作时间的自主性可以使其在必要时调整当前的工作时间安排（包括工作时长和工作时点），从而释放时间压力。

工作时间自主性的“减压阀效应”在现实中被广泛利用。例如，组织中建立的事假、病假、调班制度等都是为了给予员工一个工作时间的“减压阀”，以化解突发性的时间冲突；而面对经常性的时间冲突，一些人会通过改变受雇方式（例如，从全职转变为兼职）（Becker & Moen，1999）或办公模式（例如，从现场办公转变为远程办公）（Fonner & Roloff，2010）来争取对工作时间更大的自主权，以更好地平衡工作和生活。

（二）工作时长、工作时点、工作时间自主性对员工的影响

1. 工作时长对员工的影响

工作时长是指人们投入工作的时间长度，它是学者们测量个体工作时间质量时最常用的标准，“过度劳动”“超时劳动”等概念的测量都是基于此标准完成的。翁和费尔德曼（Ng & Feldman，2008）对199篇涉及工作时长与其他变量相关性的研究进行了元分析（meta - analysis），分析结果表明，工作时长与组织、职业、家庭、情景要求、工作行为和态度等5个方面的23个变量具有直接的相关性，其中涉及的结果变量包括职业满意度、角色过载、角色冲突、旷工行为、工作压力、精神紧张、工作 - 家庭冲突等。

学者们通常持一种“耗损论”的观点（即将工作视为一种对个人资源的损耗）来解释工作时长对员工个体层面结果变量的影响（王笑天等，2017）。当人们工作时，需要耗费大量能量去处理工作事务，从而引发生理和心理上的不良反应，由此对身心健康带来负面影响，进而影响个体对工作的态度和评价；当时间耗费到工作上，个体便无法兼顾非工作事务，又会产生工作与非工作领域（包括家庭、休闲和其他领域）的冲突。一系列实证研究也证实了，超时工作与个体身体健康（王欣、杨婧，2020）、工作满意度（李斌、汤秋芬，2018）、工作 - 家庭平衡或冲突（金家飞等，2014）、主观幸福感（韩彦超 、潘泽泉，2016）等诸多结果变量具有显著的负相关性。

2. 工作时点对员工的影响

工作时点是指人们工作所处的时间点或时候，它实质上反映的是每一时点背后的社会内涵。学者们认为，工作时点的标准性或典型性也是衡量员工工作时间质量高低的重要标准。那些与普遍或法定的工作时间安排（例如朝九晚五、周末双休等）不一致的工作时间安排，通常被称作“非标准工作时间”（unstandardized work time）或“非典型工作时间”（atypical work time）。具体来看，非标准工作时间在形式上主要表现为轮班（24 小时内的两班倒或三班倒）、轮休（例如每工作四天休息一天）等；在时点上则表现为小夜班（通常为 16 点 ~24 点）、大夜班（通常为 0 点 ~8 点）、周末班等。

国外学者对非标准工作时间对个体影响的研究开展较多，研究结果也具有很强的一致性，即认为非标准工作时间会给员工带来多方面的负面效应，除了生理学更为关注的身体和精神健康（Costa，2003；Kleiner & Pavalko，2010；Tucker & Folkard，2012）等变量之外，社会学者还发现非标准工作时间会对劳动者工作和生活等方面产生消极影响（Fagan et al.，2012），包括工作 - 家庭平衡（Golden，2015；Grosswald，2003）、婚姻关系（Perry-Jenkins et al.，2007；Presser，2000；White & Keith，1990）、子女抚养（Bihan & Martin，2004），甚至还包括孩子的认知或行为表现（Han，2005）。相较之下，国内学者对非标准工作时间影响的研究十分有限，主要集中在生理学方面，例如分析轮班制对医护人员（王佩丹、林以环、张华娜，2006）、地铁司机（方卫宁等，2010）生理状态的影响，而几乎没有涉及工作和生活领域。

关于非标准工作时间给个体带来负面效应的原因的一个常用的解释是，非标准工作时间会导致个体无法与一般的社会生活节律保持同步。不难发现，任何一个文明社会都会有一套作为基础时间坐标的历法以及一系列公共活动的时间安排，这些社会时间制度保证了社会成员行动的同步性，维持了社会行动的秩序，也塑造了社会生活的一般节律（Lewis & Weigart，1990）。正如涂尔干所说：“日历表达了集体活动的节奏，同时又具有保证这些活动的规制性的功能。”（涂尔干，1999）因此，当一个人的生活节律与一般的社会生活节律不同步时，小到亲友聚会，大到游行庆典，他都很难参与到这些集体行动之中，这也意味着他会缺少社会互动的机会。人一旦缺乏有效的社会互动，那么他便很难在有限的互动仪式中获得足够的“情感能量”。在柯林斯看来，高度的情感能量是一种对社会充满自信与热情的感受；而缺乏情感能量则让人感到疲惫不堪或消极沮丧。（柯林斯，2009）

因为工作是人们最主要的日常活动，所以“什么时候工作”总体上决定了一个人的生活节律。那些需要经常性上夜班或周末班的人，便很难满足社会互动对时间同步性的要求。所以，也有学者将非标准工作时间称为“非社会性工作时间”（unsocial work time）。（Bittman，2005）

3. 工作时间自主性对员工的影响：调节作用与直接作用

除了工作时长和工作时点，学者们认为，员工对工作时间的自主性也是衡量其工作时间质量的重要标准。“工作时间自主性”是指劳动者在多大程度上能自主调整或决定其工作时间，本质上反映了其对工作时间的控制力。在形式上，员工的工作时间自主性通常表现为工作时间灵活或具有弹性①。学者们通常从正面的角度考察工作时间自主性对员工的影响，一般认为，员工拥有对工作时间的自主性是高质量工作时间的表现。已有的实证研究表明，增强员工对工作时间的自主性不仅有助于提升其对工作的积极态度、评价和表现（Golden，2012），也有助于员工更好地照顾孩子（Kurz，2000），减少工作－家庭矛盾（Christensen & Staines，1990）或是促进工作－生活平衡（Hayman，2009；Hill et al.，2010；Tausig & Fenwick，2001）。

不过，工作时间自主性对员工个体的影响路径与工作时长和工作时点存在不同。不难理解，“工作时间自主性”反映的是工作

① 最近一些学者开始强调根据受益主体，将工作时间弹性或灵活性区分为“雇员主导的工作时间弹性”和“雇主主导的工作时间弹性”。其中，前者是通常理解的可以提升雇员工作时间控制力的状态，而后者则是为了方便雇主更好地利用员工工作时间，例如随时给员工分配任务，将使员工的时间碎片化而缺乏对工作时间的控制力。本文突出强调的是劳动者对工作时间具有“控制力”这一实质，而非“弹性或灵活性”这一形式。因此，严格来说，工作时间自主性的形式化表现是“雇员主导的工作时间弹性或灵活性”。（Fagan et al.，2012）

时间的可能安排，因此，它要想对个体的行动产生实在的影响，就必须转变为现实安排。换句话说，必须通过改变工作时间的两个属性维度（工作时长和工作时点）而最终对个体的行动产生影响。工作时间自主性的“减压阀效应”也清楚地表明，该效应的内在作用逻辑是，当工作和家庭出现时间上的冲突时，员工利用自身对工作时间的自主性通过调整当前的工作时长或工作时点安排以化解冲突，也即反向调节低质量工作时长和低质量工作时点对个体的负面影响。工作时间自主性的“减压阀效应”的作用路径已经在一定程度上得到了实证检验。例如，瓦尔库尔（Valcour，2007）发现，增强工作时间的控制力有助于调节工作时长对工作－家庭平衡满意度的负面影响：只有当人们对工作时间控制程度较低时，工作时长与工作－家庭平衡满意度之间才显现负相关；而当人们对工作时间控制程度较高时，相关性便消失了。类似地，休斯和帕克斯（Hughes & Parkes，2007）也发现，工作时间自主性对工作时长与工作－家庭冲突的关系具有显著的调节作用。毕涵和马丁（Bihan & Martin，2004）通过对执行非标准工作时间的在职父母进行调查，发现非标准工作时间有碍于他们的家庭生活，尤其是对子女的抚养；但是，如果工作时间安排满足“可协商”和“可预测”两个条件，那么非标准工作时间甚至可能促进工作和家庭的平衡。这里的“可协商”和“可预测”体现的正是员工对工作时间的自主性。

那么，工作时间自主性是否只具有调节作用，而无法对个体产生直接的影响呢？笔者认为，答案是否定的。尽管从行动上来说，工作时间自主性发挥的“减压阀效应”必须以时长和时点为路径通道，但是工作时间自主性给员工带来的对时间的“控制感”则会直接作用于个体的感受。一般来说，对事物的控制感是一种积极的感觉（高伟娟，2005），因此，员工很可能因为这种积极感受或情绪，而对其工作和生活给出更加正面的评价。例如，刘健等（2015）的实证研究发现，在高科技企业中，管理和研发人员对工作时间的自主性提升了他们的自我效能感，又进一步促进了他们个人绩效的提升。

（三）工作时间质量对员工影响的基础路径模型

基于上文工作时长、工作时点和工作时间自主性对员工影响的论述，本文提出了工作时间质量对员工影响的基础模型（见图 16－1）。该理论模型共包含 5 个基本命题：①工作时长显著影响员工个体层面结果变量；②工作时点显著影响员工个体层面结果变量；③工作时间自主性显著影响员工个体层面结果变量；④工作时间自主性显著调节工作时长对员工个体层面结果变量的影响；⑤工作时间自主性显著调节工作时点对员工个体层面结果变量的影响。

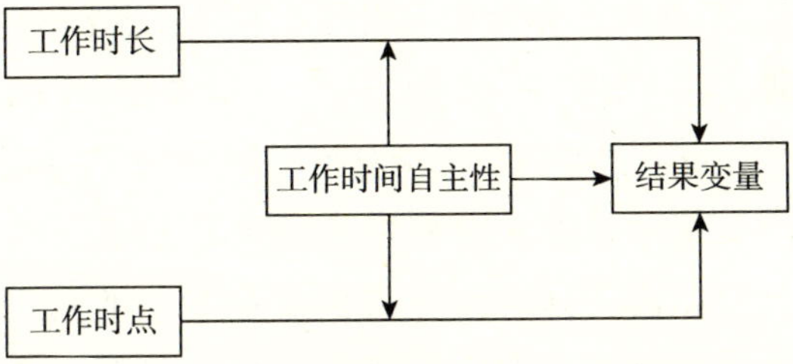

图 16－1　工作时间质量对员工影响的基础路径模型

针对该模型，需要说明的是，如开篇所述，本文将对“工作时间对员工影响”的研究重点从结果变量转移至自变量（即工作时间），因此，该模型重点展示三个工作时间质量评价维度（工作时长、工作时点和工作时间自主性）之间的关系，而没有对结果变量进行特指①。同样地，尽管笔者认为工作时间对个体层面任一结果变量的影响都可能不是直接的，但是找寻中介变量也不是本

① 一般来说，个体层面的结果变量主要有三类：心理和身体状态（如幸福感、身心健康）、工作态度和行为（如工作满意度、离职意愿、怠工行为）和生活状态和感受（如婚姻质量、工作－家庭平衡、生活满意度）。我们认为，由于工作时间质量对员工的影响是有限的，并不是所有的结果变量都能完整地嵌入该模型，有些结果变量可能只受工作时长或工作时点的影响。我们的下一步工作正是要从理论和实证上对模型中的结果变量进行明确。

文的目标。这些任务将由后续的研究来完成。正是基于此，本文称图 16-1 中的模型为基础路径模型。

三 研究设计及假设

下文将对“工作时间质量对员工影响的基础路径模型”进行实证检验。笔者选取“工作时间满意度”作为检验模型的结果变量。工作时间满意度综合性地反映了劳动者对其工作时间质量的态度和感受，是研究工作时间质量对员工影响的最基本的变量。如果模型无法在工作时间满意度作为结果变量的情况下通过检验，那么该模型设定的路径关系很可能存在问题。同时，本文选取“超时工作程度”“工作时点非标准化程度”和“工作时间自主性高低”三个变量分别反映工作时间质量的三个评价维度，即工作时长、工作时点和工作时间自主性。实证检验模型如图 16-2 所示。

如图 16-2 所示，本文对模型的检验将包含三个步骤。第一步，本文将检验超时工作程度、工作时点非标准化程度对员工的工作时间满意度是否具有显著的负面影响，基于上文的阐释，本文提出的研究假设为：

假设 1：超时工作程度越高，员工对工作时间感到满意的可能性越低。

假设 2：工作时点非标准化程度越高，员工对工作时间感到满意的可能性越低。

第二步，本文将检验工作时间自主性高低对员工工作时间满意度的直接影响，本文提出的假设为：

假设 3：工作时间自主性程度越高，员工对工作时间感到满意的可能性越高。

第三步，本文将检验工作时间自主性对超时工作程度、工作时点非标准化程度与工作时间满意度之间关系的调节作用是否成立，本文提出的假设为：

假设 4：工作时间自主性程度越高，超时工作对员工工作时间满意度的负向影响越小。

假设 5：工作时间自主性程度越高，非标准化工作时点对员工工作时间满意度的负向影响越小。

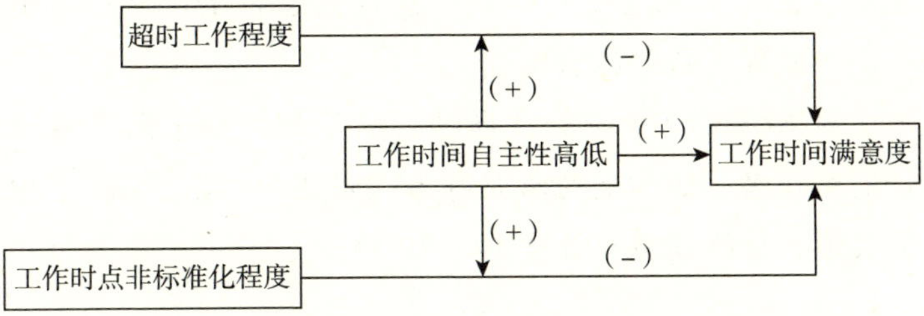

图 16－2　工作时间质量与工作时间满意度的路径检验模型

四　数据来源、变量及回归模型

（一）数据来源

本文数据来自 2018 年中国工作环境研究（the Research on the Chinese Working Conditions in 2018，以下简称 RCWC2018），该调查由中国社会科学院社会发展战略研究院课题组主持完成。RCWC2018 的目标总体为中国大陆城镇 16 岁及以上的就业人口。数据通过分层抽样和入户调查等方法获得，具体包含以下几个步骤：①根据国家统计局“六普”数据，在除新疆和西藏之外的省、自治区、直辖市，抽取 60 个县市区作为一级抽样单元（primary sampling unit，PSU），60 个 PSU 涵盖 24 个省（自治区、直辖市）同一省（自治区、直辖市）内 PSU 数量最多为 5 个；②在每个县市区（PSU）中抽取 9 个社区居委会作为二级抽样单元（second sampling unit，SSU）；③根据实地绘制的地块示意图和家庭地址表，在每个社区居委会（SSU）中抽取 15 户家庭作为三级抽样单元（third sampling unit，TSU）；④访问员根据 Kish 表，从户内满足条件（16 岁及以上的就业者）的成员中抽选出被访者。

RCWC2018 采取多重数据质量控制手段，包括访问过程全程录音、访问地点定位和搜集电话信息等方式。调查项目组依据录音文件，对记录数据进行了 100% 全覆盖的重听校对；对每一个调查的地理信息同百度地图的地理信息数据进行了比对；同步实施电话回访，以保证数据的真实性。

本文对 RCWC2018 原始数据进行了处理，筛选出受雇于个人或单位的受访者，即本文的研究群体“员工”，同时剔除了相关变量的缺失值，最终获得有效样本 5279 份。

（二）变量及操作化

本文变量包括四类：因变量、自变量、调节变量和控制变量，变量的描述性统计见表 16－1。

因变量为工作时间满意度，通过“您是否对工作时间感到满意”一题测量，问卷选项设计为定序五分类。但是，初步的分析发现，采用五分类值无法满足序次 logistic 回归的平行性假定。为了避免回归系数的过度偏差，本文将因变量选项处理为二分类。其中，受访者选择“非常满意”和“比较满意”的划分为“满意”；“一般”“比较不满意”和“非常不满意”的划分为“非满意”。

自变量为超时工作程度和工作时点非标准化程度，其中，超时工作程度分为 4 个等级，日均工作时长不超过 8 个小时为“不超时”，8（不含）～10 小时为“轻度超时”，10（不含）～12 小时为“中度超时”，日均工作时长大于 12 个小时为“重度超时”。工作时点非标准化程度的测量涉及两个问题，一是，是否需要周末工作；二是，是否需要夜晚工作。均为“否”者表明其“工作时点标准化”，一项为“是”者为“工作时点轻度非标准化”，两项均为“是”者为“工作时点重度非标准化”。

调节变量为工作时间自主性高低，通过三道问题进行测量，包括“您是否能够自主决定工作时间的长短”“您是否能够自主决定工作节奏的快慢”和“您是否能够自主决定工作进度的调整”，选项为定序三分类。本文通过主成分分析法进行降维，提取出一个反映工作时间自主性的主成分。该主成分的方差贡献率为66.58%；KMO值为0.69，表明三个问题的共性较强，适合进行主成分分析。笔者将生成的新变量以均值为界进行二分处理，大于均值的划分为“工作时间自主性高”，小于或等于均值的划分为“工作时间自主性低”。

控制变量包含五个：性别、年龄、婚姻状况、学历和经济地位。其中，经济地位通过“如果整个社会由下到上分为十层（第一层代表最低，第十层代表最高），您认为您的经济收入属于第几层”一题测量，值域为1~10，分值越高，经济地位越高。

表16－1　变量描述性统计

变量	均值/频率	标准差	编码或赋值情况说明
因变量：			
工作时间满意度（=满意）	56.56%	–	满意=0，非满意=1
自变量：			
超时工作程度	0.64	0.76	不超时=0，轻度超时=1，中度超时=2，重度超时=3
工作时点非标准化程度	0.72	0.75	标准=0，轻度非标准=1，重度非标准=2
调节变量：			
工作时间自主性（=高）	49.27%	0.67	低=0，高=1
控制变量：			
性别（=男性）	55.69%	–	女性=0，男性=1
年龄	2.60	1.03	18~25岁=1，26~35岁=2，36~45岁=3，46~55岁=4，55岁以上=5
婚姻状况（=已婚）	75.15%	0.43	未婚=0，已婚=1
学历	3.75	0.43	小学及以下=1，初中=2，高中=3，大专=4，本科=5，研究生=6
经济地位	3.40	1.72	1~10，最小值=1，最大值=10

（三）回归模型及分析工具

在问卷设计中“工作时间满意度”为五分类定序变量，采取序次 logistic 回归模型能最大程度利用数据信息。然而，初步回归发现，采用五分类值不满足序次 logistic 回归的平行性假定。对此，本文将因变量处理为二分变量，采用二分 logistic 回归模型，模型方程如下：

$$Y = ln(P/1 - P) = b_0 + b_1X_1 + b_2X_2 + b_3M + b_4X_2 * M + e$$

其中，Y 为因变量“工作时间满意度”的对数发生比，P 为“对工作时间感到满意”的发生概率；b_0 为常数项；X_1 为控制变量，b_1 为控制变量的回归系数；X_2 为自变量，b_2 为自变量的回归系数；M 为调节变量，b_3 为调节变量的回归系数；$X_2 * M$ 为自变量和调节变量的交互项，b_4 为交互项的回归系数；e 为残差。

本文采用 STATA16 作为分析工具。

五　回归结果

表 16－2 列示了 logistic 回归结果，模型 1 仅包含因变量和控制变量；模型 2 在模型 1 的基础上加入了自变量和调节变量；模型 3 和模型 4 分别在模型 2 的基础上增加了一项自变量与调节变量的交互项。

表 16－2　回归结果

变量	模型 1	模型 2	模型 3	模型 4
	指数化系数（标准误）	指数化系数（标准误）	指数化系数（标准误）	指数化系数（标准误）
性别	0.92	1.01	1.00	1.01
	（0.05）	（0.06）	（0.06）	（0.06）

续表

变量	模型 1	模型 2	模型 3	模型 4
	指数化系数（标准误）	指数化系数（标准误）	指数化系数（标准误）	指数化系数（标准误）
年龄	1.13***	1.08*	1.08*	1.08*
	(0.04)	(0.04)	(0.04)	(0.04)
婚姻状况	0.88	0.86+	0.86+	0.86+
	(0.07)	(0.07)	(0.07)	(0.07)
学历	1.41***	1.31***	1.31***	1.31***
	(0.04)	(0.04)	(0.04)	(0.04)
经济地位	1.29***	1.29***	1.29***	1.29***
	(0.03)	(0.03)	(0.03)	(0.03)
超时工作程度（X_1）		0.74***	0.65***	0.74***
		(0.03)	(0.04)	(0.03)
工作时点非标准化程度（X_2）		0.77***	0.78***	0.71***
		(0.03)	(0.04)	(0.04)
工作时间自主性（M）		1.16*	1.16*	1.16*
		(0.07)	(0.07)	(0.07)
$X_1 * M$			1.21**	
			(0.07)	
$X_2 * M$				1.15*
				(0.07)
常数	0.13***	0.25***	0.28***	0.27***
	(0.02)	(0.04)	(0.05)	(0.05)
样本总数	5279	5279	5279	5279
伪 R 方	0.063	0.084	0.086	0.085
AIC	6783.11	6637.02	6628.94	6633.78

注：$^{+}p<0.1$，$^{*}p<0.05$，$^{**}p<0.01$，$^{***}p<0.001$；标准误为稳健标准误；系数经过指数化处理；因变量为工作时间满意度。

（一）超时工作程度、工作时点非标准化程度与工作时间满意度

从模型2可以看出，在控制其他变量的情况下，超时工作程度对员工工作时间满意度具有显著的负向影响（$p<0.001$），员工超时工作程度每增加1个等级，其对工作时间感到满意的发生比（odds）是原来的0.74倍，这里的发生比是指对工作时间感到满意与没有感到满意的概率之比（下同）。换句话说，超时工作的程度越高，员工对工作时间感到满意的可能性越低，因此，假设1未被证伪。

同样地，从模型2可以看出，在控制其他变量的情况下，工作时点非标准化程度对因变量也具有显著的负向影响（$p<0.001$），员工工作时点非标准化程度每增加1个等级，其对工作时间感到满意的发生比（odds）是原来的0.77倍。换句话说，工作时点非标准化程度越高，员工对工作时间感到满意的可能性越低，假设2也未被证伪。

（二）工作时间自主性高低对工作时间满意度的直接影响

从模型2可以看出，在控制其他变量的情况下，在95%的置信度上，工作时间自主性对员工工作时间满意度具有显著的正向作用，工作时间自主性高的员工对工作时间感到满意的发生比是低工作时间自主性员工的1.16倍。换句话说，工作时间自主性高的员工更可能对其工作时间感到满意，因此，假设3也未被证伪。

（三）工作时间自主性的调节作用

本文一个重要的任务是检验工作时间自主性高低是否显著调节超时工作和非标准化工作时点对员工工作时间满意度的负向影响。首先，从模型3可见，超时工作程度与工作时间自主性的交互项的指数化系数在99%的置信度上显著，表明工作时间自主性可

以显著调节超时工作对员工工作时间满意度的影响。该交互项的指数化系数值为 1.21，表明当员工拥有高工作时间自主性时，随着超时工作程度的增加，平均而言，员工对工作时间感到满意的发生比是低工作时间自主性条件下的 1.21 倍。换句话说，当员工工作时间自主性高时，超时工作对员工工作时间满意发生概率带来的负向影响更小，假设 4 未被证伪。

图 16－3 更清晰地展示了工作时间自主性如何调节超时工作对员工工作时间满意度的负向影响。从图 16－3 可以看出，低工作时间自主性条件下的回归直线十分陡峭，表明员工对工作时间感到满意的可能性随超时工作程度提升而迅速降低；相较而言，高工作时间自主性条件下的回归直线则更加平缓。由此可见，在不同工作时间自主性条件下，自变量对因变量的影响程度存在明显差异。

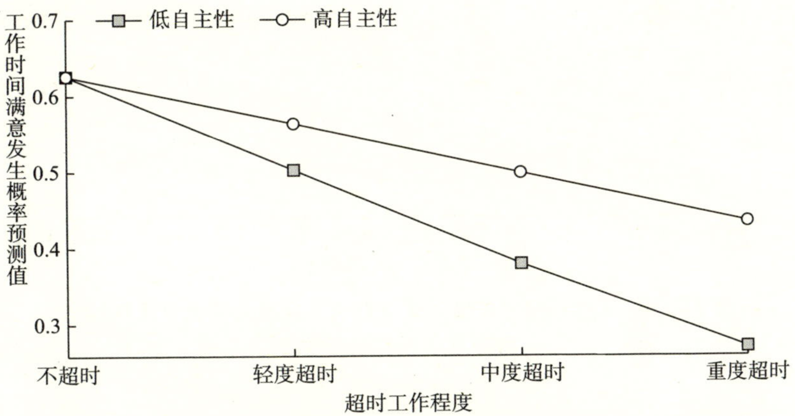

图 16－3　工作时间自主性对超时工作程度与工作时间满意度关系的调节效应

第二，从模型 4 可见，工作时点非标准化程度与工作时间自主性的交互项的指数化系数在 95% 的置信度上显著，这表明工作时间自主性可以显著调节工作时点非标准化程度对员工工作时间满意度的影响。该交互项的指数化系数为 1.15，表明当员工拥有高工作时间自主性时，非标准化工作时点的指数化系数是低工作时间自主性时的 1.15 倍。换句话说，当员工工作时间自主性高时，非标准化工作时点对员工工作时间满意发生概率带来的负向影响更小，假设 5 同样未被证伪。至此，本文提出的 5 个假设均通过了检验。

图 16－4 展示了工作时间自主性高低对工作时点非标准化程度和工作时间满意度之关系的调节效果。从图 16－4 可见，在不同工作时间自主性条件下的两条回归直线的斜率存在明显差异。在工作时间自主性低的条件下，员工工作时间满意的发生概率迅速下降；而在工作时间自主性高的条件下，尽管员工对工作时间感到满意的发生概率也会下降，但是降幅更小。

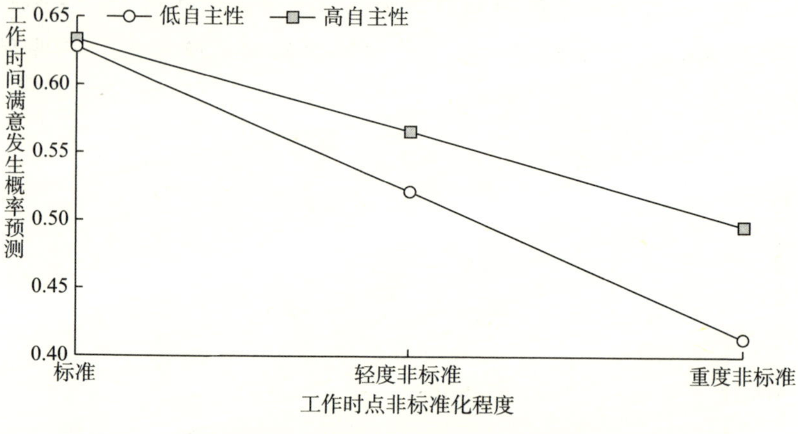

图 16－4　工作时间自主性对工作时点非标准化程度与工作时间满意度关系的调节效应

六　结论与讨论

本文关注的是工作时间质量对员工个体的影响问题。在过去的研究中，学者们更多地将重心放在“影响”（即结果变量）上，而忽视了工作时间本身存在的多元评价维度，本文将对该问题的关注回到“工作时间”本身。在明确了工作时间质量的三个测量维度（工作时长、工作时点和工作时间自主性）的基础上，本文试图回答工作时长、工作时点和工作时间自主性对员工产生影响时，它们之间的路径关系是什么。本文通过对已有研究的总结和逻辑推演，提出了“工作时间质量对员工影响的基础路径模型”（见图16-1），并利用“2018年中国工作环境研究”的调查数据对该理论模型进行实证检验。在检验部分，笔者以“工作时间满意度”作为结果变量，利用logistic回归模型对超时工作程度、工作时点非标准化程度、工作时间自主性高低与工作时间满意度之间的关系进行了路径分析。从结果来看，超时工作程度、工作时点非标准化程度、工作时间自主性高低均对员工的工作时间满意度具有显著的直接影响，并且，工作时间自主性能够反向调节超时工作程度、工作时点非标准化程度对工作时间满意度的负向影响。本文提出的理论模型通过了经验数据的检验。

本文是工作时间研究的基础工作，有助于实现工作时间研究的系统化和推动工作时间的综合评价体系的建设。本文回答了“从哪些维度评价工作时间的质量”这一基本问题。在“物理时间”为主导的时间观下，学者们往往只关注“工作时长”这一个维度，而忽视了反映时间社会属性的“工作时点”，以及反映工作时间安排可能性的“工作时间自主性”。本文将这三个维度放在“工作时间质量”的概念框架下进行讨论，目的是批判性地审视过去对工作时间认识和评价过程中采取的单一化思维，以整合工作时间的相关研究，并借此建立更具综合性的工作时间评价体系。建立工作时间综合评价体系的工作在西方学界已经开始了，譬如，《第六次欧洲工作环境调查报告》中提出并实践了工作时间评价的四个维度：持久性（duration）、非典型工作时间（atypical working time）、工作时间安排（working time arrangement）和灵活性（flexiblity）（Eurofound，2016）。但是，在国内，工作时间的综合评价观尚未建立起来。本文通过在理论和实证层面上的分析，初步确立了工作时间评价的三个维度（工作时长、工作时点和工作时间自主性），并提出了“工作时间质量对员工影响的基础路径模型”，该模型首次在一个统一的框架下展示了工作时间质量的三个评价维度对员工产生影响时的基础路径关系，是工作时间研究的一项基础工作。后续的工作将针对中国的社会文化背景，围绕测量题器、指标权重的设置问题展开讨论，目的是建立能够准确而全面反映中国劳动者工作时间质量的评价体系。

本文提出了工作时间自主性的“减压阀效应”，它揭示了工作时间自主性对劳动者产生积极影响的内在逻辑。尽管工作时间自主性的作用机制是浅显易懂的，即劳动者对工作时间的自主性可以使其在必要时调整当前的工作时间安排（包括工作时长和工作时点），从而释放时间压力，但是，人们总将工作时间自主性的积极效应视为理所当然，而不深究其内在机理。“减压阀效应”的提出捅破了这层窗纱，有助于人们认识和实践该效应。在过去的研究中，学者们就如何减轻低质量工作时间对员工的负面影响做了诸多讨论，也提出了一些政策建议，其中，大多数都着力在“工作时长”这一维度之上，即建议通过控制或减少员工的工作时长来降低工作时间的负面影响（如吴伟炯，2016）。但是，一些研究也表明，并非所有的劳动者都抗拒长时间工作（王笑天等，2017）。例如，执行“计件制”的员工就愿意通过主动延长工作时间以赚取更多的收入，或是参与布若威（2019）所谓的“超额游戏”。因此，单独采取“一刀切”的工作时长限制政策对于提升员工的工作幸福感并非全然有效。

从本文提出的“工作时间质量对员工影响的基础路径模型”可以看出，工作时长并非影响员工个体层面结果变量的唯一因素，甚至不是最主要因素。笔者认为，工作时间自主性可能在员工对工作时间的感受和评价中发挥了更关键的作用，因为工作时间自主性凸显了员工个体对工作时间安排上的差异性需求。如前文所述，高质量的工作时间不仅仅关乎当前的一般性工作时间安排，还关注未来的可能的工作时间安排。因为每个人所处的生活场景、应对的生活事务、面对的事件发生概率等都有所不同，对工作时间安排的需求也就存在差异，所以，这种可能性赋予了员工结合自身需求适度调整工作时间安排的权力，将帮助员工合理安排工作和生活，避免时间冲突的产生。当前，在国际劳工组织关于提升员工工作时间质量的政策研究中，工作时间自主性也被置于最核心的位置。该机构还在最近发布的一份名为《促进工作时间安排平衡指南》的报告中总结了多项提升工作时间自主性的具体措施，包括交错工作时间（即在一定范围内自主选择上下班时间）、压缩工作周（即增加每日工作时间，减少每周工作天数）、时间银行（即工作时间在一定时期内可以进行存取）等。（International Labour Office，2019）这些国际上业已实践的提升员工工作时间自主性的措施和本文对其作用机制的揭示，均对我国政府和工作组织制定提升员工工作时间质量的政策具有启示和指导意义。

参考文献

布若威，2019，《制造同意：垄断资本主义劳动过程的变迁》，李荣荣译，商务印书馆，第86～100页。

杜凤莲等，2018，《时间都去哪儿了?：中国时间利用调查研究报告》，中国社会科学出版社。

方卫宁等，2010，《轮班制度对于地铁司机疲劳的影响》，《中国安全科学学报》第2期，第17～22、177页。

高伟娟，2005，《对控制感的心理学理解》，吉林大学硕士学位论文。

韩彦超、潘泽泉，2016，《劳动时间与农民工主观幸福感——基于湖南省农民工三融入调查数据的分析》，《西北人口》第1期，第38～44页。

教育部，2019，《汉语盘点：2019年十大网络用语发布》，http://www.moe.gov.cn/jyb_xwfb/gzdt_gzdt/s5987/201912/t20191202_410477.html，最后访问日期：2021年11月25日。

金家飞等，2014，《工作时间与工作家庭冲突：基于性别差异的研究》，《科研管理》第 8 期，第 44 ~ 50 页。

柯林斯，2009，《互动仪式链》，林聚任等译，商务印书馆。

李斌、汤秋芬，2018，《资源、秩序与体验：工作时间与工作满意度研究》，《湖南师范大学社会科学学报》第 6 期，第 106 ~ 113 页。

刘健等，2015，《高科技企业员工弹性工作时间的绩效研究：基于工作自主性的调节中介模型》，《科技管理研究》第 19 期，第 119 ~ 124、136 页。

马克思，2018，《雇佣劳动与资本》，中共中央马克思恩格斯列宁斯大林著作编译局译，人民出版社，第 16 页。

孟续铎，2013，《劳动者过度劳动的成因研究》，首都经济贸易大学博士学位论文。

牛顿，2006，《自然哲学的数学原理》，赵振江译，商务印书馆，第 7 页。

涂尔干，1999，《宗教生活的基本形式》，渠东、汲喆译，上海人民出版社，第 11 ~ 12 页。

王佩丹、林以环、张华娜，2006，《轮班所致睡眠剥夺对护士心理健康的影响》，《护理学杂志》第 7 期，第 1 ~ 3 页。

王笑天等，2017，《工作时间长真的不快乐吗？异质性视角下工作时间对幸福感的影响》，《心理科学进展》第 1 期，第 180 ~ 189 页。

王欣、杨婧，2020，《劳动时间长度与健康的关系——基于肥胖视角》，《人口与经济》第 1 期，第 29 ~ 48 页。

吴国胜，2009，《时间的观念》，北京大学出版社，第 104 页。

吴伟炯，2016，《工作时间对职业幸福感的影响——基于三种典型职业的实证分析》，《中国工业经济》第 3 期，第 130 ~ 145 页。

杨河清、韩飞雪、肖红梅，2009，《北京地区员工过度劳动状况的调查研究》，《人口与经济》第 2 期，第 33 ~ 41 页。

朱玲，2009，《农村迁移工人的劳动时间和职业健康》，《中国社会科学》第 1 期，第 133 ~ 149、207 页。

Blanche Grosswald. 2003. "Shift Work and Negative Work-to-Family Spillover." *Journal of Sociology & Social Welfare* 30 (4): 31 - 56.

Blanche Le Bihan, & Claude Martin. 2004. "Atypical Working Hours: Consequences for Childcare Arrangements." *Social Policy & Administration* 38 (6): 565 - 590.

Colette Fagan et al. 2012. "The Influence of Working Time Arrangements on Work-Life Integration or 'Balance': A Review of the International Evidence." Geneva: International Labour Organization.

Demie Kurz. 2000. "Work-Family Issues of Mothers of Teenage Children." *Qualitative Sociology* 23 (4): 435-451.

Edward Hill et al. 2010. "Finding An Extra Day A Week: The Positive Influence of Perceived Job Flexibility on Work and Family Life Balance." *Family Relations* 50 (1): 49-58.

Emily Hughes, & Katharine Parkes. 2007. "Work Hours and Well-Being: The Roles of Work-Time Control αnd Work-Family Interference." *Work and Stress* 21 (3): 264-278.

Eurofound & International Labour Organization. 2019. "Working Conditions in a Global Perspective." Luxembourg: Publications Office of the European Union, and Geneva: International Labour Organization.

Eurofound. 2016. *Sixth European Working Conditions Survey-Overview Report*. Luxembourg: Publications Office of the European Union.

Giovanni Costa. 2003. "Shift Work and Occupational Medicine: An Overview." *Occupational medicine* 53: 83-88.

Harriet B. Presser. 2000. "Nonstandard Work Schedules and Marital Instability." *Journal of Marriage & Family* 62 (1): 93-110.

International Labour Office. 2019. "Guide to Developing Balanced Working Time Arrangements." Geneva: International Labour Organization.

International Labour Organization. 2011. "Working Time in the Twenty-first Century: Discussion Report for the Tripartite Meeting of Experts on Working-time." Geneva: International Labour Organization.

J. David Lewis, & Andrew J. Weigart. 1990. "Social-Time: Strucuture and Meaning." In J. Hassard (Ed.). *The Sociology of Time*. New York: Palgrave Macmillan.

Jeremy Hayman. 2009. "Flexible Work Arrangements: Exploring the Linkages Between Perceived Usability of Flexible Work Schedules and Work/life Balance." *Community Work & Family* 12 (3): 327-338.

Jon Messenger. 2018. "Working Time and the Future of Work." Geneva: International Labour Organization.

Kathleen E. Christensen, & Graham L. Staines. 1990. "Flextime: A Viable Solution to Work/Family Conflict?" *Journal of Family Issues* 11 (4): 455 – 476.

Kathryn Fonner, & Michael Roloff. 2010. "Why Teleworkers Are More Satisfied with Their Jobs Than Are Office-Based Workers: When Less Contact Is Beneficial." *Journal of Applied Communication Research* 38 (4): 336 – 361.

Lonnie Golden. 2015. "Irregular Work Scheduling and Its Consequences." *Economic Policy Institute Briefing Paper* 394.

Lonnie Golden. 2012. "The Effects of Working Time on Productivity and Firm Performance: A Research Synthesis Paper." Geneva: International Labour Organization.

Lynn White, & Bruce Keith. 1990. "The Effect of Shift Work on the Quality and Stability of Marital Relations." *Journal of Marriage & Family* 52 (2): 453 – 462.

Mark Tausig, & Rudy Fenwick. 2001. "Unbinding Time: Alternate Work Schedules and Work-Life Balance." *Journal of Family & Economic Issues* 22 (2): 101 – 119.

Maureen Perry-Jenkins et al. 2007. "Shift Work, Role Overload, and the Transition to Parenthood." *Journal of Marriage and Family* 69 (1): 123 – 138.

Michael Bittman. 2005. "Sunday Working and Family Time." *Labour & Industry: a Journal of the Social and Economic Relations of Work* 16 (1): 59 – 81.

Monique Valcour. 2007. "Work-based Resources as Moderators of the Relationship between Work Hours and Satisfaction with Work-Family Balance." *Journal of Applied Psychology* 92 (6): 1512.

Penny Edgell Becker, & Phyllis Moen. 1999. "Scaling Back: Dual-Earner Couples' Work-Family Strategies." *Journal of Marriage and the Family* 61 (4): 995.

Philip Tucker, & Simon Folkard. 2012. "Working Time, Health and Safety: A Research Synthesis Paper." Geneva: International Labour Organization.

Pitirim Sorokin, & Robert Merton. 1990. "Social-time: A Methodological and Functional Analysis." In J. Hassard (Ed.) . *The Sociology of Time*. New York: Palgrave Macmillan.

Sibyl Kleiner, & Eliza Pavalko. 2010. "Clocking In: The Organization of Work Time and Health in the United States." *Social Forces* 88 (3): 1463 - 1486.

Thomas W. H. Ng, & Daniel C. Feldman. 2008. "Long Work Hours: a Social Identity Perspective on Meta-analysis Data." *Journal of Organizational Behavior* 29 (7): 853 - 880.

Tracey Warren. 2003. "Class-and Gender-based Working Time? Time Poverty and the Division of Domestic Labour." *Sociology* 37 (4): 733 - 752.

Wen-Jui Han. 2005. "Maternal Nonstandard Work Schedules and Child Cognitive Outcomes." *Child Development* 76 (1): 137 - 154.

后　记

本书是作者们根据多年的学术积累，并在近年来中国工作环境研究调查数据的基础上分析与研究的成果。经过大家的努力，我们目前已经形成了具有较高质量的研究数据库，为下一步深入开展中国工作环境的研究打下了一个坚实的数据与实证的基础。

各个章节的作者如下：

第一章　欧洲工作质量研究的新进展：发展与挑战　邱雅静

第二章　从个体情绪到总体性情绪：关于工作满意度的研究　张　彦

第三章　工作环境、工作意义与工作满意度　任宇东　王毅杰

第四章　公职人员工作环境及工作状况分析　张金慧

第五章　中国公立医院医生工作环境研究：一种个案数据的分析　李凌静

第六章　工作投入与自尊：一种文献的综述　张　彦

第七章　组织工作环境中的信任及其功能　董金秋

第八章　组织信任与组织环境　董金秋　宋争辉

第九章　中国组织中的客观和主观工作质量分析　陈建伟

第十章　劳动者的工作自主性　张　帆

第十一章　工作－家庭关系、性别与工作倦怠　王毅杰　董　伟

第十二章　自由的代价——工作自主性对怠工的影响　魏　华　张永欣　丁　倩

第十三章　弹性工时制何以失效？——互联网企业工作压力

机制的理论与实践研究　梁　萌

第十四章　私营企业员工工作满意度的影响因素研究　丁红霞

第十五章　996 加班工作制：互联网公司管理控制变迁研究　梁　萌

第十六章　工作时间对员工的影响路径：理论与检验　李　中

图书在版编目(CIP)数据

中国工作环境的社会学研究 / 宋争辉，李俊，张彦主编. -- 北京 : 社会科学文献出版社，2022.4

(中国工作环境研究丛书)

ISBN 978-7-5201-9850-9

Ⅰ.①中… Ⅱ.①宋… ②李… ③张… Ⅲ.①劳动社会学-研究-中国 Ⅳ.①C976.1

中国版本图书馆 CIP 数据核字(2022)第 039452 号

中国工作环境研究丛书
中国工作环境的社会学研究

主　　编 / 宋争辉　李　俊　张　彦

出 版 人 / 王利民
组稿编辑 / 谢蕊芬
责任编辑 / 庄士龙　胡庆英
责任印制 / 王京美

出　　版 / 社会科学文献出版社 · 群学出版分社 (010) 59366453
地址：北京市北三环中路甲 29 号院华龙大厦　邮编：100029
网址：www.ssap.com.cn
发　　行 / 社会科学文献出版社 (010) 59367028
印　　装 / 三河市尚艺印装有限公司

规　　格 / 开 本：787mm × 1092mm　1/16
印 张：32　字 数：428 千字
版　　次 / 2022 年 4 月第 1 版　2022 年 4 月第 1 次印刷
书　　号 / ISBN 978-7-5201-9850-9
定　　价 / 168.00 元

读者服务电话：4008918866